全国工程专业学位研究生教育国家级规划教材

李正风 丛杭青 王前 等 编著

工程伦理
（第2版）

清华大学出版社
北京

内 容 简 介

当代工程伦理教育受到高度关注。开展工程伦理教育有利于提升工程师伦理素养,加强工程从业者的社会责任;有利于推动可持续发展,实现人与自然、社会的协同进化;有利于协调社会各群体之间的利益关系,促进社会共享、和谐发展。

本教材以培养工程师及其他工程从业者的伦理意识和责任感,使其掌握工程伦理的基本规范,提高其工程伦理的决策能力为基本目标,系统阐述了工程伦理的相关内容。全书分为"通论"和"分论"两个部分,通论主要探讨工程伦理的基本概念、基本理论,以及工程实践过程中人们要面对的共性问题。分论有针对性地分析不同的工程领域遇到的特殊问题,以及共性的伦理问题在这些领域的特殊表现,分析不同工程领域的工程伦理规范。教材编写努力体现"案例教学为特点,职业伦理教育为重心"的教学理念。

本教材采取纸质+电子的形式,并配有MOOC课程,可作为工程领域各专业本科生、研究生工程伦理教育的教材,也可供相关领域教学、科研人员,以及广大工程科技和工程管理人员参考。

本书封面贴有清华大学出版社防伪标签,无标签者不得销售。
版权所有,侵权必究。举报: 010-62782989, beiqinquan@tup.tsinghua.edu.cn。

图书在版编目(CIP)数据

工程伦理/李正风,丛杭青,王前等编著. —2版. —北京:清华大学出版社,2019(2024.12重印)
(全国工程专业学位研究生教育国家级规划教材)
ISBN 978-7-302-52467-0

Ⅰ. ①工… Ⅱ. ①李… ②丛… ③王… Ⅲ. ①工程技术-伦理学-研究生-教材 Ⅳ. ①B82-057

中国版本图书馆 CIP 数据核字(2019)第 043174 号

责任编辑:冯 昕
封面设计:何凤霞
责任校对:王淑云
责任印制:沈 露

出版发行:清华大学出版社
网　　址:https://www.tup.com.cn, https://www.wqxuetang.com
地　　址:北京清华大学学研大厦A座　　邮　编:100084
社 总 机:010-83470000　　邮　购:010-62786544
投稿与读者服务:010-62776969, c-service@tup.tsinghua.edu.cn
质量反馈:010-62772015, zhiliang@tup.tsinghua.edu.cn
印 装 者:小森印刷霸州有限公司
经　　销:全国新华书店
开　　本:185mm×260mm　　印　张:23　　字　数:557千字
版　　次:2016年8月第1版　2019年6月第2版　　印　次:2024年12月第19次印刷
定　　价:59.00元

产品编号:081292-02

《工程伦理(第 2 版)》编写组

主　编　李正风

副主编　王　前　丛杭青

编写组成员(按姓氏笔画排序)

王　前　王建龙　丛杭青　刘洪玉　李　淼　李丹勋　李正风

李世新　何　菁　张　卫　张　佐　张恒力　张新庆　赵劲松

姜　卉　黄晓伟　董丽丽　蒋劲松　雷　毅

关于加强《工程伦理》课程建设，推动《工程伦理》教学工作，培育德才兼备工程专业学位研究生的倡议书

德才兼备的工程科技人才是高质量工程的重要保障。德才兼备的工程科技人才的成长离不开工程教育奠定的基础。工程教育好比"工程师摇篮"就是很好的比喻。

我国工程教育培育和输送的一批批高质量的工程科技人才，为我国经济建设和社会发展发挥了重要作用，为中国成为当今工程大国起到了重要的支撑作用。"两个一百年"战略目标要求我们将工程大国建成工程强国。站在新的历史起点，工程研究生教育责无旁贷，任重道远。

现代工程对人类社会和自然界的影响越来越深远，对工程科技人才提出了更高的要求，一方面要掌握扎实的理论技术，另一方面，职业道德和工程伦理也成为必备的重要素养。

十年树木，百年树人。我们要着眼于我国建成富强民主文明和谐的社会主义现代化国家时，对工程科技人才所应具备的知识、能力和素养的要求。为此，在教育部的领导下，全国工程专业学位研究生教育指导委员会于2014年决定启动工程伦理课程建设，并于今年隆重推出《工程伦理》教材和《工程伦理》在线课程。我们提出以下三点倡议。

第一，全国工程专业学位研究生教育先行先试，与全国工科研究生教育一起牢固树立立德树人的育人理念，着力培养思想政治正确、工程伦理高尚、理论基础扎实、技术应用过硬的研究生。

第二，全体培养单位要重视工程伦理教育，抓好课程建设，抓紧师资培训，抓紧工程伦理案例库建设，提高工程伦理课程教学质量，将工程伦理课程列入公共必修课，纳入学分要求。

第三，全体培养单位要积极组织富有经验的工程专家、教学名师、教育主管，以多种形式，为工科研究生开设新生入学工程伦理通识第一堂课。在重视思想政治教育、专业理论教育、工程实践教育的同时，营造重视工程伦理教育的良好氛围。

全国工程专业学位研究生教育指导委员会
2016年8月25日

序一

现代工程的规模越来越大,各种技术越来越综合,工程本身越来越复杂,对社会和自然的影响也越来越深远。大规模、综合性、复杂化以及工程影响力日益成为现代工程的重要特征。纵观国际工程界,"将公众的安全、健康和福祉放在首位"已成为普遍遵守的原则。美国工程技术评审委员会(ABET)在制定认证标准中,要求美国工程院校必须证明其工程专业学生具有"对职业与伦理责任的认知"。在职业工程师的资格考试中,工程伦理和职业标准也是考试的主要内容。

上述特征,对工程专业人员提出了明确的和更高的要求,一方面要求工程专业人员掌握扎实的专业理论和专业技术;另一方面,职业道德和工程伦理素养也成为工程专业人员必须具备的重要素质。

追溯起来,我国工程教育已经历了上百年的发展历史,伴随着经济社会的巨大变革和高等教育事业的历史性跨越,我国工程教育取得了令人瞩目的进步,形成了自己独特的发展模式和特色。但是,从服务于快速发展的现代工程需求的角度看,我国工程教育在发展过程中也有一些需要进一步总结的经验和亟待解决的问题。

我们应该看到,工程伦理意识不是与生俱来的,是需要通过教育和培养来造就的。工程伦理教育的重要目的就是要提高工程专业人员的道德水准,提升工程专业人员的伦理素养,培养工程专业人员的社会责任感。我们应该看到,工程伦理教育是培养懂工程科学、懂工程技术、懂工程管理、懂工程文化的全面发展的,自觉担负起维护人类共同利益这一伦理责任的工程专业人员的重要举措之一。我们还应该看到,开展工程伦理教育有利于推动我国工程的现代化,有利于协调好工程与社会、工程与自然、工程与科学、工程与技术等的关系,促进社会的可持续发展。

1997年,我国设置了工程硕士专业学位。工程硕士专业学位研究生教育设置有40个工程领域,目前有407家培养单位,年招生约16万人,已为我国培养输送了80余万工程专业学位研究生。在全国各专业学位中培养规模最大。在近年来的工程专业学位研究生教育改革发展中,我们欣喜地看到,一些高校非常重视对学生道德和职业伦理的培养,例如开设"学术规范与职业伦理""学术道德与学术规范"课程等。

全国工程专业学位研究生教育指导委员会肩负着指导各培养单位开展工

程专业学位研究生教育改革发展的职责。教指委通过对工程硕士专业学位研究生课程结构的研究并结合来自行业企业的意见建议,发现加强工程专业学位研究生的工程伦理素养具有十分的重要性和迫切性。为此,2015年春季,教指委组织清华大学、北京理工大学、北京协和医学院、大连理工大学、浙江大学等院校的十几位专家合作编写了《工程伦理》教材,共同录制《工程伦理》在线课程,为今后开设"工程伦理"公共课做好准备。这一举措对于培养工程专业学位研究生的意义深远而重大。

工程硕士专业学位研究生教育开设"工程伦理"公共课处于起步阶段。希望各培养单位加深认识、积极探索、勇于创新,在教指委的指导下,共同推动"工程伦理"课程成为工程专业学位研究生课程教学体系中的重要内容,在立德树人的教育实践中培养出更多更好的、全面发展的、符合现代工程建设需要的工程科技人才。

(教育部原副部长)

2016年3月

序二

我国是工程建设大国,对于高质量的工程科技人才有着迫切的需求。工程研究生教育是培养未来高层次工程科技人才的重要渠道,它的质量直接关系到我国未来工程建设的水平。因此,我们必须要有敢于担当的责任感、着眼未来的前瞻性、面向实践和全球的开放视野,切实做好工程研究生教育工作。

在工程研究生教育中,工程伦理教育是重要的组成部分,直接关系到工程科技人才的价值取向。随着工程对社会、自然的影响力日趋加深,工程实践中的伦理问题越来越突出。工程伦理教育就是要培养工程科技人才的社会责任感,提高其伦理意识,增强其遵循伦理规范的自觉性,提升其应对工程伦理问题的能力,让工程更好地造福社会、造福人类。

在教育部的领导下,全国工程专业学位研究生教育指导委员会决定编写《工程伦理》教材,制作《工程伦理》在线课程,开展师资培训和教学研讨,将"工程伦理"课程纳入工程专业学位研究生的学习体系中。教材的编写和课程的建设以价值塑造为核心,以工程职业伦理教育为重点,力图实现"意识—规范—能力"三位一体的培养目标。通过"通论"与"分论"结合的方式,教材既有对工程实践面对的共性伦理问题的分析,也兼顾了不同工程领域的特点和要求。教材的编写充分考虑到工程伦理是一种"实践智慧"的特点,同时又突出了案例教学和参与、互动教学的要求。这些探索都值得充分肯定,也需要在以后的教学实践中进一步完善。

在此,我要感谢参与"工程伦理"课程建设的专家们所做出的杰出工作,同时希望教指委和各培养单位积极探索、改革创新,不断为培养高层次工程科技人才作出新的贡献!

全国工程专业学位研究生教育指导委员会主任委员

清华大学校长

2016 年 8 月

目录

导论 ·· 1

第1章 工程与伦理 ·· 5

引导案例：怒江水电开发的争议 ··· 5

1.1 如何理解工程 ·· 7
1.1.1 技术与工程 ··· 7
1.1.2 工程的定义 ··· 8
1.1.3 工程的过程 ··· 9
1.1.4 作为社会实践的工程 ··· 10
1.1.5 理解工程活动的几个维度 ··································· 11

1.2 如何理解伦理 ·· 14
1.2.1 道德与伦理 ·· 14
1.2.2 不同的伦理立场 ·· 15
1.2.3 伦理困境与伦理选择 ··· 19

1.3 工程实践中的伦理问题 ·· 22
1.3.1 工程活动的行动者网络 ······································ 22
1.3.2 主要的工程伦理问题 ··· 23
1.3.3 工程伦理问题的特点 ··· 25

1.4 如何处理工程实践中的伦理问题 ································· 27
1.4.1 工程实践中伦理问题的辨识 ································ 27
1.4.2 处理工程伦理问题的基本原则 ····························· 28
1.4.3 应对工程伦理问题的基本思路 ····························· 29

本章概要 ··· 31
参考案例 ··· 31
思考与讨论 ·· 34
参考文献 ··· 34

第2章 工程中的风险、安全与责任 ································ 36

引导案例：温州动车组列车追尾事故 ·· 36

2.1 工程风险的来源及防范 ········· 37
2.1.1 工程风险的来源 ········· 37
2.1.2 工程风险的可接受性 ········· 40
2.1.3 工程风险的防范与安全 ········· 42
2.2 工程风险的伦理评估 ········· 44
2.2.1 工程风险的伦理评估原则 ········· 44
2.2.2 工程风险的伦理评估途径 ········· 46
2.2.3 工程风险的伦理评估方法 ········· 48
2.3 工程风险中的伦理责任 ········· 50
2.3.1 何谓伦理责任 ········· 50
2.3.2 工程伦理责任的主体 ········· 52
2.3.3 工程伦理责任的类型 ········· 53
本章概要 ········· 55
参考案例 ········· 56
思考与讨论 ········· 57
参考文献 ········· 58

第3章 工程中的价值、利益与公正 ········· 59
引导案例：南水北调工程——跨流域调水中的利益协调 ········· 59
3.1 工程的价值及其特点 ········· 60
3.1.1 工程的价值导向性 ········· 60
3.1.2 工程价值的多元性 ········· 61
3.1.3 工程价值的综合性 ········· 64
3.2 工程所服务的对象与可及性 ········· 65
3.2.1 目标人群：预期的受益者 ········· 65
3.2.2 可及与普惠：以产品价格为例 ········· 67
3.3 工程实践中的攸关方与社会成本承担 ········· 69
3.3.1 邻避效应 ········· 69
3.3.2 工程活动的社会成本 ········· 70
3.3.3 （利益）攸关方 ········· 72
3.4 公正原则在工程的实现 ········· 74
3.4.1 基本公正原则 ········· 74
3.4.2 利益补偿：原则与机制 ········· 75
3.4.3 利益协调机制：公众参与 ········· 77
本章概要 ········· 78
思考与讨论 ········· 78
参考案例 ········· 79
参考文献 ········· 83

第4章　工程活动中的环境伦理 ········· 84

引导案例：DDT 与《寂静的春天》 ········· 84

4.1　工程环境伦理观念的确立 ········· 85
- 4.1.1　工业化过程中保护环境的两种思路 ········· 85
- 4.1.2　工程环境伦理的基本思想 ········· 86
- 4.1.3　工程环境伦理的核心问题：自然的价值与权利 ········· 88

4.2　现代工程中的环境伦理 ········· 90
- 4.2.1　现代工程的环境影响 ········· 90
- 4.2.2　现代工程的环境道德要求 ········· 92
- 4.2.3　现代工程的环境价值观 ········· 93
- 4.2.4　现代工程的环境伦理原则 ········· 95

4.3　工程师的环境伦理 ········· 96
- 4.3.1　工程共同体的环境伦理责任 ········· 96
- 4.3.2　工程师的环境伦理责任 ········· 98
- 4.3.3　工程师的环境伦理规范 ········· 99

本章概要 ········· 100
参考案例 ········· 101
思考与讨论 ········· 107
参考文献 ········· 107

第5章　工程师的职业伦理 ········· 109

引导案例：2008 年中国奶制品污染事件 ········· 109

5.1　工程职业 ········· 110
- 5.1.1　职业的地位、性质与作用 ········· 110
- 5.1.2　工程社团是工程职业的组织形态 ········· 111
- 5.1.3　工程职业制度 ········· 112

5.2　工程职业伦理 ········· 113
- 5.2.1　作为职业伦理的工程伦理 ········· 114
- 5.2.2　工程师职业伦理章程 ········· 115
- 5.2.3　工程职业伦理的实践指向 ········· 117

5.3　工程师的职业伦理规范 ········· 118
- 5.3.1　首要责任原则 ········· 118
- 5.3.2　工程师的权利与责任 ········· 120
- 5.3.3　工程师的职业美德 ········· 121
- 5.3.4　应对职业行为中的伦理冲突 ········· 123

本章概要 ········· 127
参考案例 ········· 127
思考与讨论 ········· 129

参考文献 ………………………………………………………………………… 129

第6章 土木工程的伦理问题 ………………………………………………… 131

引导案例：湖南凤凰县沱江大桥特大坍塌事故 …………………………… 131
6.1 土木工程的类型与特点 ………………………………………………… 133
6.1.1 土木工程及其类型 ………………………………………………… 133
6.1.2 土木工程的特点 …………………………………………………… 135
6.1.3 土木工程的伦理问题 ……………………………………………… 137
6.2 土木工程师的职业伦理 ………………………………………………… 140
6.2.1 行业组织对土木工程师职业伦理的要求 ………………………… 140
6.2.2 对土木工程师职业伦理的共性要求 ……………………………… 142
6.2.3 案例分析：烟大渤海跨海通道 …………………………………… 142
6.2.4 情景案例讨论 ……………………………………………………… 144
6.3 建设管理人员的职业伦理 ……………………………………………… 145
6.3.1 行业组织对建设管理人员职业伦理的要求 ……………………… 145
6.3.2 建造工程师职业伦理的共性要求 ………………………………… 148
6.3.3 案例分析：重庆綦江彩虹桥坍塌事件 …………………………… 149
6.3.4 情景案例讨论 ……………………………………………………… 151
本章概要 ……………………………………………………………………… 151
参考案例 ……………………………………………………………………… 152
思考与讨论 …………………………………………………………………… 159
参考文献 ……………………………………………………………………… 159

第7章 水利工程的伦理问题 ………………………………………………… 161

引导案例：关于黄河三门峡工程的论争 …………………………………… 161
7.1 水利工程中的伦理问题 ………………………………………………… 162
7.1.1 水利工程的特点 …………………………………………………… 162
7.1.2 水利工程涉及的伦理问题 ………………………………………… 165
7.2 水资源的公正配置 ……………………………………………………… 166
7.2.1 水权 ………………………………………………………………… 166
7.2.2 水资源公正配置的原则 …………………………………………… 167
7.3 水利工程风险的公正评估 ……………………………………………… 170
7.3.1 从工程安全到工程风险 …………………………………………… 171
7.3.2 影响水利工程风险客观公正评估的因素 ………………………… 172
7.4 河流健康生命的公正维护 ……………………………………………… 174
7.4.1 河流系统的生命特征 ……………………………………………… 174
7.4.2 水利工程对河流生命的影响 ……………………………………… 175
7.4.3 维护河流健康生命的原则和途径 ………………………………… 176
7.5 水利移民的公正补偿 …………………………………………………… 179

  7.5.1 移民政策变迁 ……………………………………………… 179
  7.5.2 落实移民补偿公正原则的途径 ………………………… 181
 7.6 水利工程师多重角色的统一 ……………………………………… 182
  7.6.1 困境与冲突 ……………………………………………… 182
  7.6.2 多重角色的人格统一 …………………………………… 183
本章概要 ………………………………………………………………… 186
思考与讨论 ……………………………………………………………… 186
参考文献 ………………………………………………………………… 187

第 8 章 化学工程的伦理问题 ……………………………………………… 189

 引导案例：2005 年吉化双苯厂案例 ………………………………… 189
 8.1 化学工业发展中的工程伦理问题 ………………………………… 190
  8.1.1 化学工业在国民经济中的作用 ………………………… 190
  8.1.2 化学工业的伦理问题 …………………………………… 191
  8.1.3 应对策略和效果 ………………………………………… 193
 8.2 化工安全事故的伦理分析 ………………………………………… 195
  8.2.1 化工安全事故的人为因素 ……………………………… 195
  8.2.2 过失的根源分析 ………………………………………… 196
  8.2.3 事故预防中存在的伦理问题 …………………………… 198
  8.2.4 事故应急中存在的伦理问题 …………………………… 199
  8.2.5 事故调查中存在的伦理问题 …………………………… 201
 8.3 化工企业环境信息公开 …………………………………………… 202
  8.3.1 环境信息公开的重要性 ………………………………… 203
  8.3.2 环境信息公开的有关法律、法规要求 ………………… 204
  8.3.3 环境信息公开的良好实践案例 ………………………… 205
 8.4 责任关怀 …………………………………………………………… 207
  8.4.1 责任关怀的历史 ………………………………………… 207
  8.4.2 责任关怀准则 …………………………………………… 209
  8.4.3 产品安全监管 …………………………………………… 209
  8.4.4 化工过程安全 …………………………………………… 210
  8.4.5 社区应急与准备 ………………………………………… 211
本章概要 ………………………………………………………………… 212
参考案例 ………………………………………………………………… 212
思考与讨论 ……………………………………………………………… 213
参考文献 ………………………………………………………………… 213

第 9 章 核工程的伦理问题 ………………………………………………… 214

 引导案例：日本福岛核事故 …………………………………………… 214
 9.1 核工程及其特点 …………………………………………………… 215

- 9.1.1 核工程的特点 ……………………………………………………………… 215
- 9.1.2 我国核工业的发展历程 …………………………………………………… 216
- 9.1.3 核工程的利弊分析 ………………………………………………………… 216
- 9.1.4 伦理学在核工程中的作用 ………………………………………………… 217

9.2 核工程涉及的伦理问题 ……………………………………………………………… 217
- 9.2.1 核工程涉及的科技伦理 …………………………………………………… 217
- 9.2.2 核工程涉及的安全伦理 …………………………………………………… 218
- 9.2.3 核工程涉及的生态伦理 …………………………………………………… 219

9.3 核工程应遵循的伦理原则 …………………………………………………………… 219
- 9.3.1 以人为本原则 ……………………………………………………………… 219
- 9.3.2 可持续发展原则 …………………………………………………………… 220
- 9.3.3 生态原则 …………………………………………………………………… 220
- 9.3.4 公正原则 …………………………………………………………………… 221

9.4 核工程与公众知情权 ………………………………………………………………… 221
- 9.4.1 核工程风险及公众认知 …………………………………………………… 222
- 9.4.2 公众在核工程中的权利和责任 …………………………………………… 222
- 9.4.3 影响核事故信息公开的主要因素 ………………………………………… 223
- 9.4.4 提高核工程信息透明度 …………………………………………………… 224
- 9.4.5 加强核工程宣传教育 ……………………………………………………… 224

9.5 核工程与安全 ………………………………………………………………………… 225
- 9.5.1 核安全伦理 ………………………………………………………………… 225
- 9.5.2 核安全基本原则 …………………………………………………………… 226
- 9.5.3 核安全文化体系 …………………………………………………………… 227
- 9.5.4 核安全文化建设 …………………………………………………………… 227
- 9.5.5 核安全目标 ………………………………………………………………… 228

9.6 核工程与生态环境 …………………………………………………………………… 228
- 9.6.1 核电与煤电环境影响的比较 ……………………………………………… 229
- 9.6.2 核废物安全管理原则 ……………………………………………………… 229
- 9.6.3 核废物安全处理处置 ……………………………………………………… 230
- 9.6.4 核电站的环境影响 ………………………………………………………… 231

9.7 核工程师的伦理责任及培养 ………………………………………………………… 232
- 9.7.1 在核工程决策中的伦理责任 ……………………………………………… 233
- 9.7.2 在核工程实施中的伦理责任 ……………………………………………… 233
- 9.7.3 在核工程应用中的伦理责任 ……………………………………………… 234
- 9.7.4 对公众安全的伦理责任 …………………………………………………… 235
- 9.7.5 对环境的伦理责任 ………………………………………………………… 235
- 9.7.6 对政府的伦理责任 ………………………………………………………… 236
- 9.7.7 核工程师伦理责任的培养 ………………………………………………… 236

本章概要 …………………………………………………………………………………… 238

参考案例 ································· 238
　　思考与讨论 ······························· 239
　　参考文献 ································· 239

第 10 章　信息与大数据的伦理问题 ················· 240
　　引导案例："棱镜门"下的隐私权 ··············· 240
　　10.1　信息技术的社会影响 ····················· 241
　　　　10.1.1　信息技术正在并将持续快速发展 ····· 241
　　　　10.1.2　信息技术具有颠覆性 ··············· 242
　　　　10.1.3　信息技术与社会变革 ··············· 242
　　10.2　信息与大数据伦理问题 ··················· 244
　　　　10.2.1　信息与网络空间伦理 ··············· 244
　　　　10.2.2　大数据时代伦理新问题 ············· 247
　　10.3　数字身份困境 ··························· 248
　　　　10.3.1　社会身份与社会责任 ··············· 248
　　　　10.3.2　数字身份 ························· 249
　　　　10.3.3　大数据引发数字身份新问题 ········· 250
　　　　10.3.4　数字身份管理的伦理分析 ··········· 251
　　10.4　大数据时代的个人隐私 ··················· 253
　　　　10.4.1　个人信息收集 ····················· 253
　　　　10.4.2　从个人信息到隐私保护的伦理思考 ··· 254
　　　　10.4.3　隐私权、个人信息权的法律实践 ····· 255
　　10.5　数据权利 ······························· 257
　　　　10.5.1　数据的资产属性与数据权属 ········· 257
　　　　10.5.2　数据权属价值判断原则 ············· 258
　　　　10.5.3　防范数据滥用与垄断 ··············· 259
　　　　10.5.4　从数据公开到数据开放 ············· 260
　　10.6　大数据公共治理伦理 ····················· 261
　　　　10.6.1　中西公共治理价值观的差异 ········· 261
　　　　10.6.2　大数据公共治理的伦理选择 ········· 262
　　10.7　大数据创新科技人员的伦理责任 ··········· 263
　　　　10.7.1　大数据伦理责任特点 ··············· 263
　　　　10.7.2　大数据创新科技人员的伦理责任意识 · 264
　　　　10.7.3　大数据创新科技人员的伦理责任 ····· 264
　　　　10.7.4　大数据创新科技人员的行为规范 ····· 265
　　本章概要 ··································· 266
　　参考案例 ··································· 266
　　思考与讨论 ································· 267
　　参考文献 ··································· 268

第 11 章 环境工程的伦理问题 ······ 269

引导案例：再生水厂建设与选址案例 ······ 269
11.1 环境工程伦理问题的产生 ······ 270
    11.1.1 环境工程的演变及特点 ······ 270
    11.1.2 环境工程伦理问题的产生 ······ 272
11.2 环境工程中的生产安全与公共安全 ······ 276
    11.2.1 环境工程中的生产安全 ······ 276
    11.2.2 环境工程中的公共安全 ······ 276
11.3 环境工程中的社会公正与环境生态安全 ······ 279
    11.3.1 环境工程中的社会公正 ······ 279
    11.3.2 环境工程中的生态安全 ······ 280
11.4 经济发展与环境工程师的社会责任 ······ 281
11.5 环境人的职业精神与科学态度 ······ 283
本章概要 ······ 287
参考案例 ······ 287
思考与讨论 ······ 289
参考文献 ······ 289

第 12 章 生物医药工程的伦理问题 ······ 291

引导案例："反应停"事件 ······ 291
12.1 生物医药工程伦理分析框架 ······ 292
    12.1.1 生物医药工程伦理问题 ······ 292
    12.1.2 生物医药工程伦理准则 ······ 294
    12.1.3 伦理决策与伦理审查 ······ 298
12.2 基因工程伦理 ······ 299
    12.2.1 基因检测中的伦理问题 ······ 300
    12.2.2 基因治疗与增强的伦理蕴含 ······ 301
    12.2.3 编辑人类胚胎基因的风险-受益分析 ······ 302
    12.2.4 人类遗传样本采集和使用中的伦理问题 ······ 304
12.3 器官移植中的伦理问题 ······ 305
    12.3.1 组织工程与器官再造 ······ 305
    12.3.2 器官捐赠中的知情同意 ······ 306
    12.3.3 可供移植器官的公正分配 ······ 307
    12.3.4 特殊器官移植中的伦理难题 ······ 308
12.4 制药工程伦理 ······ 309
    12.4.1 制药工程的伦理蕴含 ······ 309
    12.4.2 药物临床试验伦理问题 ······ 310
    12.4.3 疫苗临床试验的伦理要求 ······ 313

    12.4.4 制药企业的社会责任 ······ 315
 本章概要 ······ 316
 思考与讨论 ······ 317
 参考文献 ······ 317

第 13 章 全球化视野中的工程伦理 ······ 319
 引导案例：中国铁建承担的沙特阿拉伯麦加轻轨工程 ······ 319
 13.1 工程实践全球化的内涵与特征 ······ 320
  13.1.1 工程实践的地域性 ······ 320
  13.1.2 工程实践的全球性 ······ 321
  13.1.3 工程实践双重特征的冲突与协调 ······ 322
 13.2 工程实践全球化带来的伦理挑战 ······ 324
  13.2.1 工程实践全球化中的伦理议题 ······ 324
  13.2.2 工程实践全球化中工程师的多重责任 ······ 326
  13.2.3 工程实践全球化中工程共同体的伦理责任 ······ 328
 13.3 跨文化工程伦理规范的辨识与运用 ······ 331
  13.3.1 跨文化工程伦理规范的辨识 ······ 331
  13.3.2 跨文化工程伦理规范的运用 ······ 335
 本章概要 ······ 338
 参考案例 ······ 338
 思考与讨论 ······ 339
 参考文献 ······ 340

索引 ······ 341

第 2 版后记 ······ 344

第 1 版后记 ······ 345

导 论

1. 工程伦理教育的意义

当代工程伦理教育受到高度关注。一方面,工程实践在现代社会发挥着越来越重要的作用,工程活动对人们的生活产生越来越广泛的影响。另一方面,工程实践越来越密切地关系到各种伦理问题。这些伦理问题涉及对工程行为正当性的思考和价值判断,往往需要在价值冲突中作出正确的价值选择。

20世纪70年代以来,美国、法国、德国、日本、英国等发达国家相继开展工程伦理教育。20世纪90年代之后,加强工程伦理教育,提高工程师和其他工程实践者的社会责任,成为工程教育的重要方面。自1994年起,美国工程教育协会(ASEE)和美国国家科学基金会(NSF)分别发表了关于工程教育改革的相关报告,呼吁重视工程师面临的伦理问题,加强工程伦理方面的教育。美国国家工程院的报告也指出,伦理标准是未来工程师具备的基本素质之一。1996年开始,美国注册工程师考试将工程伦理纳入"工程基础"考试范围。① 从而使工程伦理教育被纳入到教育认证、工程认证的制度体系之中。

工程伦理教育对于工程师的培养和工程实践具有重要意义。它不仅关系到工程师自身伦理素养和社会责任的提升,而且通过工程这一载体,关系到经济、社会与自然的和谐发展。具体包括以下三个方面。

第一,开展工程伦理教育有利于提升工程师伦理素养,加强工程从业者的社会责任。长期以来,我国工程教育多注重专业知识与技能的培养,工程伦理教育环节相对缺失,使得工程师在工程实践中往往只看到技术问题,认为工程引发的环境问题、社会问题与自己无关,这是造成我国工程实践中环境污染严重的重要原因之一。同时,在具体工程实践中,片面追求经济效益、盲目听从长官意志,无视工程的社会责任的现象屡有发生,导致豆腐渣工程、假冒伪劣工程大量出现。工程伦理教育的重要意义,就在于提升工程师的伦理素养,强化工程师和其他工程从业者的社会责任,使其能够在工程活动中意识到工程对环境和社会造成的影响,将公众的利益而非经济利益或长官意志放在突出的位置。

第二,开展工程伦理教育有利于推动可持续发展,实现人与自然的协同进化。现代工程技术已经得到极大发展,人类控制自然的能力不断提高,改造自然的进程也随之加快。但如果滥用知识和技术的力量,就会对自然环境带来极大破坏,并因此导致能源危机、生态危机和环境污染。近年来我国挥之不去的雾霾就鲜明地将环境污染的严峻形势呈现在公众面前。工程作为经济发展的基本实践方式,必须坚持合理的发展理念,在工程设计和工程建设中,将可持续发展、协调发展作为基本准则之一。工程伦理教育通过技术、利益、责任和环境

---

① 哈里斯,等.工程伦理:概念与案例[M].丛杭青,等译.北京:北京理工大学出版社,2006.

等方面伦理问题的探讨和分析,让工程师建立保护自然的意识、在经济利益与自然权力之间作出平衡,从而通过工程推动经济的可持续发展,实现人与自然的协同进化。

第三,开展工程伦理教育有利于协调社会各群体之间的利益关系,确保社会稳定和谐。随着工程规模的扩大和高度集成化,工程对社会产生的影响越来越大,所牵涉的范围也越来越广,如何协调各利益相关方的利益关系,不但关系到社会的稳定和谐,也关系到是否能够有效规避工程的风险,并让广大公众共享工程实践带来的福祉。近年来,类似PX项目这样的超大型化工项目引发的社会冲突就非常值得反思。这些大型化学工程往往年产值高达数十亿,能够极大地拉动地方的经济发展,但与此同时,化工产品生产存在的危险性和工程建造过程中发生的违规操作也给所在地的居民带来了环境问题和重大安全隐患,甚至造成更为严重的后果。厦门、大连、宁波等地接连发生公众集体抵制PX项目事件,从一个侧面说明,如果不能合理地兼顾各种利益诉求,就会导致公众与政府、企业之间出现信任危机,就会影响社会的稳定、和谐和共享发展。工程伦理教育强调加强社会责任,合理进行价值分配,协调不同的利益诉求,特别是强调要注重和保障公众利益,使工程师能够在工程实践中更有效地发现和解决技术应用中的风险问题,协调好公众、雇主和社会其他利益群体的关系,从而避免冲突,确保社会稳定,这也是工程伦理教育所具有的重要意义之一。

2. 工程伦理教育的目标

工程伦理教育的目标是什么?如果说工程伦理教育的重要任务是提高工程师伦理素养,那么工程师伦理素养的内涵是什么?

针对这些问题,美国工程伦理学家戴维斯(M. Davids)曾将大学工程伦理教育的目标总结为以下4方面:①提高学生的道德敏感性;②增加学生对执业行为标准的了解;③改进学生的伦理判断力;④增强学生的伦理意志力。[1] 这种观点实际上强调的是两个方面,即培养工程师准确和坚定的伦理意识,以及加强工程师对伦理规范的认知,这也是工程师解决工程伦理问题所需要具备的基本素质。但值得注意的是,在具体的工程实践中,由于工程活动的复杂性和不确定性,工程师还需要培养良好的工程决策能力,即要把伦理意识和伦理规范具体落实到解决工程实践面临的伦理问题上。由此,我们可以把工程伦理教育的目标概括为以下三个主要的方面。

第一,培养工程伦理意识和责任感。广义的意识概念是指大脑对客观世界的反应,狭义的意识概念则是指人们对外界和自身的觉察、认知与关注。工程伦理意识强调的是对工程活动中存在的伦理问题的感知、理解和重视。培养工程伦理意识就是要提高人们对工程伦理问题的敏感性,增强其理解、重视工程实践中各种伦理问题的自觉性和能动性,这是积极面对和有效解决工程伦理问题的重要前提。工程伦理意识并非工程师先天具有,而是通过系统学习和实践逐步培养起来的,缺乏工程伦理意识的工程师往往会在无意识的情况下作出有悖伦理的决定。"在伦理问题上陷入困境的工程师多数不是由于他们人品不好,而是由于他们没有意识到自己所面对的问题是一个具有伦理性质的问题。"[2]或者虽然意识到伦理问题的存在,但却往往认为这是与自己无关的。缺乏自觉面对和解决伦理问题的责任感。

---

[1] DAVIDS M. Engineering ethics[M]. Aldershot:Ashgate Publishing Limited,2005.
[2] 李世新.工程伦理意识淡漠的原因分析[J].北京理工大学学报(社会科学版),2006(6):93-97.

因此，培养工程伦理意识和责任感，就成为工程伦理教育的基础性任务，也是实现工程伦理教育其余目标的重要基础。

第二，掌握工程伦理的基本规范。工程伦理规范是指工程师面对伦理问题时应遵循的行为准则，是工程师共同体价值观和道德观的具体体现，为工程师如何解决伦理问题提供依据。工程伦理规范并非一成不变，而是随社会的发展不断变化和不断丰富的，在不同时期具有不同的内涵和侧重点。从不同的伦理思想出发，对何为正当性的行为的判断标准不同，也会形成不同的伦理规范。但总体上看，工程伦理规范往往体现的是在一定的社会发展阶段，最能够反映社会主流价值观念和伦理思想的行为准则，因此对工程实践行为具有重要的指导意义。比如，从我国十八届五中全会提出的"创新、协调、绿色、开放、共享"的五大发展理念出发，保护环境、保障公众利益就成为重要的行为准则，即在面临价值冲突和价值选择时，应优先考虑保护环境和保障公众利益，这是当前工程师共同体需要遵从的首要原则。同时，需要指出的是同一时期，不同国家、不同领域的工程伦理规范又有所差异，这一方面需要在具体实践中为工程师提供更有针对性的行为引导，另一方面，工程伦理规范的变化性和差异性也为解决工程伦理问题增添了复杂性。

第三，提高工程伦理的决策能力。工程伦理的决策能力是指在面对伦理困境时，仅依靠工程伦理规范很难作出判断，工程师需要具备的更为复杂的理性决策能力。上文中提到，工程伦理规范并非统一和一成不变，有时不同的规范之间甚至会相互冲突，加上工程活动本身具有不可预测性，工程师时刻需要面对大量无法用工程伦理规范解决的复杂问题。此时，就需要工程师在正确理解和把握规范的前提下，结合实际情况及时作出合理决策。特别是进入大工程阶段，无论是技术问题还是利益关系都空前复杂化，伦理决策能力已经成为处理伦理问题的必要条件之一。

3.《工程伦理》教材的编写思路

相对于西方发达国家，我国工程伦理教育起步较晚。20世纪90年代，工程伦理教育开始引起国内相关学者的注意。董小燕等人介绍了美国、德国和日本等国的工程伦理教育情况，之后曹南燕等相继发表文章探讨工程伦理教育的意义，并呼吁在国内开展工程伦理教育。20世纪90年代后期，清华大学、大连理工大学、北京理工大学、西安交通大学等理工科院校开始开设工程法规和案例分析相关课程。进入21世纪之后，工程伦理教育更受到工程界、教育界和政府相关部门的高度关注，必须在工程教育中全面推进工程伦理教育也成为人们的共识。在全国工程教育指导委员会的指导下，编写工程伦理教育的教材也成为一项重要的基础性工作。

基于以上关于工程伦理教育意义和目标的思考，同时充分借鉴国内外相关教材的经验，本教材的编写试图体现以下几个原则。①立足工程实践特点，以全面树立与强化工程活动的伦理意识为基本目标；②在探讨具有普遍性的工程伦理问题的基础上，充分体现不同专业领域工程伦理问题的特殊性，强化工程伦理规范的针对性；③在坚持职业伦理的规范性、原则性基础上，注意工程伦理实践在具体情景中的复杂性，提升工程伦理决策能力；④重视工程伦理基本原则与不同文化本土特点的结合；⑤以案例教学为特点，同时体现工程伦理基本理论框架论述的系统性。

根据以上编写原则，教材的整体结构分为"通论"和"分论"两个部分。

"通论"部分包括第 1 章至第 5 章。通论主要探讨工程伦理的基本概念、基本理论问题，以及工程实践过程中人们将要面对的共性问题。其中，第 1 章分析工程和伦理的概念，工程实践中的伦理问题，以及处理工程伦理问题的基本原则。第 2 章至第 4 章分别从责任伦理与伦理责任、利益分配与公正、环境伦理与环境正义三个方面探讨所有工程实践都可能面对的一些共性问题。我们以为责任、公正和环境正义三个方面是面对伦理问题必须坚持的基本伦理原则，也是工程伦理普遍要遵循的重要准则。第 5 章重点探讨了工程师的职业伦理，工程师的职业伦理是工程伦理的核心内容之一，倡导工程师的职业伦理并引导工程师恪守职业伦理规范，是工程伦理教育的重要任务。

"分论"部分包括第 6 至 13 章。分论主要针对不同的工程实践，有针对性地分析不同的工程领域面对的特殊问题，以及共性的伦理问题在这些领域的特殊表现，分析不同工程领域的工程伦理规范。分论分别涉及土木工程、水利工程、化学工程、核工程、信息工程、环境工程和生物医药工程等具体的工程领域，以及跨国、跨文化情境下工程实践的相关伦理问题。

教材的编写试图体现"案例教学为特点，职业伦理教育为重心"的教学理念。为此，各章以引导案例为切入点，同时在各章结束时提供参考案例和需要讨论的问题以供进一步思考。在各章的写作中，力求从不同的视角突出工程师和其他工程从业者需要把握和思考的伦理规范，以从不同的方面反映工程职业伦理的丰富内涵。

第 1 章 工程与伦理

引导案例：怒江水电开发的争议

怒江是我国西南的一条国际河流，其中下游径流丰沛而稳定、落差大、交通方便、开发条件好，是水能资源丰富、开发条件较为优越的河段，是我国尚待开发的水电能源基地之一。1999 年，国家发展与改革委员会"根据我国的能源现状，决定用合乎程序的办法对怒江进行开发"。但从 2003 年国家发改委开始对怒江水电开发进行论证伊始，怒江水电开发的争议已经持续了十余年，成为环保与发展争议的标志性事件，也被外界视为中国乃至世界水利开发主要受阻于环保因素的一个罕见案例。

怒江既是资源最富集的地区之一，但又是全国最贫困的地区之一。怒江州是全国唯一的傈僳族自治州，58.3% 的区域面积纳入自然保护范围，丰富的木材资源和矿产资源不能开发，没有支撑地方经济增长的支柱产业。2002 年，怒江州全年的财政收入只有 1.05 亿元，全州 4 县均为国家扶贫重点县。2004 年怒江州人均年收入在 625 元以下的贫困村有 11 个，农民人均年收入 978 元。

怒江水电开发被视为该地区脱贫致富求发展的重要途径。按照云南省有关部门提出的规划，怒江中下游干流共开发 13 个梯级电站，总投资 896.5 亿元，可带来 40 多万个长期就业机会，同时带动地方建材、交通等二、三产业的发展，促进财政增收。不但电力成为地方新兴的支柱产业，而且由此带来的社会经济效益将远远超过电力行业本身。

但怒江水电开发引发了多方面的争议。反对者的主要理由包括以下几个方面。①水电站的建设可能影响怒江的旅游业；②将改变自然河流的水文、地貌及河流生态的完整性和真实性，也将影响和降低其作为世界自然遗产的地质、地貌、生物多样性、珍稀濒危物种以及自然美学价值；③将破坏怒江地区多民族聚居的独特的地方民族文化；④应从国家生态安全长期目标出发，将其作为一条生态河流予以保留；⑤移民问题不易解决。此外，环保组织和一些专家曾联名致信相关部门，提请在怒江水电开发中依照《环境影响评价法》的要求，吸收公众参与环评。

针对反对的声音，当地政府官员认为："怒江人民有着脱贫致富的强烈愿望，已经初步具备了改变家乡面貌的能力，我们拥有建设新农村的权利。"有的地方官员这样表达他们的不解："问题是被一些所谓的环保人士和新闻媒体复杂化了，他们的行为甚至引起了中央领导人的注意。我就想不通，以前我们怒江人过了这么多年的穷苦日子他们并不关心,现在我们想通过开发怒江过点好日子他们却特别关注,一致反对了,似乎我们怒江人就不该向往过好日子。"一些专家也认为,怒江现在的问题,不仅仅是保护和恢复生态的问题,还有拯救生态的问题。开发怒江水能资源,对治理怒江流域的生态恶化具有关键的意义。只要在开发中重视环保问题,坚持科学的开发模式,资源开发与环境保护可以实现双赢。

据悉,怒江水电开发在"十三五"期间将重新启动。但争议仍然会继续。过去的争议对今后的水电开发也有不可估量的重要影响。

值得我们思考的是:

(1) 一个规划中的水电开发工程何以引发如此广泛的争论?这反映了工程实践的什么特点?

(2) 这个争论反映了哪些伦理问题?如何理解水利开发工程中出现的这些伦理问题?

(3) 重大工程的实施应该如何处理经济社会发展和环境保护之间的关系?

从人类的发展看,工程实践活动有悠久的历史。可以说,人类社会的发展始终伴随着不同类型的工程行为。埃及金字塔、中国万里长城等闻名遐迩的伟大建筑,既是人类文明的重要遗产,也是古代浩大工程的典范;公元前256年李冰父子修建的都江堰水利工程至今依然福泽川蜀。但值得注意的是,人类文明的发展,人类大规模改造自然的工程行为不可避免地要涉及人与自然、人与社会、人与人的关系问题,多重价值追求、不同的利益诉求也会导致工程行为选择上的困境和冲突,并引发对工程行为意义与正当性的反思。因此,人类的工程实践不仅是一种改造自然的技术活动,也是一种关涉人、自然与社会的伦理活动。这成为"工程伦理"作为一门学科建立和发展的现实背景。

工程伦理研究始于西方20世纪60年代,作为一门哲学、伦理学与工程学、社会学交叉的新兴的学科门类。在规范性意义上,"工程伦理"指工程中得到论证的道德价值,明确何为嵌入工程活动中的"德行"(virtues)和"卓越"(excellences)。在描述性意义上,工程伦理关注的是工程实践中出现的特定伦理问题和伦理困境、通过践行并不断完善伦理规范和规则来实现"有限的伦理目标"[①],为应对工程中出现的具体伦理问题提供指导。

本章将重点探讨工程和伦理的概念,分析工程实践中可能出现的各种伦理问题,提出处理工程实践中伦理问题的基本原则。

R1-1 怒江水电开发求解

---

① BOWEN W R. Outline of an aspirational engineering ethics[J]. Engineering Ethics: Outline of an Aspirational Approach, 2009: 69-86.

1.1 如何理解工程

探讨工程伦理问题,分析人类工程实践中出现的伦理困境,首要的是明确"工程"的概念。然而,在现代社会,人类的工程活动都要以技术为基础,对技术的选择和应用直接或间接地影响工程的进步及发展方向。因此,工程与技术密切相关。在讨论工程伦理的相关问题之前,必须先厘清技术与工程之间的联系与区别。

1.1.1 技术与工程

技术和工程都起源于人的劳动。在西方语言中,technology(技术)一词出自希腊语中techne(工艺、技能)与 logos(词、讲话)的组合,意指对造型艺术和应用技艺进行论述;当它17世纪在英国首次出现时,主要指各种应用技艺。在我国《辞海》(1979年版)中,"技术"被解释为"人类在利用自然和改造自然的过程中积累起来并在生产劳动中体现出来的经验和知识,也泛指其他操作方面的技巧"。陈昌曙认为,技术"是指生产过程中的劳动手段(如设备)、工艺流程和加工方法,属于社会的物质财富和创造物质财富的实践领域,是劳动技能、生产经验和科学知识的物化形态"[①]。

从词源上看,engineering(工程)词根 engine(发动机)和 ingenious(创造能力)源于相同的拉丁语词根 ingenerare(创造)。同时,engineering(工程)与 engineer(工程师)或 ingeniator(拉丁语工程师)密切相关,engineering 一词由 engineer 接 ing 后缀构成,由名词 engineer 到动名词 engineering 的过渡,表明动作承担者与其行为结果的内在关联性。在古代西方,"工程"一词特指的是军事工程,但就工程作为具体建设项目而言,古代的房屋、道路、水利、作战器械、土木工事等的各项建造或制作均属工程范围。在中国,"工程"一词最早出现于《新唐书·魏知古传》:"会造金仙、玉真观,随盛夏,工程严促",此处的"工程"指的是金仙、玉真这两个土木构筑项目的施工进度。到了明清时期,"工程"主要指宫室、庙宇、运河、城墙、桥梁、房屋的建造等,强调施工过程和结果[②]。及至近代之后,"工程"广泛被认为是人类利用自然界的资源、应用一切技术的生产、创造、实践活动。

从以上"技术"和"工程"的词源、词义的分析来看,可以发现技术与工程之间既相互区别又彼此联系。两者的区别主要表现为以下四个方面:第一,二者内容和性质不同。技术是以发明为核心的活动,它体现为人类改造世界的方法、技巧和技能;工程则是以建造为核心的活动,"工程的建造过程,也就是科学、技术与社会的互动过程,并最终在工程中发挥科学、技术的社会功能、实现其价值的过程"[③]。第二,二者"成果"的性质和类型不同。技术活动成果的主要形式是发明、专利、技术技巧和技能(显现为技术文献或论文),它往往在一定

[①] 陈昌曙.技术哲学文集[M].沈阳:东北大学出版社,2002:10.
[②] 例如[明]李东阳《应诏陈言奏》:"今纵以为紧急工程不可终废,亦宜俟雨泽既降,秋气稍凉,然后再图修治。"清·刘大櫆《芋园张君传》:"相国创建石桥,以利民涉,工程浩繁,惟君能董其役。"
[③] 张秀华.工程:具象化的科学、技术与社会[J].自然辩证法研究,2013(9):46-52.

时间内是有"产权"的私有知识；工程活动成果的主要形式是物质产品、物质设施，它直接地显现为物质财富本身。第三，二者的活动主体不同。技术活动的主体是发明家，工程活动的主体是工程师以及工人、管理者、投资方等。第四，二者的任务、对象和思维方式不同。技术是探索带有普遍性的、可重复性的"特殊方法"，技术活动是利用科学原理和技术手段的发明创造过程。任何技术方法都必须具有"可重复性"。但是，任何工程项目都是一个相对独立完整的活动单元，其目的明确，在时间、空间上分布不均匀，规模一般比较大，需要周密的分工合作和严格的管理，牵涉到组织、管理、体制、文化等因素，具有独一无二的特征。

虽然技术与工程之间存在差异，但是彼此有着紧密的联系。首先，它们都是以满足人类的某种需要为目的，都是人类在认识世界的过程中为了获得更为优质的生活而改造世界的活动。其次，任何时代的工程活动都要以那个时代的技术为基础，工程要对技术进行集成。同时，工程也必然成为技术的重要载体，并使技术的本质特征得以具体化。"当作为过程的技术在工程中被集成时，动态的技术在其过程中要经历形态的转化，要与工程过程中的相应环节匹配、整合，而被集成为'在场'技术，即'工程技术'"[1]。可以说，技术是工程的手段，工程是技术的载体和呈现形式，技术往往包含在工程之中。

1.1.2 工程的定义

技术与工程的内在不同使得工匠、发明家和工程师逐渐分化为既有联系又有差异的社会群体。在这个过程中，也开始形成相对独立的工程概念。

工程的概念最初主要用于指代与军事相关的设计和建造活动，比如，工程师最初指设计、创造和建造火炮、弹射器、云梯或其他用于战争的工具的人。近代之后，工程的含义越来越广泛。人们把有目的地控制和改造自然物，建造人工物，以服务于特定人类需要的行为往往都称之为工程。在18世纪，职业化的民用工程师开始出现，他们是道路、桥梁和城市供水系统的设计者。1818年英国民用工程师学会成立，是工程师与传统意义的工匠在职业划分上明确分离的重要标志。现代意义上的工程师们开始反思自身工作的特点和意义，并开始了对工程活动本质的追问，以明确工程师的身份特征。

1828年Thomas Tredgold给英国民用工程师学会的信中，提出了此后在较长时间内被广泛接受的"工程"定义，即认为工程是驾驭源于自然界的力量以供人类使用并为人类提供便利的艺术。这个定义的特点在于：第一，把工程看作通过控制和变革自然界以驾驭和利用自然界力量的工具与技能；第二，突出工程的最终目的是为人类服务，为人们更好地利用自然界提供便利；第三，强调工程是一种艺术或创造，但并不限于军事方面。这一定义也往往被认为是预设了工程是价值中立的这种思想。

随着工业化进程的推进，人类对于自然力量的控制和利用越来越紧密地与近代以来的科学发现和技术发明联系在一起，因此，工程也往往被视为是对科学和技术的应用。一些现代工程师也把是否具备和灵活应用现代科学技术知识作为工程师素养的重要方面，以进一步区别于传统的工匠与技师，这样，对工程的定义就较多地强调工程作为"科学知识的应

---

[1] 张铃.工程与技术关系的历史嬗变[J].科技管理研究,2010(13):294-298.

用"。比如,1998年美国工程与技术资格认证委员会就曾经对工程职业作过这样的界定:工程是应用通过研究、经验和实践所得到的数学和自然科学知识,也开发有效利用自然的物质和力量为人类利益服务的途径的职业。[①] 这种定义突出了工程活动与科学技术日益紧密的联系。但把工程视为科学知识的应用,往往易于忽视工程活动自身的创造性和自主性。20世纪后,工程活动在经济社会发展中扮演了越来越重要的角色。人们开始进一步反思工程的概念。一方面,逐步打破了工程是价值中立的这种观念,开始从社会和伦理维度对工程活动进行探讨。工程与伦理的关系成为重要的理论和实践问题;另一方面,进一步探讨科学、技术与工程之间的关系,逐渐摒弃把工程单纯视为是科学的应用的这种认识。

在现代社会,工程概念的应用更加广泛,也形成了狭义的工程概念和广义的工程概念。广义的工程概念认为,工程是由一群人为达到某种目的,在一个较长时间周期内进行协作活动的过程。这种广义的理解强调众多主体参与的社会性,如"希望工程"等;狭义的工程概念则认为,工程是以满足人类需求的目标为指向,应用各种相关的知识和技术手段,调动多种自然与社会资源,通过一群人的相互协作,将某些现有实体(自然的或人造的)汇聚并建造为具有预期使用价值的人造产品的过程。狭义的工程概念不仅强调多主体参与的社会性,而且主要指针对物质对象的、与生产实践密切联系、运用一定的知识和技术得以实现的人类活动,如"化学工程""三峡工程""载人航天工程"等。工程伦理所讨论的"工程",主要指狭义的工程概念。

1.1.3　工程的过程

不论是古代还是现代,人类的工程实践都表现为动态的过程。因此,从工程过程出发认识工程的特点,把握工程的本质便成为理解工程行为的重要切入点。

一般而言,计划、设计、建造、使用和结束这五个环节构成了工程的完整生命周期。其中,工程的计划环节包括工程设想的提出和决策两个部分,解决的主要是工程建造的必要性和可行性问题。在工程计划通过之后,就进入了工程的设计环节,包括工程的设计思路、设计理念以及具体施工方案设计等都在这一环节得以确定。工程的第三个环节是建造环节,包括工程实施、安装、试车和验收等具体步骤,是依据工程设计来对自然进行改造和重构的过程。工程通过验收之后并不意味着工程生命周期的结束,接下来还包括工程的使用和结束两个重要环节。工程使用环节是指工程竣工验收之后正式投入运营的时期,工程实现其自身的经济效益或社会效益,在工程过了使用期之后,需要进行报废处理,即工程的结束环节。这五个环节密不可分,互相影响,共同构成了工程的完整生命周期过程。

从过程的角度认识工程,目的之一是试图提炼贯穿在工程过程中发挥核心作为的因素,并由此对工程的实质有所认识。在这个方面,人们对工程的过程形成了两种具有互补性的看法:一种是将工程理解为设计的过程,这种理解认为作为思想行为的"设计"是工程的本质,工程的实施不过是根据设计进行生产或制造,因此,设计是工程的灵魂,真正的工程师就

---

① 杜澄,李伯聪.跨学科视野中的工程[M].北京:北京理工大学出版社,2004:165.

是设计师;另一种将工程理解为建造的过程,这种理解认为作为实践行为的"建造"是工程的本质,设计只是工程过程中的重要环节,建造的过程依赖于设计,但却超越了设计,是最终被建造出来的人造物体现了工程的价值和意义。

事实上,在一定意义上,设计和建造是工程实践的两个关键环节,但这两个环节并不是孤立的,而是相互交织并交互建构的。可以说,上述这两种理解从不同角度反映了工程活动的特点。前者强调了工程师或设计者创造性的思想和理念可能对工程行为产生极其深刻的影响,后者强调了工程实践最终要通过建造新的人工物来实现其价值。可以说,创造性的思想和创造性的实践,都是好的工程实践不可或缺的,而且这两者之间是交互促进的。如果从广义的实践概念来理解工程活动中的"建造"和"造物",那么创造性的设计应该被包含在其中。

R1-2　工程的主要环节　　　　　　R1-3　对工程过程的两种理解

1.1.4　作为社会实践的工程

从工程的特点可以看出,任何一个工程项目整体上都是一种社会实践。认识到这一点对于我们探讨工程的伦理问题具有重要的意义。

"作为社会实践的工程"可从两方面进行考量。一方面,工程活动本身具有社会性,它是工程共同体通过实践将工程设计和知识应用于自然的过程;另一方面,工程活动的目的是为了"好的生活"①,其造福人类社会的目标具有社会性。工程实践作为特定知识在自然界中的运用方式,具有与现代科学实验相似的因素,即不确定性和探索性。

首先,工程活动蕴含着有意识、有目的的设计。在具体实施之前,工程师需要明确工程需实现的多方面目标,需要思考可以调动的自然和社会资源以及可以利用的知识与技术,进而探索实现目标可能采用的路径和方案。这种有目的、有意识的设计既体现了工程中的创造,也反映了人们对工程的预期。

其次,工程设计和实施过程中人们的知识与技术总是不完备的。任何工程都需要面对新的情境和问题,并因此包含着部分的无知和不确定性。在设计过程中基于抽象模型和模拟试验的设计与计算往往包含着不确定性;对材料的采购、加工和利用,其性能和质量等方面也具有不确定性;工程实施过程中的特殊自然条件、地理结构,天气状况等都有可能给工程进展带来不可预期的新问题。面对这些知识和技术上的不完备性,工程设计师和工程实

---

①　在哲学和伦理学意义上,"好的生活"是实现幸福的生活,它以人的完满存在为指向,意味着人通过工程活动使得自身潜能充分展开,达致人自身多方面的发展,即科技进步和工程实践应以提高人的幸福度为价值旨归。基于人类对"好的生活"的理性认知与道德实践,确定了以增进人类的幸福和促进人、自然、社会和谐发展与完善作为处理工程实践中各种伦理问题的基本价值导向。

施者往往不可能在工程之前完全予以克服,而是要在工程的实践过程中不断通过试错和改错的方法来部分地消除。在试错和改错的摸索过程中,不但利用已有的知识和技术,也不断产生着新的知识和技术,可以说,工程实践本质上也是一个探索性的过程。

最后,工程实践的后果往往会超出预期。工程活动是"造物"的制造过程,是一种物质的实践活动。一般来说,"物质的实践"有两种情况:一种是依循现成的实践模式,在既有的生产方式下通过不断的投入而获得产出,这种情况本质上属于重复性生产。另一种情况是要创造出新的人工物,以满足新的需求,其结果是形成新的人工自然,并改造人们的生存和生活空间。在这种情况下,实践往往具有生成性的"扩张效应"。由于实践过程中包含着不确定性,实践的后果并不总是完全符合实践者的理论预测和主观期待,其间既包括对盲目追求的过滤,也包括对保守追求的超越,同时也可能出现未曾预料的不良后果。换言之,这种情况下的物质实践在本质上是"发明性的"而非"发现性的",是"生成的"而非"预成的",是"创造的"而非"因循的"。

因此,工程作为一种由具有有限理性的人所主导的社会实践,既具有社会性,又具有探索性。这两个方面都使得工程实践与伦理问题紧密相关。

一方面,工程实践不仅涉及与工程活动相关的工程师、其他技术人员、工人、管理者、投资方等多种利益相关者,还关涉到工程与人、自然、社会的共生共在,因而面临着多重复杂交叠的利益关系。如何兼顾工程实践过程中各主体间不同的利益诉求,尽可能平衡或减少其中的利益冲突,"搭乘"[①]体现公平公正的社会伦理准则和可持续发展理念,将是工程实践必须面对的重要问题。

另一方面,由于工程是在部分无知的情况下实行的,具有不确定的结果,工程活动既可能形成新的人工物满足人们的需求,也可能导致非预期的不良后果,可以说,"工程是社会试验"[②]。而且,技术发展常常是"双刃的、有双面孔的和在道德上有双重性的"[③],这使得作为社会试验的工程成为一种"被制造出来的风险"[④]。由此出发,如何尽可能有效地规避风险,并最大限度地服务于"好的生活",不但需要制定必要的行为规范,而且要求监测和反馈;同时,也要求"取得那些受影响者的知情同意"[⑤]。

1.1.5 理解工程活动的几个维度

与科学、技术或文化相类似,工程活动也是非常复杂的社会现象。试图从单一视角理解工程不仅比较困难,而且非常局限。因此,我们需要从以下多个维度认识工程现象。

---

① 在现实的工程实践中,社会的伦理规范和工程伦理规范、工程师的职业伦理准则其实是无法截然分开的,社会的伦理要求及其价值指向通常都会以工程实践的伦理规范和工程师的职业道德形式出现,也就是说,社会的价值目标、伦理原则与工程实践的伦理规范是相互"搭乘"(hitchhiking)的。从西方工程职业建制的历史发展过程中可以看出,工程职业伦理章程诸条款的伦理要求和道德承诺通常都是搭乘社会的价值导向和社会伦理准则而使自身得以实现。

② 马丁,辛津格.工程伦理学[M].李世新,译.北京:首都师范大学出版社,2010:97.

③ 同②3.

④ KROHN W. Society as a laboratory: the social risks of experimental research[J]. Science and Public Policy,1994(3):173-183.

⑤ 同②125-126.

1. 哲学的维度

从哲学的维度理解工程,主要涉及工程的本质、工程的价值、工程师及其相关人员的责任等问题的反思。可以说,什么是工程?工程的意义和价值何在?就是工程的两个基本哲学问题。这种哲学的思考,首先是反思自身的责任。工程的价值何在,什么是好的设计和好的工程?工程师如何更好地履行自己的使命?这些的确都是需要工程师以及其他工程活动的参与者共同思考的重要问题。其次是要回应对工程活动的质疑和批判。20世纪中期以来,关于技术和工程的批判不绝于耳,批评者认为,工程师们把丑陋的建筑和毫无用途的消费品倾注到人类社会,同时导致生态失衡等诸多问题,女权主义的批评者甚至把工程与父权统治、性别歧视联系起来。应对这些批评,说明工程活动的合理性,需要工程师们从哲学上思考工程的本质和意义。特别是以哲学的视角来看待工程活动及其引发的诸多伦理困境时,也涉及对"好的生活"的价值指向和相应的行为规范的反思。

2. 技术的维度

工程活动越来越依赖于技术的进步。许多引领设计与建造潮流的工程,最终的实现往往得益于应用了先进的材料与技术。在工程实践的过程中,为了使人造物体现新的设计理念、具备优良的品质,展现独特的风格,成为城市或地区的标志,工程设计师和建造者往往努力寻求最佳的技术路径,探索利用新的材料和技术来实现创造性的奇思妙想。比如工程历时14年之久的悉尼歌剧院,被作为当代艺术与现代科技结合的产物,它的完成不仅体现了建筑应与周围环境有机融合的"有机建筑"理念,而且也代表了当时建筑技术和建筑材料的最高水平。值得注意的是,工程并不只是简单地应用技术,而是要创造性地把各种先进的技术"集成"起来共同实现新的人工建造物,而且在这个过程中,也可能发明新的技术,发现技术的新用法,或者实现技术上的重大突破。可以说,工程实践不但为技术提供了用武之地,而且本身也是孕育新技术的温床。

3. 经济的维度

"经济"是理解工程活动常见的视角之一,事实上,具有重要的经济价值往往是表征工程意义的重要指标。经济视角的考量主要包括工程的经济价值和工程的经济性两个方面。一方面,很多工程能够立项并得以实施,主要是会带来显著的经济效益。深入分析"怒江水电开发的争议"案例可知,赞同和支持该项目上马者的一个主要依据,就是认为该工程能够极大地改善当地的经济状况。按照预期,怒江水利资源的开发每年可创造价值342.3亿元,可增创国民生产总值5158亿元,这将带来巨大的经济利益,并在较大程度上改变当地的贫困状况。尽管工程的实施还必须充分考虑社会、生态等多方面因素,但经济利益无疑是激发人们开展工程活动的重要动力。另一方面,对耗资巨大、影响广泛、管理复杂的工程实践来讲,如何以尽可能小的投入获得尽可能大的收益是需要仔细核算的问题。经济性既涉及微观层次的工程成本最小化问题,也涉及宏观层次的工程价值最大化问题。微观层次的问题主要集中于工程本身的经济成本效益分析,宏观层次的考虑则把工程纳入到更大的市场、社会等框架内进行考量。近30年来,工程经济学中的微观部门效果分析逐渐同宏观的社会效益研究、环境效益分析更紧密地结合在一起,国家社会发展、环境保护政策等宏观问题也成为当代工程经济学研究的新内容。

4. 管理的维度

由于工程往往需要众多的行动者集体参与，而且需要较长的实施周期，因此，如何根据工程的需要最有效地把众多的行动者、可利用的资金和自然资源等组织起来，使工程的不同环节、相继的时间节点实现高效协同，就成为工程实践中必须面对的重要问题。管理的维度就是要从实践上解决上述问题，从理论上探讨和总结管理的经验与规律，从方法上探索最佳的管理模式与工具。在长期实践的基础上，工程管理已经成为管理科学的重要组成部分，同时一些富有成效的管理模式和方法也与工程实践密切相关，比如系统工程的方法就是基于著名的曼哈顿工程的实践而被总结和提炼出来的。

5. 社会的维度

社会的维度在工程实践和研究中正在受到越来越多的关注。如前所述，工程实践具有广泛的社会性。一方面，工程需要众多行动者的集体参与，包括工程的投资者、管理者，进行工程技术设计和实施的工程师，参与工程具体建设的专业公司和技术工人，以及受到工程影响的社会公众等，在具体的工程项目中这些行动者形成了为实现特定工程目标而紧密关联在一起的工程共同体。是否能够为工程的顺利实施相互协作，取决于如何处理这个网络中不同的社会关系；另一方面，从事工程实践的工程师构成了特殊的社会群体——工程师共同体，并以不同类型的专业协会的形式存在，在这个共同体中，工程师们拥有相近的目标追求，探索并遵循共同的职业准则和行为规范。此外，工程过程也关系到不同的利益群体，有些利益相关者直接介入到工程过程之中，有些虽未直接参与工程活动，但却是工程实施或完成之后产生的实际后效的承担者，例如怒江水电开发项目中的移民。如何处理这些利益关系，也是社会维度必须考虑的重要问题。

6. 生态的维度

生态的维度是近年来受到高度重视的重要视角。原因在于工程实践直接对自然环境和生态平衡带来不可还原、不可逆转的重要影响。从历史上看，这种影响始终存在，不论是古代文明因土地沙化、水土流失而湮灭的历史教训，还是近代工业化过程中出现的举世震惊的生态环境公害，都说明了工程实践可能对生态环境带来的严重影响。怒江水电开发的争论中就反映出公众对水电工程破坏环境的担忧。特别是近年来，工业化迅速推进过程中气候变化、环境和生态破坏成为全球性的社会问题，同时由于科学和技术的发展，当代工程活动改造和控制自然的强度、规模越来越大，对生态和环境问题的影响越来越广泛和深远，更使得生态和环境维度的考虑越来越重要。

7. 伦理的维度

人们一般把伦理的问题归结为哲学问题，把伦理的维度纳入哲学的维度，但实际上，伦理的维度所涉及的问题远超出了哲学的范围。伦理的维度探讨的是人们如何"正当地行事"，从这些视角理解工程，可以发现几乎以上所谈及的各种维度都不可避免地和伦理的思考形成交集。如何"正当地行事"不仅是理论问题也是实践问题，不仅需要从过去的历史中学习，也需要面对新的现实问题发现新的更好的行事策略与方法。而且值得注意的是，在具体的工程实践中，伦理问题都表现出一定的特殊性，与具体的工程情境密切相关。

在以下的各章中，我们探讨工程实践中具有一定普遍性的伦理问题，同时也将就不同类型的工程实践中面临的特殊的伦理问题展开具体的分析。

1.2 如何理解伦理

另一个需要重点探讨的概念是伦理，"伦理"通常与"道德"这个概念关联使用，甚至"这两个词常常被相互替换地使用"①。但实际上，这两个概念既密切相关，又有一定的区别。在本节中我们将具体探讨道德与伦理概念的关系，分析不同的伦理立场，可能出现何种伦理问题，以及面对伦理选择时一般应注意的问题。

1.2.1 道德与伦理

英语中"伦理"概念（ethics）源于希腊语的 ethos，"道德"（moral）则源于拉丁文的 moralis，且古罗马人征服了古希腊之后，古罗马思想家西塞罗是用拉丁文 moralis 作为希腊语 ethos 的对译。由此可见，这两个概念在起源上的确密切相关，都包含传统风俗、行为习惯之义。此后这两个概念的含义发生了一定的变化，道德 moral 一词更多包含了美德、德性和品行的含义。②因此，尽管"伦理"一词经常与"道德"这个概念关联使用，甚至有时被同等地加以对待。但人们也注意到两者之间存在的差异。比如德国哲学家黑格尔就认为，道德与伦理"具有本质上不同的意义"③。"道德的主要环节是我的识见，我的意图；在这里，主观的方面，我对于善的意见，是压倒一切的。"④道德是个体性、主观性的，侧重个体的意识、行为与准则、法则的关系，伦理则是社会性和客观性的，侧重社会"共体"⑤中人和人的关系，尤其是个体与社会整体的关系。较之道德，伦理更多地展开于现实生活，其存在形态包括家庭、市民社会、国家等。作为具体的存在形态，"伦理的东西不像善那样是抽象的，而是强烈的现实的"⑥。从精神、意识的角度考察，道德是个体性、主观性的精神，而伦理则是社会性、客观性的精神，是"社会意识"。

在中国文化中，"伦理"的"伦"既指"类"或"辈"，又指"条理"或"次序"，常常引申为人与人、人与社会、人与自然之间的关系。"理"即道理、规则。顾名思义，"伦理"就是处理人与人、人与自然的相互关系应遵循的规则。"道德"这个概念则可追溯到中国古代思想家老子

---

① BECKER L C. Encyclopedia of ethics: Vol. I[M]. New York: Garland Publishing Inc, 1992: 329.
② 尧新瑜."伦理"与"道德"概念的三重比较义[J]. 伦理学研究, 2006, 4: 21-25.
③ 黑格尔. 法哲学原理[M]. 范扬, 张企泰, 译. 北京: 商务印书馆, 1996: 42.
④ 黑格尔. 哲学史讲演录: 第2卷[M]. 贺麟, 王太庆, 译. 北京: 商务印书馆, 1981: 42.
⑤ 黑格尔认为，伦理是"普遍物"，是"公共本质""共体"，这些概念形上本质就是实体。"伦理实体，在这种规定下，是现实的实体，是在实际存在着的意识的复多性中实现了的绝对精神；这个规定下的绝对精神，即是公共本质（或共体）"（语见：[德]黑格尔. 精神现象学: 下卷[M]. 贺麟, 王玖兴, 译. 北京: 商务印书馆, 1996: 6.）。在这里，贺麟先生指出，"共体"，也有译为"共同体"，黑格尔用以泛指与个体相对立的各种范围、各种性质的"社团"，以至整个社会。
⑥ 同③173.

的《道德经》,老子说:"道生之,德畜之,物形之,器成之。是以万物莫不尊道而贵德。道之尊,德之贵,夫莫之命而常自然。"其中,"道"可引申为自然的力量及其生成、变化的规则与轨道,"德"则意味着遵循这种规则对自然的力量善加利用,唯此方可更好地在自然之中生存与发展。

把"伦理"与"道德"关联起来看,这两个概念的区别在于"道德"更突出个人因为遵循规则而具有"德性","伦理"则突出以之依照规范来处理人与人、人与社会、人与自然之间的关系。两者的共同之处在于,伦理与道德都强调值得倡导和遵循的行为方式,都以善为追求的目标。就其表现形式而言,善既可以取得理想的形态,又展开于现实的社会生活。善的理想往往具体化为普遍的道德准则或伦理规范,以不同的方式规定了"应当如何"——"应当如何行动(应当做什么)""应当成就什么(应当具有何种德性)""应当如何生活"等。进而,善的理想通过人的实践进一步转化为善的现实。"应当"表现为人和人之间相互关系的要求和道德责任,从而引申出"应当如何"的观念和伦理规范。伦理规范"反映着人们之间,以及个人同个人所属的共同体之间的相互关系的要求,并通过在一定情况下确定行为的选择界限和责任来实现"①,它既是行为的指导,又是行为的禁例,规定着什么是"应当"做的,什么是"不应当"做的,因而同时也就规定了责任的内涵。

伦理规范既包括具有广泛适用性的一些准则,也包括在特殊的领域或实践活动中被认为应该遵循的行为规范,或者那些仅适用于特定组织内成员的特殊行为的标准。② 后者往往与特殊领域的性质和行为特点密切相关,是结合所从事的工作的特点,把具有一定普遍性的伦理规范具体化,或者从特殊工作领域实践的要求出发,制定一些比较有针对性的行为规范。我们所讨论的工程伦理,就属于工程领域中的伦理规范。

根据伦理规范得到社会认可和被制度化的程度,我们可以把伦理规范分为两种情况。

一是制度性的伦理规范。在这种情况下,伦理规范往往得到了比较充分的探究和辩护,形成了被严格界定和明确表达了的行为规范,对相关行动者的责任与权利有相对清晰的规定,对这些行动者有严格的约束并得到这些行动者的承诺。比如,对医生、教师或工程师等职业发布的各种形式的职业准则大体上属于这种情况。

二是描述性的伦理规范。在这种情况下,人们只是描述和解释应该如何行为,但并没有使之制度化。描述性的伦理规范往往没有明确规定行为者的责任和权利,因此可能在一些伦理问题上存在不同程度的争议。同时,描述性的伦理规范也比较复杂,其中既可能包括对以往行之有效的约定、习惯的信奉和维护,也可能包括对一些新的有意义的行为方式的提倡。因此,同制度性的伦理规范相比,描述性的伦理规范并不总是落后的或保守的,对其中在实践中形成的有价值的、合适的新的行为方式,在一定条件下经过进一步的探究和社会磋商,有可能成为新的制度性的伦理规范。

R1-4 伦理规范随着历史的发展而不断变化

1.2.2 不同的伦理立场

伦理规范在人类社会生活中是否值得应用、如何得到应用,什么是好的、正当的行为方

---

① 宋希仁. 论道德的"应当"[J]. 江苏社会科学,2000,(4): 25-31.
② DAVIS M. Thinking like an engineer[M]. New York: Oxford University Press,1998.

式？对此问题的思考和争议由来已久，而且形成了不同的伦理学思想和伦理立场。大体上我们可以把这些伦理立场概括为功利论、义务论、契约论和德性论。

R1-5　伦理学及其研究对象

1. 功利论

功利论的伦理思想可以追溯到古希腊的伊壁鸠鲁等人，他们把正当的行为视为是追求幸福和快乐的行为。但功利论被发展成为系统的、有影响的伦理学理论，是在18世纪和19世纪。其主要代表人物是英国思想家穆勒（John Stuart Mill）和边沁（Jeremy Bentham）等人。

功利主义者认为，一种行为如有助于增进幸福，则为正确的；如果导致了与幸福相反的东西，则为错误的。同时他们强调幸福不仅涉及行为的当事人，也涉及受该行为影响的每一个人。最好的结果就是达到"最大的善"，只有当一个行为能够最大化的善时，它才是道德上正确的。功利论聚焦于行为的后果，以行为的后果来判断行为是否是善的。功利论也被称为后果论或效益论，其本质的特点是它对后果主义的承诺和它对效用原则的采用。

在工程中，"将公众的安全、健康和福祉放在首位"①是大多数工程伦理规范的核心原则，功利主义是解释这个原则最直接的方式。一方面，它以成本-效益分析方法帮助工程师对可供取舍的行动及其可能产生的结果进行比较和权衡，然后把这些结果与替代行为的结果在相同单位上进行比较，以便最大限度地产生好的效应。同时，通过对以往人类关于什么类型的行为使效用最大化的经验进行总结，为形成伦理规范提供了基于过去经验的粗略的指导。例如要求工程师"在职业事务上，做每位雇主或客户的忠实代理人或受托人，避免利益冲突，并且绝不泄露秘密"②。另一方面，当在特定场合不这么做将产生最大善的时候，这些规则可以修改乃至违背，"不做有损害雇主和客户利益的事，除非更高的伦理关注受到破坏"③。当一套最优的道德准则产生的公共善大于别的准则（或至少与别的准则一样多）时，个人行为就可在道德上得到辩护。

2. 义务论

功利论者关注的重点是行为的后果而非动机，与此不同，义务论者更关注人们行为的动机，强调行为的出发点要遵循道德的规范，体现人的义务和责任。对义务或责任的强调，同

---

① ［美］全国职业工程师协会（NSPE）工程师伦理准则，Ⅰ（1）. 转引自：马丁，辛津格. 工程伦理学［M］. 李世新，译. 北京：首都师范大学出版社，2010：337.
② ［美］化学工程师协会（AIChE）伦理准则. 转引自：马丁，辛津格. 工程伦理学［M］. 李世新，译. 北京：首都师范大学出版社，2010：344.
③ ［美］软件工程伦理与职业行为准则. 转引自：马丁，辛津格. 工程伦理学［M］. 李世新，译. 北京：首都师范大学出版社，2010：356.

样可以追溯到古代的思想家,比如中国春秋时期的儒家伦理思想就倡导要"取义成仁",不能"趋利忘义",认为"君子喻于义,小人喻于利"。西塞罗在《论义务》一书中,以父母和子女的天然情感为基础,认为公民对祖国的爱是最崇高的,并主张将仁爱与公正推广到一切民族。至18和19世纪,经过霍布斯、洛克、卢梭和康德等人的探讨,义务论的思想不断丰富,形成了比较系统的伦理学思想。

如果说功利论聚焦于行动的后果,那么义务论则关注的是行为本身。义务论者强调,行为是否正当不应该仅依据行为产生好的后果来判定,行为本身也具有道德意义。行为本身或行为所体现的规则是否遵从了道义或道德准则,可以帮助我们判断行为是否正当。因此,义务论也被称为道义论。总体上看,义务论反对把"人"作为获得功利目的的工具或手段,强调"人"本身应该是目的。维护人的权利和尊严,应该是判断行为正当与否的重要原则。因此,义务论强调正当的行为应该遵循道义、义务与责任,而这些道义、义务与责任都基于把人的权利和尊严置于极其重要的位置。

康德是理想主义义务论的主要代表。在康德看来,人是理性的存在,理性追求的是理想至善,道德法则的使命就是"自己为自己立法"①,人的自由意志就是要实践道德法则。为遵循"心中的道德法则",康德强调对道德律令的理性自觉和自我约束,即道德自律。

康德有关义务、人是目的、对人的尊重和不受个人感情影响的合作的论述已经在工程伦理学中产生很大影响,尤其是其责任观念对工程伦理规范的制定发挥了重要的作用,比如,"工程师在履行职业责任时不得受到利益冲突的影响"②,"工程师应为自己的职业行为承担个人责任"③,"接受使工程决策符合公众的安全、健康和福祉的责任"④。

R1-6 康德的规则义务论

在康德之后,罗斯(W. D. Ross)就提出了直觉主义义务论的思想,以克服康德的绝对主义的弊端。罗斯认为,人应该遵循的道德原则是自明的(self-evident),人们通常可以依赖直觉发现正确的道德原则。罗斯提出了如下的道德原则:

(1) 遵守诺言(promise keeping);

(2) 忠诚(fidelity);

(3) 感恩(gratitude for favors);

(4) 仁慈(beneficence);

---

① 宋希仁,陈劳志,赵仁光.伦理学大辞典[M].长春:吉林人民出版社,1989:1077.

② [美]全国职业工程师协会(NSPE)工程师伦理准则,Ⅲ(5).转引自:马丁,辛津格.工程伦理学[M].李世新,译.北京:首都师范大学出版社,2010:340.

③ [美]全国职业工程师协会(NSPE)工程师伦理准则,Ⅲ(8).转引自:马丁,辛津格.工程伦理学[M].李世新,译.北京:首都师范大学出版社,2010:341.

④ [美]电气和电子工程师协会(IEEE)伦理准则.转引自:马丁,辛津格.工程伦理学[M].李世新,译.北京:首都师范大学出版社,2010:343.

(5) 正义(justice);

(6) 自我改进(self-improvement);

(7) 不行恶(non-maleficence)。

3. 契约论

契约论通过一个规则性的框架体系,把个人行为的动机和规范伦理地看作是一种社会协议。

契约论的思想可以追溯到古希腊思想家伊壁鸠鲁,他视国家和法律为人们相互约定的产物。在17—18世纪,英国哲学家霍布斯、洛克、法国思想家卢梭等人进一步发展了契约论的思想,提出了社会契约论。20世纪契约论的主要代表人物是美国学者罗尔斯。他主张"契约"或"原始协议"不是为了参加一种特殊的社会,或为了创立一种特殊的统治形式而订立的,订约的目的是为了确立一种指导社会基本结构设计的根本道德原则,即正义。罗尔斯围绕正义这一核心范畴,提出了正义伦理学的两个基本原则:①个人自由和人人平等的"自由原则";②机会均等和惠顾最少数不利者的"差异原则"。

R1-7 罗尔斯的正义伦理原则

事实上,原初的传统风俗和行为习惯正是经过不同形式的社会契约,才得以发展为伦理的规范。工程伦理最初是作为工程师职业道德行为守则而出现的,通过建立于经验之上的理想化的原初状态达成理性共识的工程职业行为准则,并将其制度化为具体行业的行为规范,这个制度框架既允许理性的多元性存在,又能够从多元理性中获得重叠共识的价值支持。这样,当具有理性能力的工程师从事具体的职业活动时,个人自由权利就能在现实工程实践中得到有效保障,而且这些规范为他们提供了相应的评估行为的优先次序的指导。比如,西方几乎所有的工程师协会的伦理准则既把公众的安全、健康和福祉放在首位,同时也认同工程师有"生活和自由追求自己正当利益的基本权利"[①]、"履行其职责的回报接受工资的权利和从事自己选择的非工作的政治活动,不受雇主的报复或胁迫的权利"[②],以及"职业角色及其相关义务产生的特殊权利"[③]。

4. 德性论

德性论(virtue ethics)有时也被称为美德伦理学或德性伦理学。功利论或义务论以"行为"为中心,关注的是:"我应该如何行动?"与此不同,德性论以"行为者"为中心,关注的是:"我应该成为什么样的人?"

---

① 马丁,辛津格.工程伦理学[M].李世新,译.北京:首都师范大学出版社,2010:179.
② 同①.
③ 同①.

德性论者认为,伦理学的核心不是"我应该做什么"的问题,而是"我必须具有何种品德的人"的问题。由此出发,德性论关心的主要是人的内心品德的养成,而不是人外在行为的规则。它反对把伦理学当作一种能够提供特殊行为指导规则或原则的汇集,强调要培养和产生高尚、卓越的人,这种人是出于他们高尚、卓越的品格来自发行动的。

德性论的主要代表包括古希腊时期的亚里士多德,以及当代伦理学家麦金泰尔等。

亚里士多德把道德的本质特征定义为"实践智慧"和"卓越",认为"人的德性就是一种使人成为善良,并获得其优秀成果的品质"①。主张德性是"在适当的时间、就适当的事情、对适当的人物、为适当的目的和以适当的方式产生情感或发出行动"②。亚里士多德具体讨论了理智、勇敢、节制、慷慨、自重、诚实、公正等个人美德,同时把公正作为一种社会美德,并明确提出了公正乃美德之首。

R1-8 亚里士多德论理智德性和伦理德性

当代伦理学家麦金泰尔继承并发展了亚里士多德的德性论思想。麦金泰尔认为,并不存在抽象的、超越历史的德性,德性只有通过实践才能达到自我实现。在《依赖性的理性动物:人为什么需要德性》中,他从人的生命脆弱性与依赖性出发,提出德性是人们共同抵御生命的脆弱性和无能(disability)的精神纽带,是扶持人们共同支撑生命存在的社会力量源泉。生命的脆弱性、生存的依赖性,使得人类的共处只有在有德性的状态下才可得到兴旺与昌盛。因此,拥有德性并在实践中践行德性的行为才是正当的、好的行为。麦金泰尔认为,德性体现了人类生活的实践智慧,承载了文明的传统,也是维系人类生存的力量。

1.2.3 伦理困境与伦理选择

价值标准的多元化以及现实的人类生活本身的复杂性,常常导致在具体情境之下的道德判断与抉择的两难困境,即"伦理困境"。

"电车悖论"即是伦理学上著名的"两难"思想实验,由菲利帕·福特在1967年发表的《堕胎问题和教条双重影响》中首次提出:假设你是一名电车司机,你的电车以60km/h的速度行驶在轨道上,突然发现在轨道的尽头有五名工人在施工,你无法令电车停下来,因为刹车坏了,如果电车撞向那五名工人,他们会全部死亡。你极为无助,直到你发现在轨道的右侧有一条侧轨,而在轨道的尽头,只有一名工人在那里施工,而你的方向盘并没有坏,只要你想,就可以把电车转到侧轨上去,牺牲一个人而挽救五个人。你该作出何种选择?

"电车悖论"反映出人类社会生活和道德生活中的一个不可忽略的事实,那就是,在多元价值诉求之下,伦理规范应对人类复杂的社会与道德生活的力不从心,从而显现出越来越多

---

① 亚里士多德.尼各马可伦理学[M].廖申白,译.北京:商务印书馆,2003:25.
② 唐凯麟.西方伦理学名著提要[M].南昌:江西人民出版社,2000:58.

的局限性。同样,现代工程是复杂的,并且它使得人们"处于风险之中就是置身于和受制于现代性世界之中的方式"①,工程伦理规范也在复杂性和风险性之下也面临着与时俱进的挑战和压力。

工程实践中应该坚持何种伦理立场?功利论以道德"效用"或"最大幸福原则"为基础,认为行动的道德正确性标准在于通过行动来产生的某个非道德的价值,比如幸福;义务论则认为行动本身就具有内在价值,康德更是认为道德要求体现在所谓的"绝对命令"中;契约论并不偏重于行为的结果,而是更注重行为的程序合理性,达成共识契约之后按照契约行动;美德论则从职业伦理的角度为人的行动提供了一种内在的倾向性标准,比如诚信、正直、友爱等。价值标准的多元化导致了人们在具体的工程实践情境中选择的两难,工程生活本身的复杂性又加剧了行为者在反映不同价值诉求的伦理规范之间的权衡。此外,工程系统的各个部分之间"紧密的合作"②和"复杂的配合"③又使得运气的存在成为可能,它削弱了工程伦理规范带给行为者的安全感和稳定感,继而在对可期待的工程活动的结果中产生了一种深深的不确定性。工程实践中的伦理困境深刻地显现出伦理规范的脆弱性带给人类道德生活的脆弱性。

面对复杂的伦理问题或伦理困境,如何进行伦理选择和伦理决策?在工程伦理学的一个被广泛讨论的案例④中,一个人可以简单地把他的工作、生活、责任与义务截然分开吗?是通过相互让步来解决道德困境和分歧,还是通过部分有选择性地坚持来调和冲突?由于功利论和义务论对一种不偏不倚的观点的承诺,它们并不关注现实中特殊的个人关系,这就产生了不可接受的结果——要么他到实验室从事生化战争的研究,获得足以养家糊口的薪水,但是每天却经受着良心的自我叩问;要么他坚持自己基本的道德原则拒绝这份工作,生活清贫,但很有可能自己的孩子会饿死。麦金泰尔曾指出,我们具有什么样的道德与个体所处的特殊伦理共同体及其文化传统和道德谱系有着历史的实质性文化关联,不可能有普遍有效的道德原则。当工程实践出现"超越于道德的"(beyond morality)⑤情形时,我们只能承认存在一个有限的道德选择和伦理行为的范围,在这个范围内,通过道德慎思为自己的伦理行为划分优先顺序,审慎地思考和处理几对重要的伦理关系,以更好地在工程实践中履行伦理责任。

第一,自主与责任的关系。在尊重个人的自由、自主性的同时,要明确个人对他人、对集体和对社会的责任。

第二,效率和公正的关系。在追求效率,以尽可能小的投入获得尽可能大的收益的同

---

① 贝克.风险社会的"世界主义时刻"——在复旦大学社会科学高等研究院的演讲[EB/OL].王小钢,沈映涵,译.孙国东,校.[2013-01-22]. http://www.ias.fudan.edu.cn/ResearchPersonnel/Detail.aspx? ID=2098.
② HARRIS Jr,C E. The good engineer: giving virtue its due in engineering ethics[J]. Science and Engineering Ethics,2008 (14): 153-164.
③ 同②.
④ 此案例是由 B.威廉姆斯所写的:"乔治刚刚获得化学博士学位,发现找工作及其困难。他身体不是特别健壮,这将减少他能够满意地从事的工作的数量。他的妻子不得不外出工作以供养他们。这本身也引起很大的紧张,因为他们有小孩,照看孩子有很大困难。所有这些的结果是伤害性的,尤其对孩子。一位老化学家知道了这一切,说可以在某个实验室给乔治提供一个有体面工资的工作。这个实验室从事生化战争研究。"具体参见: WILLIAMS B. Utilitarianism: for and against[M]. New York: Cambridge University Press,1973: 97-98.
⑤ "超越于道德的"(beyond morality)情形,指无法按照所持有的任何一种道德理论,或者采取任何一个道德观点,来得出一个公认的道德判断。参见 WILLIAMS B. A critique of utilitarianism[J]. Cambridge/UK,1973. 转引自:徐向东.后果主义与义务论[M].杭州:浙江大学出版社,2011: 29.

时,要恰当处理利益相关者的关系,促进社会公正。

第三,个人与集体的关系。在追求工程的整体利益和社会收益的同时,充分尊重和保障个体利益相关者的合法权益。反过来,工程实践也不能一味追求个人利益,而忽视了工程对集体、对社会可能产生的广泛影响。

R1-9 几种不同的伦理原则及其关系

第四,环境与社会的关系。工程实践的一个重要特点是对自然环境和生态平衡带来直接的影响,在实现工程的社会价值的过程中,如何遵循环境伦理的基本要求,促进环境保护,维护环境正义,将是工程实践不得不面对的重要挑战。

特别需要指出的是,当责任冲突导致工程实践的伦理困境时,行为者的实践智慧要诉诸遵循社会伦理和公序良俗的最初直觉,并且,在尊重"我"[①]与"你""它"的平等共存中关怀与"你""它"的相遇[②],"为他人好好生活在当前的环境中,并尊重自己作为这种希望的承载者"[③],引领工程实践追求"好的生活"。

在工程实践的伦理困境中作出正确的选择不能仅是靠他律的伦理规范,对每一位行为者来说,"我对……负责"的决定权在于生动的生活而不在于教条的规范,这就要求工程行为者不论是遵循伦理规范,汲取不同伦理原则的合理之处,还是恰当处理上述各种伦理关系,具体的责任落实是依赖于"我"积极主动的道德践履而非冰冷枯燥的规范说教。人类的工程活动本身就是一种完整而具体的伦理实践,在工程实践与个人生活的统一中,伦理规范指导个体行为者在当下具体的工程活动中"应当如何做"和"应当做什么",而美德贯穿个体行为者的整个工程生活,与"好的生活"的思考紧密联系在一起,它是个体行为者获得"好的生活"的能力。因为,美德赋予个体行为者实现自身价值的方式——将工程行业的伦理规范与个人美德结合——通过自我反思而达到对伦理规范的更新认识,并以现实的行动实践这种认识。当面对工程实践中的伦理困境时,反思,认识,实践,一方面通过身体力行将静默在伦理规范条款中的原则、准则运用到每个具体生动的工程实践场景中,另一方面又将这种通过反思而达到的更新认识化作现实的意志冲动,变为自觉的行为。

伦理困境的解决必须融入个人美德对规则的反思、认识、实践。有了美德对理性和规范的认识,个体行为者才能在复杂的、充满风险的工程伦理困境中寻求应对之法,进而创造道

---

① 布伯(Martin Buber,1878—1965)在其著作《我和你》(*I and Thou*)中用我-它(I-It)关系和我-你(I-Thou)关系描述了人类的存在方式。人所生活于其中的世界具有两重性,一是我-它(I-It)表征经验的世界,"我"经常在这个经验世界中开展职业行为,从事职业活动;二是我-你(I-Thou)表征"我们与之相遇的世界"(the world to be met),它通过联系而产生对自然、社会和他人关怀与责任的可能性。这种双重性既贯穿于整个世界之中,又贯穿于每一个人之中,贯穿于每一个人的生活态度与行为活动之中。具体参见:BUBER M. I and thou[M]. London:Continuum,2004.

② 相遇(meetting)是马丁·布伯对话哲学中的表述"关系"一个术语,意指赤诚相见。列维纳斯将"相遇"拓展为对他者的"回应"(responsibility,责任)。

③ RICOEUR P. Oneself as another[M]. Chicago:University of Chicago Press,1992:352.

德卓越,而不仅是技术的卓越和商业的卓越。

1.3 工程实践中的伦理问题

如前所述,工程实践过程是非常复杂的。从工程与科学技术的关系角度来看,工程实践是为了实现特定目标,调动社会力量,将相关科学技术高度集成后建造人工产品的过程。正是在此种意义上说,工程实践既是应用科学和技术改造物质世界的自然实践,更是改进社会生活和调整利益关系的社会实践。这就意味着工程实践过程面临着多重风险:一是多种技术集成后应用于自然界所带来的环境风险;二是在利用技术建造人工物的质量和安全风险;三是工程应用于社会所导致的部分群体利益冲突和受损的风险。作为工程的主要设计者和建造者,工程师不仅需要具备专业的知识和技能,更要具备如何"正当地行事"的伦理意识,以及规避技术、社会风险和协调利益冲突的能力。

近代以来,随着工业化进程的不断推进,工程师和相关社会组织开始关注工程中的伦理问题。美国电气工程师学会(电子与电气工程师协会 IEEE 的前身)、美国土木工程师学会(ASCE)分别在 1912 年和 1914 年制定了相关工程领域的伦理准则。然而,对工程实践中的伦理问题真正引起广泛关注是在"二战"之后,工程所发挥的强大建设力和破坏力引起工程师对环境问题和自身伦理责任的反思和重视,《美国科学家通信》、美国科学家联盟等专门刊物和机构相继出现。至 20 世纪 70 年代末期,工程伦理学作为一门学科得以确立[1],它"由那些从事工程的人们赞同的责任和权利以及在工程中值得期望的理想和个人承诺组成"[2];西方各工程社团的职业伦理章程构成了工程伦理的主要内容。

物质的实践是工程的基本特性,人是实践的主体,人与自然之间、人与人之间必然发生的多样化的、可选择的关系是伦理问题产生的重要前提。因此,对于工程实践中的伦理问题的探讨,应该以分析人这个实践主体作为出发点,具体地说,应把对工程活动中的行动者网络的探讨作为起点。

1.3.1 工程活动的行动者网络

工程活动是一种集成多种自然与社会资源,协调多种利益诉求和冲突的社会活动,是一种极其复杂的社会实践,需要众多的行动者参与。这些行动者按职业可归为不同的群体,他们为了完成某一特定的目标在特定时间内组合在一起,构成了一个针对该具体实践活动的工程共同体。这一工程共同体具有动态性,它的组成会随着工程进入不同环节而发生动态的变化。同时,不同的行动者在共同体内的地位和起到的作用也随着工程环节的变化而发生着改变。

工程活动的各个环节涉及不同类型的参与者,特别是随着工程的规模和涉及领域的逐步扩大,工程活动所包含的群体数量越来越多、构成也越来越复杂。这些参与者共同构成了

---

[1] 李世新.工程伦理学及其若干主要问题的研究[D].北京:中国社会科学院研究生院,2003:32.
[2] 马丁,辛津格.工程伦理学[M].李世新,译.北京:首都师范大学出版社,2010:7.

工程活动的复杂的行动者网络。

对工程活动的行动者网络的分析可以有两个维度。第一个维度是不同类型的行动者之间的交互作用，这构成我们通常所说的工程共同体。第二个维度是同一类型的行动者之间的交互作用，以工程师共同体为典型代表。

从第一个维度看，在工程的不同环节，需要不同类型的行动者，他们既分工又合作，所发挥的作用和彼此之间的关系也处在动态的变化之中。在工程的计划阶段，政府决策者和管理部门、工程的投资者（有时政府本身就是工程的投资方）、工程规划人员扮演重要角色，特别是决策者和投资方在工程计划环节拥有重要的决定权。在工程的设计和实施环节，设计师和工程师则起着主导性的作用，实施过程同时还涉及具体的工程建设者，熟练的技术工人和拥有丰富实践经验、地方性知识的工人等往往会对工程设计方案的改进有重要的贡献。在工程的使用环节，工程产品的消费者和相关的社会公众成为重要的行动者，工程产品的管理者和工程维护的技术人员也对工程具体价值的体现有重要影响。在工程结束的环节，政府部门，相关的社会公众都可能在其中发挥重要作用。这些行动者既在某些重要环节中扮演重要角色，同时也与其他环节的行动者之间存在着广泛的交互作用。比如尽管公众没有直接参与到工程的计划、设计和实施活动之中，但作为重要的利益相关者，会受到来自工程的直接影响，其利益诉求会直接影响到工程的计划、设计与实施。比如三峡水利工程涉及大量的移民，这自始至终是该工程要重点考虑的问题，可以说，移民成为三峡水利工程极其重要的利益相关者。这些或显性或隐性的参与者，围绕工程的各个环节，发挥着各自的作用，也彼此产生影响，共同构成了特定工程实践活动的行动者网络，我们可以称之为"工程共同体"。

从第二个维度看，同类的行动者同样存在着交互作用。同类的行动者在工程活动的历史演变和现实交往中，同样可能构成具有特定目标和行为规范的共同体。比如参与工程活动的企业，可能会是特定行业协会的成员；工程的设计师可能是设计协会的成员。特别是由工程师构成的工程师共同体，作为职业从业者的社会组织，对工程实践活动有重要的意义。在工程师共同体中，大家从事相同的职业，面对相似的问题，在资质的获得上接受大体相同的训练，为了更好地履行工程师的职责，也形成了需要共同遵守的行为规范。

这两个维度的行动者网络彼此交织，围绕着工程构成了一个立体的社会网络。这个立体网络在"内部"和"外部"关系上存在着多种复杂的经济利益和价值关系。不同行动者之间既可能是合作关系，也不可避免地存在冲突。当冲突的一面出现时，网络中的弱势群体利益就存在受损的危险。厘清行动者网络中各利益相关者的利益诉求，建立相对公正的行为规范和伦理准则，尽量减少或消除这种冲突，正是工程伦理所致力解决的问题。

1.3.2 主要的工程伦理问题

工程不是单纯的科学技术在自然界中的运用，而是工程师、科学家、管理者乃至使用者等群体围绕工程这一内核所展开的集成性与建构性的活动。可以说，工程活动集成了多种要素，包括技术要素、经济要素、社会要素、自然要素和伦理要素等。其中，伦理要素关注的是工程师等行为主体在工程实践中如何"正当地行事"，其对于工程实践的顺利开展是必需的。"而且工程中的伦理要素常常和其他要素'纠缠'在一起,使问题复杂化。"[①]将伦理维度运用到其他要素,就形成了工程伦理所关注的四个方面的问题,即工程的技术伦理问题、工程的利益伦理问题、工程的责任伦理问题和工程的环境伦理问题。

1. 工程的技术伦理问题

工程活动是一种技术活动,工程技术伦理即工程技术活动所涉及的伦理问题。由于长久以来一直存在技术中立的相关学术主张,对于工程中的技术活动是否涉及道德评价和道德干预也存在较大争议。例如,技术工具论者认为,技术是一种手段,本身并无善恶。技术自主论者则认为,技术具有自主性。技术活动必须遵从自然规律,并不以人的主观意识为转移。与此相对,科学知识社会学等相关领域的学者则认为,不仅技术,就连我们作为客观评价标准的科学知识也是社会建构的产物,与人的主观判断和利益纷争紧密相连。工程中的技术活动本身具有人的参与性,是技术系统通过人与自然、社会等外界因素发生相互作用的过程。同样的技术,因建造者和组织者的不同,建造的工程千差万别,这说明人在应用技术的过程中在如何应用技术方面具有自主权。同时,人还具有选择运用何种技术、将技术运用于何种环境的自由,以上种种都是工程的技术活动中不可或缺的环节。

因此,在工程的技术活动中必须要考虑到技术运用的主体,而人是道德主体,有进行道德选择的自由。可见,工程技术活动牵涉到伦理问题,工程中技术的运用和发展离不开道德评判和干预,道德评价标准应该成为工程技术活动的基本标准之一。

2. 工程的利益伦理问题

从建造方法上来看,工程是一种技术活动,从建造目标和应用价值方面来说,工程则是一种经济活动,其通过将科学技术的集成,实现特定的经济价值和社会价值,因此,在工程的建造过程中,涉及各种利益协调和再分配问题。随着科技的进步,工程建造进入大工程时代,工程牵涉的利益集团更为复杂,如工程的投资人和所有者、工程实施的组织者、工程方案的设计者、工程的建造者、工程的使用者以及受到工程影响的其他群体。能够尽量公平地协调不同利益群体的相关诉求,同时争取实现利益最大化,是工程伦理的重要议题,也是工程活动所要解决的基本问题之一。

概括来说,工程活动中的利益关系可以从工程内部和工程外部两个方面来进行分析。其中,工程内部的利益关系主要发生在工程活动各主体之间,例如工程计划环节中不同出资人之间的利益关系,工程的建造阶段工程师与管理人员、工人之间的利益关系,工程建成之后建造者与监督人、使用者的利益关系等。工程外部的利益关系主要是指工程与外部社会环境、自然环境之间的利益关系,例如工程在给一部分地区、一部分人带来特定利益的同时,也会对另一部分地区和另一部分人产生不良影响,其中包括经济利益、文化利益、环境利益等,这些利益又可分为短期利益和长期利益、直接利益和间接利益、局部利益和全局利益等。

工程的基本责任是为人类的生存和发展创造福祉,因此,如何通过工程活动平衡各方利益,在争取实现效益最大化的同时,协调好各方利益,兼顾效益与公平两个方面,就成为工程

[①] 李伯聪.关于工程伦理学的对象和范围的几个问题——三谈关于工程伦理学的若干问题[J].伦理学研究,2006(6):24-30.

中的利益伦理问题着力解决的核心问题,同时也是衡量工程实践活动好坏的重要标准。

3. 工程的责任伦理问题

工程责任不但包括事后责任和追究性责任,还包括事前责任和决策责任。工程师是工程责任伦理的重要主体,工程伦理研究首先从研究工程师的职业规范和工程师责任开始。随着工程哲学和工程伦理学的逐步兴起和发展,工程活动内部和外部的相关群体逐渐进入研究者视线,包括投资人、决策者、企业法人、管理者以及公众都成为工程责任的主体,他们也需要考虑工程的责任伦理问题。

不仅工程的责任伦理主体发生着改变,责任伦理的内容也随着时代的变迁而改变。最初,工程伦理准则主要是对工程师职责进行规范,由于早期的工程源于军事,因此准则中尤其强调工程师对上级的服从、忠诚和职业良知,即"忠诚责任"。随着工程逐步民用化,加之环境、资源、污染等问题日益凸显,工程师通过工程建造,在经济、政治甚至文化领域发挥着积极作用,工程伦理开始强调工程师不仅需要忠于雇主,同时他们对整个社会负有普遍责任,人类福祉成为工程师伦理责任新的关注点,工程师责任从之前的"忠诚责任"逐步转变为"社会责任"。之后,随着工业化进程的加快,各国相继出现生态危机。工程师伦理责任也开始从"社会责任"进一步延伸为"自然责任"。自此,工程的环境伦理问题成为工程伦理关注的另一焦点。

4. 工程的环境伦理问题

环境污染问题的严重性是与近代工程技术的迅速发展、工业化程度的不断提高、人类对自然的开发力度逐渐加大直接相关的。工程造成的环境问题,使得可持续发展成为必由之路。工程的环境伦理也由此受到普遍关注,其不仅涉及工程设计和工程建造的安全与效率等基本准则,还涉及工程原料的利用和工程从建造到使用过程中对环境的影响,即在工程实践活动的各个环节都要力争减少对环境的负面影响,实现工程的可持续发展。

现阶段,我国的经济发展模式和企业经营方式仍多是以牺牲能源、消耗环境资源为代价,换取某种经济增长和经济效益,环境问题尤为突出,如何协调保护环境与促进经济发展之间的关系,逐步形成节约能源的产业结构,实现经济的可持续发展是亟待解决的基本问题。

1.3.3 工程伦理问题的特点

工程伦理问题的特点可以概括为历史性、社会性和复杂性三个方面,其中历史性是从时间的维度,社会性和复杂性则分别是从参与者和涉及因素的维度来看工程伦理问题。

1. 历史性:与发展阶段相关

在工程由最初的军事工程逐步民用化的过程中,工程伦理的价值取向、研究对象和关注的焦点问题都随之改变。其中,工程伦理的价值取向经历了"忠诚责任—社会责任—自然责任"的转变,工程伦理的研究对象从工程师共同体逐步扩展为包括官员共同体、企业家共同体、工人共同体和公众共同体在内的多个群体,相应地,工程伦理关注的焦点问题也从工程师面临的道德困境和职业规范转为同时关注其他工程共同体的道德选择和困境。

同时，随着技术发展和工程应用范围的扩大，工程与技术、社会、环境的结合和相互影响更为紧密，工程伦理学的关注领域也有了新的发展，开始将网络伦理、环境伦理、健康伦理、生命伦理等关系到人类未来生存和发展的全球性问题纳入研究范畴。例如，计算机普遍应用所带来的技术胁迫、网络的言论自由及产生的权力关系以及大型工程技术的应用所导致的世界性贫困等问题。

2. 社会性：多利益主体相关

工程伦理问题的第二个特点是社会性，这是由工程自身的社会性所决定的。与古代工程不同，现代工程具有产业化、集成化和规模化的特性，工程与科技、经济、社会以及环境之间都建立了极为紧密的联系。如前所述，现代工程牵涉到多种利益群体，其中的一部分作为工程的参与者构成了独特的社会网络，另一部分没有直接参与的利益群体，如日本核辐射受害者等，他们没有参与工程的决策和建造，却是工程的直接受益或受损者。鉴于此，如何平衡围绕工程组成的社会网络中各群体之间的利益，实现公平与效率的统一；如何公正地处理各种利益关系，特别是注重公众的安全、健康和福祉，是工程伦理着力解决的主要问题。

3. 复杂性：多影响因素交织

除了历史性和社会性之外，工程伦理问题的第三个特点是复杂性。这种复杂性体现在行动者的多元化以及多因素交织两个方面。

工程活动是一项集体性活动，同时也是经济的基础单元，一些国家级的项目在规模和影响力方面都达到了史无前例的程度，一项工程往往承担着科技、军事、民生、经济等多种功能。也正因为如此，以工程为核心形成的行动者网络日趋多元化，以PX项目中的决策环节为例，由于我国PX制造能力严重不足，导致这种基础性的化工原料长期依赖进口，PX项目的建造属于国家的战略型工程。因此，投资者中不仅有企业，还包括国家和地方政府，他们分别有着不同的利益出发点。同时，由于PX项目属于化工项目，存在危险性和环境污染的风险，PX项目选址周边的居民也成为利益相关人，随着公共参与决策民主化进程的推进，他们在一些时候也成为决策主体，例如厦门PX项目就是因为公众的公开抗议而被迫叫停。可以看出，仅决策者这一角色的多元化就给工程带来了巨大的不确定性，而在现阶段的大型工程中，工程师、工人、企业家、管理者和组织者皆呈现出多主体跨地区、跨领域、跨文化合作的趋势，不仅在价值取向上千差万别，在群体文化、生产习惯等方面也存在难以消除的差异，这无疑为工程实践带来了巨大的复杂性和不确定性。

此外，技术的高度集成也导致技术系统对自然产生的影响具有不确定性，技术系统的构成要素和结构越复杂，失效的可能性就越大。加上工程本身就与科学实验不同，它是技术在现实环境中的创造性应用，过程本身就带有更高的不确定性，据此马丁等学者指出"甚至看起来用心良好的项目也可能伴随着严重的风险"，[①]这表达了工程的复杂性导致工程结果不

---

① MARTIN M W, SCHINZINGER R. Ethics in engineering [M]. 4th ed. New York: McGraw-Hill, 2005: 98-99.

可控风险。

1.4 如何处理工程实践中的伦理问题

对每一位工程行为者而言,处理好工程实践中的诸多伦理问题并不仅仅表现为一个形式化的遵循伦理规范的过程。工程伦理规范作用的对象——工程行为者及其行动——总是展开于具体的工程实践场景中,而具体情境对规范、原则的制约,又往往表现为行为者在实践过程中经由反思、认识后的调整和变通。在一般的意义上,处理好工程实践中的诸多伦理问题,行为者首要的是需辨识工程实践场景中的伦理问题,然后通过对当下工程实践及其生活的反思和对规范的再认识,将伦理规范所蕴含的"应当"现实地转化为自愿、积极的"正确行动"。

1.4.1 工程实践中伦理问题的辨识

在具体的工程实践中,工程伦理问题常常与社会问题、法律问题等其他问题交织在一起,在区分时需要注意以下问题。

1. 何者面临工程伦理问题

工程伦理学科体系的建立,除了对工程伦理的理论问题和相关伦理困境提供分析的思想和方法,更是要从伦理道德角度对工程实践中存在的问题与风险、已发生的事故、可能的严重后果等给予价值关切,寻求现实的解决方法。因而,以规范工程活动各主体行为和行动为目标的工程伦理具有了应用伦理学特征。有西方学者将应用伦理学问题按照来源归为三类,"一类来自各个专业,一类来自公共政策领域,一类来自个人决定"[①]。按照以上三种来源,应用伦理学的研究对象包括两类,"一是在公共领域引起道德争论的特定个人或群体的行为,二是特定时期的制度和公共政策的伦理维度"[②]。相应地,在工程实践活动中面临伦理问题的对象范围非常广泛,不仅包括工程师,还包括科学家等其他设计和建造者,以及投资人、决策人、管理者甚至使用者等工程实践主体。同时,不仅是个体,工程组织的伦理规范和伦理准则等也面临伦理问题。工程的社会实践性决定其与所处的时代和社会制度等具体情境存在密切关联,不同时期的同一类工程实践也会呈现出不同的特点和道德价值取向,例如,"9·11"之后,大部分美国公民一度支持针对个人信息的监控工程,但随着利用网络技术可能大范围地侵犯公民的隐私权,大部分的美国公民则对此类的信息监控工程持怀疑或反对态度。因此,伦理规范和伦理准则具有时代性和局限性,同时,其自身在形成之初也并不完备,同样会面临伦理问题,需要不断地修正和完善。

---

① 卢风.应用伦理学概论[M].北京:中国人民大学出版社,2015:6.
② 同①.

2. 何时出现工程伦理问题

根据工程伦理问题的对象,可将工程伦理问题大体分为以下几种情况。

首先,因伦理意识缺失或者对行为后果估计不足导致的问题,如在工程设计、决策过程中,未考虑到某些环节会对环境或其他人群造成不良影响;

其次,因工程相关的各方利益冲突所造成的伦理困境,如经济效益与环境保护之间、数据共享与个人隐私之间的冲突等,特别是工程的投资方的利益诉求与公众的安全、健康和福祉存在严重冲突;

最后,工程共同体内部意见不合,或者工程共同体的伦理准则与规范等与其他伦理原则之间不一致导致的问题,如棱镜门事件中斯诺登、美国联邦政府对侵犯公众隐私权的伦理判断存在很大冲突,或者工程管理者对成本和时间的要求明显超出了安全施工的界限,就会造成工程师及其他实践主体的伦理问题。

由此可见,工程伦理问题的对象和表现形式具有多样性和复杂性,尤其是伦理问题往往伴随着伦理困境和利益冲突,因此,处理工程实践中的伦理问题首先需要借助一些基本伦理原则。

1.4.2 处理工程伦理问题的基本原则

伦理原则指的是处理人与人、人与社会、社会与社会利益关系的伦理准则。从不同的伦理学思想出发,人们对什么是合乎道德的行为有不同的认识,对应该遵循的伦理原则也有不同的态度。但总体上看,工程伦理要"将公众的安全、健康和福祉放在首位"。由此出发,从处理工程与人、社会和自然的关系的三个层面看,处理工程中伦理问题要坚持以下三个基本原则。

1. 人道主义——处理工程与人关系的基本原则

人道主义提倡关怀和尊重,主张人格平等,以人为本。其包括两条主要的基本原则,即自主原则和不伤害原则。其中,自主原则指的是所有的人享有平等的价值和普遍尊严,人应该有权决定自己的最佳利益。实现自主原则的必要条件有两点:一是保护隐私,这一点是与互联网、信息相关的工程需遵从的基本原则;二是知情同意,这点在医学工程和计算机工程中被广泛运用。此外,不伤害原则指的是人人具有生存权,工程应该尊重生命,尽可能避免给他人造成伤害。这是道德标准的底线原则,无论何种工程都强调"安全第一",即必须保证人的健康与人身安全。

2. 社会公正——处理工程与社会关系的基本原则

社会公正原则用以协调和处理工程与社会各个群体之间的关系,其建立在社会正义的基础之上,是一种群体的人道主义,即要尽可能公正与平等,尊重和保障每一个人的生存权、发展权、财产权和隐私权等。这里的平等即包括财富的平等,也包括权利和机会的平等。具体到工程领域,社会公正体现为在工程的设计与建造过程中需兼顾强势群体与弱势群体、主流文化与边缘文化、受益者与利益受损者、直接利益相关者与间接利益相关者等各方利益。

同时,不仅要注重不同群体间资源与经济利益分配上的公平公正,还要兼顾工程对不同群体的身心健康、未来发展、个人隐私等其他方面所产生的影响。

3. 人与自然和谐发展——处理工程与自然关系的基本原则

自然是人类赖以生存的物质基础,人与自然的和谐发展是处理工程伦理问题的重要原则,这种和谐发展不仅意味着在具体的工程实践中注重环保、尽量减少对环境的破坏,同时,还意味着对待自然方式的转变,即自然不再是机械自然观视域下的被支配客体与对象,而是具有自身发展规律和利益诉求。人类的工程实践必须遵从规律。这种规律又包含两大类,一类是自然规律,例如物理定律、化学定律等,这些规律具有相对确定的因果性,例如建筑不符合力学原理就会坍塌,化工厂排污处理不得当就会污染环境;另一类是自然的生态规律,相比于自然规律,生态规律具有长期性和复杂性,例如大型水利工程、垃圾填埋场对水系生态系统和土壤生态系统的影响和可能破坏,往往需要多年才得以显现,与此同时,对自然环境和生态系统的破坏影响更为深远,后果也更难以挽回。因此,人与自然和谐发展需要工程的决策者、设计者、实施者以及使用者都要了解和尊重自然的内在发展规律,不仅注重自然规律,更要注重生态规律。

以上三点是在作为整体的工程实践活动中处理工程伦理问题的基本原则。为规范人们的工程行为,结合不同种类的工程实践活动,如在水利、能源、信息、医疗等工程领域各自形成了相对独立的行为伦理准则。这些行为准则建立在工程伦理基本原则的基础上,兼顾了不同伦理思想和其他社会伦理原则的合理之处,结合具体实践的情境和要求制定。

1.4.3 应对工程伦理问题的基本思路

不论哪种伦理学思想或伦理原则,都不能够完全解决我们在实践中面对的伦理问题。如前所述,当利益冲突、责任冲突和价值冲突导致工程实践的伦理困境时,行为者的实践智慧一方面要诉诸遵循社会伦理和公序良俗,另一方面要将工程行业的伦理规范与个人美德结合——通过自我反思而达到对伦理规范的更新认识,并以现实的行动实践这种认识。这样,才能在复杂的、充满风险的工程伦理困境中寻求应对之法,进而真正实现工程实践"最大善"的伦理追求。

在不同的工程领域,以及不同地区的工程共同体都在实践中不断探索应对工程伦理问题的方法。如台湾地区的《工程伦理手册》明确规范了工程师在面对道德两难时进行伦理行为的顺序:"①适法性:检视事件本身是否已触犯法令规定;②符合群体共识:检视相关专业规范、守则、组织章程及工作规则等,检核事件是否违反群体规则及共识;③专业价值:依据自己及本身专业及价值观判断其合理性,并以诚实、正直之态度检视事件之正当性;④阳光测试:假设事件公诸于世,你的决定可以心安理得地接受社会公论吗?"[①]

一般来说,在面对具体的工程伦理问题时,可通过以下程序性步骤应对和解决所面临的工程伦理问题(图 1-1)。

---

① 工程伦理手册[EB/OL]. [2016-02-19]. http://www.cyut.edu.tw/~soe/SOE1/data/handbook.pdf.

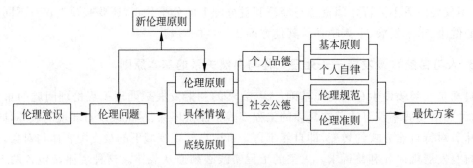

图 1-1　处理工程实践中伦理问题的基本思路

具体可分为五个方面：

(1) 培养工程实践主体的伦理意识。伦理意识是解决伦理问题的第一步，许多伦理问题是由于实践主体缺乏必要的伦理意识造成的，特别是当一些工程决策者和管理者缺乏伦理意识之时，还会给工程师等其他群体造成伦理困境，因此，不仅是工程师需要培养伦理意识，其他实践主体也同样需要培养伦理意识。

(2) 利用伦理原则、底线原则与相关具体情境相结合的方式化解工程实践中的伦理问题。其中，伦理原则包括本节第二部分中提到的处理伦理问题的三个基本准则，以及与工程相关的道德价值包含的几个方面，即个人的伦理和道德自律、工程共同体的伦理规范与伦理准则等。底线原则主要是指伦理原则中处于基础性、需要放在首位遵守的原则，例如安全、忠诚等，当发生难以解决的冲突和矛盾时，底线原则作为必须遵守的原则发挥作用；具体情境是指工程实践发生的相关背景和条件的组合，包括工程涉及的特殊的自然和社会环境，要实现的具体目标，关联到的具体利益群体，也包括不同类型的工程所特有的行为准则和规范。对不同的工程领域，具体情境都有较大差异，具体见本书其他各章的论述。解决伦理问题需要综合考虑以上几个相关方面。

(3) 遇到难以抉择的伦理问题时，需多方听取意见。可采用相关领域专家座谈、利益相关群体调查、工程共同体内部协商的方式，听取多方意见，综合决策。

(4) 根据工程实践中遇到的伦理问题及时修正相关伦理准则和规范。如前文所述，伦理准则和规范在形成之初并不完备，需要在具体实践中不断修正和完善。因此，需根据工程实践中遇到的伦理问题，及时修正伦理准则和规范自身存在的问题，以便其更好地指导工程活动。

(5) 逐步建立遵守工程伦理准则的相关保障制度。目前，已经形成关于工程的行业规范、工程师行为规范等伦理准则，然而，对于遵守相关准则的保障制度仍然并不完备。由此，当工程师等实践主体在面临雇主要求和伦理准则发生矛盾之时，难以有效维护自身权益。因此，应该逐步探索和建立遵守工程伦理准则所需的相关保障制度，促进工程伦理问题处理的制度化。

以上是处理工程伦理问题的基本思路。工程实践活动具有多样性、风险性和复杂性，同时，不同的伦理思想会产生不同的伦理价值诉求，并不存在统一的、普遍适用的伦理准则。相应地，具体实践中面对的伦理选择也是复杂多样的，常常会面临诸如"电车难题"的伦理困境，因此，在面对具体的伦理问题时，需要实践主体结合各类工程不同的特点与要求，选择恰当的伦理原则并进行权宜、变通，相对合理地化解伦理问题。

本章概要

工程是以满足人类需求的目标为指向,应用各种相关的知识和技术手段,调动多种自然与社会资源,通过一群人的相互协作,将某些现有实体(自然的或人造的)汇聚并建造为具有预期使用价值的人造产品的过程。

工程实践既是应用科学和技术改造物质世界的自然实践,更是改进社会生活和调整利益关系的社会实践。工程实践不仅涉及与工程活动相关的工程师、其他技术人员、工人、管理者、投资方等多种利益相关者,还涉及工程与人、自然、社会的共生共在,因而面临着多重复杂交叠的利益关系。同时,由于工程是在部分无知的情况下实行的,具有不确定的结果,工程活动既可能形成新的人工物满足人们的需求,也可能导致非预期的不良后果,因此,工程也是具有风险的社会活动。可从哲学、技术、经济、管理、社会、生态和伦理等多个维度认识工程行为。

伦理是处理人与人、人与社会、人与自然相互关系应遵循的行为规范。伦理与道德都强调值得倡导和遵循的行为方式,都以善为追求的目标。但比较而言,道德是个体性和主观性的,侧重个体的德性、行为与准则、法则的关系。伦理是社会性和客观性的,侧重社会共同体中人与人、个体与社会整体的关系。伦理规范在人类社会生活中是否值得应用、如何得到应用,什么是好的、正当的行为方式?对这些问题的思考和争议,形成了不同的伦理学思想和伦理立场。大体上我们可以把这些伦理立场概括为功利论、义务论、契约论和德性论。

价值标准的多元化以及现实的人类生活本身的复杂性,常常导致在具体情境之下的道德判断与抉择的两难困境,即"伦理困境"。面对复杂的伦理问题或伦理困境,需要审慎地思考和处理几对重要的关系,即自主与责任的关系、效率和公正的关系、个人与集体的关系、环境与社会的关系。同时,伦理困境的解决必须融入个人美德对规则的反思、认识、实践。

工程实践中的伦理问题主要包括技术伦理、责任伦理、利益伦理和环境伦理等方面。工程伦理问题具有与发展阶段相关的历史性,与多利益主体相关的社会性,以及多影响因素交织的复杂性。从处理工程与人、社会和自然的关系的三个层面出发,应对工程中的伦理问题要坚持人道主义、社会公正、人与自然和谐发展等基本原则,要将公众的安全、健康和福祉置于首要的位置。在工程实践过程中,要注意提高伦理意识,准确发现和辨识工程伦理问题,通过对当下工程实践及其生活的反思和对规范的再认识,将伦理规范所蕴含的"应当"现实地转化为自愿、积极的"正确行动"。

参考案例

参考案例1 公众集体抵制PX项目系列事件

PX是英文p-xylene的简写,中文名称为对二甲苯,是一种低毒性的基础化工原料,用于生产塑料、聚酯纤维和薄膜等材料,在树脂、纺织、石油冶炼等多种行业都有广泛应用。国内生产 PX 有近 50 年的历史,然而,直到 2007 年厦门发生公众联合抵制 PX 项目,PX 才慢慢进入公众的视野,逐渐被公众所了解(详见本书第 11 章参考案例)。紧随其后的是 2011 年爆发的大连 PX 事件,这次抵制的是由大连福佳集团投资,并已经正式运营的项目,该项目投资 95 亿元,被称为中国最大的 PX 项目。2011 年 8 月 8 日,受台风"梅花"影响,中国当时最大的 PX 项目大连福佳大化附近的防波堤被冲毁,生产用化工储罐受到威胁。PX 项目被媒体形容为"令人闻风丧胆的终极绝杀项目",随后大量民众强烈要求项目搬迁,据新华社报道当天共有 12000 多名大连市民上街游行并在市政府大楼前请愿示威,要求政府下令让这家化工厂搬出大连。2011 年 8 月 14 日,大连市委市政府公开要求该项目立即停产并承诺对该项目进行搬迁。大连 PX 项目的风波未过,2012 年 10 月 26 日,宁波镇海区又有约 5000 人抵制筹建中的 PX 项目。2013 年 5 月 4 日,3000 余名昆明群众抗议中国石油在昆明安宁的炼油项目。2014 年 3 月 30 日,广东茂名市上千名市民发起对拟建芳烃(PX)项目的抵制活动。此外,四川、青岛、彭州等地也等地都爆发群体性事件,多地发生的抗议事件构成了以厦门 PX 项目事件为代表的公众集体抵制 PX 项目系列事件。

由于涉及地区广泛、参与群众众多,抵制 PX 项目系列事件也成为工程伦理问题研究的一个典型案例。事实上,在国内,类似的公共事件并不鲜见,例如四川什邡钼铜项目流血事件、安徽舒城垃圾填埋场群体性事件等。这种由当地社区居民发起并参与、以环境权利为诉求的集体抗议并非中国特有,最早可以追溯到 20 世纪 70 年代中期美国因垃圾处理设施选址而引发的系列冲突,学者用"邻避效应"(NIMBY,not-in-my-backyard,中文可直译为不要建在我家后院)一词来形容这一现象。邻避效应以不对称的利益分配为主要特征,一般而言,邻避设施提供普遍的社会利益,设立这些设施所衍生的成本却往往集中于周围居民身上,造成危害民众身体健康,降低生活品质,冲击房地产价值等不良影响(详见本书第 3 章 3.3.1 邻避效应)。例如,有的 PX 项目年产值过百亿,能够有效带动所在地的经济和就业,同时,对于缓解我国对进口 PX 的高度依赖状况有着重要意义。然而,作为化工产品,PX 在生产过程中所产生的二氧化硫、氮氧化物、非甲烷总烃、硫化氢等有害物质对周围的环境和居民的健康造成不良影响,如何协调国家、地方、企业与特定群体之间的利益冲突成为 PX 项目决策和建设中的突出问题。此外,PX 项目还涉及多主体利益博弈与化学品生产与社会风险防范等问题。

综上所述,抵制 PX 项目的系列事件可以看作工程实践中"邻避效应"的一个典型案例,其中的关键问题集中于项目选址这一工程决策环节,从中可以看到随着网络等新兴媒体的出现,公众作为重要利益相关主体逐步参与到工程决策中来,与政府、企业等其他利益主体进行多方博弈。然而,相比于其他化工项目,PX 本身属于低毒性物质,不具有高风险性,其引发广泛关注和抵制的原因除了其工程规模巨大之外,还包含政府工程项目决策过程不透明、公众对 PX 的毒性和 PX 项目本身的危害性存在误解等原因。同时,PX 生产过程中所发生的若干起事故也进一步加剧了公众对 PX 项目的抵制情绪。因此,对 PX 项目而言,需要重点解决项目选址、环境影响、风险防范、公众参与等相关内容,同时加大信息公开力度,广泛听取公众意见,必要时召开座谈会、听证会等。

抵制 PX 项目系列事件属于我国工程伦理中的一个典型案例,涉及范围广泛,本书第 2 章、第 3 章、第 8 章和第 11 章将就 PX 项目的相关问题继续进行深入探讨。

R1-10　PX 项目中公众参与及其生产风险与社会风险防范

R1-11　这些年,有关 PX 项目的那些争议

参考案例 2　博帕尔 MIC 毒气泄漏事件

1984 年 12 月 3 日凌晨,美国联合碳化物公司(UCC)位于印度中央邦首府博帕尔市(Bhopal)北郊的一家农药工厂发生毒气泄漏事件,事故当天造成两千多人当场丧生,附近的三千多头牲畜也瞬间死亡。事后,据国际聚氨酯协会异氰酸酯分会提供的数据,该起事故共造成 6495 人死亡、12.5 万人中毒、5 万人终身受害,是有史以来最严重的化工污染惨案,"博帕尔"也由此成为工业污染导致大量死亡的代名词。直至今日,当地居民的患癌率及儿童夭折率仍然远高于其他印度城市。

发生毒气泄漏的工厂是 1969 年由美国联合碳化物公司投资建造的,在该厂制造农药所使用的中间体中,有一种叫做异氰酸甲酯(methyl isocyanate,MIC)的剧毒气体,这种气体只要在空气中存在极少量就会令人眼睛疼痛,浓度稍大就会使人窒息死亡,属于剧毒高危化学品。在博帕尔农药厂,重达 45t 的 MIC 被冷却成液态后,直接储存在地下不锈钢储藏罐里。

1984 年 12 月 2 日晚九点半左右,工人在清洗管路时,用来隔绝化学物质的盲板丢失,存储罐混入数千升水,罐内的 MIC 遇到带有金属杂质的水发生剧烈反应,导致罐体温度上升,剧毒液体沸腾汽化。由于没有安装电脑报警系统,工人对此毫无察觉。直到 12 月 3 日凌晨,工人发现有气体泄漏,报告控制室。操作员现场检查后认为是微量泄漏,并未重视。半小时后,存储罐发生爆炸,操作员执行紧急程序。然而,能够惰化气体的洗涤塔未起作用,燃烧塔也处于故障中,最后一道防线洒水系统的水帘高度为 15m,远低于毒气的喷射高度 33m,也没能有效阻止毒气的扩散。而直到毒气扩散到市域,工厂的报警系统也一直未启动,导致大量居民在睡梦中因吸入毒气丧生。另有一些不明原因的居民在未采取任何防护措施的情况下到工厂附近围观,从而酿成有史以来最大的化工污染惨案。

从事件的经过可以看出,造成这起惨案的起因是杂质渗入罐内与 MIC 发生化学反应,从而导致爆炸。然而,造成周围无辜群众大量伤亡的却是一连串本可避免的事件,首先是报警装置、洗涤塔、燃烧塔和洒水系统等化工厂的基本安全设施全部没有发挥应有的保障作用。其次,工人发现异常后报告控制室也未引起重视。爆炸后毒气泄漏,工厂更没有向周围居民发出任何警告,致使不明情况的居民在没有采取任何防范措施的情况下无辜死伤。作为高危化学品生产基本安全措施,这其中的任何一个环节如果能够发挥应有的作用,可能都不会造成如此大规模的伤亡。

然而,博帕尔事件本身所带来的工程伦理问题绝不仅仅是高危化学品工程的设计、建造和运行中的技术安全问题,惨剧背后更深层的原因是跨国公司为了节约成本针对发

达国家和发展中国家实行双重技术标准,以及印度政府缺乏对高危化学品的安全风险防范意识等。

综上所述,作为工程伦理的重要案例之一,博帕尔事件主要涉及以下几个方面的问题:第一是企业和政府在维护公共安全和环境安全方面所肩负的责任和各自扮演的角色问题,第二是跨国工程活动中工业发达国家向发展中国家的环境成本转移问题,第三是跨国公司的双重技术标准问题,第四是如何通过相关法规和制度来保障工程活动中的弱势群体权益的问题。

R1-12　博帕尔事件中跨国公司的双重标准与印度政府的不作为

R1-13　重返危机现场Ⅱ——博帕尔事件　联合碳化物公司发生毒气泄漏事件

R1-14　历史的疮疤:印度博帕尔工业灾难

思考与讨论

1. 结合工程活动的特点,思考为什么在工程实践中会出现伦理问题?
2. 结合功利论、义务论和契约论、德性论等伦理立场,思考工程伦理与工程师伦理之间有什么联系?有什么区别?
3. 结合本章关于怒江水电开发的引导案例,思考工程实践中可能出现哪些伦理问题?这些伦理问题各有什么特点?
4. 结合本章的参考案例,思考并讨论该如何妥善处理可能遇到的工程伦理问题?

参考文献

[1] BOWEN W R. Outline of an aspirational engineering ethics[J]. Engineering Ethics: Outline of an Aspirational Approach,2009: 69-86.

[2] HARRIS Jr. C E. The good engineer: giving virtue its due in engineering ethics[J]. Science and Engineering Ethics,2008 (14): 153-164.

[3] DAVIS M. Thinking like an engineer[M]. New York: Oxford University Press,1998.

[4] DAVIS M. Engineering ethics [M]. Aldershot: Ashgate Publishing Limited,2005.

[5] LAYTON Jr. E T. The revolt of the engineers [M]. Baltimore: Johns Hopkins University Press,1986.

[6] BECKER L C. Encyclopedia of ethics: Vol. Ⅰ[M]. New York: Garland Publishing Inc,1992: 329.

[7] RICOEUR P. Oneself as another[M]. Chicago: University of Chicago Press,1992: 352.

[8] KROHN W. Society as a laboratory: the social risks of experimental research[J]. Science and Public

Policy,1994(3):173-183.
- [9] 马丁,辛津格.工程伦理学[M].李世新,译.北京:首都师范大学出版社,2010.
- [10] 陈金华.应用伦理学引论[M].上海:复旦大学出版社,2015.
- [11] 哈里斯,等.工程伦理:概念与案例[M].丛杭青,等译.北京:北京理工大学出版社,2006.
- [12] 康德.实践理性批判[M].韩水法,译.北京:商务印书馆,1999.
- [13] 杜澄,李伯聪.跨学科视野中的工程[M].北京:北京理工大学出版社,2004.
- [14] 李伯聪.关于工程伦理学的对象和范围的几个问题——三谈关于工程伦理学的若干问题[J].伦理学研究,2006(06):24-30.
- [15] 李伯聪.工程哲学引论——我造物故我在[M].郑州:大象出版社,2002.
- [16] 尧新瑜."伦理"与"道德"概念的三重比较义[J].伦理学研究.2006(4):21-25.
- [17] 李世新.工程伦理学及其若干主要问题的研究[D].北京:中国社会科学院研究生院,2003.
- [18] 卢风.应用伦理学概论[M].北京:中国人民大学出版社,2015.
- [19] 卢梭.社会契约论[M].何兆武,译.北京:商务印书馆,2003.
- [20] 宋希仁,陈劳志,赵仁光.伦理学大辞典[M].长春:吉林人民出版社,1989.
- [21] 唐凯麟.西方伦理学名著提要[M].南昌:江西人民出版社,2000.
- [22] 万俊人.美国当代社会伦理学的新发展[J].中国社会科学,1995(3):144-160.
- [23] 肖平.工程伦理学[M].北京:中国铁道出版社,1999.
- [24] 亚里士多德.尼各马可伦理学[M].廖申白,译.北京:商务印书馆,2003.

第 2 章 工程中的风险、安全与责任

引导案例：温州动车组列车追尾事故

2011年7月23日20时30分05秒，甬温线浙江省温州市境内，由北京南站开往福州站的D301次列车与杭州站开往福州南站的D3115次列车发生动车组列车追尾事故，造成40人死亡、172人受伤，中断行车32小时35分，直接经济损失19371.65万元。根据国务院公布的调查报告，导致此次重大铁路交通事故的主要原因如下：

通信信号集团所属通信信号设计院在LKD2-T1型列车控制中心设备研发中管理混乱，通信信号集团作为甬温线通信信号集成总承包商履行职责不力，致使为甬温线温州南站提供的LKD2-T1型列车控制中心设备存在严重设计缺陷和重大安全隐患。铁道部在LKD2-T1型列车控制中心设备招投标、技术审查、上道使用等方面违规操作、把关不严，致使其在温州南站上道使用。

当温州南站列车控制中心采集驱动单元采集电路电源回路中保险管F2遭雷击熔断后，采集数据不再更新，错误地控制轨道电路发码及信号显示，使行车处于不安全状态。雷击也造成5829AG轨道电路发送器与列车控制中心通信故障，使从永嘉站出发驶向温州南站的D3115次列车超速防护系统自动制动，在5829AG区段内停车。由于轨道电路发码异常，导致其三次转目视行车模式起车受阻，7分40秒后才转为目视行车模式，以低于20km/h的速度向温州南站缓慢行驶，未能及时驶出5829闭塞分区。

因为温州南站列车控制中心未能采集到前行D3115次列车在5829AG区段的占用状态信息，使温州南站列控中心管辖的5829闭塞分区及后续两个闭塞分区防护信号错误地显示绿灯，向D301次列车发送无车占用码，导致D301次列车驶向D3115次列车并发生追尾。上海铁路局有关作业人员安全意识不强，在设备故障发生后，未认真正确地履行职责，故障处置工作不得力，未能起到可能避免事故发生或减轻事故损失的作用。

经调查认定，"7·23"甬温线特别重大铁路交通事故是一起因列车控制中心设备存在严重设计缺陷、上道使用审查把关不严、雷击导致设备故障后应急处置不力等因素造成的责任事故。① 通过该案例，我们可以发现引起工程风险的原因是多方面的，工程内部本身、工程外部环境以及人为因素都可能引发工程风险问题。

---

① 国务院"7·23"甬温线特别重大铁路交通事故调查报告[EB/OL]. (2011-12-28)[2016-02-18]. http://www.chinasafety.gov.cn/newpage/Contents/Channel_5498/2011/1228/160577/content_160577.htm.

思考：
1. 该事故的发生是由哪些风险因素引起的？
2. 如何对其中的工程风险进行伦理评估？
3. 从哪些方面入手可以防范工程风险的发生？
4. 在防范工程风险发生中存在哪些伦理问题？
5. 包括工程师在内的工程共同体有哪些伦理责任？

2.1 工程风险的来源及防范

工程总是伴随着风险，这是由工程本身的性质决定的。工程系统不同于自然系统，它是根据人类需求创造出来的自然界原初并不存在的人工系统，包含自然、科学、技术、社会、政治、经济、文化等诸多要素，是一个远离平衡态的复杂有序系统。[①] 从普利高津耗散结构理论的视角来看，有序系统要保持有序的结构需要通过环境的熵增来维持，这意味着，如果对工程系统不进行定期的维护与保养，或者受到内外因素的干扰，它就会从有序走向无序，重新回归无序状态，无序即风险。因此，工程经常会伴随风险的发生。[②]

2.1.1 工程风险的来源

由于工程类型的不同，引发工程风险的因素是多种多样的。总体而言，工程风险主要由以下三种不确定因素造成：工程内部技术因素的不确定性、工程外部环境因素的不确定性和工程活动中人为因素的不确定性。其中，工程内部的技术因素又可分为零部件老化、控制系统失灵和非线性作用等因素；工程外部的环境因素又可分为意外气候条件和自然灾害等因素；工程活动中的人为因素又可分为工程设计理念的缺陷、施工质量缺陷和操作人员渎职等因素。

1. 工程风险的技术因素

首先，零部件老化可以引发工程事故。工程作为一个复杂系统，其中任何一个环节出现问题都可能引起整个系统功能的失调，从而引发风险事故。由于工程在设计之初都有使用年限的考虑，工程的整体寿命往往取决于工程内部寿命最短的关键零部件。只有工程系统的所有单元都处于正常状态，才能充分保证系统的正常运行。当某些零部件的寿命到了一定年限，其功能就变得不稳定，从而使整个系统处于不安全的隐患之中（相关案例见二维码R2-1）。

其次，控制系统失灵可以引发工程事故。现代工程通常是由多个子系统构成的复杂化、集成化的巨系统，仅靠个人有限的力量往往不能通观全局，必须依靠信息技术才能掌控全局。因此，目前的复杂工程系统基本都有专门的"神经系统"，这对调节、监控、引导工程系统按照预定的目标运行是必不可少的。随着人工智能技术水平的日益提高，控制系统的智能水平也与日俱增。完全依靠智能的控制系统有时候也会带来安全的隐患，特别是面对突发

[①] 殷瑞钰,汪应洛,李伯聪.工程哲学[M].北京：高等教育出版社,2007：72.
[②] 张景林.安全学[M].北京：化学工业出版社,2009：25.

情况,当智能控制系统无法应对时,还必须依靠操作者灵活处理,方能防范事故的发生。比如2018年10月29日和2019年3月10日接连发生的波音737-8飞机空难事故,其原因就是自动控制系统失灵,而人为干预却无法启动。

> **专栏 2-1**
> 温州南站列车控制中心设备采集驱动单元采集电路电源回路中的保险管F2熔断前,温州南站列控中心管辖区间的轨道无车占用;由于温州南站列车控制中心设备的严重缺陷,导致后续时段实际有车占用时,列车控制中心设备仍按照熔断前无车占用状态进行控制输出,致使温州南站列车控制中心设备控制的区间信号机仍然保持绿灯状态。这意味着智能的控制系统一旦失灵,而没有相应的人工手动控制作为补充,就很容易导致事故的发生。

最后,非线性作用也是引发工程事故的重要原因。非线性作用不同于线性作用的地方在于,线性系统发生变化时,往往是逐渐进行的;而非线性系统发生变化时,往往伴随着性质上的突变。受到外界影响时,线性系统会逐渐地作出响应,而非线性系统则非常复杂,有时对外界很强的干扰无任何反应,而有时对外界轻微的干扰则可能产生剧烈的反应(相关案例参见二维码R2-2)。

2. 工程风险的环境因素

气候条件是工程运行的外部条件,良好的外部气候条件是保障工程安全的重要因素。任何工程在设计之初都有一个抵御气候突变的阈值。在阈值范围内,工程能够抵御气候条件的变化,而一旦超过设定的阈值,工程安全就会受到威胁。以水利工程为例,当遇到极端干旱气候条件时,会导致农田灌溉用水和水库蓄水不足、发电量减少等后果;而当遇到汛期,则会造成弃水事故,降低水库利用率,严重时还可能导致大坝漫顶甚至溃坝事故,使得洪水向中下游蔓延,给中下游造成巨大的经济、人员等损失(相关案例参见二维码R2-3)。[①]

自然灾害对工程的影响也是巨大的。自然灾害的形成是由多方面的要素引发的,通常可划分为孕灾环境、致灾因子、承灾体等要素。自然灾害系统可分为两个:"人—地关系系统"和"社会—自然系统",其中,"'人'和'社会'着重强调在特定孕灾环境下具备某种防灾减灾能力的承灾体,'地'和'自然'则着重表征的是在特定孕灾环境下的致灾因子,上述两个方面是对自然灾害系统要素的凝练和认识的升华,二者的相互作用则是自然灾害系统演化的本质,是灾害风险的由来"[②]。

R2-1 电梯安全隐患问题

R2-2 美国东北部和加拿大联合电网停电事故

R2-3 温州动车事故

---

① 张建敏,等.气候变化对三峡水库运行风险的影响[J].地理学报(增刊),2000(11):26-33.
② 倪长健,王杰.再论自然灾害风险的定义[J].灾害学,2012(3):1-5.

专栏 2-2

北京时间 2011 年 3 月 11 日 13 时 46 分,日本东北海域发生 9.0 级地震并引发高达 10m 的强烈海啸。地震导致东京电力公司下属的福岛核电站失去场外交流电源,海啸又导致其内部应急交流电源(柴油发电机组)失效,从而导致反应堆冷却系统的功能全部丧失并引发事故。2011 年 4 月 12 日,日本经济产业省原子能安全保安院认为福岛第一核电站大范围泄漏了对人体健康和环境产生损害的放射性物质,将其核泄漏事故等级确定为最严重的 7 级。该事故暴露出日本福岛核电站的安全设施设计理念未能充分考虑自然界演变和发展的规律,对自然灾害小概率事件缺乏足够认识,没有充分估计到其危害性,也缺乏面对危机的应急预案。

3. 工程风险的人为因素

工程设计理念是事关整个工程成败的关键。一个好的工程设计,必然经过前期周密调研,充分考虑经济、政治、文化、社会、技术、环境、地理等相关要素,经过相关专家和利益相关者反复讨论和论证而后作出;相反,一个坏的工程设计则是片面地考虑问题,只见树木、不见森林,缺乏全面、统筹、系统的思考所导致的。

专栏 2-3

以黄河三门峡大坝为例。三门峡工程兴建于 1957 年,工程竣工后一年,水库中已经淤积泥沙 15.3 亿 t,远超预计方案。泥沙导致渭河下游两岸农田被淹,土地盐碱化。为此,1962 年开始对原设计方案进行调整,由原来的"蓄水拦沙"运行方式改为"滞洪排沙"。但由于泄水孔位置较高,泥沙仍有 60% 淤积在库内,上游的潼关高程并没有降低;同时,下泄的泥沙由于水量少,淤积到下游河床。虽经后来不断整改,潼关高程一直居高不下,导致 2003 年渭河流域发生了 50 多年来最为严重的洪灾。

这个案例给我们的教训是,工程设计者对自然条件的恶劣性估计不足,论证不科学,工程设计存在严重缺陷,无法实现预先设想的集发电、灌溉、防洪为一体的理想目标。为了避免类似的因工程设计理念局限性造成的风险,需要处理好"谁参与决策"以及"如何进行决策"等问题。就第一个问题而言,可以考虑吸收各方面的代表参与决策。除了吸收工程师代表和工程管理者代表之外,还应吸收政府部门代表、城市规划部门代表、环保部门代表、伦理学家、法律专家以及利益相关者各方代表等。就第二个问题而言,应重视工程决策中的民主化。在决策过程中各方面代表应该充分发表意见,交流信息,进行广泛讨论,在此基础上努力寻求一个经济上、技术上和伦理上都可以被接受的最佳方案。

其次,施工质量的好坏也是影响工程风险的重要因素。施工质量是工程的基本要求,是工程的生命线,所有的工程施工规范都需要把安全置于优先考虑的位置。在工程施工中,必须严把质量关,严格执行国家安全标准,避免工程施工缺陷的出现;如若已经发生质量缺陷,一般应及时处理或返工重做。对于不能及时进行处理的工程质量缺陷,"应将缺陷产生的部位、产生的原因、对工程安全性、使用功能和运用影响分析、处理方案或不处理原因分析等真实、准确、完整地填写在质量缺陷备案表中,并及时报工程质量监督机构备案。"[1]只有这样,才可以在一定程度上防范安全事故的发生(相关案例参见二维码 R2-4)。

R2-4　沱江大桥坍塌事故

> **专栏 2-4**
> 仍以温州动车事故为例,该事故虽然是由意外气候条件引发的,但是根本原因还是由于相关人员的渎职造成的。根据调查结果,相关人员的渎职范围包括:通信信号集团及其下属单位在列车控制产品研发和质量管理上存在严重问题;铁道部及其相关司局(机构)在设备招投标、技术审查、上道使用上存在问题;上海铁路局及其下属单位在安全和作业管理及故障处置上存在问题。[2]

最后,操作人员渎职同样也会造成工程风险。所谓渎职,是指专业人员在履行职责或者行使职权过程中,玩忽职守、滥用职权或者徇私舞弊,导致国家财产和群众利益遭受重大损失的行为。操作人员是预防工程风险的核心环节,也是防止工程风险发生的最后一道屏障。在工程中,操作人员的渎职往往会带来极大的工程风险。所以,必须要加强对操作人员安全意识的教育,时时刻刻以"安全第一"为行动准则。对于没有尽到相应责任的人员,应该依据相关的法律、法规进行惩罚。

2.1.2　工程风险的可接受性

由于工程系统内部和外部各种不确定因素的存在,无论工程规范制定得多么完善和严格,仍然不能把风险的概率降为零,也就是说,总会存在一些所谓的"正常事故"。[3] 因此,在对待工程风险问题上,人们不能奢求绝对的安全,只能把风险控制在人们的可接受范围之内。这就需要对风险的可接受性进行分析、界定安全的等级,并针对一些不可控的意外风险事先制定相应的预警机制和应急预案。

1. 工程风险的相对可接受性

要评估风险,首先要确认风险,这就需要对风险概念进行界定。美国工程伦理学家哈里

---

① 焦阳太.水利工程混凝土施工质量缺陷处理[J].山西水利科技,2010(1):37-39.
② 国务院"7·23"甬温线特别重大铁路交通事故调查组.国务院"7·23"甬温线特别重大铁路交通事故调查报告[EB/OL]. (2011-12-28)[2016-02-20]. http://www.chinasafety.gov.cn/newpage/Contents/Channel_5498/2011/1228/160577/content_160577.htm.
③ 哈里斯,等.工程伦理:概念与案例[M].丛杭青,等译.北京:北京理工大学出版社,2006:115-122.

斯等把风险定义为"对人的自由或幸福的一种侵害或限制"。美国风险问题专家威廉·W. 劳伦斯把风险定义为"对发生负面效果的可能性和强度的一种综合测量"。① 根据劳伦斯的观点,风险由两个因素构成:负面效果的可能性以及负面效果的强度。

在现实中,风险发生概率为零的工程几乎是不存在的。既然没有绝对的安全,那么在工程设计的时候就要考虑"到底把一个系统做到什么程度才算安全"这一现实问题。这里就涉及工程风险"可接受性"的概念。工程风险可接受性是指人们在生理和心理上对工程风险的承受和容忍程度。② 当然,即使是面对同一工程风险,不同的主体对它的认知也是不同的,其可接受性因人而异,即工程风险的可接受性是具有相对性的。

这种相对性的差异在专家和普通公众之间体现得更为明显。一般公众往往会过高地估计与死亡相关的低概率风险的可能性,而过低地估计与死亡相关的高概率风险的可能性。而后一种倾向会导致过分自信的偏见。对专家而言,尽管他们在评估各种风险时也会出错,但他们至少不会像普通公众那样带有强烈的主观色彩。有人专门做过实验,即分别让专家和普通公众对由吸烟、驾驶汽车、骑摩托车、乘火车和滑雪所导致的年死亡人数作出估计。通过对比发现,专家的估计是实际死亡人数的 1/10,而普通公众的估计则偏离实际数字更远,仅仅为实际死亡人数的 1%。③

2. 工程安全等级的划分

在描述工程的安全程度时,人们通常会使用"很安全""非常安全""绝对安全"等词汇,但是它们之间存在着什么量的区别呢?为了客观地标明工程风险发生的概率大小,有效的办法是对安全等级进行划分。

安全等级的划分具有非常重要的经济意义。如果把安全等级制定得过高,就会造成不必要的浪费;反之,则会增大工程风险的概率。给出一个符合实际的安全等级是非常有必要的。然而,等级划分并非易事,因为影响工程安全的因素是多种多样的,它们的关系也是错综复杂的。目前,对工程安全等级进行划分比较有效的一种方法是"模糊集理论"。"根据模糊集理论,确定性可以看作是模糊性或随机性的一个特例。所以,不管系统的复杂性如何,其安全性均可采用模糊集理论进行评价。"④ 以该理论为支撑,我们只需通过输入相关参数就可以计算出相应的安全系数,根据不同工程领域的安全标准划分出相应的安全等级。

以公路隧道安全等级划分为例。我国虽然出台了《公路隧道设计规范》《公路隧道施工技术规范》《公路隧道通风照明设计规范》等规范,这些法律、法规对公路隧道的建设质量以及正常运营提供了法律性的基本保障(具体划分标准参见二维码 R2-5)。但是,随着运营隧道和特长隧道的逐年增多,亟须出台一个公路隧道安全等级划分标准。

---

① 哈里斯,等. 工程伦理:概念与案例[M]. 丛杭青,等译. 北京:北京理工大学出版社,2006:125.
② 张景林. 安全学[M]. 北京:化学工业出版社,2009:91.
③ 同①127.
④ 许开立,等. 安全等级特征量及其计算方法[J]. 中国安全科学学报,1999(6):6-12.

R2-5 公路隧道安全等级划分

2.1.3 工程风险的防范与安全

1. 工程的质量监理与安全

工程质量是决定工程成败的关键。没有质量作为前提,就没有投资效益、工程进度和社会信誉。工程质量监理是专门针对工程质量而设置的一项制度,它是保障工程安全,防范工程风险的一道有力防线。

工程质量监理的任务是对施工全过程进行检查、监督和管理,消除影响工程质量的各种不利因素,使工程项目符合合同、图纸、技术规范和质量标准等方面的要求。具体要做到:各项工程质量的保障责任、处理程序、费用支付等均应符合合同的规定;全部工程应与合同图纸符合,并符合监理工程师批准的变更与修改要求;所有应用于工程的材料、设施、设备及施工工艺,应符合合同文件所列技术规范或监理工程师同意使用的其他技术规范及监理工程师批准的工程技术要求;所有工程质量均应符合合同文件中列明的质量标准或监理工程师同意使用的其他标准。

当某项工程在施工期间出现了技术规范所不允许的断层、裂缝、倾斜、倒塌、沉降、强度不足等情况时,应视为质量事故。监理工程师须按如下程序处理:①暂停该项工程的施工,并采取有效的安全措施。②要求承包人尽快提出质量事故报告并报告业主。质量事故报告应翔实反映该项工程名称、部位、事故原因、应急措施、处理方案以及损失的费用等。③组织有关人员在对质量事故现场进行审查、分析、诊断、测试或验算的基础上,对承包人提出的处理方案予以审查、修正、批准,并指令恢复该项工程施工。④对承包人提出的有争议的质量事故责任予以判定。判定时应全面审查有关施工记录、设计资料及水文地质现状,必要时还需要实际检验测试。在分清技术责任时,应明确事故处理的费用数额,承担比例及支付方式。①

2. 意外风险控制与安全

工程风险虽然不可完全消除,却是可以预防的。如果认为风险不可预防,一个组织内从管理层到管理员工就不可能为预防风险去竭尽全力,在每一个工作细节上精益求精。

事故预防包括两个方面:一是对重复性事故的预防,即对已发生事故的分析,寻求事故发生的原因及其相关关系,提出预防类似事故发生的措施,避免此类事故再次发生;二是对可能出现事故的预防,此类事故预防主要针对可能发生的事故进行预测,查出存在哪些危险

---

① 河南省交通基本建设质量检测监督站,河南省洛阳市公路学会.简明公路工程监理手册[M].北京:人民交通出版社,2000:63-72.

因素组合,并对可能导致什么事故进行研究,模拟事故发生过程,提出消除危险因素的办法,避免事故发生。[1]

建立工程预警系统是预防事故发生的有效措施之一。所谓"预警",就是在危险发生之前,根据观测的预兆信息或以往经验,向有关单位发出警告信号并报告危险情况。预警系统"主要由预警收集系统、预警分析系统、预警决策系统和预警执行系统构成,具有信息收集、数据处理、预警对策、风险评估、趋势预测等多种功能"[2]。通过工程预警系统的建设,可以在一定程度上提前预判工程风险的发生概率,从而提前做好应对风险的准备。

意外风险的应对通常采取的措施包括风险回避、风险转移、风险遏制、风险化解、风险自留等。风险回避是指当工程风险产生的不利后果比较严重,又无其他策略可用时,通过变更工程项目计划,从而消除风险或消除风险产生的条件,达到规避风险的目的。风险转移不是降低风险发生的概率和不利后果的大小,而是在风险发生时将损失分散的一种策略。实施该策略要遵循两个原则:一是必须使承担风险者得到相应的回报;二是对于具体风险,谁最有能力管理就让谁分担。风险遏制是指从遏制项目风险事件引发原因的角度出发,控制和应对项目风险的一种措施。风险化解是从化解项目风险产生的原因出发,去控制和应对项目具体风险。风险自留是指由项目主体自行承担风险损失的一种应对策略,该策略是当项目主体不能找到其他适当的风险应对策略时采取的一种相对比较被动的应对风险方式。[3]

3. 事故应急处置与安全

要有效应对工程事故,不应该是等到事故发生之后才临时组织相关力量进行救援,而是事先就应该准备一套完善的事故应急预案,为保证迅速、有序地开展应急与救援行动,降低人员伤亡和经济损失提供坚实的保障。

专栏 2-5

在制定事故应急预案时,应遵循如下基本原则:

(1) 预防为主,防治结合。由于许多事故的发生具有不确定性,人们无法预知它发生的时间,这就使得人们只能把重点工作放在预防事故发生上,平时加强安全检查、安全教育和应急演练。在事故发生之后,还需要完善安全制度、强化安全管理,预防同类事故再次发生。

(2) 快速反应,积极面对。在事故发生后,要第一时间作出应对反应,最大程度减少二次伤亡。能够自救的人员要先进行自救,而不是等靠专业人员的救援。

(3) 以人为本,生命第一。在事故发生之后,首先应该把人的生命健康权放在一切工作的首位,尽一切力量抢救和挽救生命,先救人,其次再救物。

(4) 统一指挥,协同联动。参与救援的人员和部门要听从救援指挥部门的统一指挥和领导,指挥部门有权调动各个部门的人力、物力、财力参与救援,这样才能及时有效地进行救援,把损失降到最低。[4]

---

[1] 张景林. 安全学[M]. 北京:化学工业出版社,2009:100-101.
[2] 张维平. 突发事件预警管理体系的构建及运行[J]. 中国人民公安大学学报(社会科学版),2009(1):61-67.
[3] 冯宁,孙海玲. 工程项目风险的应对措施及其管理[J]. 基建优化,2006(6):32-33,37.
[4] 杨兴坤. 工程事故治理与工程危机管理[M]. 北京:机械工业出版社,2013:15-16.

另外，面对工程风险，仅靠专业人员的努力是远远不够的。必须发动社会力量的积极参与，才能从根本上预防和治理工程事故。首先，平时应加强防灾培训教育和演练，提升公民的防灾意识和自救能力。我国已有部分学校或公司定期对学生或员工进行防灾培训和演练，但是与其他发达国家相比还存在着一定的差距。比如，防震演练是每一个日本人的必修课。入学前，每个学生都会领到一本《自救手册》；日本的媒体也经常播放一些关于防震救生的知识。[①] 这为最大限度减少伤亡提供了坚实的群众基础。其次，积极发动民间志愿组织，鼓励志愿者有序参与救援行动。仍以日本为例，1995年，由于百万余志愿者在阪神大地震中的良好表现，被称为日本救灾史上的志愿者元年。这些志愿者大多来自于地方居民组织、NGO组织、企业、工会、宗教团体，他们中70%的人是第一次参加志愿活动，大部分是二十多岁的年轻人，他们所做的如心理咨询、清理房间、修理电器等活动是政府无法及时提供的。[②] 我国志愿者在汶川抗震救灾中也作出了突出贡献。因此，应该继续鼓励引导更多的人参与到救灾志愿者的行列中来，在有条件的情况下对其进行救灾技能培训，并在救灾前进行有序的引导，发挥其在参与救灾中的力量。

2.2 工程风险的伦理评估

在工程风险的评价问题上，有人以为这是一个纯粹的工程问题，仅仅思考"多大程度的安全是足够安全的"就可以了。实际上，工程风险的评估还牵涉社会伦理问题。工程风险评估的核心问题"工程风险在多大程度上是可接受的"，其本身就是一个伦理问题，并涉及工程风险可接受性在社会范围的公正问题。[③] 因此，有必要从伦理学的角度对工程风险进行评估。

2.2.1 工程风险的伦理评估原则

1. "以人为本"原则

"以人为本"的风险评估原则意味着在风险评估中要体现"人不是手段而是目的"的伦理思想，充分保障人的安全、健康和全面发展，避免狭隘的功利主义。在具体的操作中，尤其要做到加强对弱势群体的关注，重视公众对风险信息的及时了解，尊重当事人的"知情同意"权。

由于种种原因，社会上某些人可能被边缘化而成为弱势群体，他们在社会上往往处于被忽视的地位，其关心的问题不被强势群体所关心，利益诉求也无法得以有效表达，这使得他们在现实中面临更大的风险威胁。并且，由于他们本身缺乏获取、利用社会资源的条件和能力，极易遭受风险的打击。所以，在工程风险的伦理评估中尤其需要重视对弱势群体的关注。

---

① 杨兴坤.工程事故治理与工程危机管理[M].北京：机械工业出版社，2013：161.
② 同①162-163.
③ 朱勤，王前.欧美工程风险伦理评价研究述评[J].哲学动态，2010(9)：41-47.

"以人为本"原则还应体现在重视公众对风险的及时了解,尊重当事人的"知情同意"权。否则,即使一项工程在技术层面上十分合理,经济效益非常显著,最终也会由于公众的不理解而难以顺利实施。比如近来我国一些地方的 PX 项目之所以会被叫停,就是因为在工程风险评估中只注意到了工程在技术和经济层面的可接受性,而没有给予利益相关者的"知情同意"权以足够的重视。在工程风险评估中,如果只是政府部门拍板,企业管理者和工程师执行,不充分考虑到公众的利益诉求,就可能出现群体事件,从而有可能给整个社会造成巨大的经济损失。

2. "预防为主"原则

在工程风险的伦理评估中,我们要实现从"事后处理"到"事先预防"的转变,坚持"预防为主"的风险评估原则。充分预见工程可能产生的负面影响。工程在设计之初都设定了一些预期的功能,但是在工程的使用中往往会产生一些负面效应。比如设计师为酒店设计旋转门本来可以起到隔离酒店内外温差的环保效果,但是却给残疾人进出酒店带来了障碍。为此,美国技术哲学家米切姆提出,工程师需要肩负"考虑周全的义务"。

专栏 2-6

"考虑周全的义务"包括:(1)设计过程中所使用的理想化模型是否可能忽略了一些因素?

(2)反思性分析是否包含了明确的伦理问题?

(3)是否努力考虑到工程研究和设计的广阔社会背景及其最终含义,包括对环境的影响?

(4)研究和设计过程中是否在和个人道德原则以及更大非技术群体的对话中展开?①

坚持"预防为主"的伦理评估原则,还要加强安全知识教育,提升人们的安全意识。"千里之堤,毁于蚁穴",工程风险都是许多消极因素长期积累、集中爆发的结果,所以在日常工作中应该防微杜渐,防患于未然。安全教育是避免工程事故的一种有效手段。只有每个人都真正认识到安全意识的重要性,才能全方位、多角度地防控工程风险。与此同时,还要加强日常安全隐患排查,强化日常监督管理,完善预警机制,建立应急预案,培训救援队伍,加强平时安全演习等。

3. "整体主义"原则

任何工程活动都是在特定的社会环境和生态环境中进行的,一方面要受到社会和生态环境的制约,另一方面也会对社会和生态环境造成影响。所以,在工程风险的伦理评估中要有大局观念,要从社会和生态整体的视角来思考某一具体的工程实践活动所带来的影响。

在人与社会的关系上,每个人都是社会整体的组成部分,整体价值大于个体价值,个体只有在社会整体之中才能充分获得自身的价值。"天下兴亡,匹夫有责""先天下之忧而忧,

---

① 米切姆. 工程与哲学——历史的、哲学的和批判的视角[M]. 王前,等译. 北京:人民出版社,2013:148.

后天下之乐而乐""苟利国家生死以,岂因祸福避趋之"等中国优秀传统思想观念正是这种价值观的鲜明表达。相应地,在工程风险的伦理评估中,我们不应该只关心某个企业、某个团体或某个人的局部得失,而是把它放在整个社会背景之中来考察其利弊得失,否则就会陷入"一叶障目,不见泰山"的困境。

在人与自然的关系上,"整体主义"原则要求个人之"小我"融入自然之"大我"之中。"万物皆一,万物一齐"(庄子),"物无孤立之理"(张载),其所要表达的就是整体主义的思想。在工程生态效果的评估中,也要把工程和周围的环境看成一个整体,考察它对环境所造成的短期影响及长期影响。对有可能对环境造成伤害的工程,要建立相应的废物处理机制,而对那些严重影响生态环境的工程要一票否决,事先消除不安全的环境隐患。

4. "制度约束"原则

在制度的重要性上,邓小平曾指出,"我们过去发生的各种错误,固然与某些领导人的思想、作风有关,但是组织制度、工作制度方面的问题更重要。这些方面的制度好可以使坏人无法任意横行,制度不好可以使好人无法充分做好事,甚至走向反面。"[①]由此可见,许多事情的最终根源不在于个人,而在于制度体制的合理与否。所以,"制度约束"原则是实现工程伦理有效评估的切实保障途径。

首先,建立健全安全管理的法规体系。安全管理制度主要包括:安全设备管理、检修施工管理、危险源管理、特种作业管理、危险品存储使用管理、电力管理、能源动力使用管理、隐患排查治理、监督检查管理、劳动防护用品管理、安全教育培训、事故应急救援、安全分析预警与事故报告、生产安全事故责任追究、安全生产绩效考核与奖励等。[②]

其次,建立并落实安全生产问责机制。企业应建立主要负责人、分管安全生产负责人和其他负责人在各自职责内的安全生产工作责任体系。责任体系要实现责任具体、分工清晰、主体明确、责权统一。通过逐级严格检查和严肃考核,增强安全责任意识,提高安全生产执行力,把安全生产的责任落实到每个环节、每个流程和每个岗位和个人。[③]

最后,还要建立媒体监督制度。媒体监督具有事实公开、传播快速、影响广泛、披露深刻等特点。工程事故一旦被媒体报道,就会迅速吸引大众的注意力,引起全社会的广泛关注,从而促使相关部门加快矛盾和问题的解决。从近年来国内发生的一些重大安全事故的媒体披露来看,无不显示出舆论监督的强大力量。

2.2.2 工程风险的伦理评估途径

1. 工程风险的专家评估

相对于其他评估途径,专家评估是比较专业和客观的评估途径。专家评估通常采用的方法是成本-收益分析法。根据该方法,专家把可接受的风险的评判标准定为:在可以选择的情况下,伤害的风险至少等于产生收益的可能性。不过这种方法也存在一定的局限性。

[①] 邓小平.邓小平文选:第二卷[M].北京:人民出版社,1994:333.
[②] 杨兴坤.工程事故治理与工程危机管理[M].北京:机械工业出版社,2013:121.
[③] 同②,123.

比如，它不太可能把与各种选择相关的成本和收益都考虑在内，有时得不出确定的结论。尽管有一些局限，成本-收益分析法在风险评估中仍然是专家首选的方法。

在具体操作中，专家评估可采取专家会议法和特尔斐法两种方法结合进行。专家会议法是指根据规定的原则选定一定数量的专家，按照一定的方式组织专家会议，发挥专家集体智慧，对评估对象作出判断的方法。专家会议有助于专家们交换意见，通过互相启发，可以弥补个人意见的不足，产生"思维共振"的效果。但是该方法也有一定的弊端，由于参加会议的人数有限，代表性不充分，容易受权威的影响，压制不同意见的发表。

与专家会议法不同的是，特尔斐法的特点是以函询征求所选定的一组专家的意见，然后加以整理、归纳、综合，进行统计处理，将结果匿名返回给各个专家，再次征求他们的意见，进行有控制的反馈。如此经过多次循环、反复，专家们的意见日趋一致，认识和结论愈益统一，结论的可靠性亦更为提高。这种方法既保持了专家会议法的优点，又避免了专家之间的心理干扰和压力。以上两种方法相结合，可以起到优势互补的作用。①

2. 工程风险的社会评估

与专家重视"成本-收益"的风险评估方式不同，社会评估所关注的不是风险和收益的关系，而是与广大民众切身利益息息相关的方面，它正好与专家评估形成互补关系，使风险评估更加全面和科学。

如果不重视工程风险的社会评估，将有可能带来严重的社会隐患。比如，前文提到过的PX项目事件，其原因之一是就是在工程立项环节中缺乏社会评估环节。诚如曹湘洪院士所认为的那样，PX困局已非技术范畴内的问题，专业人士对其安全性不存在争论，反而是地方政府、企业的行为惯性以及社会心态等复杂因素形成的信任危机，最终形成了PX困局以及化工恐惧症。②

因此，在工程风险的伦理评估中，要加强和完善社会评估途径。目前，工程风险的社会评价越来越受到国家的重视，并出台了一系列相关规章制度以予保障（参见二维码 R2-6）。

R2-6　工程项目的社会评价

3. 工程风险评估的公众参与

工程风险的直接承受者是公众，所以在风险评估中必须要有公众的参与，否则工程风险的评估有可能沦为形式，起不到真正的效果。另外，"作为外行的普通公众能够提供不同于

---

① 郭明杰，等. 特尔斐法简介[J]. 经营管理者，1999(6)：39-40.
② 曹湘洪院士谈"PX困局"：已非技术范畴内问题. [EB/OL]. (2013-08-27)[2013-09-18]. http://science.china.com.cn/2013-08/27/content_29834513.htm.

专家,并且常常被以科学理性所主宰的专家所忽略的'智识'",[1]因而公众的参与则可以弥补专家评估的不足。

公众参与工程风险伦理评估的前提是相关机构要进行信息公开。如果相关机构不公开有关工程的信息,公众将会对工程情况一无所知,不知道该工程有无风险或风险多大,从而不得不盲目地听从专家的意见;而有时专家从个人或单位的利益出发提出的意见是不利于普通公众的,在此种情形下,公众就会成为弱势群体。"公众若想成为自己的主人,就必须用可得的知识中隐含的权力武装自己;政府如果不能为公众提供充分的信息,或者公众缺乏畅通的信息渠道,那么所谓的面向公众的政府,也就沦为一场滑稽剧或悲剧和悲喜剧的序幕"[2]。

> **专栏 2-7**
>
> 公众参与的方式多种多样,如现场调查、网上调查、论证会、座谈会、听证会等,但基本可以分为舆论和制度两个层面。在舆论层面,主要由公众代表、公共媒体、人文学者、非政府组织成员等主体参与。与专家评估相比,公众参与的风险评估范围更加广泛,所代表的利益更加全面,看待问题的角度和视野也更加开阔。在制度层面,公众参与主要以听证会为参与途径。听证会可以采取不同的形式,如基层的民主恳谈会、民主听证会、城市居民议事会等。[3] 政府、企业、市民、专家、媒体在听证会上平等地发表意见,政府和企业的管理者和技术专家通过听证会及时了解民情并吸纳公众的合理化建议,就会及时化解矛盾,消除情绪对立和误解,避免非理性因素经过传播产生"放大效应"。

2.2.3 工程风险的伦理评估方法

1. 工程风险伦理评估的主体

评估主体在工程风险的伦理评估体系中处于核心地位,发挥着主导作用,决定着伦理评估结果的客观有效性和社会公信力。工程风险的伦理评估主体可分为内部评估主体和外部评估主体,前者指参与工程政策、设计、建设、使用的主体,包括工程师、工人、投资人、管理者和其他利益相关者;后者指上述主体以外的组织和个人,主要包括专家学者、民间组织、大众传媒和社会公众。

工程风险的内部评估主体在工程活动中是不可或缺的有机组成部分,发挥着不可替代的作用和功能。内部评估主体之间既存在着合作关系,又存在着矛盾冲突关系。相对而言,工人在内部评估主体中处于弱势地位,他们常常承受着最直接的工程风险威胁,其人身安全需要得到重视和保障。工程师由于其身兼职业责任和社会责任双重角色,致使他们在工程风险评估上容易发生"眼光迷离""游移不定"的现象。这要求工程师在工程风险的评估上应

---

[1] 王名扬.美国行政法:上[M].北京:中国政法大学出版社,1994:227.
[2] 斯图尔特.美国行政法的重构[M].沈岿,译.北京:商务印书馆,2002:2.
[3] 谈火生.审议民主理论的基本理念和理论流派[J].教学与研究,2006(11):50.

该更多地承担起社会责任的角色,对工程风险进行客观的评估。①

在工程风险的外部评估主体中,专家学者由于具有相关领域的专业知识,能够比一般人士更准确地了解工程风险的真实程度,他们往往在工程风险中充当揭发者的角色。比如圆明园防渗工程存在的环境风险问题,就是由专家学者揭发的;轰动全国的厦门 PX 工程事件的揭发者也是大学教授。另外,民间组织在工程风险评估中也具有重要的影响。他们往往由一群志同道合的人组成,具有强烈的社会使命,具有奉献和担当精神,因此拥有个人所不具有的集体优势。大众传媒同样在工程风险评估具有重要的地位,许多重大风险隐患都是由媒体曝光的,比如轰动全国的三鹿奶粉事件。社会公众同样是工程风险评估的重要参与者,他们的利益与工程风险密切相关,有着不可替代的观察视角,在工程风险评估中同样不可或缺。

2. 工程风险伦理评估的程序

工程风险伦理评估的第一步是信息公开。随着现代工程的日益专业化,非专业人员对工程风险的理解和评价,往往需要依靠专业人员所提供的信息。如果没有信息公开,社会公众就不能参与到工程风险评估之中。因此,工程专业人员有义务将有关工程风险的信息客观、准确地传达给决策者、媒体和公众。决策者应该尽可能地使其风险管理目标保持公正,认真听取公众的呼声,组织各方就风险的界定和防范达成共识。媒体也应该无偏见地传播相关信息,正确引导公众监督工程共同体的决策。公众的知情同意权必须得到保障,特别是一些与他们切身利益密切相关的工程项目,他们有权知晓其中的风险,从而作出理性的选择。

第二步是确立利益相关者并分析其中的利益关系。任何工程都会涉及众多利益相关者,在利益相关者的选择上要坚持周全、准确、不遗漏的原则。确立利益相关者的过程是一个多次酝酿的过程,包括主要管理负责人的确定、主要工程负责人的确定、主要工程参与人员的确定、社会公众或专家学者参与风险听证的选定等。② 在具体确定利益相关者之后,还要分析他们与工程风险的关系,弄清工程分别给他们带来的收益,以及他们可能会面临的损失及其程度。

第三步是组织利益相关者按照民主原则进行充分的商谈和对话。工程风险的伦理评估必须依靠民主的评估机制。具有多元价值取向的利益相关者对工程风险具有不同的感知,要让具有不同伦理关切的利益相关者充分表达他们的意见,发表他们的合理诉求,使工程决策在公共理性和专家理性之间保持合理的平衡。需要注意的是,工程风险的伦理评估不是一次对话就能彻底解决的,往往需要多次协商对话才能充分掌握工程中潜在的各种风险,这就需要采取逐项评估与跟踪评估等措施,根据相关的评估及时调整以前的决策。③

3. 工程风险伦理评估的效力

一般而言,"效力"是指确定合理的目标并实现目标,收到了理想的效果。效力包括目标

---

① 李伯聪.工程哲学和工程研究之路[M].北京:科学出版社,2013:232-233.
② 王前,等.技术伦理通论[M].北京:中国人民大学出版社,2011:193.
③ 同②184-185.

确定、实现目标的能力以及目标实现的效果三个核心要素。[①] 就工程风险伦理评估的效力而言,其含义是指伦理评估在防范工程风险出现中的效果及其作用。考察工程风险伦理评估的效力,要遵守如下几个原则:

(1) 公平原则。工程风险的承担者和工程成果的受益者往往是不一致的。随着现代工程规模的扩大,风险度也随之增加。尤其是随着累积性、长远性和毁灭性风险的增加,对工程风险的评价难度也随之增加,这要求工程风险伦理评估更加注重风险分配中的公平正义要求,做到权责统一。

(2) 和谐原则。和谐作为工程风险伦理评估的评价原则,是指一个工程项目只有以实现和谐为目的的时候才是伦理意义上值得期许的工程。和谐原则体现为四个方面,一是人与自然的和谐;二是人与人的和谐;三是人与社会的和谐;四是个人内部身心的和谐。

(3) 战略原则。战略原则是"实践智慧"的体现,它要求我们在面对工程风险的时候,要保持审慎的态度,不仅对工程本身的目的、手段和后果作具体分析,还要注意工程所处的时空环境,做到因地因时制宜、审时度势、与时俱进。[②]

2.3 工程风险中的伦理责任

2.3.1 何谓伦理责任

1. 对责任的多重理解

责任是人们生活中经常用到的概念,许多学科如法学、经济学、政治学、社会学、伦理学等都涉及和关注责任问题,因此,人们对责任的理解呈现出多维度、多视角的状况。在责任的分类上,按照性质可以分为因果责任、法律责任、道义责任等;按时间先后可分为事前责任和事后责任;也可以按照程度把责任区分为必须、应该和可以等级别。不论何种类型的责任,都包含如下几个要素:①谁来负责;②对何事负责;③对谁负责;④面临指责或潜在的处罚;⑤规范性准则;⑥在某个相关行为和责任领域范围之内[③]。

"责任"在当下的伦理学中已成为一个关键概念,这与当今社会的时代特征息息相关。当今社会是一个科技高度发达的时代。科技进步带来的许多问题是人类有限的理性无法预期和控制的,"现代科技的行动能力所具有的集体性与累积性,使得行动的主体不再只限于有意志决定的个人(或有组织的团体,如法人等),而行动的结果透过科技附带效应的长远影响,也已经不在人类目标设定或可预见的范围之内"[④]。因此,科技进步带来的新型责任是"未来责任"和"共同责任"。它所带来的伦理问题也是传统伦理学无法应对的,责任变得比以往任何时代都更为复杂和尖锐。

---

① 赵立莹,郝际平.美国博士生教育质量评估的效力诉求[J].中国高教研究,2009(9):40-44.
② 王前,等.技术伦理通论[M].北京:中国人民大学出版社,2011:59.
③ 兰克.什么是责任[J].西安交通大学学报(社会科学版),2011(3):1-4,50.
④ 林远则.责任伦理学的责任问题:科技时代的应用伦理学基础研究[J].台湾哲学研究,2005(5):297-343.

> **专栏 2-8**
>
> 　　马克斯·韦伯(Max Weber)首先提出了"责任伦理"的概念,并对"信念伦理"与"责任伦理"进行了区分,强调责任伦理在行动领域里的优先地位。然而,真正把"责任"范畴引入伦理学,并建构起理论化的"责任伦理学"体系的,是德国学者汉斯·尤纳斯(Hans Jonas)。他在 1979 年出版的《责任原理》一书中,论证了为何保全人类与自然的可持续发展是未来责任的终极目标,并提出了这样一个核心观点:道德的正确性取决于对长远未来的责任性。① 如果说尤纳斯的责任伦理学主要关注的是"未来责任"的话,那么阿佩尔(Karl-Otto Apel)主要关注和回答的则是如何应对"共同责任"的问题。通过"对话伦理学"的建构,他深入地阐释了为何沟通共识本身即是我们共同负责解决实践问题的最终理性基础。②

2. 伦理责任的含义

如上所述,责任范畴不仅仅属于伦理学领域,它只有在与道德判断发生联系的时候,才具有伦理学意义。要理解"伦理责任"的含义,可以通过与其他责任类型相比较的方式进行。首先,伦理责任不等于法律责任。法律责任属于"事后责任",指的是对已发事件的事后追究,而非在行动之前针对动机的事先决定。而伦理责任则属于"事先责任",其基本特征是善良意志不仅依照责任而且出于责任而行动。"专由法律所规定的义务只能是外在的义务,而伦理学的立法则是一般地指向一切作为义务的东西,它把行为的动机也包括在它的规律内。单纯因为'这是一种义务'而无须考虑其他动机而行动,这种责任才是伦理学的,道德内涵也只有在这样的情形里才清楚地显示出来。"③ 另外,相对于法律责任而言,伦理责任对责任人的要求更高。法律责任是社会为社会成员划定的一种行为底线,但仅靠法律责任还不能解决人们生活中遇到的所有问题,人们还必须超越这个底线,上升到更高的伦理责任。

其次,伦理责任也不等同于职业责任。职业责任是工程师履行本职工作时应尽的岗位(角色)责任,而伦理责任是为了社会和公众利益需要承担的维护公平和正义等伦理原则的责任。工程师的伦理责任一般说来要大于或重于职业责任。如果工程师所在的企业作出了违背伦理的决策,损害了社会和公众的利益,此时仅仅恪守职业责任是远远不够的,还必须兼顾伦理责任。职业责任和伦理责任在大多数情况下是一致的,但在某些情况下则会发生冲突,比如工程师在知道公司产品存在质量问题并有可能对公众的生命财产产生威胁时,他是应该坚持保密性的职业伦理要求,还是遵循把公众的安全、健康和福祉置于首要地位的社会伦理责任要求呢? 这就需要工程师在职业责任和伦理责任之间进行权衡,作出恰当的选择。④

---

① 朱葆伟.科学技术伦理:公正和责任[J].哲学动态,2000(10):9-11.
② 罗亚玲.阿佩尔的对话伦理学初探[J].哲学动态,2005(6):31-37.
③ 朱葆伟.工程活动的伦理责任[J].伦理学研究,2006(6):36-41.
④ 哈里斯,等.工程伦理:概念与案例[M].丛杭青,等译.北京:北京理工大学出版社,2006:141.

2.3.2 工程伦理责任的主体

1. 工程师个人的伦理责任

工程师作为专业人员,具有一般人不具有的专门工程知识,他们不仅能够比一般人更早、更全面、更深刻地了解某项工程成果可能给人类带来的福利,同时,他们作为工程活动的直接参与者,工程师还比其他人更了解某一工程所存在的潜在风险,因此,工程师的个人伦理责任在防范工程风险上具有至关重要的作用。

工程师的特殊能力决定了他们在防范工程风险上具有不可推卸的伦理责任,即工程师应有意识地思考、预测、评估其所从事的工程活动可能产生的不利后果,主动把握研究方向;在情况允许时,工程师应自动停止危害性的工作。① 除了在本职工作范围内履行伦理责任外,还应利用适当的途径和方式制止违背伦理的决策和实际活动,主动降低工程风险,防范工程事故的发生。

以在我国引起巨大社会问题的 PX 项目为例,如果从事设计和生产的工程师能够在发现存在严重质量问题和重大风险时,主动向上级决策部门反映;必要时向公众说明 PX 项目的真实情况、存在的问题和可能的风险,这些"出场"就有可能化解工程安全引发的社会问题,进而消除公众对该项目的理解和接受上的偏差。此外,在当今工程实践日趋复杂的情况下,工程师要想更好地实现自身的伦理责任,还需要在增强"道德想象力"方面下功夫(参见二维码 R2-7)。

R2-7 道德想象力

2. 工程共同体的伦理责任

工程事故中的共同伦理责任是指工程共同体各方共同维护公平和正义等伦理原则的责任。这种责任不是指他们共同的职业责任,也不是说有了工程事故后所有相关者都要责任均摊,而是强调个人要站在整体的角度理解伦理责任,通过工程共同体各方相互协调承担共同伦理责任,积极主动履行共同伦理责任。承担共同伦理责任可以使工程共同体从工程事故中反思伦理责任问题,提高工程师群体的社会责任感和工程伦理意识,形成工程伦理文化氛围。

之所以提出工程共同体的伦理责任,是因为现代工程在本质上是一项集体活动,当工程风险发生时,往往不能把全部责任归结于某一个人,而需要工程共同体共同承担。工程活动中不仅有科学家、设计师、工程师、建设者的分工和协作,还有投资者、决策者、管理者、验收

---

① 梁红秀.科技伦理责任的主体系统及责任区分[J].科技管理研究,2009(5):556-558.

者、使用者等利益相关者的参与,他们都会在工程活动中努力实现自己的目的和需要。因此,工程责任的承担者就不仅限于工程师个人,而是涉及整个工程共同体。

工程活动的多方参与性也造成了现代工程的"匿名性"和"无主体性"。现代工程和技术都是复杂系统,在这种高度复杂系统中,组织的作用要远大于个人作用,因此其中潜藏着的巨大风险很难归结为某个人的原因。此外,工程的社会效果具有累积性,而且这种累积往往是不可预见的。比如转基因技术,不经过长时间的观察,人类就无法对它的危险系数进行判断。这些都使得由谁来承担以及如何承担责任的问题变得格外复杂。

2.3.3 工程伦理责任的类型

1. 职业伦理责任

所谓"职业",是指一个人"公开声称"成为某一特定类型的人,并且承担某一特殊的社会角色,这种社会角色伴随着严格的道德要求。职业活动区别于非职业活动的特征在于:第一,进入职业通常要求经过长期的训练;第二,职业人员的知识和技能对社会是至关重要的;第三,职业通常具有垄断性或近似于垄断性;第四,职业人员通常具有一定的自主权;第五,职业人员受到职业伦理规范的支配。[①]

相应地,职业伦理应当区别于个人伦理和公共伦理。职业伦理是职业人员在自己所从业的范围内所采纳的一套标准。个人伦理是一组个人的伦理承诺,这些伦理承诺是在生活训练中经过反思获得的。公共伦理是一个社会大多数成员所共享并认可的伦理规范。三种伦理虽然有不同的内涵,但它们之间通常是交叉的。

> **专栏 2-9**
> 职业伦理责任可以分为三种类型,一是"义务-责任",即职业人员以一种有益于客户和公众,并且不损害自身被赋予的信任的方式使用专业知识和技能的义务。这是一种积极的或向前看的责任。二是"过失-责任",即可以将错误后果归咎于某人的责任。这是一种消极的或向后看的责任。三是"角色-责任",即担任某个职位或管理角色所承担的责任。

因为工程总是与风险相伴,所以工程师的职业伦理责任在某种意义上就是对风险承担责任。要做到这一点,工程师应该注意:首先,风险通常是难以评估的,并且可能会以微妙的、变幻莫测的方式扩大。其次,存在着不同的可接受风险的定义。与一般公众不同的是,工程师在处理风险的过程中,有一种强烈的量化思维,这使得他们对一般公众的关注不够敏感。最后,工程师要有意识接受相应的工程伦理教育和培训,提高自身的伦理素养,发挥工程伦理在实践中的有效性(参见二维码 R2-8)。

2. 社会伦理责任

工程师作为公司的雇员,当然应该对所在的企业忠诚,这是其职业道德的基本要求。可

[①] 哈里斯,等. 工程伦理:概念与案例[M]. 丛杭青,等译. 北京:北京理工大学出版社,2006:6.

R2-8　工程伦理的实践有效性

是如果工程师仅仅把他们的责任限定在对企业的忠诚上，就会忽视应尽的社会伦理责任。工程师对企业的利益要求不应该是无条件地服从，而应该是有条件地服从，尤其是公司所进行的工程具有极大的安全风险时，工程师更应该承担起社会伦理责任。当他发现所在的企业进行的工程活动会对环境、社会和公众的人身安全产生危害时，应该及时地给予反映或揭发，使决策部门和公众能够及时了解该工程的潜在威胁，这是工程师应该担负的社会责任和义务。

早期的工程师职业章程对工程师的社会伦理重视不够。比如早期比较有代表性的美国工程师章程规定，"工程师应当将保护客户或雇主的利益作为他首要的职业责任，所以应当避免与此责任相违背的任何行为"，而有关社会伦理责任的表述几乎看不到，可以视作涉及这方面的唯一表述是：工程师"应当努力帮助公众对工程项目有一个基本公正的和正确的理解，向公众传播一般的工程知识，在出版物或别的关于工程的话题上，阻止不真实的、不公正的或夸张的陈述"①。

20世纪中叶后，许多工程师社团的章程中开始增加大量关于社会伦理责任的内容。如"工程师职业发展理事会"章程中采纳了"工程师不仅对雇主和客户，而且对公众有诚实的义务"的主张，明确表示工程师"应当关注公众的安全和健康"，后来又把它修改为"在履行工程师责任的过程中，工程师应当将公众的安全、健康和福祉置于首要地位"②。目前，诸如此类的表述在几乎所有的工程师章程中都可以见到。（关于职业伦理和社会伦理如何平衡的问题，请参见二维码R2-9）。

R2-9　工程师职业伦理与社会伦理的平衡

3. 环境伦理责任

除了职业伦理责任和社会伦理责任，工程共同体还需要对自然负责，承担起环境伦理责任。具体而言，环境伦理责任包含如下几个方面：

①评估、消除或减少工程决策所带来的环境影响；②减少工程产品在整个生命周期中对环境及社会的负面影响，尤其是使用阶段；③建立一种透明和公开的文化，使得关于工程的环境风险的真实信息能够和公众进行平等的交流；④促进技术的正面发展用来解决难

---

① 哈里斯，等.工程伦理：概念与案例[M].丛杭青，等译.北京：北京理工大学出版社，2006：9.
② 同①.

题,同时减少技术的环境风险;⑤认识到环境的内在价值,而不是将环境看作免费产品;⑥国际间以及代际间的资源分配问题;⑦促进合作而不是竞争战略。①

虽然人们已经认识到环境伦理责任的重要性,但是在现实实践中却由于种种原因而不能很好地实现。就工程师个体而言,他在工程活动中扮演着多重的角色,每种角色都相应地被赋予一定的责任,包括对职业理想、对自己、对家庭、对公司、对用户、对团队其他成员、对社会,以及对环境的责任,等等。"这许许多多责任的履行,使得工程师受到多重限制——雇主的限制、职业的限制、社会的限制、家庭的限制等。这种种限制常常使工程师陷入伦理困境中——是将公司的利益、雇主的利益、自身的利益置于社会和环境利益之上还是相反?这成为工程师必须面对和抉择的问题。"②

因此,为了更好地促使环境伦理责任的实现,工程团体或协会还需要在其章程中制定专门的环境伦理规范。世界工程组织联盟于 1986 年率先制定了《工程师环境伦理规范》,对工程师的环境伦理责任进行了明确的界定,为工程师在现实中面临伦理困境时进行正确的决策提供了指导性的意见(参见二维码 R2-10)。

R2-10 工程师的环境责任

本章概要

工程是根据自然规律和人类需求创造出来的一个自然界原初不存在的人工系统,它包含自然、科学、技术、社会、政治、经济、文化等诸多要素,是一个远离平衡态的复杂系统。如果不进行定期的维护与保养,它就会自发地从有序走向无序。因此,工程具有一定的不确定性和风险性,其主要来自三个方面:工程内部技术因素的不确定性、工程外部环境的不确定性和工程活动中人为因素的不确定性。

由于工程总是潜藏着风险,因此所有的工程规范都把安全置于优先考虑的位置上,都要求工程师必须把公众的安全、健康和福祉放在首位。但是,由于工程系统内外的不确定因素,无论工程规范制定得多么完善和严格,仍然不能把风险的概率降为零,也就是说,总会存在一些"正常事故"。因此,在对待工程风险问题上,人们不能奢求绝对的安全,只能把风险控制在人们可接受的范围之内。这就需要对风险的可接受性进行分析,界定安全的等级,针对一些不可控的意外风险事先制定相应的预警机制和应急预案。

在工程风险的评价问题上,有人认为它是一个纯粹的工程问题,仅仅思考"多大程度的安全是足够的安全"就足够了。实际上,它还牵涉社会伦理问题。工程风险评估的核

---

① 肖显静.论工程共同体的环境伦理责任[J].伦理学研究,2009(6):65-70.
② 同①.

心问题"工程风险在多大程度上是可接受的"本身就是一个伦理问题,其核心是工程风险可接受性在社会范围的公正问题。工程风险的伦理评估原则要遵循以人为本、预防为主、整体主义和制度约束等原则,工程风险的伦理评估途径包括专家评估、社会评估和公众参与等。

工程风险所带来的伦理问题使责任变得比以往任何时代都更为复杂和尖锐。工程师不但应具有职业伦理责任,同时还应具有社会伦理责任和环境伦理责任。作为专业人员,工程师具有一般人不具有的专门的工程知识,他们比其他人更了解工程中潜在的风险。工程师的职业伦理责任和社会伦理责任在大多数情况下是一致的,但在某些情况下则会发生冲突,比如工程师在知道公司产品存在质量问题并有可能对公众的生命财产产生危害时,是应该坚持保密性的职业伦理要求,还是遵循把公众的安全、健康和福祉置于首要地位的社会伦理责任要求?这需要工程师在职业伦理责任和社会伦理责任之间进行合理的权衡。

参考案例

参考案例1 "挑战者号"航天飞机事故

"挑战者号"航天飞机于美国东部时间1986年1月28日上午11时39分(格林尼治标准时间16时39分)在佛罗里达州发射。"挑战者号"航天飞机升空后,因其右侧固体火箭助推器(SRB)的O型环密封圈失效,毗邻的外部燃料舱在泄漏出的火焰的高温烧灼下结构失效,使高速飞行中的航天飞机在空气阻力的作用下于发射后的第73秒解体,机上7名宇航员全部罹难。

在发射之前,O型环首席工程师罗杰·博伊斯乔利曾向管理人员表达过他对密封SRB部件接缝处的O型环的担心——低温会导致O型环的橡胶材料失去弹性。他认为,如果O型环的温度低于53°F(约11.7℃),将无法保证它能有效密封住接缝。但是,莫顿·塞奥科公司的管理层否决了他的异议,并对他说:"收起你那工程师的姿态,拿出经营的气概。"他们认为发射进程能按日程进行。

这一改变使得博伊斯乔利颇为沮丧。作为人类的一员,他无疑对宇航员的生命安全感到担忧,他不想眼睁睁看着他们的死亡,然而,重要的是,博伊斯乔利还是一名工程师。O型环的不可靠性是他的职业工程判断,同时,作为一名工程师,他还有保护公众健康和安全的职业责任,他明确认为,这种责任应该扩展到宇航员身上,而现在他的职业判断受到了忽略。虽然博伊斯乔利没能如愿,但是其行为本身却成为一个工程责任的典范。[①]

参考案例2 凤凰沱江大桥的垮塌

2007年8月13日16时45分许,湖南省湘西自治州凤凰县沱江大桥发生坍塌事故,导致64人遇难。国务院事故调查组经调查认定,这是一起严重的责任事故。由于施工、建设单位严重违反桥梁建设的法规标准、现场管理混乱、盲目赶工期,监理单位、质量监督部门严重失职,勘察设计单位服务和设计交底不到位,湘西自治州和凤凰县两级政府及湖南省交通

---

① 哈里斯,等.工程伦理:概念与案例[M].丛杭青,等译.北京:北京理工大学出版社,2006:1-2.

厅、公路局等有关部门监管不力,致使大桥的主拱圈砌筑材料未满足规范和设计要求,拱桥上部构造施工工序不合理,主拱圈砌筑质量差,降低了拱圈砌体的整体性和强度。随着拱上施工荷载的不断增加,造成1号孔主拱圈靠近0号桥台一侧3～4m宽的范围内,砌体强度达到破坏极限而坍塌。受连拱效应影响,整个大桥迅速坍塌。

根据国务院常务会议的决定,湖南省有关部门对事故发生负有直接责任,涉嫌犯罪的湘西自治州公路局局长兼凤大公司董事长胡东升、总工程师兼凤大公司总经理游兴富和湘西自治州交通局副局长王伟波等24人移送司法机关依法追究刑事责任。对事故发生负有责任的湖南省交通厅、湘西自治州政府相关负责人,省、州公路局和省路桥集团公司,以及设计、监理、质监等单位的32名责任人给予相应的政纪、党纪处分。[①]

参考案例3 美国花旗银行大厦的补救

威廉·勒曼谢尔(William LeMessurier)生平得意之作是他于1977年设计的,坐落于纽约市中心曼哈顿区的花旗银行大厦。在这幢大厦的结构设计中,他以极富创造力的方式解决了一个令人困扰的设计难题。一座教堂坐落于街区的一角,需要在教堂之上再建造59层的大楼。为了解决这个难题,勒曼谢尔设计的大厦凌空跨越教堂,与传统办法不同的是,4根支柱分别位于大厦底部每条边的中点而非顶点上。

不过,大厦在设计之初遗漏了风暴冲击所造成的危险,没有计算从斜对角方向吹来的楼群风对大厦的影响。当他接到当地一所大学的学生打来的电话之后,他开始意识到该问题的严重性。当他计算出,若一些部位压力增加40%,钢结构的应力将导致某些接口部位的压力增加160%时,他更加感到不安。这意味着,如果大厦某些部位遭遇"16年一遇的风暴"(这种风暴每16年袭击曼哈顿地区一次),那么大厦就很可能会整体垮塌。

勒曼谢尔意识到,如实地公开他的研究结果将会把他公司的工程声誉和财务状况同时置于非常危险的境地。不过,他迅速而果断地采取了行动。他先拟定了一份补救计划,对所需的时间和花费作了预算,并立即将他所知道的情况通知了花旗银行的业主。业主们的反应同样是果断的。勒曼谢尔提出的修复规划获得认可,并立即得到实施。当修复工程接近完工的时候,有一股飓风正沿海岸线向纽约袭来,所幸的是,这次飓风并没有给工程造成实质性的影响。

虽然修复工程最终花费了数百万美元,但是各方的反应却是迅速和负责的。面对责任保险率增加的压力,勒曼谢尔让保险公司确信,因为他负责任的善后工作,防止了一个工程风险的发生,作为结果,责任保险率实际上是降低了。[②]

思考与讨论

1. 工程为何总是伴随着风险?导致工程风险的因素有哪些?
2. 工程风险的可接受性为何是相对的?

---

① 凤凰县沱江大桥垮塌事故[EB/OL].[2015-08-13]. http://baike.baidu.com/link?url=miNf7Y3GEj4ZuC2MYUrjzXjdrNEael82mlgbgC7czmWync4UVF-4jXSv21-gRVF_GaRHFUxJOUZb9NBMPPa69q.

② 哈里斯,等.工程伦理:概念与案例[M].丛杭青,等译.北京:北京理工大学出版社,2006:234-235.

3. 如何防范工程风险,有哪些手段和措施?
4. 评估工程风险需要遵循哪些基本原则?
5. 公众参与在工程风险评估中起什么作用?
6. 什么是伦理责任?工程师需要承担哪些伦理责任?
7. 如何在职业伦理责任和社会伦理责任之间保持平衡?

参考文献

[1] 国务院"7·23"甬温线特别重大铁路交通事故调查报告[EB/OL].(2011-12-28)[2016-02-18]. http://www.chinasafety.gov.cn/newpage/Contents/Channel_5498/2011/1228/160577/content_160577.htm.
[2] 殷瑞钰,汪应洛,李伯聪.工程哲学[M].北京:高等教育出版社,2007.
[3] 张景林.安全学[M].北京:化学工业出版社,2009.
[4] 王前,杨慧民.科技伦理案例解析[M].北京:高等教育出版社,2009.
[5] 哈里斯,等.工程伦理:概念与案例[M].丛杭青,等译.北京:北京理工大学出版社,2006.
[6] 杨兴坤.工程事故治理与工程危机管理[M].北京:机械工业出版社,2013.
[7] 朱勤,王前.欧美工程风险伦理评价研究述评[J].哲学动态,2010(9):41-47.
[8] 米切姆.工程与哲学——历史的、哲学的和批判的视角[M].王前,等译.北京:人民出版社,2013.
[9] 邓小平.邓小平文选:第二卷[M].北京:人民出版社,1994.
[10] 李伯聪.工程的社会嵌入与社会排斥——兼论工程社会学和工程社会评估的相互关系[J].自然辩证法通讯,2015(3):88-95.
[11] 李伯聪.工程哲学和工程研究之路[M].北京:科学出版社,2013.
[12] 王前.技术伦理通论[M].北京:中国人民大学出版社,2011.
[13] 兰克.什么是责任[J].西安交通大学学报(社会科学版),2011(3):1-4,50.
[14] 罗亚玲.阿佩尔的对话伦理学初探[J].哲学动态,2005(6):31-37.
[15] 林远则.责任伦理学的责任问题:科技时代的应用伦理学基础研究[J].台湾哲学研究,2005(5):297-343.
[16] 朱葆伟.工程活动的伦理责任[J].伦理学研究,2006(6):36-41.
[17] FRIEDMAN M.Capitalism and freedom[M].Chicago:University of Chicago Press,1962,133.
[18] 乔治·斯蒂纳,约翰·斯蒂纳.企业、政府与社会[M].张志强,王春香,译.北京:华夏出版社,2002.
[19] HIVELY W.Profile:union of concerned scientists[J].American Scientist.1998,76(1):18-22.
[20] ROBERT M,etc.The BART case[M]//UNGER S H.Controlling Technology:Ethics and the Responsible Engineer;2nd ed.New York:John Wiley,1994:20-27.
[21] 肖显静.论工程共同体的环境伦理责任[J].伦理学研究,2009(6):65-70.
[22] JOHNSON,M.Moral imagination:implications of cognitive science for ethics[M].Chicago:University of Chicago Press,1993:202.

第3章 工程中的价值、利益与公正

引导案例：南水北调工程——跨流域调水中的利益协调

南水北调工程，是把长江流域丰盈的水资源抽调一部分送到华北和西北地区，缓解北方地区水资源严重短缺局面的重大战略性基础设施建设。我国水资源的空间分布很不均匀，南方水资源占全国的80%左右，而北方仅占20%左右。北方地区尤其是黄淮海地区长期受到干旱缺水的困扰，水资源短缺与经济社会发展及生态环境保护之间的矛盾越来越突出。南水北调工程旨在通过跨流域的水资源合理配置，促进南北方经济、社会与人口、资源、环境的协调发展。

南水北调工程规划分东、中、西三条线路从长江调水，横穿长江、淮河、黄河、海河四大流域，总调水规模448亿m^3，供水面积达145万km^2，受益人口4.38亿人。东线工程位于东部，因地势低需抽水北送至华北地区。中线工程从汉水与其最大支流丹江交汇处的丹江口水库引水，自流供水给黄淮海平原大部分地区的20多座大中城市。西线工程地处青藏高原，由长江上游向黄河上游补水，海拔高，地质构造复杂，地震烈度大，工程技术复杂，耗资巨大，现仍处于可行性研究的过程中。2002年12月27日，南水北调工程正式开工，先期实施东、中线一期工程。

南水北调东线工程从江苏扬州三江口通过扬州江都水利枢纽提水，途径江苏、山东、河北三省向华北地区输送生产生活用水。东线一期工程于2013年11月15日通水。

南水北调中线一期工程于2003年12月30日开工建设。工程从丹江口水库调水，沿京广铁路线西侧北上，全程自流，向河南、河北、北京、天津供水，包括丹江口大坝加高、渠首、输水干线、汉江中下游补偿等内容。干线全长1432km，年均调水量95亿m^3，其中分配河南37.69亿m^3、河北34.73亿m^3、北京12.35亿m^3、天津10.15亿m^3。2014年12月12日，南水北调中线正式通水。北京、天津、河北、河南4个省市沿线约6000万人可以直接喝上水质优良的汉江水，近一亿人间接受益。

为了保证引清水到北方，中线水源地的湖北、河南、陕西等地付出了很大的牺牲。为了保护库区水质，近年来，湖北十堰先后关停重污染小企业329家，关闭黄姜加工企业106家，姜农72万人减收、绝收。同时对160个有污染风险项目拒批，转型升级125家搬迁企业。此外，受丹江口水库水位抬升的影响，十堰共计淹没55.2万亩土地，占库区总淹没面积的57.7%，大批渔民歇业，水电产业收入锐减。据十堰方面估算，每年支出的生态保护和水污染防治费用达到15亿元，其生态损失总计达145亿元，超过上年度全部财政收入。临近的襄阳，生态环境综合损失估算也达到116亿元。

在河南，丹江口水库库区河南境内的3市6县水源地累计关停并转污染企业801家，每年财政减收增支7亿多元。同时，河南先后否定了16个大型建设项目选址方案，终止了23个中型建设项目进驻水源保护区。在总干渠两侧划定了3054.43km² 的水源保护区。

中线工程实施后，汉江中下游径流量将减少约16%，算上引江济渭和南水北调二期调水的增加，水环境容量将减少26%～30%。未来可能导致下游河流断流或者河道萎缩，通航能力降低，河流生态功能衰减等问题。

水源地的另一个重大牺牲是移民问题。南水北调中线一期工程需要移民迁安近42万人，其中丹江口库区移民34.5万人，涉及湖北18.3万人，河南16.2万人。这其中既有移民的"牺牲"，也有移民地的地方政府的"牺牲"。因为在移民安置上，国家的补贴远低于当地市场价，同时，落户的地方并非特别富裕，有的甚至也是贫困地区，形成了贫穷的循环，所以当地政府不得不进行额外补贴。如河南淅川县，每外迁一个移民，县政府需再补贴6000元，另外再加土地治理费，总支出超过20亿元，远超淅川县上年财政总收入。①

除经济损失外，移民背井离乡，也是一种文化的割裂与乡情的牺牲。

可见，正如南水北调工程所典型表现的，工程往往是有些地区、有些人群受益，而同时也有地区和人群要作出牺牲，这里就涉及复杂的不同人群之间的利益补偿、利益协调问题，公平公正问题十分突出。

3.1 工程的价值及其特点

"工程"是一个外延很广的概念，包括诸多技术门类，不仅有土木建筑工程，还有机械工程、水利工程、化学工程、电气工程、航空航天工程、环境工程、核工程、电子信息工程、生物医药工程等许多种类。就是说，我们这里所涉及的工程不限于建筑业，还包括工业制造业、农业（第一产业）以及医疗、金融等第三产业。

3.1.1 工程的价值导向性

列宁说："世界不会满足人，人决心以自己的行动来改变世界。"人类想要在自然界中生存和发展下去，就必须解决人与自然界之间的矛盾问题，就必须向自然界谋取人类所必需的生活资料和生产资料。从这个意义上讲，人类的生产实践（工程活动是其重要形式之一），是人类生存和发展的基础条件。纵观人类历史特别是近代科技革命、产业革命以来的历史，工程架起了科学发现、技术发明与产业发展之间的桥梁，成为产业革命、经济发展和社会进步的强大杠杆。"工程科学技术在推动人类文明的进步中一直起着发动机的作用"，"科学技术是第一生产力，工程科技是第一生产力的一个最重要因素"。工程是人类社会存在和发展的基础，是国家竞争实力的根本。所以，从宏观上讲，对人类而言工程具有巨大的正面价值，任

---

① 两大成本岂可落空 政协委员疾呼水源地生态补偿[EB/OL].[2015-11-25]. http://www.hbzhan.com/news/Detail/95869.html.

何否定工程这种积极作用和正面价值的观点无疑都是错误的。

从微观上讲,即从具体的工程项目来看,作为人们自觉主动地变革自然的实践活动,工程活动是具有强烈的价值导向的。新中国成立后,举全国之力开展"两弹一星"工程,就是为了增强国防实力,提高新中国的国际地位。在市场经济体制下,大部分工程是由企业发起和进行的,获得经济利益,追求企业的发展,等等,这些目标是这类工程的出发点和驱动力。

由工程的目标价值导向性,引出一个重要的伦理问题,这就是:工程为什么人服务,为什么目的服务?改革开放前的一段时期,我国主要强调政治标准,着重考察科技人员"是不是爱国的",是不是"愿意为人民服务,为社会主义的国家服务"。在当今形势下,工程活动的价值导向性问题,特别是从社会伦理的角度思考工程活动的目的,确保工程符合公平公正等基本伦理原则,变得非常重要。

3.1.2 工程价值的多元性

实际上,工程可以服务于多个方面的目的,就是说工程不仅具有经济价值("工程科技是第一生产力的一个最重要因素"),也有科学、政治、社会、文化、生态等多方面的价值。有人对这些价值视而不见,反过来批判工程价值的狭隘性和单向度,这是没有道理的。

1. 工程的科学价值

工程制造的科学仪器、设备、基础设施(例如哈勃望远镜、核聚变装置、航天器试验舱、数据处理所需的巨型计算机等),是现代科学研究不可或缺的基本条件。例如,航天工程就具有重大的科学价值,因为宇宙起源、生命起源等基本科学问题的探索,有赖于航天工程的进展。科学界在地面观测、实验室分析和理论研究的方法之外,越来越希望借助太空环境这样特殊的有利条件,以验证各种理论假说,探索未知的科学问题。以生命科学为例,科学家希望利用地面实验室难以实现的实验条件,在太空开展生命科学实验,从而创立太空生物学这一新的学科方向;通过在太空特别是太阳系各类天体上寻找氨基酸、核苷酸嘌呤等复杂有机物和生命初始物质,甚至探寻可能的地外生命信息,有助于回答地球生命起源的基本问题。①

2. 工程的政治价值

美国著名学者兰登·温纳(Langdon Winner)曾提出"摩西低桥"事例来说明工程制品的政治价值内涵:在20世纪20年代,美国纽约一位规划师摩西(Robert Moses)在通往长岛

R3-1　20世纪世界和中国重大的工程技术成就

---

① 郑永春.重视发挥科学需求对航天技术的牵引作用[N].中国科学报.2015-02-02(7).

的通道上设计一座很低的桥梁,以实现其政治意图:私家小轿车可以通行,富人不受限制,而大型公交车不能通过,从而限制穷人和黑人抵达旅游胜地琼斯海滩。据载,发明家爱迪生曾经发明了一架自动记录投票数的装置,以加快国会的投票计票工作。但一位议员告诉他,他们无意加快议程,有时慢慢投票是出于政治上的需要。再譬如,我国封建社会,衣食住行按不同的等级有着具体而严格的规定,不容僭越。例如西周时期,规定只有天子和诸侯才可以造城,并且规模按等级来决定:诸侯造城大的不得超过王都的1/3,中等的不超过1/5,小的不超过1/9。城墙高度、道路宽度以及各种重要建筑物都必须按等级制造。在清朝,服装颜色中,明黄色只准帝、后使用,其他人不得僭用。

工程政治价值的一个极端表现是其军事价值:先进的工程技术往往率先被用于开发武器装备,例如电子计算机、原子弹。而科学技术特别是科学技术在工程化、产业化上的新进展,不断开辟新的原料来源,摆脱了对原产地的依赖,这样就以和平的方式改变了国与国之间的相互关系格局。例如,化学家改进哈伯—博施合成氨法,可以用凝固空气中的氮分子的方法来生产硝酸盐,从而使得第一次世界大战前夕 2/3 的国民收入依靠硝酸盐出口的智利经济元气大伤,智利依赖硝石占据原材料垄断地位的优势从此被打破。[①]

3. 工程的社会价值

现代医药科学技术的进步,大大提高了人均寿命及人们的健康水平,生产的机械化、自动化、智能化减少了工人的劳动强度和劳动时间,信息通信技术增进了人的智力和创造力,等等。总体而言,现代科学技术尤其是其成果的工程化、产业化,改善了人们的生活,提高了生活质量。

具体而言,信息媒介技术为社会动员和社会整合提供强有力的手段。例如,20 世纪三四十年代,美国总统富兰克林·罗斯福利用刚刚兴起的广播媒介,借助"炉边谈话"节目,向美国人民进行宣传,为美国公众理解和支持政府的新政以及参加"二战"的决策发挥了重要作用。工程产品的发明创造及其大众化、普及化,对社会阶层之间的关系可以起到弥合作用。口服避孕药被评为人类最伟大的发明之一,它为妇女解放创造了条件,促进了男女平等。著名经济学家熊彼特(Joseph Alois Schumpeter)指出,技术创新使丝袜的价格低到工厂女工也买得起的程度,不再为女王独享。美国汽车大王福特(Henry Ford)发明流水生产线,大大降低汽车的制造成本,使得产业工人也买得起汽车,轿车进入了寻常百姓家。

近些年流行的"普遍接入"(universal access,即"向所有人提供价格合理的电信接入")、"普遍服务"(即"对任何人都要提供无地域、质量、资费歧视且能够负担得起的电信业务")等理念,实际上不限于电信服务业,它们也适用于其他的工程产品和服务,甚至高新技术产品。这是包容性增长(inclusive growth)、共享发展等新理念的题中应有之义。

应该指出:工程的社会价值并不是只有正向的、积极的一面,例如对社会分层的作用就具有正负双面性。熊彼特把技术创新看作是一种"创造性破坏":创造新产业新富翁,但也砸了旧职业的饭碗,原来产业的工人沦为失业下岗。数字鸿沟是既有社会经济分层的反映,甚至会进一步加剧社会的不平等。

---

① 加莱亚诺.拉丁美洲被切开的血管[M].王玫,等译.北京:人民文学出版社,2001:158.

4. 工程的文化价值

印刷出版、广播电视等传统媒介技术能够迅捷地传播文化,提高大众的科学文化水平;而互联网、移动通信等数字新媒体,则进一步打破时空界限,传播内容更丰富(文本、图形、图像、动画和声音等集成),信息量更大("大数据"),大大提高受众的主体性(个性选择、互动参与等),深刻地影响和改变人们的思维方式和行为方式。文化活动、文化产业、文化事业需要先进的工程科学技术为之提供基础设施、物质装备和技术手段(如国家大剧院项目)。

有哲人说"建筑是凝固的音乐",其实,所有工程都是科技、管理、艺术等要素的集成和结晶,好的工程活动及其产品能够给人以美的享受,具有文化艺术价值。标志性的工程还会成为所在地和所属民族的精神纽带,有助于增进民族和国家的自豪感和凝聚力。近年来,我们越来越重视工业遗产的保护和利用,反映出我们对工程的历史文化价值的认识有了新的进步。

此外,工程实践及其职业所包含的造福人类、不断创新、追求质量和效率、团队合作、务实精准等工程精神,是工程内在的思维方式、行事方式及行为规范,对社会其他亚文化(如商业文化)具有积极的影响作用,这本身就属于文化范畴,具有文化价值属性。

5. 工程的生态价值

传统工程(这里主要指变革和改造自然界的自然工程,不包括社会、文化等领域的"工程")以自然界为作用对象,从自然界获取资源和能源来满足人类的生存和发展。由于不加节制地开发和利用自然资源,肆意向自然环境排放废弃物,结果造成环境污染、生态系统功能退化等危及人类持续发展的严重危机。在这个意义上讲,这样的工程的生态价值是负面的。人们逐渐认识到这些问题,工程也开始转向节能、降耗、绿色、环保、低碳以及环境友好型方向,大力开发新兴能源,发展循环经济,所以,工程的生态价值的性质也在发生转变。特别是出现了专门研究和从事防治环境污染和提高环境质量的环境工程专业(可参见本书第11章),我国开展了三北防护林体系建设等重大生态修复工程,以及一大批矿山地质环境治理、江河湖泊生态环境保护项目。

此外,有些工程成果可以微妙的方式发挥生态价值作用。例如,卫星从太空拍摄的地球高清照片,能够让我们更好地认识自己的地球母亲,欣赏到她的美丽,体会到她的柔弱,触发我们为保护地球母亲而贡献力量的感情和决心。

前面从经济、政治、社会、文化、科学等多个方面揭示了工程的价值。换言之,工程可以应用于这些不同领域和方面,发挥出各种不同的功能。工程的这些不同的价值源于工程的内在特点(可以称为内在价值):工程可以为我们提供用于实现各种目的的工具、手段、措施、方法及途径,它创造更多的可能性(使原来的不可能变为可能,由一种途径扩展到多种途径),提高行动的效率。工程的内在价值具有这样的特点:它属于非道德(amoral)性质,本身并不直接就是道德意义上的善(当然也不是道德意义上的恶)。工程的内在价值的非道德性,决定了工程的最终价值取决于工程应用于什么目的,即工程的实际价值取决于社会的要求和社会环境。也就是说,在应用前,工程的价值属性是未决的(value-neutral)。这是工程具有好的和坏的双重效应(即通常所谓的"双刃剑")的根源。[①] 人们有时批评的工程的负面

---

① 李世新.正面建设是工程伦理学研究的当务之急[J].武汉科技大学学报(社会科学版),2011(6):632-635.

作用和价值,例如工业化造成的能源资源枯竭、生态环境破坏,核战争毁灭人类的危险,现代人对先进技术工具的过分依赖,青少年沉溺于网络等,实际上大部分是由人们利用工程的方向和方式不当造成的,责任主要在于我们人类社会,而非工程本身的过错。我们应当弘扬人类珍视的真、善、美等崇高价值,保持开阔的视野,把工程应用于促进人的全面发展、社会的和谐以及人与自然的协调,而不仅仅是少部分人的狭隘的短期的物质利益,更不应当用于为害作恶。

3.1.3 工程价值的综合性

工程作为变革自然的造物实践,是一个综合集成了科学、技术、经济、管理、社会、伦理、生态等各方面要素的整体,所以一般来说,一项工程总是包含着多种价值。而前述工程的经济、政治、社会、文化、科学、生态等各种价值,就是工程在这些方面的属性和功能与主体需要之间的一种效用、效益或效应关系,一定意义上也是主体分别从这些不同方面对工程的作用和功能所作出的评价。所谓某一领域(例如经济、军事等)的工程,是就其主导性价值而言的。实际上,即使是一项经济领域的工程(例如建造一座桥梁,开发、设计和生产一种新产品),除了满足用户的使用需要,获得经济回报等这些经济价值外,它还具有文化价值(如审美享受)、政治价值(便于军队调动,或者在世界上首创一项新产品为国家争光)、社会价值(桥梁将两岸居民更紧密地联系起来)、生态价值(对自然生态系统产生影响),等等。实际上,我们更加关注的是一项工程的各方面价值的正负性质。我们一般都希望在预算、工期等约束条件下,工程各方面的价值都是正向的(即我们所期望的、向往的,于我们有利的),而且正向价值越大越好。这就需要在这些不同价值之间作出权衡取舍和协调优化。我们应当避免和防止极端地追求某一方面价值(如经济价值),而牺牲其他方面的价值,甚至造成其他价值变为负值(如污染、破坏环境,威胁人们的安全)。

由于工程的上述价值特点,工程能力、工程职业、工程实践、工程成果等,就成为一个人、一个企业、一个社会、一个国家的宝贵资源和财富。如何分配和使用这种力量和资源——是造福于大多数民众,还是为少数人(统治者、权贵阶层等)服务?无疑是关涉公正的社会伦理问题。

美国著名物理学家戴森的一番话令我们深思:

环顾美国和许多国家的都市状况:贫穷、悲苦的废墟随处可见;被遗弃、忽略的儿童,满街都是。在赤贫户中,有许多是年轻的母亲和儿童,这些人在科技尚未那么发达的昔日,曾经是受到较妥善照顾的一群。这种境况在道义上是不可容忍的。如果身为科学家的我们够诚实,我们要负一大半的责任,因为我们坐视它的发生。

为什么我认为美国的科学社群,要对都市社会与公众的道德沦沦负责任呢?当然不全是我们的责任,可是我们该负的责任,比我们大多数愿意承担的更多。我们有责任,因为我们实验室输出的产品,一面倒成为有钱人的玩具,很少顾及穷人的基本需要。我们坐视政府和大学的实验室,成为中产阶级的福利措施,同时利用我们的发明所制造的科技产物,又夺走了穷人的工作。我们变成了受教育、拥有电脑的富人与没有电脑、贫穷的文盲之间鸿沟日益扩大的帮凶。我们扶植成立了一个后工业化社会,没有给失业的青年合法的谋生凭借。我们协助贫富不均由国家规模扩大到国际规模,因为科技扩散到全球后,弱势国家嗷嗷待哺,强势国家越来越富。

如果经济上的不公继续尖锐,科学继续为有钱人制造玩具,那么公众对科技的愤怒愈演愈烈,忌恨愈加深沉,我们也不会对此感到意外。不管我们对社会的罪恶是否感到歉疚,为防止这种愤恨于未然,科学社群应该多多投资在那些可使各阶层百姓都能同蒙其利的计划上。全世界都一样,美国尤其应该觉悟,要将更多的科技资源用在刀刃上,朝着对各地小老百姓都有益的科技创造方向前进。①

虽然是一位美国物理学家,但戴森所言对我国工程伦理也是很有启发性甚至震撼性的,我们也需要秉持社会公正的理念,思考"工程为谁服务"的问题。

3.2 工程所服务的对象与可及性

工程活动是有非常明确的目标的行为,工程具有多方面的价值,即在诸多方面可以带来利益和好处。那么,工程所带来的利益和好处如何分配?这无疑属于社会伦理问题,尤其是公平公正问题。

前面曾指出,经济、政治(军事)、社会、文化、科学、生态等各个领域都有各自的工程,不同领域的工程具有不同的要求和特点。这里,我们探讨主要追求经济价值的经济领域的工程。

总结国外工程伦理研究,有关公平公正问题主要集中在下面两个方面:其一是工程共同体内部各个成员之间的关系,例如"血汗工厂"对妇女和童工的剥削,如何对待工程师同事,工程师与管理层之间的冲突等;其二是工程活动过程中的公平问题,例如在项目招投标过程中公平对待所有的投标者,工程从业中的性别和种族歧视等。②

讨论工程的利益分配可以从宏观和微观两个层面来进行。宏观层面是工程活动在行业、地区、企业、项目之间的分布情况,而微观层面则是指在企业内工程项目的活动情况。

宏观层面的问题,如为解决交通问题,国家是优先发展私人轿车还是公共交通?在工程项目选址上,是落户发达地区还是欠发达地区?由于宏观问题更关系到国家的宏观政策,与工程师个人的关系相对间接,所以下面主要就微观层面的企业的工程项目(即市场经济体制下企业所开展的工程活动)来作些探讨。

3.2.1 目标人群:预期的受益者

工程活动是一个项目一个项目进行的,项目是工程活动的基本单元,而工程项目在时空分布上是不均匀的,它将资金、技术、人力、材料等资源聚集于特定时空点,只能服务于特定的人群,而不会是所有人。已有学者把这一点阐述得非常直白:我们常常说顾客是上帝,但并非所有的顾客都是上帝,更不可一视同仁。顾客中有优质顾客,也有我们可以视为普通民

---

① 戴森.宇宙波澜——科技与人类前途的自省[M].北京:生活·读书·新知三联书店,1998:1-6.
② 参见:哈里斯.工程伦理:概念和案例[M].丛杭青,等译.北京:北京理工大学出版社,2006;马丁,等.工程伦理学[M].李世新,译.北京:首都师范大学出版社,2010.

众的一般顾客。并非所有顾客都创造同样的价值,因此他们不能也不应该接受同等的待遇——有些顾客就是要重要一些,他们理应得到更多,与此同时,也有的顾客理应得到更少。①

在市场经济中,企业的产品开发和组织生产是瞄准目标市场、瞄准目标人群(即目标顾客群)的。

如何确定目标顾客群?一般地,企业会依可支配收入水平、性别、年龄、地域分布、种族等特征对人群做出区分,从中识别出目标人群,即有可能购买本企业产品的人群。

而且对总体目标顾客群体,还进行细分,进一步确定出首要关注对象、次要目标和辐射人群。所谓首要关注对象,是指在总体目标客户群体中,有最高消费潜力的那部分消费者;次要目标是指与企业战略目标有分歧的但能为产品创造重要销售机会的消费者;辐射人群是指处于总体目标客户群体内购买欲望最弱的那部分群体,但他们可以被企业的营销手段影响而偶然购买甚至最终成为固定购买群体。无疑,首要关注对象是企业在经营战略中最值得关注的群体,是在总体目标客户群体中具有最高消费潜力的那部分消费者。通过营销乃至推广手段使首要关注对象成为产品的忠实拥护者、品牌的深刻感知者,能够帮助企业获得较高的稳定的销售收入。同时,企业通过客户关系管理手段经营次要目标及辐射人群,有望在中长期获得较高的销售收入。②

针对上述企业识别、确定目标顾客群的过程和方法,我们不禁要问:这种依收入、购买力等经济特征以及性别、种族、年龄、地域等特征的不同而对人群区别对待,是否涉嫌歧视呢?

如何确定什么人可以首先享受到工程成果,或者如何确定人们享受的顺序,实际上是工程资源的分配问题。可以把它与医学伦理学中有关稀缺的医疗资源分配问题作一对比。为解决稀缺的医疗资源分配问题,医学伦理学提出了多条原则,例如功利主义原则(依患者的价值——以往的或者预期的对家庭或社会的价值大小),平等(抓阄),先到者先得到治疗,以承担诊疗费用能力的高低为序(例如竞拍),协商,等等。市场经济下,工程受益人群的确定,一般是由市场这只"看不见的手"来调控,通过产品价格配置资源,实际上是按照购买能力(以及支付意愿)为标准来确定谁能享受工程结果,即工程产品和服务。这就有把没有购买力的贫困者排除在外的可能。有学者在研究数字鸿沟时指出,"鸿沟"是指某些群体在信息可及方面遭到不合伦理和得不到辩护的排除(exclusion),在信息资源和知识资源分布上严重不均,这种数字鸿沟已经引起国内外的普遍关注。③ 借鉴这种思想,我们可以把不能获得工程结果的现象称作"排除",以有别于"区别对待"意义更强的"歧视"(discrimination)。但无论如何,这种现象无疑不符合当前我们所倡导的共享发展理念。

再看下面两个事例:

【事例1】 目标人群为外国消费者的产品出口。例如,近年来,光伏产品(属于我国战略新兴产业)的出口一直占到产量的多一半,而国内新能源的需求同样十分迫切。

这个实例初看起来似乎与伦理无关:企业产品是内销还是出口?对单个企业来说,这涉

---

① 法德尔.顾客中心化[M].邓峰,译.北京:中信出版社,2013.
② 王清洋.关于"目标客户群体定位"的思考[EB/OL].[2016-01-25]. http://www.sdr.com.cn/yxgd/452.htm.
③ 邱仁宗,等.大数据技术的伦理问题[J].科学与社会,2014(1):36-48.

及企业对自己目标市场的定位,只是一个与企业效益有关的问题。但深入思考就会发现,忽视国内巨大市场的需求是企业的失职,企业有责任、有义务满足国内消费者正当合理的需求。

同样,我们是否可以发问:高耗能重污染的加工产品出口,使得环境资源负担(如二氧化碳排放)留在了国内,而产品却为外国消费者所享受,这是否公平?在这个意义上,扩大内需不仅是稳增长的重大经济措施,也具有丰富的伦理意义。

【事例2】 奢侈品消费。中国的奢侈品消费多年保持全球第一的增长势头,过去十年全球奢侈品行业的增长,中国消费者贡献了70%。

这个实例中,那些推出奢侈品的企业的确满足了少部分顾客的需要,价格昂贵是"一个愿打一个愿挨",似乎也与伦理道德无关。但企业鼓励奢侈消费,与当前资源紧缺的形势格格不入,用大量人力物力投入奢侈品生产供极少数人享受,不能不说是有悖社会常理,有悖公正原则的。[①] 联系前面所引用的美国科学家戴森的话,难道不需要我们深思吗?

3.2.2 可及与普惠:以产品价格为例

对企业而言,其生产销售的产品的价格是影响企业经济效益的一个非常重要的因素。我们知道,销售收入=产品销售量×产品销售价格,所以一般来说,从企业营利的角度,企业希望产品价格越高越好(当然价格提高一般会影响销售量,所以为了取得最大的销售收入,需要综合考虑价格与销量的关系,对二者进行权衡协调)。从企业的角度来看,企业为产品(或服务)制定合适的价格是为了获得满意的回报,使企业利益最大化。

从消费者的角度来讲,一件产品或一项服务的价格应当与它能为消费者提供的利益或好处相当。否则,除非消费者必需或者没有其他替代品,消费者就不会购买。顾客大都把性价比看成是选购商品的重要指标,期待性价比高,即期望在一定的品质性能下,产品价格越低越好。

所以,工程产品(或服务)是联系工程(产品)与社会(消费者)的重要纽带,其价格是供需双方都非常关注的参数,它直接反映着工程主体(即企业)与工程用户(即消费者)之间的利益关系。

但是,价格不仅是一个重要的经济因素,它还包含着强烈的社会伦理意蕴。形象地说,产品的价格是一个门槛,一些人可以轻松跨过,但它也会把另外一些人(例如低收入者)拒之门外,妨碍实现工程成果为更多人所及和普惠。假如一项工程产品的价格昂贵,那么没有购买能力的低收入者就不能顺利购买,也就不能享受到这一产品所带来的各种好处。例如,近期有媒体报道,一些廉价的"救命药"(如治疗儿童的肾母细胞瘤、妇科的滋养细胞肿瘤等疗效确切的"放线菌素D")出现大面积断供,就是因为"药价太低",生产企业没有利润甚至亏损,所以不愿意安排生产。可见,在这些人命关天的产品情形下,产品价格的社会伦理问题极为突出地显现出来。其实,一般产品也存在同样的问题:产品价格过高,会使得普通大众难以分享工程的成果和好处。有报道:为了买"苹果"手机雷人雷事层出不穷,有人甚至出卖自己的肾脏。大城市的高房价,令年轻人望房兴叹被迫"蜗居",或者背上房贷重负沦为"房奴"。

所以,不断推进科学技术进步,努力降低产品价格,是社会对工程师的一项期望,也应当是工程师不懈的追求。

---

① 陈炳富,周祖城.企业伦理学概论[M].天津:南开大学出版社,2000:81.

当然,影响工程产品和服务的可及性和普惠性的因素,除了与潜在用户的经济状况直接相关的价格因素外,还有潜在用户的知识和技能水平。对于高新技术产品,这一点更加突出。请看下面的报道。

随着打车软件风靡一时,在很多年轻人享受着全新打车模式带来的快捷和实惠时,许多不会使用打车软件、用不惯智能手机的老人,却遭遇了打车难的问题。

家住天津市南开区西湖道的刘阿姨每周都会去河东区的父亲家做一些家务。因为小区离公车站较远,每次去要带很多东西的刘阿姨都会选择打车。但是最近一段时间,提着大包小包的刘阿姨至少要在路边等近半个小时才能打到车,眼瞅着一辆一辆的空车从她面前驶过,停下来的却寥寥无几。"都是打车软件闹的,自打过完年(指2014年春节——引者注),我打个车可费劲儿了。"刘阿姨说道,"现在出租车司机为了拿补贴,都冲着用软件叫车的乘客去。年轻人倒是不愁打车,可对于我们这些中老年人来说就更不好打车了。要是再碰上个突发情况需要去医院啥的,你说这不是干着急吗?"

有一些老年人,或者学不会智能手机,或者对这些新生事物没有兴趣。但在公共生活中,在类似打车这样的交通行为中,他们的需求同样应该得到尊重和满足。有评论说,打车软件是利用科技成果参与市场竞争的产物。市场竞争的原则是平等,不但是经营者的平等,还包括消费者的平等;这个平等,不应该由于新工具的出现而受损。①

美国伦理学家理查德•T. 德•乔治认为,在弥合信息富有者与信息贫困者之间的数字鸿沟方面,信息工程师负有下面责任:第一,使计算机和因特网的使用简单直观,就像普通的电话一样;第二,便于文化水平低、英语知识不足的人们使用;等等。② 所以,社会期望工程师能够为降低使用工程产品的知识技能门槛,或者提高公众的科学技术素质尽到责任。

前面我们关注的都是为用户提供工程服务的"不及"问题。实际上,也存在"过"的情形,即在服务对象、服务内容等方面超出合理的需要限度,例如在美国向少年、少数族裔女士等弱势群体推销提供香烟等。有研究者指出,把有害的产品推销给弱势的目标市场是不道德的行为。③ 这里可以比照过度医疗。所谓"过度医疗",简单地说,就是指超出需求的医疗服务,它包括过度检查、过度治疗、过度开药等。从表面上看,"过度医疗"只是一种技术上的失误,但其背后大都是各种私利在起作用。它绝不止是技术问题,还包含伦理和法律问题。④ 工程服务也是如此,既不应"不及",也不应"过",而应当适中。

R3-2　工程服务"过":防弹公厕

---

① 老年人叹息打车难都是"软件"惹的祸[EB/OL]. (2014-03-19)[2015-11-25]. http://tj. sina. com. cn/news/m/2014-03-19/103772712. html.
② 乔治. 信息技术与企业伦理[M]. 李布,译. 北京:北京大学出版社,2005:240-242.
③ 彼得,奥尔森. 消费者行为与营销战略[M]. 徐瑾,等译. 大连:东北财经大学出版社,2010:365.
④ 审视过度医疗:检查治疗开药三个环节需谨慎[EB/OL]. (2009-04-03)[2016-01-10]. http://news. sina. com. cn/c/sd/2009-04-03/111817542731. shtml.

总结本节的内容：企业瞄准目标人群开展工程活动，实际上也就把目标人群之外的人群排除在工程恩泽之外，而工程产品的价格则具体扮演了排除"门槛"的作用。上述这些情况都是企业在平常经营运行中主观自觉地进行工程活动时所伴生的，但不易被包括工程技术人员在内的人们所注意。这里提出和分析这些问题，旨在唤起大家对这些问题的意识，增强道德敏感性。

此外，工程中还存在这样一类涉及公平公正的伦理问题，它们不是工程项目发起方主观故意造成的。下面就来讨论这类问题。

3.3 工程实践中的攸关方与社会成本承担

前面指出，有一类关涉公平公正的工程问题，它们未必是由企业、工程师、业主的主观故意造成的，但是问题的影响范围非常广泛，涉及人数众多，性质也很严重。而且由于这类问题还没有完全被纳入项目发起方的视野，容易造成解决问题的责任落空，所以这类问题更需要关注和研究。

3.3.1 邻避效应

近些年来，我国各地陆续发生了多起因建设项目选址而引发的社会群体事件。据媒体报道，其中社会影响较大的有：2007年刚开始兴建的厦门PX（对二甲苯）化工项目因为市民集体抵制活动而被迫迁址；2009年政府公布广州番禺区生活垃圾焚烧厂的选址地点定在番禺区大石街会江村附近，遭到周边市民的强烈反对而搁浅；2011年11月北京海淀西二旗餐厨垃圾相对集中资源化处理站项目公示后，附近两三百名居民举着反对垃圾处理场条幅聚会抗议。这些事件直接影响到我国的经济发展和社会稳定。国外一般把这类事件称为"邻避行为"。这类冲突起源于"邻避设施"的兴建。"邻避设施"是指能使大多数人获益，但对邻近居民的生活环境与生命财产以及资产价值带来负面影响的"危险设施"（Hazardous Facilities），如垃圾场、变电站、殡仪馆、炼油厂、精神病院等。[①] 对于这类设施的公益性、重要性以及建设的必要性，当地居民一般是认可的，但是由于他们承受其实实在在的或者潜在的危害，所以他们的态度是：这些项目确实应该建设，但"不要建在我家后院"（not in my back yard，NIMBY）。

可见，邻避行为突出地反映了工程项目建设的利益—损害承担不公正问题：设计时主观预期的公共效益为广大人群享受，建成后也会达到这样的目的（不是项目失败，达不到预期目的的情形），但项目周围居民蒙受危害或者担心受到危害，即大众与周围居民之间出现利益—损失分配上的不平衡。公平性问题，即"大家受益，为什么受损者偏偏是我"的疑问，一直是邻避冲突中抗争居民要求的焦点。对于邻避设施所具有的社会效益，大部分居民都能理解和承认，但问题在于他们会质疑为什么这项设施偏偏设置在他们家"后院"，而不是设置他处。例如，浙江余杭垃圾焚烧发电厂是一项关系社会大众福祉的公共设施，其设施能够

---

① 郭巍青，陈晓运. 风险社会的环境异议[J]. 公共行政评论，2011(1)：95-121.

为地区大多数人谋得福利,但是当地居民只享受少部分利益,却要承担大部分成本。而且,越是靠近邻避设施的人承担的成本可能越大,甚至在某些时候,他们所要承受的成本会超过他们从此邻避设施所获得的收益。

公共基础设施项目会产生这种分配冲突,一般工程项目以及工程产品的使用,也是如此。例如,私家轿车的使用为车主带来出行便捷的好处,但其排放出的尾气污染却为城市居民共同承担,造成的道路拥堵影响到整座城市。

前面我们曾经论及工程项目都预先设定了所要服务的目标人群(目标顾客群)及其蕴含的公平问题。现在,我们看到问题不限于此,更为严重、会引起更大社会问题的是工程活动、工程产品的使用等对直接目标人群(产品的直接购买者等预期受益者)之外的无辜的第三方会产生危害或带来风险。

在国外,邻避冲突主要围绕兴建公共基础设施,因为这些项目的性质(为居民服务)以及经济性决定了其选址只能靠近居民区,而在我国,发生邻避效应的项目不仅有城市公共基础设施——例如垃圾处理厂这类公益项目地域局限性强,运行时会对周围产生副作用,如污染物排放、噪声、辐射等,这时涉及的是公共利益与少数人群的合法、合理利益之间的矛盾;还有工业建设项目——例如化工项目,它对周边环境也有类似的副作用,但这实际上是企业利益(有时本质上也是部分人的利益)与当地受影响人群之间的利益矛盾和冲突。

有时,邻避事件发生的原因很复杂,不一定是现实的危害,而是居民对危害的心理担忧和风险感知。德国著名社会学家贝克认为,作为工业化的产品以及技术创新的副作用,风险是在我们对知识仍有许多"无知"领域的情况下开展过分自信的决策所引发的。就工程设施而言,贝克所言的"副作用"表现为工程或设施运营过程中产生的环境污染等负外部性。20世纪中叶以后,工业文明的创新技术所产生的尚不能被人类所充分掌握的副作用,构成了新的风险积累。因此,贝克指出,现代世界正在从"工业社会"向"风险社会"转变。[①]

随着工业化、城市化进程的进一步发展、居民权利意识、风险意识以及环保意识的增强,邻避冲突的发生数量预计将呈上升趋势。

3.3.2 工程活动的社会成本

传统的工程观(以及项目观、价值观、管理观等)主要考虑企业本身以及对工程项目的投入—产出有直接密切作用关系的群体(如供货商、销售商以及用户等),除此之外的其他人则不予考虑或很少考虑;主要考虑企业本身的收益和付出,不考虑或很少考虑社会为工程付出的代价。例如,传统的项目管理是一种与工业文明相适应的、以自我为中心的用途性管理。它考虑的环境问题(如污染防治等),往往只考虑到局部小环境,不够深入,不够自觉。忽视社会成本是传统项目管理过程中普遍存在的一个不足,也是对受到项目影响的攸关方利益的一种忽视。[②]

随着工程活动的作用尤其是副作用效应的不断累积和增强,引起了媒体、公益组织(如消费者权益保护、劳工、环保、绿色、保护动物等组织)、政府部门以及社会公众的反应,因此

---

① 黄有亮,等."邻避"困局下的大型工程规划设计决策审视[J].现代管理科学,2012(10):64-66.
② 廖媛红,宋维强.建设项目的社会成本研究[J].中国人口·资源与环境,2006(4):23-27.

在经济学中开始关注经济行为的外部性(externality)问题,社会成本/代价的理念得以确立;在企业管理中开始提出企业社会责任(corporate social responsibility,CSR)和利益相关者思想。

譬如,建设工程的社会成本,是指除却项目建造成本之外,由于建设项目对社会环境造成的负面影响而产生的成本。社会成本是由于实施建设项目而造成的,但又不能归入参与项目的合同方的直接或间接成本之中。在工程全寿命周期,即工程项目从项目构思、产品建成、投入使用直至报废不堪再用的全过程中,都可能对社会造成不利的影响,发生社会成本,如国家税收的损失、生产力的下降、不可再生资源的消耗、对环境的破坏、人体健康损害等。

工程的社会成本主要表现在:①对环境、资源影响所形成的社会成本:水污染、空气污染、噪声污染、固体垃圾废弃物污染等,对自然资源(如土地、水资源)以及各种原材料特别是不可再生能源资源的消耗;②对社会影响所形成的社会成本:空气污染和施工生产中产生的噪声、振动等可能会对影响半径内人们的身心健康造成损害,引发疾病,直接影响当地居民的生活质量;大型项目尤其是公共建设项目,会发生占用农民土地和公共用地等行为,可能会侵害公民特别是农民的合法权益;另外,一些工程建设引起的大规模拆迁移民,可能增加社会秩序的不安定因素;③对经济影响所形成的社会成本,例如项目施工干扰了附近商业活动的正常开展,造成交易量下降、收入减少;新兴产业对原有产业的替代和冲击等。还应特别指出,不仅在施工生产过程中,而且在项目完工、工程产品投入使用后,都会对环境及社会正常生活产生影响。特别是,由于工程产品数量巨大、增长迅速,在使用及其后报废、回收、处理阶段的社会成本也不能忽视。[①]

目前,在我国建设实践中,往往只偏重于资金成本的管理,而对于社会成本则考虑得较少。现在社会上出现的环境问题、污染问题等,很大程度上就是由于人们意识上没有社会成本的观念而导致的行为上对社会的不理性。在这方面我国与西方发达国家还有较大的差距。

早在150多年前,马克思就曾指出:"在我们这个时代,每一种事物好像都包含有自己的反面。我们看到,机器具有减少人类劳动和使劳动更有成效的神奇力量,然而却引起了饥饿和过度的疲劳。财富的新源泉,由于某种奇怪的、不可思议的魔力而变成贫困的源泉。技术的胜利,似乎是以道德的败坏为代价换来的。随着人类越控制自然,个人却似乎越易成为别人的奴隶或自身的卑劣行为的奴隶。甚至科学的纯洁光辉仿佛也只能在愚昧无知的黑暗背景上闪耀。我们的一切发现和进步,似乎结果是使物质力量成为有智慧的生命,而人的生命则化为愚钝的物质力量。现代工业和科学为一方与现代贫困和衰颓为另一方的这种对抗,我们时代的生产力与社会关系之间的这种对抗,是显而易见的、不可避免的和毋庸争辩的事实。"[②]

可见,对科技负面作用的问题早有论述和研究,但是从公平角度对工程的收益和损害进行分析,还不多见。这种视角能够明确科技的利益和副作用具体落到什么人头上,从而能够识别出改变分配不公以及科技造成的环境资源和社会问题状况的动力。

---

① 杨乔木,赵世强.建设工程社会成本的分析与控制[J].北京建筑工程学院学报,2009(3):60-63.
② 马克思,恩格斯.马克思恩格斯选集:第1卷[M].北京:人民出版社,1995:775.

3.3.3 （利益）攸关方

近些年来,与经济学提出"社会成本"概念、开始研究包括工程活动在内的经济行为的外部性一样,企业管理领域也扩展了关注的视域:提出企业社会责任概念,由过去只强调对股东(stockholder)负责,逐渐扩展到把利益相关者(stakeholder)也纳入管理关注的视野。

1963年,美国斯坦福学院的学者第一次对"利益相关者"下了定义。他们从狭义的角度对利益相关者的定义是:存在这样一些利益群体,如果没有他们的支持,企业就无法生存。该定义对利益相关者界定的唯一依据,是某一群体对于企业的生存是否有重要影响。虽然这种界定方法是从非常狭义的角度来看待利益相关者的,但是它毕竟使人们认识到,企业存在的目的并非仅为股东服务,在企业的周围还存在许多关乎企业生存的利益群体。[①] 可见,企业管理者的视域从股东到利益相关者,这是一个进步,表明其关注的对象和关心的范围都在扩大。

1984年,弗里曼(Freeman)超出"是否影响企业生存"的定义范围,提出"利益相关者"的广义定义。他从企业目标与影响作用的角度出发,认为利益相关者是"那些能够影响企业目标实现,或者能够被企业实现目标过程影响的任何个人和群体"。该定义大大扩展了利益相关者的内涵,不仅将影响企业目标的个人和群体视为利益相关者,同时还将企业目标实现过程中受影响的个人和群体看作利益相关者,如政府部门、当地社区、环境保护主义者等实体都被纳入利益相关者的范畴。按此逻辑,随着现代经济的发展,企业生产经营活动可能影响的每一个人、每一个团体、每一个地区,包括竞争者、植被和无名的海洋生物甚至每一个生物,都可能是企业的利益相关者。

米切尔(Mitchell)在考察了多种利益相关者定义后认为,作为利益相关者必须具备三个条件:①影响力,即某一群体是否拥有影响企业决策的地位、能力和相应的手段;②合法性,即某一群体是否在法律和道义上被赋有对企业的所有权;③紧迫性,即某一群体的要求能否立即引起企业管理层的关注。基于这三个特征的不同组合产生不同类型的利益相关者。

斯塔里克(Starik)从动态角度考察,提出了现实利益相关者和潜在利益相关者的分类:潜在利益相关者是指可能对企业目标实现产生影响或反过来可能被其影响的个人和群体,只有当潜在利益相关者向企业投入专用性资产的时候,才转化为现实利益相关者。

克拉克森(Clarkson)认为:"利益相关者是指那些在企业的活动中投入了物质资本、人力资本、财务资本以及在企业的经营活动中承担了一定风险的群体。"他还根据相关者群体在企业经营活动中承担风险的方式,将利益相关者分为主动的利益相关者和被动的利益相关者;又根据利益相关者与企业利害关系的紧密程度,将利益相关者分为首要的利益相关者(primary stakeholders)和次要的利益相关者(secondary stakeholders),前者是指企业的运行不能离开这些群体的参与,否则企业不可能持续生存,包括股东、投资者、雇员、顾客、供应商等;后者是指影响企业的运行或者受到企业运作间接影响的群体,比如社区、政府和媒体等。

---

① 林萍.利益相关者理论综述[J].闽江学院学报,2009(1):54-58.

国内有学者对利益相关者的界定为：利益相关者是指那些在企业中进行了一定专用性投资，并承担了一定风险的个体和群体，其活动能够影响企业目标的实现，或者受到企业实现目标过程的影响。①

上述国内外学者关于利益相关者概念的各种界定，对我们理解工程的影响尤其负面影响以及利益—损害的公平分配问题很有启发。它们提示工程发起方要拓展关注的范围，将受工程影响尤其负面影响的相关者纳入关注的视野，注意分配公正问题。但是，在企业管理领域提出利益相关者概念，其出发点还是以企业为本位，最根本的还是为了企业的利益；关注利益相关者的诉求只是公司维持生存谋求发展的一个必要手段，而不是公司存在的目的本身。归根结底，对利益相关者本身特别是其受企业影响的情况关注不够！而且，有人指出，"stakeholder"一词应当译作"利害相关者"，既表示"有福同享"，又表示"有难同当"，而译为"利益相关者"和"利益攸关方"都不恰当，给人以"只享有好处，不承担风险的攸关方（相关方）"的误解。②

工程伦理的关注点恰恰在于目标人群之外的第三方可能受到工程及其结果影响尤其负面影响的情况。在这里，"利益相关者"的更为确切的含义是"承受者"，因为以往利益相关者概念包含主动对企业有投入、有图报、起影响作用的意思，而这里更强调"无辜者""局外人""第三方"被动地蒙受损害、承担风险。

为了突出显示视域由目标人群扩大到攸关方（承受者）的变化，表 3-1 对两者作了粗略的对比。

表 3-1　目标人群与攸关方（承受者）的简单对比

	目 标 人 群	攸关方（承受者）
关注对象	经济利益为主	自身权益
关切焦点	性价比，收益与代价相称	担心危害、风险
同质性	具有共同的特点（如收入水平）	比较不一致
地理分布	1. 公共设施时，集中 2. 工程产品时，分散	1. 公共设施时，更为集中 2. 工程产品时，比较分散
组织程度	组织化程度较高（如消费者组织）	一般情况下组织化程度低
主动/被动	项目发起方主动考虑其需求	被动承受工程的影响
反应强度	一般较弱	有时强烈
相对地位	比较强势	相对弱势

R3-3　利益相关者图示

---

①　冯俊华，张龙. 利益相关者理论的发展与评述[J]. 科学咨询（决策管理），2009(15)：13-14.
②　谢迎芳. 利益攸关方（利益相关方）(stakeholder)——两个广为使用的错误译名[EB/OL]. [2015-11-25]. http://www.gdtbt.gov.cn/information/show_info.jsp?id=74896.

3.4 公正原则在工程的实现

公平正义(简称公正)①是人类社会长久以来的不懈追求,伦理学家赋予其极高的地位。有人指出,公正是关于社会关系的恰当性(或合理性)的最高概念,它也是一种德性,《美国哲学百科全书》称之为"社会道德责任的典范"。②亚里士多德说:"公正不是德性的一个部分,而是整个德性。"③美国著名伦理学家罗尔斯说:"正义是社会制度的首要德性,正像真理是思想体系的首要德性一样。"④所以,公正不仅是工程师个人的责任和追求,也是作为一种社会建制的工程职业的责任和追求。

前面分析和揭示了工程中公正问题的表现及其形成机理,下面来探讨如何在工程中实现公正原则。

3.4.1 基本公正原则

所谓公正或公平,又称为正义,原意指"应得的赏罚"(desert)。⑤"应得"抽象地说是一种对等和同等地对待。但公正不等于平等,实际上,它还规定了不平等的程度。公正最基本的概念就是每个人都应获得其应得的权益,对平等的事物平等对待,不平等的事物区别对待。当然,确定一个人应得的利益可以有多种方式,例如可以根据其工作、能力、品行或需要等各种标准来衡量。

美国伦理学家理查德·T.德·乔治提出了四种类型的公正:

(1) 补偿公正,是对一个人曾经遭受的不公正待遇进行补偿;
(2) 惩罚公正,是对违法者或做坏事的人进行惩罚;
(3) 分配公正,指公正地分配福利和负担;
(4) 程序公正,规定了判决的过程、行为或达成的协议的公正性。⑥

一般情况下,人们把公正狭义地理解为分配公正,关注社会利益和社会负担的合理分配问题。对于科技发展来讲,成本、风险与效益的合理分配日益成为科技伦理抉择的重要方面。同时,由于知识与信息是科技事业的关键性因素,而不同阶层在知识素养和理解新知识的能力方面存在着现实的差异,知识与信息传播中的公正问题也成为人们关注的热点。

工程领域里基本的分配公正主要是指,工程活动不应该危及个体与特定人群的基本的生存与发展的需要;不同的利益集团和个体应该合理地分担工程活动所涉及的成本、风险与效益;对于因工程活动而处于相对不利地位的个人与人群,社会应给予适当的帮助

---

① 严格来说,公平与正义既有很多相同的含义,也有一些区别(可参见韩跃红在《哲学研究》2007年第12期发表的《普世伦理视域中的公平与正义》)。但日常语言中人们常常使用"公平正义"一词,这里我们不对公平和正义作细致的区分。
② 朱葆伟.高技术的发展与社会公正[J].天津社会科学,2007(1):35-39.
③ 苗力田.亚里士多德选集:伦理学卷[M].北京:中国人民大学出版社,1999:103.
④ 罗尔斯.正义论[M].何怀宏,等译.北京:中国社会科学出版社,2009:3.
⑤ 刘大椿.科学技术哲学导论[M].北京:中国人民大学出版社,2005:160.
⑥ 乔治.企业伦理学[M].7版.王漫天,等译.北京:机械工业出版社,2012:67.

和补偿。例如,消除"邻避情结"的途径之一,是对具有一定风险的工程项目相邻区域的民众给予一定的补偿或优惠,包括经济补偿、政策优惠、环境保护和身体健康方面的特殊照顾等。

在现实的社会生活中,公正与效率经常发生冲突。公正强调人们应当得到的权益,效率则关注现实活动目标的实现。工程活动中的道德抉择,必须解决如何兼顾公正与效率这个问题。首先,科技的迅猛发展已经使工程活动影响到每个人的切身利益,工程活动一定要坚持基本的分配公正。而事实上,基本的公正既是效率合法性的前提,也是长期效率的保障。其次,公正是相对于具体的社会情境而言的,不存在绝对的公正。由于必要的效率关系到全体公众及环境的福祉,所以公正的实现不应该妨碍效率的合理提升。

所以,在工程活动中,公正的实现必须考虑现实活动目标的效率。公正应该是工程实践的内在目标的有机组成部分,公正的实现应该与效率的追求相统一。效率的实现要以基本公正为条件,反过来,没有合理效率的"公正"不仅是不现实的,而且是有悖公正本意的。因此,应该实现的公正首先是可以实现的公正,而可以实现的公正应该是有合理效率的公正。具体工程活动中公正与效率所追求的目标是有差距的,但这种差距不应该大到难以弥合,如果出现了这种情形,就需要对两者的目标作一定的调适,使两者尽可能统一于工程活动的总体目标体系之中。

还应指出,在任何对效率的合理追求的活动中,都必须体现对创新者或有突出贡献者的激励,这不仅是对效率的促进,也是应该实现的公正。[①]

特别值得强调的是,公正问题总是以处于社会不利地位的人为出发点提出的,这也是他们的一项权利。[②]

在帮助弱者的责任方面,法国伦理学家皮埃尔·安托万(Pierre Antoine)指出:"个人、集团和国家即使以道德手段使自己在世界上处于有利的、强固的和繁荣的地位,他们这样就已经阻碍了其他人或其他民族的经济发展或社会升迁(即使是间接的,因为这个星球上存在的物品是有限的),他们应对后者的匮乏负责并应利用他们所处的较好地位对这种情况加以改正……作为我们行动的结果,即使并未犯有非正义的错误,这种植根于正义的义务仍会存在。"[③]

在这方面,国际工程界已经开始形成共识,他们承诺把促进可持续发展、解决人类生存中遇到的各种问题(包括解决极端贫穷、防止经济生活的两极分化)作为自己的责任。2004年在上海召开的第二届世界工程师大会通过的《上海宣言》明确指出:"众所周知,在消除贫穷、持续发展、实现联合国制定的《千年发展目标》的事业中,工程承担着重要的责任。"呼吁"各国政府应当充分认识工程在社会经济发展、保障人们基本需求、消除贫困、缩小知识鸿沟、促进各种文化的沟通合作和消除冲突中的作用"[④]。

3.4.2 利益补偿:原则与机制

基本分配公正的实现是一个十分复杂的过程。它的基本实现途径是,在不同利益与价

[①] 刘大椿.科学技术哲学导论[M].北京:中国人民大学出版社,2005:160-169.
[②] 朱葆伟.高技术的发展与社会公正[J].天津社会科学,2007(1):35-39.
[③] 古莱.发展伦理学[M].高铦,等译.北京:社会科学文献出版社,2003:71-72.
[④] 2004年世界工程师大会上海宣言——工程师与可持续的未来[J].科协论坛,2004(12):40-41.

值追求的个人与团体间的对话的基础上,达成有普遍约束力的分配与补偿原则。这些原则实质上是最低限度的,我们可以称之为底线原则,它反映了在当前时代所处的文明程度下,面对工程活动中复杂的利益分配行为,不同伦理观念和道德水准的人群的伦理共识。① 这实际上是以程序公正来保证分配公正。

为了在工程实践中实现基本公正,在工程项目过程中需要建立和完善以下几方面机制:

第一,进行项目社会评价。在这方面,世界银行等国际组织的贷款项目管理经验值得我们借鉴。为了实现公平的目的,国际贷款项目设立社会评价环节,对贫困群体(以求减少或消除贫困,促进社会公平)、女性(以求消除性别歧视和不平等,促进性别平等与发展)、非自愿移民(尽可能避免或减少非自愿移民,促进移民生计恢复和社会可持续发展)以及少数民族人口(尊重少数民族的尊严、权利、经济和文化,确保少数民族以其文化适应性的方式参与项目发展并从中受益)给予特殊的关注。而且倡导全过程的分析框架,把上述关注贯穿于项目前期、项目实施以及运营管理等各个阶段。② 世界银行的社会政策高级顾问迈克尔·M.塞尼(Michael M. Cernea)主张:凡是因为工程建设利益受到侵害的集团或个人应该得到有效的补偿,补偿的合理界限是这些人的生活水准只能较工程实施前有所提高,而不能有任何的下降。③ 1984年,世界银行要求"社会评价"(social assessment)应成为世界银行在进行项目可行性研究工作的一部分,在项目评价阶段,与经济、技术和机构评价共同进行。项目的社会评价是指由于项目建设、实施与运营,对社会经济、自然资源利用、自然与生态环境、社会环境等方面的社会效益与影响分析,它与项目的经济评价、环境评价一样可以用一系列指标来衡量,除了可持续性指标外,主要涉及的是社会公平指标,具体包括利益相关者收入提高程度及差异程度、基尼系数、恩格尔系数、公众参与度、就业率、社会保障率、民族、性别公平程度、贫困人口数等。当前社会评价在工程项目评价体系与决策中扮演越来越重要的角色,如世界大坝委员会(WCD)规定项目决策时优先顺序依次为:社会评价、生态环境评价、经济与财务评价、管理评价、技术评价。在我国,2001年年底由国家计划委员会正式向全国发文,推荐使用《投资项目可行性研究指南》,首次将社会评价作为投资项目可行性研究的重要组成部分。④

第二,针对事前无法准确预测项目的全部后果,以及前期未加考量的公正问题,应引入后评估机制。一般情况下,项目决策时所作的工程经济分析和评估,所讨论的经济效果问题几乎都和"未来"有关,是建立在预测基础上的。工程经济分析的着眼点是"未来",也就是对工程方案被采纳后将要带来的经济效果进行计算、分析和比较。既然工程经济分析讨论的是各方案"未来"的经济效果问题,那就意味着它们含有"不确定性因素"(不确定性包含随机性和模糊性等情况)的预测与估计。项目的实际后果究竟如何?这需要对项目作后评估(post project evaluation)。它是指在项目已经完成并运行一段时间后,对项目的目的、执行过程、效益、作用和影响进行系统的、客观的分析和总结的一种技术经济活动。⑤ 需要强调,后评估还应该注意在项目决策时未曾预料到的、没有纳入考虑范围的影响后果(即外部性、

---

① 刘大椿.科学技术哲学导论[M].北京:中国人民大学出版社,2005:166.
② 陈绍军.国际贷款项目社会评价的关注点[J].中国投资,2013(11):54-55.
③ 塞尼.把人放在首位——投资项目社会分析[M].王朝纲,等译.北京:中国计划出版社,1998:208.
④ 秦红岭.建筑的伦理意蕴——建筑伦理学引论[M].北京:中国建筑工业出版社,2006:266.
⑤ 刘玉明.工程经济学[M].2版.北京:清华大学出版社/北京交通大学出版社,2014:5.

溢出效应),例如对社会第三方的不利影响等。从实现项目结果的公正分配的角度来看,这方面的研究和评价,正是项目后评估的一个主要用意之所在。

第三,针对仅瞄准目标人群的局限,扩大关注的视域,开展利益相关者分析。前面已经指出,工程活动的影响范围不限于其设定的目标顾客群体和所定位的市场。对局外人的影响特别是不良影响直接关系到公正问题。应当借鉴企业管理领域的利益相关者分析,扩大关注和关心的范围,将攸关方纳入进来。项目攸关方与项目有直接或间接的利害关系,对项目的成功与否有直接或间接的影响。

利益相关者分析的主要内容包括:

——根据项目单位的要求与项目的主要目标,确定项目的主要利益相关者;
——明确各利益相关者的利益所在以及与项目的关系;
——分析各利益相关者之间的相互关系;
——分析利益相关者参与项目实施的各种可能方式;等等。①

利益相关者在项目选择、设计、实施、监测和评估中的积极和充分参与,有利于促进公平受益和包容性发展。

3.4.3 利益协调机制:公众参与

在我国,传统的工程管理体制多是自上而下的科层制结构,在决策过程中,重行政和精英主导,缺乏公众参与;在工程建设和管理方面,注重工程建设,忽视运行管理;在工程效应评价中,偏重经济效应,忽视社会效应,在工程快速审批和上马的同时,往往伴随着诸多不可调和或未经考虑的矛盾冲突。为改变这种局面,必须建立相关者的利益协调机制,吸收广大公众参与工程的决策、设计和实施全过程。②

首先,保证公众的知情权,做到知情同意(informed consent)。

从某种角度来讲,科技时代中工程科技人员与社会公众之间的关系可以类比为"医患"关系模式。这种关系模式的特点是,双方信息不对称:责任方处于主导地位,权利方处于被动地位,并且权利方对关系过程的理解取决于责任方的信息传达。因为任何工程活动都负载有各种相关群体的价值取向,这些价值负载往往隐含于工程目标的设定和技术指标的制定之中,包括利益的追求和风险的界定等与公众利益休戚相关的因素。由于许多工程活动的开展与每一项科技成果的应用,直接或间接地影响到部分或全体社会公众的利益,工程科技人员有义务将这些信息充分、及时、无偏见地传达给社会公众。反过来,为了有效防范违反伦理的科技行为,社会公众也应该有知情同意的权利。利益相关者应该被告知项目的性质和可能后果,与项目有关的风险,项目的业主及其状况,实现这个项目的各种不同方法,等等。

其次,为保证程序公正,吸收攸关方参加到工程的决策、建设、运营之中。对邻避事件以及民众"邻避情结"的分析表明,在风险社会下,公众有强烈的直接参与决策需求,如果体制内无法满足,他们则倾向于以"集体行动"等方式在体制外表达其诉求。现代工程规划设计

---

① 杨经福. 投资项目利益相关者分析[D]. 南京:河海大学,2002:15-18.
② 石智雷,等. 南水北调工程利益相关者管理演进与利益结构[J]. 科技进步与对策,2010(13):24-28.

决策应突破传统的以国家规范和标准为依据、以专家知识和经验为基础的先验性建立工程技术参数与设计边界条件的局限,在利益相关者互动协调过程中达成利益相关者对参数与边界条件的共识。关键是让各类利益相关者或其选出的代表都直接参与决策,在互动过程中各利益相关者提出各自的观点和主张,如政府让社区公众了解项目的社会整体价值,兴办者让社区公众了解项目为之提供的社会服务,社区公众让各利益相关者了解他们对项目的焦虑和主张及利益诉求,设计师等利益相关者了解项目可能产生的负外部性及可采取的技术措施、国内外技术标准等,并进行争议、解释、回应或赞同等,明确各方争议的焦点。对于焦点问题,开展下一轮的协商。这个过程将可能是一个多次循环迭代、耗时较长的程序,但从认识论角度来看,这个过程中各利益相关者关于项目认知的相互作用和学习,使各方的建构潜移默化,变得更加准确和成熟,有利于发展为共同建构,并可能最终在工程选址、规划和设计参数与边界条件上达成共识。[①]

采用参与式方法有利于提高项目方案的透明度和决策民主化;有助于取得项目所在地各有关利益相关者的理解、支持和合作;有利于提高项目的成功率;有利于维护公正,减少不良社会后果。

本章概要

工程实践是人类社会存在和发展的基础。工程活动是价值导向很强的一种实践活动,可以应用于经济、政治、社会、文化、科学、生态等诸多领域,发挥相应的价值。只看到工程具有经济价值,而看不到工程在经济之外的其他方面也具有重大价值,以及认为工程在改造自然方面只会造成环境的破坏,只有负面价值,这些观点,都是错误的。

就工程项目而言,发起方都期望项目实现自己的利益,这是工程发展的动力。但是,有收益就有付出和代价。特别是,工程活动影响的外部性,即后果影响范围超出了目标人群,扩散到其他社会成员以及生态环境,这就引发了分配公正的问题。

应该全面考虑工程的收益和成本,建立补偿机制,对利益受损方给予补偿,以实现分配公正。面向未来,应建立公众参与工程决策的机制,以保证工程为和谐社会建设作出贡献。

思考与讨论

1. 本来工程具有经济、政治、文化、科学、社会、生态等多方面的价值,但有人常常只看到工程价值的单维性(如狭隘的经济价值,"对人的挤压"等),为什么呢?

2. 攸关方(利益相关者)如何识别和确定?

3. 有些利益相关者(如子孙后代、动植物)的权利在当下没法被充分代表,在这样的情况下,如何确保他(它)们的"权益"、实现公正?

4. 在西方工程伦理学研究中,与工程有关的公正问题的一种表现,常涉及工程教育、就

---

① 黄有亮,等."邻避"困局下的大型工程规划设计决策审视[J]. 现代管理科学,2012(10):64-66.

业中的歧视问题。工程职业在西方一般属于社会中(上)层,过去美国工程师以白人男性为主,客观上存在性别和种族分布不均衡问题,有人认为可能存在性别和种族歧视。当前,在我国高校招生和职业选择中,工科、工程师对年轻人的吸引力如何?

参考案例

参考案例1 经济发展与文化保护如何取舍?
——梁思成与北京城市规划[①]

在新中国成立之初,北京市领导彭真站在天安门城楼上对梁思成说:毛主席希望将来从这里望过去,要看到处处都是烟囱。梁思成大吃一惊,北京是古代文化建筑集中的城市,不应该发展工业;最好像华盛顿那样,成为政治文化中心。

对于首都北京的城市规划,当时苏联专家的建议是行政中心应该放到老城里,放在长安街的沿线。对此梁思成是反对的。他认为,由于老城区已经盖满了房子,把这么大规模的行政中心区摆在老城里面,会导致大量的拆迁,这将是非常耗费的计划。特别是很多人要在外面睡觉、居住,然后再到城里面来上班,这样会制造一种大规模的跨区域的交通。梁思成说,哪一天北京的交通出了问题,这就是祸根。

后来,梁思成与南京中央大学建筑系教授陈占祥共同完成了长达2.5万字的《关于中央人民政府行政中心区位置的建议》,史称"梁陈方案",内容主要有两条:一是主张全部保存城区所有的房屋,不同意在北京内、外城建设新楼房和新工厂,旧城完全按原貌保存,使它成为一个历史博物馆;二是建议北京新行政中心建在月坛以西、公主坟以东一带,以五棵松为中心建设一个新北京。形成一个多中心又有限制的市区,既保护了旧城,又促进各自区域内的职住平衡,降低长距离的交通量。

但是这个方案没有被采纳。1953年11月,中共北京市委决定,"要打破旧的格局给予我们的限制和束缚",明确指出行政区域要设在旧城中心,并且要在北京首先发展工业。此后,北京古建筑开始被大规模地拆除。

当年梁思成认为,城门和牌楼、牌坊构成了北京城古老街道的独特景观,可以通过合理规划加以保留。因此曾在国务院办公会议上和北京市副市长吴晗争得面红耳赤。最后吴晗竟站起来说:"您是老保守,将来北京城到处建起高楼大厦,您这些牌坊、宫门在高楼包围下岂不都成了鸡笼、鸟舍,有什么文物鉴赏价值可言!"气得梁思成当场痛哭失声。

60余年后,北京的"大饼"已经摊到七环,雾霾垂天,交通拥堵,城市规划终于提出疏解北京非首都功能、建设市行政副中心,这似与当年的"梁陈方案"异曲同工。

当年梁思成曾对彭真说:"50年后,历史将证明你是错误的,我是对的。"1972年,梁思成于贫病之中撒手人寰。他在弥留之际,总在重复这样的话:世界上很多城市都长大了,我们不应该走别人走错的路,早晚有一天你们会看到北京的交通、工业污染、人口等,会有很大的问题。

[①] 改编自《城记》:梁思成北京城市规划方案的遗憾与回归[EB/OL]. (2014-05-15)[2015-11-25]. http://news.xinhuanet.com/book/2014-05/15/c_126503967.htm.

参考案例 2 政治军事意义重于经济意义
——中央为什么决策建设青藏铁路?[①]

青藏铁路东起青海西宁,南至西藏拉萨,全长 1956km,被誉为"天路",是实施西部大开发战略的标志性工程,是我国新世纪四大工程之一。2006 年 7 月 1 日,青藏铁路正式通车运营。

青藏铁路西宁至格尔木段 814km 已于 1979 年铺通,1984 年投入运营。青藏铁路格拉段东起青海格尔木,西至西藏拉萨市,全长 1142km,其中新建线路 1110km,于 2001 年 6 月 29 日正式开工,总投资 330 亿元人民币。途经纳赤台、五道梁、沱沱河、雁石坪,翻越唐古拉山,再经西藏自治区安多、那曲、当雄、羊八井到拉萨。其中海拔 4000m 以上的路段 960km,多年冻土地段 550km,翻越唐古拉山的铁路最高点海拔 5072 米,是世界上海拔最高、在冻土上路程最长、克服了世界级困难的高原铁路。

青藏铁路最重要的是战略意义,商业价值则位居次席。

西藏处于中国的西南边陲,与印度、巴基斯坦等国接壤,地理位置十分重要。在周边各国中,印度对于青藏铁路的关心超乎寻常。青藏铁路的建成运行"极大地提高了中国的军事机动及后勤供给能力","它可以使中国政府每年向西藏运送 500 万 t 物资,也可以在一个月内运送多达 12 个陆军步兵师"。甚至国外有媒体称,青藏铁路将极大地增强中国对印度的军事进攻能力,便于中方运输中程导弹等。青藏铁路的建成使得西藏与中国内地的联系更加紧密,由此而产生的连锁反应很可能使尼泊尔和孟加拉国"进一步向中国靠拢",整个南亚次大陆的地缘战略形势届时都将受到深刻影响。

目前,青藏铁路并未满负荷运营,因为没有那么多货物需要运输。但中国政府认为,青藏铁路建成后运行初期可能需要给予一些补贴,但从长远观点看拿出这些钱是完全值得的。因为"无论从经济发展、政治稳定和国防安全,还是从促进民族团结,更有力地打击达赖集团的民族分裂主义活动考虑,我们都应该下决心尽快开工修建进藏铁路"(江泽民:尽快开工修建进藏铁路,《江泽民文选》(第三卷),人民出版社,2006 年)。

参考案例 3 世界上最快"火车"遭遇漫长的博弈
——沪杭磁悬浮项目中的利益相关者[②]

沪杭磁悬浮交通项目是一条在浙江省杭州市与上海市之间计划修筑的陆上交通干线,连接已经运营的上海磁浮示范运营线以及规划的上海低速磁浮机场联络线,可直达上海浦东国际机场。全线长 175km(后优化为 199km),列车速度按市郊区间线路正常运行速度 450km/h,中心城区内最高正常运行速度不大于 200km/h 设计,预计投资 350 亿元人民币。

这个项目存在着大量争议,反对者以中铁隧道集团副总工程师、全国人大代表、中国工程院院士王梦恕为代表,他们质疑:

[①] 改编自外媒:中国将青藏铁路延伸至尼泊尔令印度恐慌[EB/OL].(2015-04-11)[2015-11-25]. http://www.cankaoxiaoxi.com/china/20150411/738420.shtml.

[②] 改编自:刘钢,梁嘉琳.世界上最快的"火车":沪杭磁悬浮漫长的博弈[EB/OL].(2010-04-02)[2015-11-25]. http://www.chinanews.com/cj/news/2010/04-02/2205558.shtml;郑卫.邻避设施规划之困境——上海磁悬浮事件的个案分析[J].城市规划,2011(2):74-82.

首先是潜在的辐射风险和噪声,与居民区的设计间隔距离最小仅22.5m,远远少于德国方面规定的200m。

其次是安全性,由于德方试验路线和上海浦东的示范运营线都曾发生过事故,令人对这条世界上第一条长距离的商业化磁悬浮线路的安全性信心不足。

再者是商业化价值,由于与高速铁路相比磁悬浮仅仅能在沪杭段节约数分钟时间,投资成本却贵一倍以上,而且无法与现有的铁道系统兼容。

沪杭磁悬浮项目的进展可谓一波三折,其中公众的担心和反对起了很大作用。

2006年3月沪杭磁浮项目获得国务院立项后,上海环境保护部门在网站发布了环境影响评价报告等信息,环评报告称磁悬浮项目的环境影响符合相关标准,工程建设可行。上海市规划部门也对磁悬浮项目进行了规划公示。项目信息被沿线居民陆续获知后引起很大争议,加之浙江省对该项目并不积极等原因,工程被暂时搁置。

2007年1月,磁悬浮机场联络线项目开始向沿线小区居民公示。公示中,动迁的红线距离规定为22.5m。2月18日前后,拆迁公告张贴到沿线小区布告栏。拆迁工作引起沿线居民的激烈反对,在居民连续上访和抗议活动的压力下,3月中旬由环保总局主持的环评报告评审无果而终。而浙江省也于3月份表示放弃在2010年前建成通车的计划。磁浮公司又将磁悬浮上海机场联络线作为世博会配套大型工程项目,企图获得上海市政府的批准。市政府开始组织座谈会进行协调,但居民并不认可环评报告结论。随着事态进一步敏感,拆迁工作被暂停,政府也宣告进行项目优化调整。

2007年12月29日,上海市规划局在其官方网站上公示了经过优化后的机场联络线草案。2008年1月2日,"上海环境热线"网站公布《沪杭磁浮上海机场联络线(龙阳路站—虹桥综合交通枢纽)环境影响评价公示》和《沪杭磁浮上海机场联络线(龙阳路—虹桥综合交通枢纽)环境影响报告书》。环评报告书声称工程建设可行。沿线小区居民并不认可这一结论。元旦过后,陆续有居民组织上访和反对磁悬浮的"散步"。1月12日下午,沿线小区上千居民在人民广场集会反对磁悬浮项目,后又向南京路行进,直到下午6时左右"散步"到南京路河南路路口为止。13日下午,仍有部分居民到南京路步行街"购物"。18日,磁浮公司和环评单位表示将组织专家研究论证居民的意见和建议。2月27日,上海市政府新闻发言人称,磁悬浮项目仍处在听取意见和优化阶段。3月6日,时任上海市市长韩正表示,沪杭磁悬浮上海机场联络线工程仍在论证过程中,不在上海确定的2008年全市重大工程之列。

而与磁悬浮项目有冲突的高速轮轨项目沪杭客运专线已于2009年2月26日动工,2010年10月26日正式通车营运,沪杭磁悬浮及其机场联络线工程则实际处于被长期搁置的状态。2013年4月20日,浙江省撤销沪杭磁悬浮交通项目建设领导小组。

参考案例4 雪域高原上的一条生态通道、绿色长廊、景观大道
——西藏拉林高等级公路施工过程中的生态环境保护[①]

拉林高等级公路(拉萨至林芝高等级公路)是拉萨林芝公路旧版的改造升级,全长约409.2km,估算静态总投资380亿元。拉林高等级公路等级为一级,设计速度80km/h,双向

---

① 改编自:刘文军.西藏拉林高等级公路建设将建生态通道绿色长廊[EB/OL].(2014-08-01)[2015-11-25].http://www.tibetol.cn/html/2014/xizangyaowen_0801/13135.html.

4车道（在高原环境属于快速公路）。工程建成后，拉萨至林芝通行时间至少节约2h。2013年5月开工，按照一期、二期和米拉山隧道工程分期分段施工。一期工程已于2015年9月15日通车运营；二期工程，除松多隧道外，全线所有工程已经完成，2017年9月21日至24日通过交工验收，10月1日试运营通车。[①]

在该项目施工前，西藏自治区环保厅就制定了《拉林高等级公路工程建设环境保护工作实施方案》。要求施工单位要按照"挖填平衡"的原则，取土应尽量集中取土，弃土应尽量回填利用；取弃土场选址应避开自然保护区、湿地、水源地、地质灾害等环境敏感区；桥基及隧道施工弃土弃渣尽量作为路基填料。

通过环评，提前介入，优化路线，是把拉林高等级公路建设对生态环境造成的影响降至最低的首要关口。为了保护生态环境，避让湿地、自然保护区等环境敏感区，拉林高等级公路在路基选线时，特意绕开了达孜县境内的湿地和自然保护区，确实需要占用的，采取"以桥代路"等方式，最大限度减少生态破坏。

在林芝段一标段一合同段，如果只清除垃圾，打地基通过，成本只要30万元；而如果架桥通过，则要增加投资4000万元。因为剥离垃圾表层的过程中可能会对大气、水资源造成污染，通过多方考量，最后还是决定增加投资，以避免二次污染。

在施工过程中，当地政府及沿途环保部门通过划定施工范围，在征地范围内修筑便道，确保了施工的各种机械设备在便道内行驶，避免破坏便道外生态环境。施工方将生活区垃圾集中堆放，实行定期清运，禁止流入外环境。在路基施工过程中，为了使施工活动能够最大限度减少对植被和地貌景观环境的破坏，对工程挖方段、施工便道和取土场等地方的植被，在施工前分割划块，移植于适当地方养护。

项目完工后，施工单位还要进行生态恢复作业。取弃土场在使用完毕后，要按照地形地貌进行回填、平整、刷坡，落实种草植树等生态恢复措施。施工便道恢复工作要严格落实覆土、平整、种草、植树等恢复工作；施工营地、施工场地要拆除相关场房设施，破除硬化场地（道路），清除各类生活、生产垃圾，并进行恢复绿化工作。

拉林高等级公路实行环保三级监管，区环保厅负责月巡查，地市环保局负责周督查，县级环保局负责日旁站。在达孜县境内的第一工区段施工期间，达孜县环境保护局对施工现场进行现场检查时发现，施工方垃圾处理设施不够完善，存在焚烧垃圾的现象，环保局工作人员当场给予口头警告，责令其整改。整个施工过程他们都要跟踪检查，对于发现的问题，第一次发现是警告处理，如果再次发现他们则会根据相关法律、法规要求给予处罚。

拉林高等级公路项目用于生态恢复的资金近4亿元，并在西藏地区公路交通建设中首次应用生态袋、生态毯、生态微孔基质等国际先进的柔性生态护坡技术，在西藏地区重大工程建设中树立起生态环保示范新的标杆。公路两侧边坡长满绿油油的青草，行人放眼望去，道路与生态相融，景观与自然互衬，如虹的大道俨然是生态的通道、绿色的长廊。

---

① 王淑. 献礼十九大的西藏"最美高等级公路"[EB/OL]. (2017-10-11)[2018-4-22]. http://www.tibet.cn/news/focus/1507687991587.shtml.

参考文献

[1] 美国国家工程院. 20世纪最伟大的工程技术成就[M]. 广州：暨南大学出版社，2002.
[2] 常平. 20世纪我国重大工程技术成就[M]. 广州：暨南大学出版社，2002.
[3] 朱葆伟. 高技术的发展与社会公正[J]. 天津社会科学，2007(1)：35-39.
[4] 李伯聪. 工程伦理学的若干理论问题[J]. 哲学研究，2006(4)：95-100.
[5] 郭巍青，陈晓运. 风险社会的环境异议[J]. 公共行政评论，2011(1)：95-121.
[6] 李世新. 正面建设是工程伦理学研究的当务之急[J]. 武汉科技大学学报（社会科学版），2011(6)：632-635.
[7] 刘大椿. 科学技术哲学导论[M]. 北京：中国人民大学出版社，2005.
[8] 塞尼. 把人放在首位——投资项目社会分析[M]. 王朝纲，等译. 北京：中国计划出版社，1998.
[9] 秦红岭. 建筑的伦理意蕴——建筑伦理学引论[M]. 北京：中国建筑工业出版社，2006.
[10] 古莱. 发展伦理学[M]. 高铦，等译. 北京：社会科学文献出版社，2003.
[11] 哈里斯，等. 工程伦理：概念和案例[M]. 丛杭青，等译. 北京：北京理工大学出版社，2006.
[12] 马丁，等. 工程伦理学[M]. 李世新，译. 北京：首都师范大学出版社，2010.
[13] 乔治. 企业伦理学[M]. 7版. 王漫天，等译. 北京：机械工业出版社，2012.
[14] 丁志刚. 防止新技术造成公共资源分配不公[N]. 光明日报，2014-03-26(5).

第 4 章 工程活动中的环境伦理

引导案例：DDT 与《寂静的春天》

1962 年，一部颇有争议的书《寂静的春天》在美国问世，它是一位名叫蕾切尔·卡逊(Rachel Carson)的科普作家历经四年的调查结果。在这部著作里，她向对环境问题还没有心理准备的人们讲述 DDT 杀虫剂对生物、人和环境的危害。在此之前，人们对 DDT 造成危害的严重性一直毫无察觉。除了某些学术期刊，大众媒体还根本没有相关的危险性的报道。尽管她的著作遭到惊讶、怀疑，甚至无情的指责，但越来越多的调查证实了 DDT 的危害性。为此，国会召开了听证会，美国环境保护局在此背景下成立；环境科学由此诞生；大规模的民间环境运动由此展开。

DDT 是瑞士昆虫学家保罗·穆勒(Paul Müller)在 1939 年发现的。作为一种有效的杀虫剂，它的优点是明显的：广谱、药效持久、易溶于油脂、易合成、对人体明显的损害小。因此，"二战"期间，它被用于士兵、难民和俘房，有效地阻止了斑疹伤寒病的传播。穆勒也因此荣获了 1944 年的诺贝尔化学奖。

战后，DDT 广泛用于粮食生产、防治昆虫。到 20 世纪 70 年代，全世界平均每年的使用量超过百万吨，每年从害虫嘴里夺回了占世界粮食总产量 1/3 的粮食。然而，由于它的毒性，不仅消灭了害虫，也消灭了水中的鱼和空中的鸟，甚至人类自己也成了受害者：它通过皮肤、消化道进入人体，使人中毒；在地球大气和水循环的作用下，它被带到世界各地，甚至在北极海豹和南极企鹅体内也发现了 DDT。许多研究报告证实，它对生物和环境的毒害是惊人的。

DDT 只是化工产品作用于生态环境众多事例中的一例。它反映了现代技术一个普遍存在的弊端，那就是，技术往往只关注它的可行性和经济性，而对其运用的生态后果缺乏整体性考虑。药效持久的 DDT 在技术上是一个成功，但在生态上却是一个明显的失败。使用过程中看似微不足道的剂量，却能因生物的累积效应和食物链作用而放大万倍，忽视生态系统中复杂的相互关系，必然会导致灾难性的后果。这一点，无论是发明者，还是生产者、使用者都始料未及。

现代工程技术的高度复杂性和对经济效益的追求，使得技术在生态上的运用充满了风险。技术手段越是复杂，就越会增加生产和使用过程中的不确定性，这种不确定性加剧了应用后果的风险性。就人类目前的能力而言，我们尚不能本质地把握复杂技术的特性和生态过程，特别需要对技术运用的生态后果进行理性的评价。

4.1 工程环境伦理观念的确立

工程是人的社会实践活动，工程的目标就是把自然的规律与人的目的性很好地融合在一起，既遵循自然规律又满足了人的需要。工程必须与人和社会打交道，由此会产生一系列社会伦理问题；另一方面，工程是改造自然的活动，需要直接与自然打交道，在文明社会中又会产生出诸多环境伦理问题。社会伦理问题涉及人与人的道德关系，传统的人际伦理学对此已有深入研究。环境伦理问题涉及人与自然环境的道德关系，对现代工程既重要又容易被简单化。一个好的工程必须要认真对待工程活动的环境伦理问题。

4.1.1 工业化过程中保护环境的两种思路

环境伦理思想的产生与人类工业文明的进程紧密相关，它是人类在对资源过度开发和环境破坏问题反思的基础上形成的。对环境伦理思想的历史考察可以追溯到最初的工业发展时期。西方社会在经历了两次工业革命以后，经济飞速发展，社会财富高度积累。就在这一时期，在工业革命中获益最多的几个国家，如英国、德国、美国都出现了严重的环境问题：一方面是森林资源的严重破坏，另一方面是工业城市的大气污染。随着工业化进程的深入，人们对自然资源的需求不断增加，对资源的随意挥霍最终使人与自然的冲突开始尖锐起来。一些有识之士注意到这一问题的严重性，为维护人类的生存权利，保持环境和自然资源的永续利用，他们发起了环境保护运动。各种主题的环保运动催生了现代的环境伦理思想。

尽管环境伦理学产生于 20 世纪 70 年代后的西方，但环境伦理思想的形成时间却相当长。19 世纪的美国，在经历了内战以后，经济出现了高速发展。19 世纪末，美国的工业总产值已居世界首位。经济的发展促进了对动力、原材料的需求，由此带动了采矿、林业、石油等产业的发展。美国丰富的自然资源为工业发展提供了良好的条件。然而，美国人对自然资源的漠视态度和掠夺式开发，使美国的自然资源受到极大的破坏和浪费。如铁路建设和采矿消耗了大量的木材，从而使森林破坏严重。这一问题引起了有识之士的关注和批评。

最早对美国资源无限论提出明确批评的人是 G. P. 马什（George Perkins Marsh）。他在 1864 年出版的《人与自然》一书中指出，人们若不改变把自然当作一种消费品的信念，便会招致自己的毁灭。此后，一批美国哲学家、文学家和博物学家受欧洲浪漫主义运动及达尔文进化论学说的影响，开始对工业社会的人与自然关系模式进行批判性反思，他们赞颂自然界的和谐与完美，关注自然在工业文明中的命运。这些思想家中，对环境伦理学产生直接影响的莫过于大卫·亨利·梭罗（Henry David Thoreau）、约翰·缪尔（John Muir）和奥尔多·利奥波德（Aldo Leopold）。

梭罗是美国超验主义文学运动的主要人物。他把一生的大部分时间用来漫游和观察自然。在他看来，"地球不是一个麻木的惰性的物质，它是一个实体，它有精神，是有机的，而且在精神的影响下发生变化"。因此，他赞美自然规律，要求人们尊重自然法则，并从自然界各种事物的关系中去把握自然。他担心科学家追求客观性的超然态度会使他们忽视自然的整体性而陷入片面之中，但文明人最终可以从荒野中找回在文明社会失落的东西；可以从荒野中获得一种敬畏生命的谦卑态度,健全的社会需要在文明与荒野之间达成一种平衡。

将这种思想变成公众信念的是约翰·缪尔。他倡导从审美角度理解自然。他认为,人们既需要面包也需要美,人们应当努力地维护森林保护区和公园的美丽、壮观,并从美学的角度去欣赏它们,使它们进入人们的心中,从而在人的内心激发出一种维护自然景观的审美要求。这种审美观超越了人的生理要求,使人能够发现自然经济价值以外的价值。而在此之前,美国政府一直奉行功利主义资源管理路线,即"科学管理、明智利用"原则。这一原则是针对当时森林、牧场和荒野遭到毁灭性破坏而提出的,目的在于对国家自然资源进行科学规划管理,以便有效地开发利用自然资源。缪尔呼吁用超越了功利主义的资源保护方式保护自然,反对用经济利益作为价值标准,反对在国家公园和自然保护区内进行任何有经济目的的活动。

产生于19世纪的资源保护主义和自然保护主义,虽然两者都强调自然资源保护的重要性,但价值观和保护目的却截然不同。资源保护主义的主张是"科学管理,明智利用",保护的目的是为了更好地开发利用。严格地说,这是一种人类中心主义的资源管理方式,它要保护的不是自然生态体系,而是人的社会经济体系。尽管如此,这种功利主义自然保护思想在进入20世纪以后一直是资源保护运动的基本原则。自然保护运动虽不如前者那样具有声势,但却是一种超越了狭隘的人类中心主义的资源保护思想。它要保护的不是人在资源中的利益,而是自然本身的利益;它保护自然的首要目的不是人类的利用,而是为了自然自身。这两种思想是造成今天环境伦理学内部人类中心主义与非人类中心主义对峙的直接根源。

4.1.2 工程环境伦理的基本思想

在工程实践领域,保护环境成为工程活动的重要目标。由于保护环境的诉求或依据不同,在各种利益冲突的情况下,结果就会大相径庭。因此,如何把保护环境行动在道德和法律的层面确定下来,使之变成工程共同体的责任和义务,就需要工程共同体成员对环境伦理和环境法的基本思想和理论有所认识。在环境意识形态领域,如何确定道德关怀的对象和人对自然的责任和义务,是当代环境伦理学研究最重要的议题。

环境伦理思想和理论,依据是否只以人类的利益作为价值和道德判断的标准,大致可分为人类中心主义和非人类中心主义两大阵营。

人类中心主义是指在作价值判断时,把人的利益作为一切价值的尺度。在这种意义上,技术与工程活动的出发点和归宿只能是、也应当是人的利益;而自然界只有工具价值,它的利益是次要的,可以忽略的。从这种立场出发,道德原则的制定与选择的唯一相关因素必然是人的利益,一切以满足和实现人的需要和利益为前提,因为人是唯一具有资格获得道德关怀的物种,人对自然并不存在直接的道德义务,如果说人对自然有义务,那么这种义务应当被视为只是对人的义务的间接反映。

非人类中心主义者认为人类既不在宇宙的中心位置,也不是一切价值的源泉,他的利益不能成为衡量一切事物的尺度。人与自然的恰当关系应该是,人类只是自然整体的一部分,他需要将自己纳入更大整体之中才能客观地认识自己存在的意义和价值。依据这种认识,非人类中心主义者试图把道德关怀的范围从人类扩展到非人类的生命或自然存在物上。由于依据的理论不同,其各自的主张差异很大。如主张把道德关怀的对象扩大到有感觉的生命即动物身上,以彼得·辛格(Peter Singer)的动物解放论和汤姆·雷根(Tom Regan)的动物权利论为代表;主张把道德关怀的对象范围扩大到一切有生命的存在,倡导一种尊重生命的态度,以阿尔贝特·史怀泽(Albert Schweitzer)和保罗·泰勒(Paul Tayler)的生物中心主义为代表;还有一种更为激进的道德立场,被称为生态中心主义或生态整体主义,它主张整个自然界及其所有事物和生态过程都应成为道德关怀的对象,以利奥波德(Aldo Leopold)和深层生态学为代表。这些不同的思想主张贯穿在一起,可以明显地看出道德关怀范围由小变大的过程。

动物解放论者从功利主义伦理思想中找到理论依据,从而证明了动物拥有道德地位,人对动物负有直接的道德义务。按照功利主义伦理学的理解,快乐是一种内在的善,痛苦是一种内在的恶;凡带来快乐的就是道德的,凡带来痛苦的就是不道德的。因此,道德关怀的必要条件便是对苦乐的感受能力(sentience),这就为把动物的快乐和痛苦引入道德考虑的范畴提供了可能。辛格明确指出:"如果一个存在物能够感受苦乐,那么拒绝关心它的苦乐就没有道德上的合理性。"①由于动物的感受能力和心理能力有差异,同样的行为,给感觉和心理能力不同的动物所带来的功利是各不相同的,并且感觉和心理能力的差异具有道德意义,我们在实际的处置上仍然可以区别地对待它们。

依照同样的思路,动物权利论则依据道义论传统论证了人和动物都拥有"天赋价值",从而证明人所拥有的权利动物也同样拥有。动物自身拥有的这种价值赋予了它们相应的道德权利,即不遭受不应遭受痛苦的权利。这种权利决定了我们应以一种尊重它们身上的天赋价值的方式来对待它们。因此,动物权利论者主张废除科学研究中的动物实验;取消商业性的动物饲养业;禁止商业性和娱乐性的狩猎行为。②

动物解放论和动物权利论突破了人类中心论的局限,把道德关怀的视野从人类扩展到人类之外的动物,这是道德的进步。但它们只关心动物个体的福利,却忽视了广大的物种乃至整个生态系统的福利,尤其是当一般动物个体与濒危物种个体的利益发生冲突时,动物解放论和动物权利论就显得苍白无力。由于道德扩展的不彻底性,一些学者试图突破它们的局限。

最早要求给予所有生命道德关怀的学者是著名人道主义思想家阿尔贝特·史怀泽。他在自己的工作和生活中深切感受到了人对其他生命的责任和义务,并明确提出了"敬畏生命"的伦理思想,即善是保持生命、促进生命,使可发展的生命实现其最高价值;恶则是毁灭生命、伤害生命,压制生命的发展。这是必然的、普遍的、绝对的伦理原则。这种伦理思想被美国伦理学家保罗·泰勒发展成为"尊重自然"(respect for nature)的伦理学。"尊重自然"的伦理体系包括三个紧密联系的部分:尊重自然的态度、生物中心主义自然观和环境伦理的基本规范。这一学说要求对所有生命给予必要的尊重和道德权利。

生物中心主义把生命本身当作道德关怀的对象,避免了传统道德理论中的等级观念,为所有生命平等的道德地位提供了一种说明,从而实现了对西方主流伦理学的超越。但是,生物中心主义所关心的仍然是个体,它本质上也是一种个体主义的伦理学。与此相反,生态中心主义认为,一种恰当的环境伦理学必须从道德上关心无生命的生态系统、自然过程以及其自然存在物。环境伦理学必须是整体主义的,即它不仅要承认存在于自然客体之间的关系,

---

① 辛格.所有动物都是平等的[J].哲学译丛,1994(5):25-32.
② 汤姆·雷根.动物权利研究[M].李曦,译.北京:北京大学出版社,2010:330-334.

而且要把物种和生态系统这类生态"整体"视为直接的道德对象。因此,与动物解放论、动物权利论以及生物中心主义相比,生态中心主义更加关注生态共同体而非有机个体;它是一种整体主义的而非个体主义的伦理学。

这种整体论环境伦理思想最早出现在利奥波德的"大地伦理"中。他的工作经历很好地诠释了他的理论。面对当时僵硬的经济学态度带来的一系列严重的生态与伦理问题,他打算把生态学中的"群落"(community)扩展成"大地共同体",并以此建立人与共同体的其他部分以及整个大自然之间的新型伦理关系。其伦理思想主要表现在:①大地伦理扩大共同体的边界;②大地伦理改变人在自然中的地位;③大地伦理需要确立新的伦理价值尺度;④大地伦理需要有新的道德原则。最终,利奥波德给出了根本性的道德原则:"一件事情,当有助于保护生命共同体的和谐、稳定和美丽时,它就是正确的;反之,就是错误的。"①在他看来,和谐、稳定和美丽是大地共同体不可分割的三个要素。

利奥波德的思想为深层生态主义者所继承。他们沿着利奥波德开辟的道路,把"大地伦理"中的生态整体主义思想扩展到政治、经济、社会和日常生活的领域,使它变成了一种内涵更加丰富的意识形态和行动指南,从而在西方掀起了一场意义深刻的深层生态运动。

深层生态学认为生态系统中的一切事物都是相互联系、相互作用的,人类只是系统中的一部分,人类的生存与其他部分的存在状况紧密相连,生态系统的完整性决定了整个人类的生活质量,因此,任何人无权破坏生态系统的完整性。在此基础上,它提出了建构生态社会的设想和与此相关的一系列政治经济主张,并试图通过自己的行动纲领来实现这些主张。②

这些不同的环境伦理思想,反映出人们理解人与自然关系不同的道德境界,为工程技术人员在处理各不相同的环境问题时提供了理论上的支持。

4.1.3 工程环境伦理的核心问题:自然的价值与权利

工程环境伦理的核心问题是自然的价值与权利问题。承认自然界的内在价值既是一个理论问题,又是一个在工程活动中需要面对的问题。传统哲学很少涉及这个问题,这是因为人们一直把自然界看成是人类的资源仓库,如果自然界有价值,那是它对我们有用。在这种思想指导下,人类只需依照自己的利益行动,并以自身的利益对待其他事物。这种伦理观念鼓励了一种对自然的不加约束的行为,是造成人对自然界的掠夺、形成环境危机的重要根源。环境伦理的兴起对这种传统观念提出了挑战。随着对自然界认识的日益深刻,人们发现,自然界所呈现出来的价值,远远不是我们想的那样——只具有工具性的价值,而是就像它自身一样,表现出多样性的价值形态。因此,我们需要一种与当代文化紧密结合的关于自然界的伦理学。这种伦理学不只是关心人类这一个物种的福利,而且关心地球上与我们共同生活的千百个物种的福利。要确立这样一种信念,我们就必须对自然界予以重新的审查,用一种基于现代科学的眼光去评价自然界所隐含或显现的各种价值,在自然价值的理念上,建立起人与自然的新型伦理关系。

美国著名环境伦理学家罗尔斯顿(Holmes Rolston Ⅲ)对自然界呈现的各种价值进行

---

① 利奥波德.沙乡年鉴[M].侯文蕙,译.长春:吉林人民出版社,1997:213.
② 雷毅.深层生态学思想研究[M].北京:清华大学出版社,2001.

了细致的阐述，指出了自然界的多种价值，如支撑生命的价值、经济价值、消遣价值、科学价值、审美价值、使基因多样化的价值、历史价值、文化象征的价值、塑造性格的价值、多样性的统一性的价值、稳定性和自发性的价值、生命价值、宗教价值，等等。[①]

所有这些价值通常被概括为两大类：工具价值和内在价值。工具价值是指自然界对人的有用性。内在价值为自然界及其事物自身所固有，与人存在与否无关。内在价值是工具价值的依据，如果我们承认自然事物和自然界拥有内在价值，那么，我们与自然事物就有了道德关系。因此，自然界是否具有客观的内在价值，一直是学界争论的焦点。之所以如此，是与人们采用不同的参照系进行价值判断和评价有关。

价值主观论者以人类理性与文化作为评价自然界价值的出发点，即没有人就无所谓价值，自然界的价值就是自然对人类需要的满足。而价值客观论者则从生物学和生态学的角度来评价自然界的价值，认为自然界的价值不依人的存在或人的评价而存在，是自然与人或其他生物间发生的特殊关系，自然价值就是对生物需要的满足。因而出现了只要对地球生态系统的完善和健康有益的事物就有价值的观点。从人与自然协同进化的观点看，没有人类，就没有人类中心主义的价值理论，也不可能有大规模的自然价值向人类福利的转变。这种主观价值论从价值的认识论角度来说是有道理的，但它忽视价值存在的本体论意义，即自然有不依赖于人的价值而独立存在的内在价值。价值客观论虽然揭示了自然界是价值的载体，强调了自然价值客观存在不依赖评价者的事实，但它忽视了价值与人的关系。从当今的生态实践来看，秉持人与自然协同进化的价值观更为恰当，这种价值观倾向于承认自然界生物个体以及整体自然（生态系统、生物圈）的各种价值。

如果我们承认了自然界具有内在的价值，那么，我们也就理所当然地认可了自然界的权利，因为"'价值'与'权利'这两个概念是有联系的，从对自然界价值的确认，会导致对自然界权利的确认。生命和自然界有权利，因为它具有内在价值，为了实现它的价值，它必须享有一定的权利。"如果自然界的权利所指称的是它与其间各生物物种持续生存的权利，那么，我们就应当承认自然界确实有它的权利；罗尔斯顿指出："生存权，从生物学上讲，是指为了生存适应性配合的权利。适应性配合，需经上千年的维持生存过程。这种思想至少使人们想到，在某一生态位的物种，它们有完善的权利。因此，人类允许物种的存在和进化，才是公正的。"这段话可以看作对自然界的权利的最基本的定义。自然界的权利主要表现在它的生存方面，即它自身拥有按照生态规律持续生存下去的权利。这也就是为什么环境伦理学要把承认自然界的价值作为出发点，主张把道德权利扩大到自然界其他事物的原因，他们要求赋予自然事物在自然状态中持续存在的权利。

R4-1 经济半小时：关注怒江水电开发——怒江建坝之争

R4-2 河流健康生命初探

---

① HOLMES R，Ⅲ. Environmental ethics: duties to and values in the natural world. Philadelphia: Temple University Press，1987：3-26.

一条河流的内在价值可以通过它的连续性、完整性以及它的生态功能(如过滤、屏蔽、通道、源汇和生物栖息等功能)展现出来;通过它与地球生态系统的物质循环、能量转化和信息传输发生作用,维持着对于地球水圈的循环和平衡。河流作为一种既是由水流及水生动植物、微生物和环境因素相互作用构成的自然生态系统,又是一个由河流源头、湿地、通河湖泊,以及众多不同级别的支流和干流,组成流动的水网、水系或河系构成的完整统一有机整体,同时它还是由水道系统和流域系统组成的开放系统。系统内部和河流与流域之间存在着大量的物质和能量交换,其中所有因素对河流健康的维持发挥着作用。① 因此,河流的权利主要表现为河流生存和健康的权利,而完整性、连续性和维持这些特性的基本水量是河流生存的保证。河流的生存权利要求我们在利用河流资源时,充分考虑河流的上述权利,不夺取河流生存的基本水量,不人为分割水域,一切行动均需按照河流的生态规律。河流健康生命通常是指河流生态系统的整体性未受到损害,系统处于正常的和基准的状态。河流健康状况的评价可以由河道过流能力、水质、河口湿地健康程度、生物多样性和对两岸供水的满足程度等指标来确定。河流健康生命不仅要求基本水量,还要求有清洁的水质、稳定的河道、健康的流域生态系统等。维持河流健康"生命"的权利就是要维护河流的自我维持能力、相对稳定性和自然生态系统及人类基本需求。

赋予河流基本的权利也就规定了我们对河流的责任与义务,这意味着河流不再仅仅只是供我们开发利用的资源,而需要我们给予河流必要的尊重。

4.2 现代工程中的环境伦理

人类的工程活动就是干预自然,改变环境,因此,任何工程都必须对环境负有责任。我国正处在经济建设的大发展中,一方面,要通过工程建设发展经济;另一方面,要持续发展,实现人与自然的和谐相处。发展经济与环境保护并重,就必然对工程与环境的关系提出新的更高要求,这就决定了工程活动必然涉及环境伦理问题。

4.2.1 现代工程的环境影响

任何工程活动都要改变环境,矿产资源开采、修建道路、堤坝、城市建设、工程建筑等,都是在自然环境中进行的,无论是好还是坏,都会使自然环境变化。尽管工程活动是以相关的科学知识和技术原理为基础,但它只要以人的目标作为最终依据,就必然会使原环境发生改变。事实也表明,所有工程活动在实现人的目标的同时或多或少改变自然环境,甚至会出现因环境损害导致工程失败的情形。

工程建设会引起一系列的环境问题,这在现代社会已经成为不争的事实。在大搞工程建设的今天,工程建设中的环境保护问题显得越来越突出和重要,主要在于工程过程中自然环境会受到不同程度的破坏,直接影响到人们的生活和生命安全,必须要在工程建设和环境保护之间找到平衡点,努力使两者的关系协调起来。

---

① 董哲仁,孙东亚,等.生态水利工程原理与技术[M].北京:中国水利水电出版社,2007:86.

过去,工程建设的决策管理者们通常会把经济利益放在首位,只要技术上可行,就有内在的驱动力。追求工程的优质只考虑经济利益,忽视工程与生态环境之间的关系成为常态,正是这种以牺牲生态环境为代价换取暂时的眼前利益的行为,使生态环境日益恶化。实际上,经济发展离不开良好的生态环境,恶劣的生态环境会使经济难以发展,或即使经济发展了,也难以为继。因此,只看眼前利益而无长远考虑的工程,只能为社会的发展埋下隐患。

工程建设对环境产生直接或间接影响,包括占用土地资源、水土流失、生态失衡、气候异常,以及废气、废水、固体废弃物和噪声、尘埃等。最常见的有以下几类:①消耗大量的能源和天然资源;②产生各种建筑垃圾、废弃物、化学品或危险品污染环境;③工地产生的污水造成水污染;④噪声和振动的影响;⑤排出有害气体或粉尘污染空气,威胁人们的健康;等等。

我们可以通过一个失败的大型工程案例,来看看工程与环境是一种怎样的关系。

里海(Caspian Sea)是世界上最大的咸水湖,位于亚欧大陆腹部的荒漠和半荒漠环境之中,气候干旱,蒸发非常强烈。据统计,里海每年的进水总量为 $338.2 km^3$,而每年的耗水量则为 $361.3 m^3$,进少出多,使得湖水水面逐步下降。如 1930 年湖的面积为 42.2 万 km^2,到 1970 年已经缩小到 37.1 万 km^2 了。因为水分大量蒸发,盐分逐年积累,湖水也越来越咸。里海的卡拉博加兹戈尔湾,面积 1.8 万 km^2,强烈的蒸发致使海湾与里海的水面出现 4m 的落差,里海水以每秒 $200\sim300 m^3$ 的水量流入卡拉博加兹戈尔湾。里海生物资源丰富,既有鲟鱼、鲑鱼、银汗鱼等各种鱼类繁衍,也有海豹等海兽栖息。里海含盐量高,盛产食盐和芒硝。卡拉博加兹戈尔湾是大型芒硝产地。里海地区航运业较发达。

由于卡拉博加兹戈尔湾环抱在干旱的沙漠中,客观上形成了一个巨大的蒸发器。1977 年,根据科学家的建议,苏联部长会议通过决议,修建一个堤坝,将卡拉博加兹戈尔湾与里海分割开,以求封闭海湾这个巨大的天然"蒸发器",减缓里海水面下降。1980 年 3 月,里海和卡拉博加兹戈尔湾的水道成功堵死,分割海湾的筑堤工程即告完成。

然而,分割后的海湾环境发生了出乎意料的变化。原先由于海湾的蒸发作用,湾内积存了 480 亿 t 的盐类。1929 年起采用提取盐溶液的工艺开采芒硝,1955—1985 年间共提取盐溶液 2.6 亿 m^3。硫酸钠采量一度占全苏总产量的 40%,海湾干涸后,被迫停产。往日每年从里海随水流入海湾的盐分高达 1.3 亿 t,由于卡拉博加兹戈尔湾的封闭,使里海失去了一个消盐的"淡化器",由此增加了一个盐风暴污染源。一方面,卡拉博加兹戈尔湾因无水补给而在 1984 年完全干涸;另一方面,卡拉博加兹戈尔湾与里海的分割造成了里海水位的上升,湖水淹没了大片的农田、工业设施、油井、交通干线和居民区。最后,政府又不得不重新将分割卡拉博加兹戈尔湾的人工堤坝打开,以恢复分割工程前的本来自然面貌。[①]

一项造福人类的工程为何得到了相反的效果? 工程的目标是把天然河水引入干渠和农田,以促进农业经济发展,从原初设定的技术目标上看这一目的已经达到,表明引水工程是成功的。问题是任何一项工程都必须要受到自然条件的约束,如何将工程与自然条件相协调,就要求决策者充分考虑单一目标与复杂生态系统之间的多维关联。按照通行的做法,对于任何一项重大工程的决策,都需要以充分的科学论证做基础,而苏联学术界在 20 世纪 70

---

① 田裕钊,刘恕. 他山之石: 百年之后话真知——从 3 个工程案例,看人类改造自然的"愿和果"[J]. 科技导报, 1999(1): 36-39.

年代也有过激烈的争论，但决策者并未考虑到阿姆河和锡尔河三角洲的生态，也未考虑到里海调节大陆气候的作用，更未考虑到里海湖内生物群落的丧失和荒漠化进程的加剧，而是一味地追求近期经济效益，忽视生态效益的结果必然会使所期望的结果走向反面。

改造里海的失败是我们在没有全面深刻理解自然规律时就贸然行动的生动案例，这仅仅只是一个缩影，类似的经验教训仍不断在世界范围上演。只不过在大多数情况下，一些水利工程所表现出来的负面效果需要经过较长时期的积累才能显现。从埃及的阿斯旺水坝到我国的三门峡水库，从美国科罗拉多河到我国黄河的长年断流，在人口与经济增长的压力之下，这类工程仍会进行下去。然而，无论怎么做我们都应该牢记"不以伟大的自然规律为依据的人类计划，只会带来灾难"以及"我们不要过分陶醉于对自然界的胜利，对于每一次这样的胜利，自然界都报复了我们"这样的警世醒言。

单从技术的层面上看，苏联对里海"外科手术"式的改造不可谓不成功，但从更宽泛的视野上看，它在生态上是失败的，因为它遵循了技术规则却违反了生态法则。自然界的运行有自身的规律，人类的活动首先应该遵循自然规律，然后才是在遵循自然规律基础上改变自然。然而，建立这种观念不易，运用这种观念指导行动则更难。我们不能忽视这一点：我们对自然的理解是不深入和不完整的，对于大时空跨度的自然变迁，我们并没有进行系统的分析研究；同样，我们对过去的经验教训还缺乏足够的认识，尤其是还不能做到把我们所从事的工程放到自然生态系统的各种复杂关系中加以考察，对由量变到质变过程的把握还相当肤浅。所有这些问题只要其中某个环节考虑不周都有可能产生相反的结果。

现代工程活动需要依靠科学，但不能只依靠科学，因为科学在处理问题时有初始条件和边界条件，超越了它就必然出现错误，各类工程皆同一理。重要的是要认识到科学不能解决我们面临的所有问题，而引导着科学如何使用的观念却发挥着先导性的作用。"庖丁解牛"的故事也旨在说明我们要用系统的、整体的眼光去看待自然环境。

4.2.2 现代工程的环境道德要求

工程建设与环境保护，是人类生存相互依赖的两个方面。任何工程活动都是不断与环境进行物质、能量和信息交换的过程，只要是工程建设就需要环境支撑，工程建设所需要的一切物质资源都需要从环境中索取，离开了环境空间，工程建设将无立锥之地。另一方面，没有不影响环境的工程，只是这种影响可能为正，也可以为负。一旦环境被严重损害，那么被掠夺的环境反过来又可能对工程系统的发展造成直接或间接损害。在这种意义上，没有保护环境，工程建设就失去了其赖以生存的基础和物质来源。因此，工程建设与环境保护是密不可分的。

以公路建设为例，公路工程建设是国民经济发展和社会进步的内在要求，也将对一个地区的政治、经济、文化等发展起着重要的促进作用。公路的修建势必消耗资源、改变地形地貌和原有的自然景观，建设和运营过程还可能产生各种污染，并且这种影响是长期的，如会因选线不当造成对沿线生态环境的破坏；会因工程防护不当造成水土流失、坡面侵蚀与泥沙沉淀；会因公路带状延伸破坏路域的自然风貌；会因施工过程造成环境污染；会因营运车辆及行人对公路及周边造成污染，等等。如何在必需的工程活动中缓解经济与环境冲突，就需要在工程决策规划、施工管理等环节加入环境道德评价。如在填土方或开挖土方时尽量避开雨季,雨季来临前将开挖土方回填;施工过程中取土时采取平行作业,边开挖、边平整,取土完毕后要及时还耕,及时进行景观再造;在雨水充沛的地区,要及时设置排水设施,避免边坡产生崩塌、滑坡等现象;在雨水地面径流处开挖路基时,要及时设置临时土沉淀池拦截混砂,待路基建成后,及时将土沉淀池推平,进行绿化或还耕;对路堤边坡及时进行植草绿化,以及施工路段与住宅区保持距离;施工便道定时洒水降尘,运输粉状材料要加以遮盖等。

现代工程活动对规划和建设项目实施后可能造成的环境影响有专门的环境影响评价环节,能够对工程活动进行分析、预测和评估,提出预防或者减轻不良环境影响的对策和措施。例如,德国工程师协会有专门的手册,内容包括技术和经济的效率、公众福利、安全、健康、环境质量、个人发展,以及生活质量等方面;我国 2006 年颁布的申请"注册环保工程师"的执行办法也规定了相关考核认定的条件,内容涉及工程活动中的水污染防治、大气污染防治、固体废物处理处置和物理污染防治等方面,然而,这些要求基本上是技术性的。

工程作为"设计"活动,直接影响着人类的生存状况和自然环境。工程活动负载着人类价值,这就使工程活动本身具有了道德上的善恶之分。好的工程可以造福人类,实现天人和谐,坏的工程则会损害人和环境长远利益。一切工程活动,说到底就是为了提升人的生活质量,人的生活质量需要多方面内容来充实。物质需要虽然基本,但不是最终的指标,尤其是在达到一般生活水平时,环境指标可能更为重要。今天中国各大城市面临严重的大气污染与我们的工程活动有直接的关系,因此需要对工程活动的各个环节进行必要的伦理审视,同时,在工程活动中加入环境伦理的内容就十分必要。

事实上,一个好的工程完全可以实现工程建设与环境保护的良性循环。关键是要在工程建设过程中体现出环境伦理意识,以良好的环境伦理意识来促进工程建设可持续发展。工程建设中需要树立环境伦理意识,既重视自然的内在价值并尽力维护它,又要充分认识到它的工具价值,要充分开发它,利用它,这就要求我们在工程建设中把自然的需求和人类的需要结合起来综合考虑,审慎开发利用我们的自然环境,在遵循生态规律的基础上实现人自身的目的。

4.2.3 现代工程的环境价值观

地球上的所有生物都有改变环境并使自己与环境相适应的能力,但人以外的生物改变环境的能力十分有限,自然生态系统完全可以在阈值的范围内调节控制,因而不会对自然环境造成危害。然而,人类的工程行为却是一种纯粹的"造物"活动,这种"造物"活动常常会超过自然的阈值从而造成不可逆的环境损害。

历史上,我们曾经有"征服自然""人定胜天"的观念,在"敢叫高山低头""敢叫河水让路"的口号下大搞改造自然的工程,结果造成了严重的生态环境问题。事实证明,认为人类在总体上已经征服了自然的观点是极端幼稚和可笑的。英国哲学家培根说过,"要征服自然,首先要服从自然",所谓"服从"即是认识和理解,认识自然,掌握自然规律并不等于就可以征服自然。现在是到了抛弃"征服"观念的时候了,彻底检讨我们的傲慢和无知,学会理解和尊重,用"协同""尊重"代替"征服""改造",实现我们工程观念的根本转变。

工程理念是工程活动的出发点和归宿,是工程活动的灵魂。历史上像都江堰、郑国渠、灵渠等许多工程在正确的工程理念指导下而名垂青史；但也有不少工程由于工程理念的落后殃及后人。生态文明和和谐社会需要新的工程观，这种工程观既要体现以人为本，又要兼顾人与自然、人与社会协调发展。工程活动的最高境界应该是实现并促进人与自然的协同发展。因为人类社会的发展和自然界本身的发展是两个不同的系统，又是两个相互影响的系统，这两个系统之间应保持协调与和谐。人与自然协同发展的环境价值观要求在人类活动与自然活动之间，在技术圈与生物圈之间，在发展经济与保护环境之间，在社会进步与生态优化之间保持协调，不以一个方面去损坏另一个方面。人类在追求健康而富有成果的生活的同时，不应凭借手中的技术和投资，采取以耗竭资源、破坏生态、污染环境的方式求得发展，只把从自然界获取物质财富作为至上的道德价值目标。它倡导的是把生态效益、社会效益、经济效益的统一作为至上的道德价值目标。传统的见物不见人、单纯追求经济增长的发展模式已不适应当今尤其是未来发展的需要。从这种道德标准和价值要求出发，所有决策只能合理地利用自然资源，保护自然资源和生态平衡，决不能把自然当作"奴隶""被征服者"，否则，便是不道德的行为。如果不把合理使用资源、保护环境等内容包括在决策目标之内，任何经济增长都不会持续，生态恶化将最终制约经济的增长。

好的工程会把自然的规律性和人的目的性有机结合起来。因此工程活动的评价需要建立一个双标尺价值评价体系，即既有利于人类，又有利于自然。有利于人类的尺度是指在人与自然的关系中自然界满足人类合理性要求，实现人类价值和正当权益。有利于自然的尺度是指，人类的活动能够有助于自然环境的稳定、完整和美。作为社会经济活动的一部分，任何工程最终目的都是为了获得最大收益，这种追求价值最大化的方式往往会造成当地环境的恶化，大型工程对环境的影响范围尤其广泛，一旦造成危害将会对当地造成难以弥补的损失。要改变这一现状，实现人与自然协同发展，就需要在工程活动中彻底改变传统的价值观念，走绿色工程的道路。

绿色工程环境价值观强调了人与自然的和谐相处，力图把经济效益和环境保护结合起来，用兼顾环境、社会和经济等方面的多价值标准来评价工程，实现各种利益最大程度的协调，统筹兼顾，达到各方利益最大化。它要求在工程的规划设计阶段就考虑工程对人和环境的关系，并将这种理念贯彻到工程的所有阶段，谋求在工程质量、成本、工期、安全、环境等方面实现多赢。因此，这种价值观更强调工程的绿色管理。

在工程活动中突出环境价值观，不是把自然的利益放在人类利益之上，而是原则上要求同等考虑人类的利益与自然的利益；目的是遵循自然规律，促进人与自然、人与社会的和谐相处。由于工程活动本身就是由人所主导，对经济和社会效益考虑得细致，而生态环境常常作为次要的方面考虑，新环境价值观更加重视对环境的保护，能够防止施工过程中为了单纯的经济效益而出现大规模破坏环境、改变地貌特征等行为的发生，同时它也把节约、效率、安全的理念贯穿于工程的始终，保证工程能把经济效益、社会效益与环境效益结合起来。

总之，工程活动是对环境造成最直接影响的人类行为之一，这种影响常常是伤害性的和不可逆的，最终既损害了自然本身，也损害了人类自己。因此，现代工程建设中所产生的环境问题必须从纯粹技术的层面上升到伦理和法律的层面，通过环境伦理学和环境法学的视野，来给我们的工程活动制定相关的原则，让工程活动从思想源头上减少对自然环境的破坏，从而真正实现工程造福人类和人与自然协同发展的目标。

4.2.4 现代工程的环境伦理原则

工程中的环境伦理不仅考虑人的利益,还要考虑自然环境的利益,更要把两者的利益放到系统整体中来考虑。通常,工程活动中,人的利益是工程的首要目标,自然作为资源和场所常常被排斥在利益考虑之外,被考虑也只是因为它看起来会影响或危及人自身。现代工程的价值观要求人与自然利益双赢,即使在冲突的情况下也需要平衡,这就需要我们把自然利益的考虑提升到合理的位置。

依据双标尺评价系统的要求,我们在干预自然的工程活动中对环境就拥有了相关的道德义务。这些道德义务通过原则性的规定成为我们行动中必须遵循的规则和评价我们行为正当与否的标准。在此,我们提出以下原则作为行动的准则和评价标准。

现代工程活动中的环境伦理原则主要由尊重原则、整体性原则、不损害原则和补偿原则四部分构成。

(1) 尊重原则:一种行为是否正确,取决于它是否体现了尊重自然这一根本性的道德态度。

人对自然环境的尊重态度取决于我们如何理解自然环境及其与人的关系。尊重原则体现了我们对自然环境的道德态度,因而成为我们行动的首要原则。

(2) 整体性原则:一种行为是否正确,取决于它是否遵从了环境利益与人类利益相协调,而非仅仅依据人的意愿和需要这一立场。

这一原则旨在说明,人与环境是一个相互依赖的整体。它要求人类在确定自然资源的开发利用时必须充分考虑自然环境的整体状况,尤其是生态利益。任何在工程活动过程中只考虑人的利益的行为都是错误的。

环境伦理把促进自然生态系统的完整、健康与和谐视为最高意义的善。它是对尊重原则运用后果的评价。良好的愿望和行动过程的合理性并不必然地导致善的结果,仅凭动机和行动程序的合理性还不能评价行为的正当与否,必须引入后果和后效评价,只有从动机到程序和后果的全面评价才能表现出更大的合理性,而后果的评价更为重要。

(3) 不损害原则:一种行为,如果以严重损害自然环境的健康为代价,那么它就是错误的。

不损害原则隐含着这样一种义务:不伤害自然环境中一切拥有自身善的事物。如果自然拥有内在价值,它就拥有自身的善,它就有利益诉求,这种利益诉求要求人们在工程活动中不应严重损害自然的正常功能。这里的"严重损害"是指对自然环境造成的不可逆转或不可修复的损害。不损害原则充分考虑到了正常的工程活动对自然生态造成的影响,但这种影响应当是可以弥补和修复的。

(4) 补偿原则:一种行为,当它对自然环境造成了损害,那么责任人必须作出必要的补偿,以恢复自然环境的健康状态。

这一原则要求人们履行这样一种义务:当自然生态系统受到损害的时候,责任人必须重新恢复自然生态平衡。所有的补偿性义务都有一个共同的特征:如果他的做法打破了自己与环境之间正常的平衡,那么,就须为自己的错误行为负责,并承担由此带来的补偿义务。

这里,我们需要考虑自然环境受到损害的两种不同情形。第一种情形是:损害环境的行为不仅违反环境伦理的上述原则,而且违反了人际伦理的基本原则。如工程造成的污染,不仅违反了环境伦理也违反了人际伦理的公正原则。其行为显然是错误的。第二种情形是:破坏环境的行为虽然违反了环境伦理,但却是一个有效的人际伦理规则所要求的,如修建一条铁路需要穿越高山或森林(如青藏铁路),这时自然的利益和人类的利益存在着冲突,在这种情况下,道德的天平应向何处倾斜?这就需要我们对原则运用有一个先后的排序。

当人类的利益与自然的利益发生冲突时,我们可以依据一组评价标准对何种原则具有优先性进行排序,并通过运用排序后的原则秩序来判断我们行为的正当性。这一组评价标准由更基本的两条原则组成。

(1) 整体利益高于局部利益原则:人类一切活动都应服从自然生态系统的根本需要。

(2) 需要性原则:在权衡人与自然利益的优先秩序上应遵循生存需要高于基本需要、基本需要高于非基本需要的原则。

当自然的整体利益与人类的局部利益发生冲突时,可以依据原则(1)来解决;当自然的局部利益与人类的局部利益,或自然的整体利益与人类的整体利益发生冲突时则需要依据原则(2)来解决。例如,当自然的生存需要(河流的生态用水)与人的基本需要(灌溉用水)发生冲突时,以前者优先。只有在一种相当罕见的极端情况下,即人类与自然环境同时面临生存需要且无任何其他选择时,人的利益才具有优先性(如河流生态用水与人饮用水的冲突)。

人与自然环境的利益冲突在人际伦理中是不存在的,因为它不考虑自然自身的利益。冲突的情况只有在引入了环境伦理以后才会出现,这表明我们在解决人与自然关系问题上引入了伦理的维度,这是处理人与自然关系上的进步。严格地讲,只要具有了尊重自然的基本态度,并按照上述原则行动,冲突的情况就很难出现,而罕见的极端情况会在出现以前就得到化解。

4.3 工程师的环境伦理

工程师是现代工程活动的重要主体,他们需要直接与工程打交道,这种特殊的职业特点,就决定了他们在环境保护中需要承担更多的伦理责任。

4.3.1 工程共同体的环境伦理责任

工程是一种复杂的社会实践活动,涉及技术、经济、社会、政治、文化等诸多方面。尤其是现代工程,是工程共同体的群体行为,其中的每个组成部分应该承担环境伦理责任。

工程是由工程共同体组织、实施的,工程共同体是工程活动的主体,因此,工程的环境影响与工程共同体关系密切,要保证工程活动不损害环境,甚至有利于环境保护,就必须针对工程共同体在工程活动过程中的地位和角色,厘清工程共同体、工程与环境之间的关系,赋予工程共同体以相应的环境伦理责任。①

工程共同体的环境伦理主要指工程过程应切实考虑自然生态及社会对其生产活动的承受性,应考虑其行为是否会造成公害,是否会导致环境污染,是否浪费了自然资源,要求企业公正地对待自然,限制企业对自然资源的过度开发,最大限度地保持自然界的生态平衡。在这方面,国际性组织环境责任经济联盟(CERES)为企业制定了一套改善环境治理工作的标准,作为工程共同体的行动指南,它涉及对环境影响的各个方面:如保护物种生存环境,对自然资源进行可持续性利用,减少制造垃圾和能源使用,恢复被破坏的环境等。承诺该原则意味着共同体将持续为改善环境而努力,并且为其全部经济活动对环境造成的影响担负责任。

工程共同体通常是由项目投资人、设计者、工程师和工人构成,尽管每个成员担负的环境伦理责任是不一样的,但在工程活动中前三者的作用远大于后者,他们对工程的环境影响应该负有主要责任。

工程决策是避免和减少生态破坏的根本性环节。假设有两个项目可供选择,一个项目有环境污染问题,短期投资少,长期看会造成不良的生态效果;另一个项目则有绿色环保效益,短期投资较大,长期具有环保作用。如果两个项目都有一定盈利,项目投资者大多会从经济价值、企业目的、实用可行的角度选择前一个项目,而按照环境伦理的要求则应该选取后一个项目。这表明环境伦理观念在当今社会经济发展和工程决策中的重要性。因此,使环境伦理成为决策过程中不可缺少的意识或环节,使环境伦理所倡导的人与环境协同的绿色决策理念真正纳入政策、规划和管理各级,就变得重要而紧迫了。只有通过制定有效的法律条例和综合的环境经济评价制度,才能使绿色决策成为主流。

工程设计是工程活动的起始阶段,在工程活动中起到举足轻重的作用,它决定着工程可能产生的各种影响,工程实践中的许多伦理问题,都是从设计中埋设下的。近年来,由于工程特别是大型工程对于环境影响的增大,更由于可持续发展和环境保护已经成为世界各国关心的话题,工程设计中的环境伦理问题也日益突出。

通常,设计者会遵循一般的原则如功能满足原则、质量保障原则、工艺优良原则、经济合理原则和社会使用原则等,然而所有这些都是围绕着产品自身属性来考虑的,而产品的环境属性,如资源的利用、对环境和人的影响、可拆卸性、可回收性、可重复利用性等,常常较少被涉及。传统的设计活动关注的是产品的生命周期(设计、制造、运输、销售、使用或消费、废弃处理),今天的设计更强调环境标准,如"绿色设计"是要求环境目标需与产品功能、使用寿命、经济性和质量并行考虑,同时,"我们不仅有消极的责任把健康和良好的生活环境留给后代,而且也更有积极的责任和义务避免致命的毒害、损耗和环境破坏,而为人类的将来生存创造一种有价值的人类生活环境"。②

由此不难看出,今天的工程设计已经开始突破人类中心主义观念,它要求设计者能够认识到人与自然的依存关系,人可以能动地改变自然,但仍是自然界的一部分,人类通过工程来展示技术力量的同时,更应该展示出人类的智慧和道德精神,在变革自然的过程中尊重自然,使之与人类和谐共处。

---

① 肖显静.论工程共同体的环境伦理责任[J].伦理学研究,2009(6):65-70.
② 张恒力,胡新和.论工程设计的环境伦理进路[J].自然辩证法研究,2010(2):51-55.

4.3.2 工程师的环境伦理责任

工程活动对环境的影响,要求工程技术人员在工程的设计、实施中不仅要对工程本身(桥梁、建筑、汽车、大坝)、对雇主利益、对公众利益,还要对自然的环境负责,使工程技术活动向有利于环境保护的方面发展。对工程师而言,环境伦理尤为重要,因为他们的工作对环境影响很大。"建造一座大坝需要很多专业人员的技能,如会计师、律师和地质学家,但正是工程师实际建造了大坝。正因为如此,工程师对环境负有特殊的责任。"[1]随着工程对自然的干预和破坏能力越来越巨大、后果越来越危险,工程师需要发展一种新的责任意识,即环境伦理责任。

工程师在工程活动中的角色多样而复杂,其身份既可以与投资者、管理者重叠,又可以是纯粹的技术工程人员,即人们通常意义上的工程师。作为一种特殊的职业,工程师通过专门知识和技能为社会服务,但另一方面,工程师又是改善环境或损害环境的直接责任人,在那些对环境产生正面的或负面的效果影响的项目或活动中,他们是决定性的因素,譬如建设的化工厂污染环境,建设的水坝改造了河流或淹没了农田,建设的煤矿破坏了自然生态等。在这种意义上,工程师仅有职业道德是不够的,还应该承担环境问题的道德和法律责任。

传统的工程师伦理认为,工程师的职业性质决定了忠诚于雇主是工程师的首要义务,做好本职工作是评价他是否合格的基本条件。这种评价机制侧重于工程领域内部事务,而忽视了工程师与公众、工程与环境的关系。环境伦理责任作为崭新的责任形式,要求工程师突破传统伦理的局限,对环境有一个全面而长远的认识,并承担环境伦理责任,维护生态健康发展,保护好环境。因此今天对工程师的评价标准,不是工程师是否把工作做好了,而是是否做了一个好的工作,即既通过工程促进了经济的发展,又避免了环境遭到破坏。

因此,工程师的环境伦理责任包含了维护人类健康,使人免受环境污染和生态破坏带来的痛苦和不便;维护自然生态环境不遭破坏,避免其他物种承受其破坏带来的影响。鉴于这种责任,如果认识到他们的工作正在或可能对环境产生影响,工程师有权拒绝参与这一工作,或中止他们正在进行的工作。因为从伦理的角度来看,工程师担负的责任与其所拥有的权利和义务是相等的。工程师的环境伦理责任不只是赋予工程师责任和义务,还同时赋予他相应的权利,使得他能在必要时及时中止他的责任和义务。

然而,工程师如何才能中止他的责任?何时中止他的责任?如何在工程的目标与环境损坏之间求得平衡?在面临潜在的环境问题时,在何种情况下工程师应当替客户保密?所有这些问题都是摆在工程师面前的现实问题。尽管每个工程项目都有自己的特定的目标和实施环境,在面对类似的上述问题时的情境各不相同,但工程师在处理这类棘手问题时仅凭直觉和"良心"还不够,还需要学会运用环境伦理的原则和规范来处理问题,在无明确规范的情况下,可以运用相关法律法规来解决。

---

[1] 维西林德,冈恩.工程、伦理与环境[M].吴晓东,翁端,译.北京:清华大学出版社,2003:4.

4.3.3 工程师的环境伦理规范

尽管环境伦理学从哲学的层面为工程师负有环境伦理责任提供了理论基础,但这并不能保证他们在工程实践过程中采取相应的行为保护环境。因为工程师在工程实践活动中的多重角色,使其对任何一个角色都负有伦理责任,如对职业的责任、对雇主的责任、对顾客的责任、对同事的责任、对环境和社会的责任等,当这些责任彼此冲突时,工程师常常会陷入伦理困境之中,因而需要相应的制度和规范来解决此类困境。

工程师的环境伦理规范就是针对工程师在面临环境责任时可以使用的行动指南。因此,工程师环境伦理规范对于现代工程活动意义重大。它不仅能为工程师在解决工程与环境的利益冲突方面提供帮助和支持,而且还可以帮助工程师处理好对雇主的责任以及对整个社会的责任之间的冲突。当一个工程面临着潜在的环境风险时,或者工程的技术指标已达到相关标准,而实际面临尚不完全清楚的环境风险时,工程师可以主动明示风险。

目前,工程师的环境伦理规范已受到广泛的重视。世界工程组织联盟(World Federation of Engineering Organizations,WFEO)就明确提出了《工程师的环境伦理规范》,工程师的环境责任表现为:

(1) 尽你最大的能力、勇气、热情和奉献精神,取得出众的技术成就,从而有助于增进人类健康和提供舒适的环境(不论在户外还是户内)。

(2) 努力使用尽可能少的原材料与能源,并只产生最少的废物和任何其他污染,来达到你的工作目标。

(3) 特别要讨论你的方案和行动所产生的后果——不论是直接的或间接的、短期的或长期的——对人们健康、社会公平和当地价值系统产生的影响。

(4) 充分研究可能受到影响的环境,评价所有的生态系统(包括都市和自然的)可能受到的静态的、动态的和审美上的影响以及对相关的社会经济系统的影响,并选出有利于环境和可持续发展的最佳方案。

(5) 增进对需要恢复环境的行动的透彻理解,如有可能,改善可能遭到干扰的环境,并将它们写入你的方案中。

(6) 拒绝任何牵涉不公平地破坏居住环境和自然的委托,并通过协商取得最佳的可能的社会与政治解决办法。

(7) 意识到:生态系统的相互依赖性、物种多样性的保持、资源的恢复及其彼此间的和谐协调形成了我们持续生存的基础,这一基础的各个部分都有可持续性的阈值,那是不容许超越的。[1]

美国土木工程师协会(ASCE)的章程也强调:工程师应把公众的安全、健康和福祉放在首位,并且在履行他们职业责任的过程中努力遵守可持续发展原则。它用四项条款进一步规定了工程师对于环境的责任:[2]

---

[1] 维西林德,冈恩.工程、伦理与环境[M].吴晓东,翁端,译.北京:清华大学出版社,2003:73-74.
[2] 哈里斯,普里查德,雷宾斯.工程伦理:概念与案例[M].3版.丛杭青,沈琪,等译.北京:北京理工大学出版社,2006:165-166.

（1）工程师一旦通过职业判断发现情况危及公众的安全、健康和福祉，或者不符合可持续发展的原则，应告知他们的客户或雇主可能出现的后果。

（2）工程师一旦有根据和理由认为，另一个人或公司违反了准则（1）的内容，应以书面的形式向有关机构报告，并应配合这些机构，提供更多的信息或根据。

（3）工程师应当寻求各种机会积极地服务于城市事务，努力提高社区的安全、健康和福祉，并通过可持续发展的实践保护环境。

（4）工程师应当坚持可持续发展的原则，保护环境，从而提高公众的生活质量。

为了更好地履行环境保护的责任，工程师应该持有恰当的环境伦理观念，以此规范自身的工程实践行为，以达到保护环境的目的。

这些规范不只是某些工程行业的规范，而应该成为所有工程的环境伦理规范，工程师依据它来指导和规范具体的工程实践活动，必然会使工程活动中的环境损害大大降低。

尽管我国目前尚未出台工程师的环境伦理规范，但欧美等工业化国家的行业环境伦理规范可以为我们相关工作提供指南。在工程国际化的情况下，我们迫切需要一部较完善的环境伦理规范，这一规范不是划定工程师行动的边界，而是强调工程师环境保护的责任意识，同时在一定程度上为工程师的合理行动提供保护。

总体上看，即使是欧美等国，这些规范距离人与自然协同发展的理念仍有一定距离，但它毕竟要求工程技术活动充分考虑环境问题。随着工程师环境责任意识的增强，最终会促使人们在工程活动中把合自然的规律性与人的目的性目标结合起来，从而带来更多环境友好的工程。

本章概要

本章系统地介绍了工业化时代环境保护的两种不同路线：资源保护主义和自然保护主义。资源保护主义的主张是"科学管理，明智利用"，保护的目的是更好地开发利用。自然保护主义要求超越人类中心主义的资源保护思想。它要保护的不是人在资源中的利益，而是自然本身的利益。这两种思想是造成今天环境伦理学内部人类中心主义与非人类中心主义对峙的直接根源。

环境伦理试图从道德的层面将环境保护确定下来，使之变成工程共同体的责任和义务。在上述两种路线之间形成了各种思想学说，如人类中心主义、动物解放论、动物权利论、生物中心主义、生态整体主义等思想流派，这些思想流派都把自然的价值与权利问题看成是环境伦理的核心问题，都围绕着这些根本性的问题展开思想论述。虽然众说纷纭，但整体上我们仍然能够清晰地看出对自然的道德关怀范围在不断扩展，甚至有人认为，这些不同的环境保护主张，反映出人们理解人与自然关系不同的道德境界。这些思想为工程技术人员在处理各不相同的环境问题时提供了理论上的支持。

现代的工程活动对自然干预程度之大，使得我们必须考虑工程的环境责任。在可持续发展和生态文明成为社会发展观念的主导下，发展经济与环境保护并重已成为社会的共识，这对工程与环境的关系提出了新的更高要求，这就决定了工程活动必然要考虑环境伦理问题。

为此，现代的工程活动首先要从观念上改变征服改造自然的态度，充分地理解自然规律,在尊重自然规律的情况下,通过工程活动实现人与自然的协同发展。这要求我们转变观念,并建立起一个既有利于人类,又有利于自然的工程活动的价值评价体系,走绿色工程的道路。

依据有利于人类和自然的价值评价体系,我们提出了工程活动中工程技术人员需要遵循的环境伦理原则。这组原则主要由尊重原则、整体性原则、不损害原则和补偿原则四部分构成。

(1) 尊重原则:一种行为是否正确,取决于它是否体现了尊重自然这一根本性的道德态度。

(2) 整体性原则:一种行为是否正确,取决于它是否遵从了环境利益与人类利益相协调,而非仅仅依据人的意愿和需要这一立场。

(3) 不损害原则:一种行为,如果以严重损害自然环境的健康为代价,那么它就是错误的。

(4) 补偿原则:一种行为,当它对自然环境造成了损害,那么责任人必须作出必要的补偿,以恢复自然环境的健康状态。

在具体场景中,如果原则运用出现冲突情况,我们可以依据一组评价标准对何种原则具有优先性进行排序,并通过运用排序后的原则秩序来判断我们行为的正当性。这一组评价标准由更基本的两条原则组成。

(1) 整体利益高于局部利益原则:人类一切活动都应服从自然生态系统的根本需要。

(2) 需要性原则:在权衡人与自然利益的优先秩序上应遵循生存需要高于基本需要、基本需要高于非基本需要的原则。

事实上,只要具有了尊重自然的基本态度,并按照上述原则行动,冲突的情况就很难出现,而罕见的极端情况会在出现以前就得到化解。

环境伦理学从理论的层面为工程师负有环境伦理责任提供了理论基础,但这并不能保证他们在工程实践过程中采取相应的行为保护环境。工程师在工程实践活动中的多重角色,使其对任何一个角色都负有伦理责任,如对职业的责任、对雇主的责任、对顾客的责任、对同事的责任、对环境和社会的责任等,当这些责任彼此冲突时,工程师常常会陷入伦理困境之中,因而需要相应的制度和规范来解决此类困境。

参考案例

案例1 紫金矿业有毒废水泄漏事故

一、事件回顾

2010年7月12日,紫金矿业A股和H股突然停牌,消息称与突发环境污染事件有关。随后,福建省上杭县和紫金矿业发布公告:2010年7月3日下午15:50,紫金矿业所属紫金山铜矿湿法厂污水池水位异常下降,池内酸性含铜污水(主要含铜、硫酸根,无有毒物质)出现渗漏,部分通过地下排水排洪涵洞进入汀江,对汀江流域造成污染。公告称,这一事故对上杭县及下游生活用水未产生影响,但下游网箱鱼出现一定数量死亡。据测算,约有9100 m^3 废水进入汀江。

7月13日,紫金矿业表示,"肇事"的铜矿湿法厂已经无限期停产并全面开展整改,同时将依照事故调查结论承担事故责任和经济赔偿。当地政府对网箱鱼按每斤6元全部进行收购,对部分死鱼快速打捞、填埋,进行无害化处理,活鱼放回汀江,并与养殖户签订协议,所需资金由政府先行垫付。若以378万斤计算,就需要2268万元资金。

7月14日晚间,紫金矿业公告称,公司已经接到中国证券监督管理委员会福建监管局《关于对紫金矿业集团股份有限公司进行专项核查的通知》,将对紫金山铜矿湿法厂污水池突发渗漏环保事故信息披露问题进行专项核查。同时,香港联交所也正在向紫金矿业问责。

7月15日,上杭县公安局对紫金山矿业铜矿湿法厂涉嫌重大环境污染事故案立案侦查,检察机关也介入该事故调查。

7月16日晚,福建省通报紫金矿业污染汀江案,给予上杭县县长停职检查处分,县环保局长行政撤职;责令上杭县一名副县长及龙岩市环保局局长辞职,对工业企业的主管部门负责人、县经贸局局长按照环保监管"一岗双责"要求,进行停职检查处理。紫金山铜矿湿法厂厂长林文贤、副厂长刘王勇、厂环保车间主任刘生源已被刑拘。

7月17日,紫金山金铜矿3号应急中转污水池发生渗漏,污水通过排洪洞流到汀江,经采取堵截、调度等措施,当天上午7点基本堵截住污水外排汀江。初步估算,此次渗漏污水约500m³。紫金矿业当天发布的公告称,公司已决定对紫金山金铜矿分管安全环保工作的副矿长和紫金山金铜矿环保安全处处长进行停职检查。

7月19日晚间发布公告称,公司接到证监会有关《立案调查通知书》,公司因涉嫌信息披露违规一案被立案调查。

9月30日紫金矿业收到《福建省环境保护厅行政处罚决定书》。处罚如下:①责令采取治理措施,消除污染,直至治理完成;②罚款956.313万元。

2011年1月30日,福建省龙岩市新罗区人民法院刑事判决。被告公司紫金山金铜矿犯重大环境污染事故罪,判处罚金人民币3000万元,原已缴纳的行政罚款956.31万元予以折抵,尚需缴纳2043.69万元。

二、事故原因分析

1. 施工管理、生产管理和环保管理方面存在严重缺陷

紫金山金铜矿渗滤液污水处理系统未经环保部门批准自2009年9月停运,现场检查时仍处停运状态;尾矿渣渗滤液经收集池收集后,未经处理直接排入后库。环境设施设置不合格,应急池距江水只有20m,企业各堆场及各池底未进行硬化处理。排污设备人为非法打通,缺乏环保监测,导致防渗膜破损未及时发现。

7月3日发生的重大渗漏事故,正是"各堆场及各溶液池底未经硬化,防渗膜承受压力不均导致破裂引起渗漏"。17日发生的渗漏事故,与3日发生的渗漏事故如出一辙,只是地点由"湿法厂"变为"3号应急中转污水池"。

2. 漠视环保执法

紫金矿业长期以来多次发生严重污染,当地环保部门多次执法检查要求整改,国家环保局点名批评。历史上,紫金矿业环保违规事件:

2000年,紫金矿业拦沙坝溃坝,带有氰化钠残留液的矿渣冲毁了附近村庄几乎所有的房屋和耕地。

2006年12月,贵州紫金矿业发生塌溃事故,约20万m³尾矿下泄,下游两座水库受到污染。

2008年,首批"绿色证券"试点被核查的37家企业中,有10家未能通过或暂缓通过,其中也有紫金矿业。

2009年4月25日,紫金矿业位于河北张家口崇礼县的东坪旧矿尾矿库回水系统发生泄漏事故。

2010年5月,环境保护部发布《关于上市公司环保核查后督查情况的通报》,在被通报批评的11家问题比较严重公司的名单上,紫金矿业名列榜首。

2010年7月3日,福建紫金矿业紫金山铜矿湿法厂发生铜酸水渗漏事故。

2010年9月21日,受台风"凡比亚"影响,紫金矿业银岩锡矿高旗岭尾矿库初期坝漫坝决口,导致钱排河流域死亡22人。此次事件造成损失更甚于汀江污染。

3. 污染信息披露事严重违规

其一,信息披露滞后。距事故发生9天后才被动地发布公告,已对环境和公共健康造成威胁。如果及时披露信息,企业自身压力增大,但更利于各方调动资源,配合解决泄漏问题,及时控制污染源头,下游民众也可及时采取防范措施。其二,信息披露过于简略。泄漏导致何种类型污染物排出、排放量多大、预期影响范围,以及下游防范措施等,均未详细披露。

4. 企业社会责任严重缺失

面对重大环境事故,紫金矿业采取的是避重就轻、误导公众、逃避责任的公关手法,不是在第一时间向当地环保部门报告,以最大限度地减少污染造成的损失,而是企图掩盖事件的真相。面对二次污染,紫金矿业发布的公告,既未对二次渗漏事故的消息予以正面的回应,同时也未对"7·3"污染事故形成原因及后继处理向投资者予以明确的表态,并无实质性内容。

三、反思

紫金矿业污水泄漏事件表面看来很像是突发事件,其实不然,它是企业环保方面存在问题的一次集中爆发,其问题之所以能长期存在,根源就在当地政府和有关监管部门长期以来的包庇纵容,以及对受害群众利益的漠视。

作为一个上市企业应该承担怎样的责任,紫金矿业作为一个反面教材,给我们多方面的警示。

上市公司披露制度应严格遵守国家法律、法规,应通过合法赢利对股民负责,对职工和社会成员负责,对我们生存的生态环境负责。

参考案例2 松花江特大污染案环境民事公益诉讼

2005年11月13日,中国石油天然气集团公司所属中国石油天然气股份有限公司吉林分公司双苯厂(101厂)的苯胺车间因操作错误发生剧烈爆炸并引起大火,导致100t苯类污染物进入松花江水体(含苯和硝基苯,属难溶于水的剧毒、致癌化学品),导致江水硝基苯和苯严重超标,造成整个松花江流域生态环境严重破坏。

2005年12月7日,北京大学法学院三位教授(汪劲、甘培忠、贺卫方)及三位研究生(严厚福、王社坤、于谨源)向黑龙江省高级人民法院提起了国内第一起以自然物(鲟鳇鱼、松花江、太阳岛)作为共同原告的环境民事公益诉讼,要求法院判决被告赔偿100亿元人民币用于设立松花江流域污染治理基金,以恢复松花江流域的生态平衡,保障鲟鳇鱼的生存权利、松花江和太阳岛环境清洁的权利以及自然人原告旅游、欣赏美景和美好想象的权利。同时,鉴于本案标的额巨大,且涉及环境公益诉讼,原告方同时提出了减免诉讼费用的申请。

案由： 侵权

诉讼请求：

（1）请求人民法院判令被告消除对松花江的未来危险并承担恢复原状责任；

（2）请求人民法院判令被告赔偿100亿元人民币用于治理松花江流域污染和恢复生态平衡；

（3）请求人民法院责令第三人共同或分别设立并管理松花江流域污染治理基金，以便作出基本的政府投入以及接受被告赔付的资金，由该基金持续性安排资金恢复松花江流域的生态平衡，保障原告一的生存权利、原告二和原告三的环境清洁的权利，保障原告四至原告九对松花江及其流域的自然景观的旅游、观赏、美好想象的权利；

（4）请求人民法院判令被告支付本案诉讼费。

事实和理由

2005年11月13日，位于吉林省吉林市的中国石油天然气股份有限公司吉林石化分公司双苯厂（101厂）的苯胺车间发生剧烈爆炸并引起大火，导致大量含有苯和硝基苯的污水绕过了专用的污水处理通道，通过吉林石化分公司的东10号线排污口直接进入了松花江，导致江水硝基苯和苯严重超标，形成了长达80km的污染带，造成重大环境污染事件。

发生爆炸的双苯厂（101厂）是国内最大的苯胺制造商，其主要产品为化工原料苯胺以及苯酚丙酮。在整个生产流程中，原料苯、作为中间体的硝基苯，以及成品苯胺，都属于有毒化学品；尤其硝基苯还属于危险化学品。在80℃以上硝基苯蒸气与空气的混合物具爆炸性；倾倒在水中的硝基苯，以黄绿色油状物沉在水底。吸入、摄入或皮肤吸收均可引起人员和动物中毒。人员中毒的典型症状是气短、眩晕、恶心、昏厥、神志不清、皮肤发蓝，最后会因呼吸衰竭而死亡。

1）松花江特大水污染事故对原告一鲟鳇鱼的损害

原告一鲟鳇鱼，学名施氏鲟、鳇鱼，属于《濒危野生动植物物种国际贸易公约》附录二保护的野生动物物种，1993年被我国林业部核准为我国国家保护的濒危野生动物，是黑龙江省特有保护品种，已被列入世界濒危物种；同时也入选《中国生物多样性保护和行动计划》中国优先保护物种名录。目前松花江内的野生鲟鳇鱼资源严重衰竭，已到了濒临绝迹的边缘。

我国《野生动物保护法》第八条规定，国家保护野生动物及其生存环境，禁止任何单位和个人非法猎捕或者破坏；第九条规定，国家对珍贵、濒危的野生动物实行重点保护。《中华人民共和国水生野生动物保护实施条例》第七条第二款还规定，禁止任何单位和个人破坏国家重点保护的和地方重点保护的水生野生动物生息繁衍的水域、场所和生存条件。仅凭专家的初步估计，此次松花江特大水污染事故中已有100t左右的苯类泄漏至江中。随着江水流动，污染水团所经之地都会受到苯和硝基苯的污染，这已经导致了鲟鳇鱼的大量死亡；沉淀在底泥中的硝基苯严重破坏了鲟鳇鱼的生存环境，并且蓄积于鲟鳇鱼所捕食的其他生物体内，最终富集在鲟鳇鱼体内，导致鲟鳇鱼发病死亡。如果松花江水体和水质不能尽快恢复到污染前的状态，那么鲟鳇鱼将在松花江内彻底灭绝！

2）松花江特大水污染事故对原告二和原告三的损害

原告二松花江是中国著名大河与著名国际河流，流域面积为54.5万km^2，约占全国流域总面积的1/20。原告三太阳岛是中国黑龙江省著名风景名胜旅游区，坐落在哈尔滨市松花江北岸，与繁华的市区隔水相望，属江漫滩湿地草原型风景名胜区，是全国著名的旅游避暑胜地。

为了保护松花江、太阳岛的风景名胜,吉林省人大常委会于1994年1月通过了《吉林省松花江三湖保护区管理条例》。此外,黑龙江省人大常委会于1996年12月批准哈尔滨市人大常委会颁布实施了《哈尔滨市太阳岛风景区管理条例》。在此次重大水污染事件中,由于排放进入松花江水体的硝基苯在水中具有极高的稳定性,而且硝基苯的密度大于水,进入水体的硝基苯会沉入水底,长时间保持不变;又由于其在水中有一定的溶解度,所以造成的水体污染会持续相当长的时间。实验表明当硝基苯浓度为 5mg/L 时,被污染水体呈黄色,有苦杏仁味;当浓度达 100mg/L 时,水几乎是黑色,并分离出黑色沉淀。因此,松花江水体和水质必然在长期内受到硝基苯的持久污染,而以松花江水体为主要水源的太阳岛风景区的景观也必然遭受毁灭性的破坏。

3)松花江特大水污染事故对原告四至原告九的损害

松花江给沿岸城市增添了无穷的活力和美景。冬日,两岸的树挂美丽神奇;夏日,松花江上,水鸟成群,垂柳依依,江风徐徐,十里长堤上,数座美丽的雕像和花坛融为一体。一年一度的太阳岛国际雪雕艺术博览会,作为哈尔滨国际冰雪节的重要内容早已驰名中外,"白雪、绿岛、红灯,零度下的沸腾"那充满诗情画意的意境,使我们尽情体验玩冰弄雪的无穷乐趣。

本案中的原告四至原告九都是鲟鳇鱼和大自然的爱好者,常常与其他爱好者结伴到松花江沿江旅游考察,污染事故严重损害了我们研究、观赏的利益,游览太阳岛时也看不到以前的美景,我们对鲟鳇鱼、松花江及太阳岛的情感受到了伤害,我们的精神利益也因恶心的污染及其带来的恐惧而受到了损害。不仅如此,利用松花江水灌溉的农田也会因污染物的缓慢散发而蓄积于农作物体内,导致我们不敢购买和食用举世闻名的著名黑龙江(东北)大米。

关于原告鲟鳇鱼和松花江、太阳岛的诉讼资格问题

通过对法的发展历史的考察,我们可以看到法的发展史也可以看成是主体的扩展史。在奴隶社会只有贵族是完全的主体,平民只享有部分主体权利,而奴隶则被排除在主体范围之外,纯粹是奴隶主的财产,是所有权的客体。在封建社会的家族中,父亲对妻子和孩子具有几乎绝对的权利。在美国建国初期,印第安人和黑奴不被视为完全的人,妇女也被排除在政治权利之外。现在这一切都成为历史,人类社会范围内已经实现了法律上的平等,但是这种扩张并没有停止。

从法律理念上讲,并非只有人类才能被视为权利的拥有者。在法律人的世界里还居住着许多无生命的权利拥有者:信托、公司、联营、市政当局、合伙、民族国家等,这还只是其中的一小部分。我们习惯地认为无权利的"东西"之所以无权利是因为自然的天命,而不是因为维持某些现状的法律惯例。事实上,每当出现要求把权利授予某些新"实体"的运动时,这种提议必然是奇怪的,或者是令人恐惧的,或者是可笑的。自然物不应当享有权利,它们不可以为了自己的利益寻求法律救济。这种观点既不是必然的,也不是明智的。我们不能说因为河流和森林不能说话,所以它们不能享有诉讼资格。公司也不能说话,国家、不动产、婴儿、无行为能力的人、市政当局、大学等也都不能说话,但律师可以为他们说话,就像他们平常为普通人的法律问题代言一样。我们应当像处理法律上无行为能力的人——那些成为植物人的人——的法律问题那样来处理自然物的法律问题。

其实在人类内部也存在这样的问题,例如对于未成年人、精神障碍人,他们也没有或者不完全有意思、意志的表达和展示能力,再比如法人,只是法律拟制的人,他没有意思和意志。可见享有主体资格的关键不是行为能力问题,而是权利能力问题,胎儿、婴幼儿、精神病患者没有行为能力或者行为能力受限制，但是这并不妨碍他们具有权利能力，为什么法律可以赋予他们主体资格而不可以赋予动物法律主体资格？

国外环境保护理念和实践先进的国家已经开始了这种新的法律司法实践。美国、加拿大、日本等国已经有了充分的实践。如美国，已经在法律中确立了濒危物种可以和环保团体一起作为共同原告提起诉讼。在日本，1995年2月24日奄美4类野生保护鸟类作为原告向鹿儿岛地方法院提起了行政诉讼，鹿儿岛地方法院分别于1995年3月和1997年9月29日作出判决。随着环保理念日益深入人心，在中国的环境法中确立濒危物种的诉讼资格只是一个时间问题。

参考案例3　天人和谐的都江堰工程

都江堰水利工程位于四川成都平原西部都江堰市西侧的岷江上，距成都56km。建于公元前256年，是战国时期秦国蜀郡太守李冰率众人修建的一座大型水利工程，至今依旧在灌溉田畴，是造福人民的伟大水利工程。其以年代久、无坝引水为特征，是世界水利文化的鼻祖。这项工程主要由鱼嘴分水堤、飞沙堰溢洪道、宝瓶口进水口三大部分和百丈堤、人字堤等附属工程构成，科学地解决了江水自动分流（鱼嘴分水堤四六分水）、自动排沙（鱼嘴分水堤二八分沙）、控制进水流量（宝瓶口与飞沙堰）等问题，消除了水患。1998年灌溉面积达到66.87万 hm^2，灌溉区域已达40余县。

都江堰工程主要由鱼嘴、飞沙堰、宝瓶口三大主体工程构成（如图4-1所示）。三者有机配合，相互制约，协调运行，引水灌田，分洪减灾，具有"分四六，平潦旱"的功效。

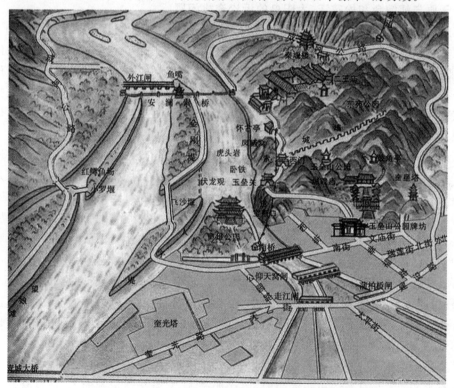

图4-1　都江堰水利工程示意图

鱼嘴分水堤："鱼嘴"是都江堰的分水工程，因其形如鱼嘴而得名，位于岷江江心，把岷江分成内外二江。西边叫外江，是岷江正流，主要用于排洪；东边沿山脚的部分为内江，是人工引水渠道，主要用于灌溉。

飞沙堰：作为泄洪道，具有泄洪排砂功能，得名"飞沙堰"。飞沙堰看似平凡，实际功用巨大，它是确保成都平原不受水患的关键要害。当内江的水量超过宝瓶口流量上限时，多余的水便从飞沙堰自行溢出；如遇特大洪水的非常情况，它还会自行溃堤，让大量江水回归岷江正流。另一方面，当岷江水挟着大量泥沙下泄时，若是顺内江而下，就会淤塞宝瓶口和灌区。有了飞沙堰就可以解决内江泥沙淤积问题。飞沙堰的神奇就在于，表面看像是一个乱石滩，实际上既能拦水，又能让水漫过去，同时还能"飞沙"。

宝瓶口：主要起"节制闸"作用，能自动控制内江进水量，它是人工凿成控制内江进水的咽喉，因形似瓶口、功能奇特而得名。

都江堰因势利导，朴实无华。没有专业人士指点，游人看不出都江堰的神奇之处。然而这"天人合一"的都江堰工程却开创了中国古代水利史上的新纪元。都江堰水利系统建成后，成都平原在短期内便跃升为秦的重要粮仓，使巴蜀真正变成了秦地大物博、经济富饶的战略大后方，从实力上改变了过去秦、楚、齐三强长期并驾齐驱的局面。

都江堰水利工程留给了我们太多的思考。今天，我们的工程大多的设计理念是要体现"人定胜天"的效果，它仅仅把工程当作一个"技术活"来做。其实任何一个成功的工程需要的不只是技能，更重要的是哲学思想。都江堰作为迄今世界上年代最久且唯一留存的以无坝引水为特征的水利工程，就是治水哲学和技术的一本生动的教科书。

思考与讨论

1. 为什么DDT在技术上是成功的，而在生态上是失败的？
2. 从生态视角来看，你认为怒江适合水电开发吗？
3. 如何理解"工程师的环境伦理原则"？它是限制了工程师的行为，还是对工程师行动提供制度性的保护？为什么？
4. 从"松花江特大污染案环境民事公益诉讼"案例看，人可以为自然代言吗？
5. "都江堰水利工程"反映出来的生态智慧给我们哪些启示？

参考文献

[1] 维西林德,冈恩.工程、伦理与环境[M].吴晓东,翁端,译.北京：清华大学出版社,2003.
[2] 哈里斯,等.工程伦理：概念与案例[M].3版.丛杭青,沈琪,等译.北京：北京理工大学出版社,2006.
[3] 罗尔斯顿.环境伦理学[M].杨通进,译.北京：中国社会科学出版社,2000.
[4] 辛格.所有动物都是平等的[J].哲学译丛,1994(5).
[5] 雷根.动物权利研究[M].李曦,译.北京：北京大学出版社,2010：330-334.
[6] 史怀泽.敬畏生命[M].陈泽环,译.上海：上海社会科学院出版社,1996.
[7] 利奥波德.沙乡年鉴[M].侯文蕙,译.长春：吉林人民出版社,1997.

[8] 雷毅.深层生态学思想研究[M].北京：清华大学出版社,2001.
[9] 董哲仁,孙东亚,等.生态水利工程原理与技术[M].北京：中国水利水电出版社,2007.
[10] 雷毅.河流的价值与伦理[M].郑州：黄河水利出版社,2007.
[11] 肖显静.论工程共同体的环境伦理责任[J].伦理学研究,2009(6)：65-70.
[12] 张恒力,胡新和.论工程设计的环境伦理进路[J].自然辩证法研究,2010(2)：51-55.

第5章 工程师的职业伦理

引导案例：2008年中国奶制品污染事件

2008年中国奶制品污染事件是一起严重的食品安全事件。事件起因是很多食用三鹿集团生产的奶粉的婴儿被发现患有肾结石，随后在其奶粉中发现化工原料三聚氰胺。其后在中国国家质检总局公布对国内的乳制品厂家生产的婴幼儿奶粉的三聚氰胺检验报告后，事件迅速恶化，包括伊利、蒙牛、光明、圣元及雅士利在内的多个厂家的奶粉都检出三聚氰胺。该事件重创中国乳制品信誉，多个国家禁止了中国乳制品的进口。

2008年7月16日，工业和信息化部与发改委联合发文《乳制品工业产业政策（2009年修订）》；同时启动重新制定乳制品的《杀菌乳安全标准》《灭菌乳安全标准》和《生鲜乳安全标准》的工作。10月9日，《乳品质量安全监督管理条例》正式出台，该《条例》通过总则、奶畜养殖、生鲜乳收购三个章节对监管部门的职责和法律责任作了规定。2011年6月1日，由原卫生部批准公布的乳品安全国家标准正式实施，其中共包括66项具体标准，涉及生乳、巴氏杀菌乳、灭菌乳等所有乳类和乳制品。这是2008年"三聚氰胺事件"发生后，有关部门对1986年颁布的乳品标准进行的一次重大修订，因此也被称为乳品新国标。国家对奶制品污染事件的关注及其后的一系列重大政策、规范、标准的出台，有力地促进了中国乳制品行业的职业建设。

R5-1 "三鹿奶粉事件"爆发引起中国奶制品污染系列事件

R5-2 "三鹿事件"催生乳品监管条例

乳制品行业是一个民生行业，因此，乳制品生产的技术标准不仅是单纯的技术标准，不应只关注企业利润，而是与公众的安全、健康和福祉息息相关。然而，何以会出现如此严重并产生恶劣影响的"毒奶粉"事件？安全标准的不尽完善仅是造成该事件的原因之一，重要的是在该事件发生的过程中，企业、监管部门的责任何在？生产企业中工程师是否履行了自己的职责？工程师应该如何全面地理解和履行自己的职责？如果我们把工程作为一种职业，工程师的职业伦理是什么？

5.1 工程职业

传统的工程师"职业"概念中包含了两方面的内容：一是专业技术知识，二是职业伦理；而现代赋予工程师"职业"以更多的内涵，"诸如组织、准入标准，还包括品德和所受的训练以及除纯技术外的行为标准"①。

5.1.1 职业的地位、性质与作用

广义上讲，职业是提供社会服务并获得谋生手段的任何工作。但是，本书中所表达的"职业"，尤其是在工程领域中的意义，是指"那些涉及高深的专业知识、自我管理和对公共善协调服务的工作形式"②。

与职业相关的概念有行业和产业。"行业""产业"和"职业"都是从经济与社会的维度关注"物"的生产与消费，所不同的是，"行业"和"产业"的视角较少关注"人"的作用，而"职业"则是以"人"为核心来看待"物"。职业把社会中的人们以"集团"或"群体"的形式联系起来，而这个职业"群体"从一开始就是有一定目标或一定意图并担任一定社会职能的。从这个意义上说，职业是社会组织的一种形式。

涂尔干(Emile Durkheim)认为，社会分工直接产生职业，职业共同体产生于人们共同参与的活动、交往、关系和委身的事业中。职业共同体对外代表整个职业，向社会宣传本职业的重要价值，维护职业的地位和荣誉；对内，职业共同体制定执业标准，通过研究和开发促进职业发展，通过出版专业杂志、举办学术会议和进行教育培训，增进从业人员的知识和技能，提高专业服务水平，并且协调从业人员之间的利益关系。

职业共同体的形成为职业自治(professional autonomy，也可译为"职业自主")提供了现实条件。在戴维斯(Michael Davis)看来，职业自治即是建立职业的行为规范和技术规范。在具体行业的特质方面，它意味本行业涉及一个专门的知识领域、本行业的职业共同体坚持职业的理想而非追逐私利、有自身的伦理章程和准入门槛，并为社会提供服务。

职业自治的实质映射了治理的理念。在职业自治过程中，职业的高度专业性话语隐含控制性和受控性的双向逻辑：一方面，对外宣布本职业在专业领域的自主权威，包括职业内部制定的职业规范以及非书面形式的"良心机制"；另一方面，职业共同体所实施的行为受职业以外的社会规范的影响和约束，这些社会规范包括政府或非政府规章、法律制度、社会习俗。这两个向度的管理构成了职业治理的内容。

R5-3 "行业""产业"和"职业"的区别与联系

---

① 戴维斯.像工程师那样思考[M].丛杭青,沈琪,等译校.杭州:浙江大学出版社,2012:42.
② 马丁,辛津格.工程伦理学[M].李世新,译.北京:首都师范大学出版社,2010:21-22.

工程职业的起源伴随着内置于雇主所要求的层级忠诚和隐含在职业主义中的独立性之间的紧张关系。在工业革命初期,工程师要么作为工匠的角色出现,要么受政府的军事机构和经济单位的业主雇佣。19世纪,学徒制盛行于机械制造、矿业以及土木工程领域,这使得雇佣工程师的企业发现将他们的技术员工按首席工程师、驻地工程师和助理工程师等编入科层制结构会很便捷。在这种科层制的背景下,工程师开始作为一个领薪水的职业而存在。

在20世纪早期的美国,工程师处于从属的职业地位,"工程师的角色代表了职业理想与商业要求之间的妥协"①。于是,在职业理想与商业要求之间,工程师开始寻求建立统一的职业社团来维护职业独立和自主,以抵制商业力量对工程职业的影响。工程职业社团的形成、职业标准的设立以及强调职业道德使命、"侍奉道德理想"②的伦理章程的建立,标志着工程职业的正式兴起和工程职业伦理的确立。

5.1.2 工程社团是工程职业的组织形态

在西方国家,"职业社团是一处探讨工程职业所面临的有争议的伦理问题的恰当的场所。通过颁布职业伦理规范并随着情况的变化定期地更新,以及对拥护职业标准的成员的认可与支持,工程社团能够在其成员中做许多促进职业道德的工作。为职业工程社团伦理委员会服务的任务落在了资深志愿者的肩上。为了满足日益变化的工程实践的需要,伦理委员会应定期地评价社团的伦理规范,以确保其得到及时的更新。社团的资深志愿者也有责任为荣誉委员会服务,并推荐合适的受奖者,以及确保用于表彰杰出的伦理行为的恰当的奖励到位"③。

"当一个行业把自身组织成为一种职业的时候,伦理章程一般就会出现。"④工程社团的职业伦理章程以规范和准则的形式,为工程师从事职业活动、开展职业行为设立了"确保服务公共善"⑤的职业标准。因此,工程职业包含了知识的高度专业化与关乎公众福祉两个层面。这样,工程师与社会之间就存在一种信托关系。政府和公众相信,只有加强职业的自我管理以及完善职业的行为标准,才能更有效地保护公众的健康、安全与福祉。要满足这一要求,就必须加强工程的职业化进程。工程社团以职业共同体为组织形式,为工程职业化提供了自我管理和科学治理的现实路径;工程共同体的职业治理以工程社团为现实载体,通过制定职业的技术规范与从业者的行为规范方式,实现对工程职业及其从业者的内部治理和社会治理。

R5-4 技术标准与职业标准　　R5-5 美国工程职业化的历史　　R5-6 中国工程职业化的现状

---

① LAYTON E T. Revolt of the engineers: social responsibility and the American engineering profession[M]. Baltimore: Johns Hopkins University Press,1986: 5.
② 戴维斯.中国工程职业何以可能[J].工程研究:跨学科视野中的工程,2007,3(1):132-141.
③ 哈里斯,普里查德,雷宾斯.工程伦理概念和案例[M].丛杭青,沈琪,等译.北京:北京理工大学出版社,2006:210.
④ 戴维斯.像工程师那样思考[M].丛杭青,沈琪,等译校.杭州:浙江大学出版社,2012:49.
⑤ 马丁,辛津格.工程伦理学[M].李世新,译.北京:首都师范大学出版社,2010:23.

技术规范在一定程度上保证了职业团体的权威性和自我管理权力。工程社团制定的技术规范通常是一种行业技术规范，但对涉及安全的行业技术规范，又通过以立法或行政规章的形式而得以实施，比如2010年3月26日，卫生部正式颁布生乳等66个食品质量国家安全标准便是由行业标准上升为国家标准，具有统一性和权威性。行为规范主要通过职业社团的内部规章制度和宗旨体现出来，比如美国电气和电子工程师协会（IEEE）以"促进人类和职业技术的进步"为社团使命。职业的规章制度在某种程度上相当于职业伦理规范，它是"专业人员在将自己视作专业人员在从业时所采纳的一套标准"①，此外，它还以"规范清楚地表述了职业伦理的共同标准……伦理章程为职业行为提供一种普遍的和协商一致的标准……"②表达了对职业共同体内从业者职业行为的期待。

伦理章程的主要关注点是促进负责任的职业行为。伦理章程的订立、实施、评估、修订的目的，是确保职业共同体内的每一个成员"履行了自己的责任（义务）"③。具体来说，包含以下四层含义：其一，工程师的责任就是他（她）在工程生活中必须履行的角色责任。比如，一个安全工程师具有定期巡视建筑工地的责任，一个运行工程师具有识别某一系统与其他系统相比的潜在利益和风险的责任。其二，工程师不仅"具有作为道德代理人的一般能力，包括理解道德理由和按照道德理由行动的能力"④，还可对履行特定义务作出回应。其三，工程师接受自己的工作职责和社会责任，并且自觉地为实现这些义务努力。其四，在具体的工程活动中，工程师能明确区分何为正当的（道德的）行为、何为不正当的行为，进而明白自己的责任是双向的：他（她）既可以对自己行为的功绩要求荣誉，同样也须对行为的危害承担责任。

工程社团通过职业伦理章程呼吁并要求工程师"对自己进行自愿的责任限制，不允许我们已经变得如此巨大的力量最终摧毁我们自己（或者我们的后代）"⑤，其最根本的在于"阻止一种最大的恶"⑥，促进工程师负责任的职业行为。

R5-7　国内外主要的工程社团

5.1.3　工程职业制度

一般来说，工程职业制度包括职业准入制度、职业资格制度和执业资格制度。其中，工程职业资格又分为两种类型：一种属于从业资格范围，这种资格是单纯技能型的资格认定，

---

① 哈里斯，普里查德，雷宾斯.工程伦理概念和案例[M].丛杭青，沈琪，等译.北京：北京理工大学出版社，2006：8.
② 同①.
③ 马丁，辛津格.工程伦理学[M].李世新，译.北京：首都师范大学出版社，2010：14.
④ 同③.
⑤ 甘绍平.应用伦理学前沿问题研究[M].南昌：江西人民出版社，2002：112.
⑥ 同⑤.

不具有强制性,一般通过学历认定取得;另一种则属于执业资格范围,主要是针对某些关系人民生命财产安全的工程职业而建立的准入资格认定制度,有严格的法律规定和完善的管理措施,如统一考试、注册和颁发执照管理等,不允许没有资格的人从事规定的职业,具有强制性。

工程师职业准入制度的具体内容包括高校教育及专业评估认证、职业实践、资格考试、注册执业管理和继续教育五个环节。其中,高校工程专业教育是注册工程师执业资格制度的首要环节,是对资格申请者的教育背景进行的限定。在一些国家,未通过评估认证的专业毕业生不能申请执业资格,或者要再经过附加的、特别的考核才能获得申请资格。职业实践,要求工程专业毕业生具备相应的工程实践经验后方可参加执业资格考试;资格考试,分为基础和专业考试两个阶段,通过基础考试后,才可允许参加专业考试。通过资格考试获得资格证书,再进行申请注册,取得执业资格证书,才具备在工程某一领域执业的资格和权力。

职业资格制度是以职业资格为核心,围绕职业资格考核、鉴定、证书颁发等而建立起来的一系列规章制度和组织机构的统称。执业资格制度是职业资格制度的重要组成部分,它是指政府对某些责任较大、社会通用性较强、关系公共利益的专业或工种实行准入控制,是专业技术人员依法独立开业或独立从事某种专业技术工作学识、技术和能力的必备标准。参照国际上的成熟做法,我国执业资格制度主要由考试制度、注册制度、继续教育制度、教育评估制度及社会信用制度五项基本制度组成。

注册工程师执业制度是英、美等发达国家和地区通行的一种对工程专业人员进行管理的制度。它是指在国家范围内,对多个工程专业领域内的工程师建立统一标准,对符合标准的人员给予认证和注册并颁发证书,使其具有执业资格,准许其在从事本领域工程师工作时拥有规定的权限,同时也承担相应的责任。

R5-8 职业准入、职业资格与执业资格　　R5-9 国外注册工程师执业制度　　R5-10 中国注册工程师执业制度

5.2 工程职业伦理

西方各工程社团的职业伦理章程在订立之初,就以敦促工程师遵守职业标准操作程序和规定的职业义务为基本要求。此后,又不断反思诸如切尔诺贝利核电站事故、印度博帕尔毒气泄漏、"挑战者号"失事等重大灾害性工程事故产生的原因和对人类未来的深远影响,评估章程应用的实际后果,修正在不同工程实践情境下具体的规范条款,细化工程师进行工程活动的诸多责任。

5.2.1 作为职业伦理的工程伦理

伦理章程首先是一种伦理要旨,比如,工程师的伦理要旨就是为公众提供常规并重要的服务。伦理章程能提高工程师的伦理意识,进而保证其行为符合社会公众的利益。其次,作为一种指导方针,伦理章程能够帮助工程师理解其职业工作的伦理内涵。为了保证章程的有效性,章程通常只涉及一些普遍性的原则,涵盖工程师主要的责任与义务。再次,伦理章程"可以看作是对个体从业者责任的一种集体认识"[1]。这里有两层含义:其一,章程规定的行为标准载明了个体工程师的责任与义务;其二,更重要的是,伦理章程是工程社团对社会公众作出的承诺,它保证工程师以促进公众利益的方式,更有效地进行职业的自我管理。

公众的安全、健康、福祉被认为是工程带给人类利益最大的善,这使得西方工程伦理章程在订立之初便确认"将公众的安全、健康和福祉放在首位"[2]为基本价值准则,强调工程师在"服务和保护公众、提供指导、给以激励、确立共同的标准、支持负责任的专业人员、促进教育、防止不道德行为以及加强职业形象"[3]这八个方面具体责任,以他律的形式表达了"职业对伦理的集体承诺"[4]。进而,由于"工程既关涉产品,也关涉人,而人包括工程师——他们与顾客、同事、雇主和一般公众处于道德(以及经济)关系之中"[5],所有的工程师都被要求遵行工程伦理章程中载明的责任。

首先,作为职业伦理的工程伦理是一种预防性伦理。美国工程与技术认证委员会(ABET)采纳了一种预防性伦理的思想,它试图对行为的可能后果进行预测,以此来避免将来可能发生的更严重的问题。预防性伦理包含两个维度:第一,工程师需要必须清楚地认识自己职业行为的责任,努力把握伦理章程中至关重要的概念和原则,能够前瞻性地思考问题,从而作出合理的伦理决定,以避免可能产生的更多的严重问题。第二,工程师必须能够有效地分析这些后果,并判定在伦理上什么是正当的。

其次,作为职业伦理的工程伦理是一种规范伦理。责任是工程伦理的中心问题。1974年,美国职业发展工程理事会(Engineering Council on Professional Development,ECPD)确立了工程师的最高义务是公众的安全健康与福祉。现在几乎所有的工程伦理章程都把这一观点视为工程师的首要义务,而不是工程师对客户和雇主所承担的义务。西方国家,尤其是美国各工程社团的职业伦理章程都对工程师责任进行了比较详细务实的界定,包括对安全的义务、揭发、保密与利益冲突。

最后,作为职业伦理的工程伦理是一种实践伦理,它倡导了工程师的职业精神。这可以从三个维度来理解。其一,它涵育工程师良好的工程伦理意识和职业道德素养,有助于工程师在工作中主动地将道德价值嵌入工程,而不是作为外在负担被"添加"进去。工程伦理所

---

[1] UNGER S. Codes of engineering ethics[C]//JOHNSON D C. Ethical issues in engineering. New Jersey:Prentice-Hall,1991:105-129.

[2] [美]全国职业工程师协会(NSPE)工程师伦理准则[EB/OL]. [2016-02-20]. http://www.nspe.org/resources/ethics/code-ethics.

[3] 马丁,辛津格. 工程伦理学[M]. 李世新,译. 北京:首都师范大学出版社,2010:47.

[4] 同[3].

[5] 同[3]4.

倡导的"善举"与工程职业精神形影相随,其主动思考工程诸环节中的道德价值、践行对公众负责的职业承诺将会激励工程师在工程活动中尽职尽责,追求卓越。其二,它帮助工程师树立起职业良心,并敦促工程师主动履行工程伦理章程。工程伦理章程明确了工程师多种多样的职业责任,履行工程伦理章程就是对雇主忠诚、对公众尽责,也就对得起自己作为工程师的职业良心。在工程师的职业生涯中,职业良心将不断激励着个体工程师自愿向善并主动在工程活动中道德实践,内化个体工程师职业责任与高尚的道德情操,并形塑个体工程师强烈的道德感。其三,它外显为工程师的职业责任感——确保公众的安全、健康与福祉,并以他律的形式表达了"职业对伦理的集体承诺"①,即工程师应主动践履"服务和保护公众、提供指导、给以激励、确立共同的标准、支持负责任的专业人员、促进教育、防止不道德行为以及加强职业形象"②这八个方面具体的职业责任。

伦理章程代表了工程职业对整个社会作出的共同承诺,但是,它为工程师提供的仅仅是一个进行伦理判断的框架,不能代替最终的伦理判断。章程只是向工程师提供从事伦理判断时需要考虑的因素。

伦理章程可以给工程师职业行为以积极的鼓励,即在道德上给予支持。当工程师因为坚持其职业伦理标准而遭到报复时,伦理章程还可以提供法律上的援助。章程所提供的道德或法律支持可以使职业的自我管理更为有效。

R5-11 西方国家工程职业伦理规范的主要内容

5.2.2 工程师职业伦理章程

职业伦理在工程师之间及在工程师和公众之间表达了一种内在的一致,即工程师向公众承诺他们将坚守章程的规范要求:①当涉及专家意见的职业领域时,促进公众的安全、健康与福祉;②确保工程师在他们专业领域中的能力(和持续的能力)。

近代以来,工程师群体受到社会进步及科技进步的影响,其职业责任观发生了多次改变,归纳起来经历了从服从雇主命令到"工程师的反叛"、承担社会责任、对自然和生态负责四种不同的伦理责任观念的演变。工程师职业责任观的演变直接导致了工程师职业伦理章程的发展。在当今欧美国家,确保工程师个人遵守职业标准并尽职尽责,已成为现代工程师职业伦理章程的核心。

R5-12 工程师职业责任观的演变

R5-13 美国工程师职业伦理章程的发展

R5-14 中国工程师职业伦理章程的演变

在工程师职业伦理章程中,责任常常归因于一种功利主义的观点,以及对工程造成风险

---

① 马丁,辛津格.工程伦理学[M].李世新,译.北京:首都师范大学出版社,2010:47.
② 同①.

的伤害赔偿问题。1997年,美国土木工程师协会(ASCE)的基本原则从"应当"修改为"必须"——"工程师在履行职业责任时必须将公众的安全、健康和福祉置于首位,并努力遵守可持续发展原则"[1]。"工程师应当这样理解责任,即责任是有伦理层次的,它分布在不同的工程活动和不同的时期中"[2],即责任的最低层次要求工程师必须遵循职业的操作程序标准和工程伦理章程,其最低限度的目标是避免指责;责任的第二层次是"合理关照"(reasonable care),即工程师必须在工程活动中考虑到那些可能会给其他人带来伤害的风险,并为公众提供保护;责任的第三层次是要求工程师实践"超出义务的要求"[3],鼓励"工程师应寻求机会在民事事务及增进社区安全、健康和福祉的工作中发挥建设性作用"[4],"在反思社会的未来中担负更多的责任,因为他们处在技术革新的前线"[5]。

具体来说,工程师责任包含三个层面的内容,即个人、职业和社会,相应地,责任区分为微观层面(个人)和宏观层面(职业和社会)。责任的微观层面由工程师和工程职业内部的伦理关系所决定,责任的宏观层面一般指的是社会责任,它与技术的社会决策相关。对责任在宏观层面的关注体现在西方国家各职业社团的工程伦理章程的基本准则中,美国全国职业工程师协会(NSPE)伦理准则、IEEE伦理准则、ASCE伦理准则等,都把"公众的安全、健康和福祉"作为进行工程活动优先考虑的方面。

在微观层面,其一,各工程社团的职业伦理章程鼓励工程师思考自己的职业责任,比如"提高对技术、其适当应用以及潜在后果的了解"[6]。芬伯格(Andrew Feenberg)认为,工程师通过积极地参与到技术革新进程中,就能引导技术和工程朝向更为有利的方面发展,尽可能规避风险。这就期望工程师认真思考自己在当前技术和工程发展中的职业角色并为此承担责任——必须要能够在较大的技术和工程发展背景中考虑到自己行为的后果。其二,微观层面的责任要求作为职业伦理规范的一部分,体现为促进工程师的诚实责任,即"在处理所有关系时,工程师应当以诚实和正直的最高标准为指导"[7],引导工程师在实践中养成诚实正直的美德。

R5-15　国外主要的工程师职业伦理章程简介

---

① 马丁,辛津格.工程伦理学[M].李世新,译.北京:首都师范大学出版社,2010:249.
② COECKELBERGH M. Moral responsibility, technology, and experiences of the tragic: from kierkegaard to offshore Engineering[J]. Science and engineering ethics,2012(18):35-48.
③ BEAMON B M. Environmental and sustainability ethics in supply chain management[J]. Science and engineering ethics,2005(11):221-234.
④ [美]土木工程师协会(ASCE)伦理准则[EB/OL].[2016-02-20]. http://www.asce.org/code-of-ethics.
⑤ SON W C. Philosophy of technology and macro-ethics in engineering[J]. Science and Engineering Ethics,2008(14):405-415.
⑥ [美]电气和电子工程师协会(IEEE)伦理准则[EB/OL].[2016-02-20]. http://www.ieee.org/about/corporate/governance/p7-8.html.
⑦ [美]全国职业工程师协会(NSPE)工程师伦理准则[EB/OL].[2016-02-20]. http://www.nspe.org/resources/ethics/code-ethics.

5.2.3 工程职业伦理的实践指向

工程伦理章程不仅从职业伦理的角度表达了对工程师"把工程做好"的实践要求,更寄予工程师"做好的工程"的伦理期望,着力培养并形塑工程师的职业精神。伦理章程不仅为工程伦理的基本价值准则提供合法性与合理性论证,而且还要求工程师将防范潜在风险、践履职业责任的伦理意识以良心的形式内化为自身行动的道德情感,以正义检讨当下工程活动的伦理价值,鼓励工程师主动思考工作的最终目标和探索工程与人、自然、社会良序共存共在的理念,从而形成工程实践中个体工程师自觉的伦理行为模式,主动履行职业承诺并承担相应的责任。

首先,伦理章程要求工程师以一种强烈的内心信念与执着精神主动承担起职业角色带给自己的不可推卸的使命——"运用自己的知识和技能促进人类的福祉"①,并在履行职业责任时践行工程伦理的基本价值准则,并把这种自愿向善的道德努力升华为良心,勉励工程师在工作中"对良心负责,率性而为"②。良心作为个体工程师自愿向善的道德努力,使工程师在履行职业角色所赋予的责任时不再是为了责任而履责,而是工程师对工程共同体必然义务的自觉意识。这表现在:①工程师视伦理章程为工作中的行为准则,它为自己的工程行为立法。②伦理章程时刻在检视工程师的行为动机是否合乎道德要求,通过对自己职业行为可能造成的后果的评估,与他人换位,将心比心,设身处地为可能受到工程活动后果不良影响的他人考虑,对自己行为作进一步权衡与慎重选择,也即"己所不欲,勿施于人"③。③伦理章程敦促工程师在工作中明确自身职业角色和社会义务,不断向善。④伦理章程以其明确的规范帮助工程师摆脱由于盲目的自信所造成的疏忽,引导工程师在平常甚至琐碎的工作中自觉地遵从向善的召唤,主动地为"公众的安全、健康和福祉"担负责任。

其次,伦理章程表征了一种工程-社会秩序以及"应当"的工程实践制度状况,以规范的话语形式力促工程-人-自然-社会整体存在的和谐与完整;它作为"应当"的工程-社会秩序和"应当"的工程实践的制度正义,表达出工程共同体共同的社会意识。不仅如此,伦理章程更重要的是将此种工程-社会正义意识孕育生发为当今技术-工程-社会多维时代的社会责任精神。

再次,伦理章程要求工程师在具体的工作中,把施行负责任的工程实践这一道德要求变为自己内在的、自觉的伦理行为模式,主动履行职业承诺并承担相应的责任。伦理章程将自律建立在工程师自觉认识、理解、把握工程-人-自然-社会整体存在的客观必然性的前提和基础之上,督促工程师主动有为;作为工程职业精神的伦理倡导,自律是工程师对工程-人-自然-社会整体必然存在的一种道德自觉,而这种自觉的过程引领工程师从朦胧未显的工程伦理意识走向明确自主的对责任的担负。可以说,伦理章程所倡导的工程师自律使被动的"我"成长为自由的"我",从而表现为一种从向善到行善的自觉、自愿与自然的职业精神。

---

① 美国机械工程师协会(ASME)协会政策伦理[EB/OL].[2016-02-20]. https://www.asme.org/getmedia/9EB36017-FA98-477E-8A73-77B04B36D410/P157_Ethics.aspx.
② 高兆明.存在与自由:伦理学引论[M].南京:南京师范大学出版社,2004:317.
③ 论语·颜渊篇.

5.3 工程师的职业伦理规范

工程师应该对什么负责？向谁负责？由谁负责？各工程社团的职业伦理章程对工程师的职业伦理规范进行了比较详细的解释，包括：首要责任原则、工程师的权利与责任、工程师的职业美德、如何作正确的伦理决策。

5.3.1 首要责任原则

风险与工程相伴相生，这使人始终被动地处于存在困境中，"公众的安全、健康和福祉"既成为工程-人-自然-社会存在中人的最大现实利益，又构成工程师在履行职业义务时必须首要考虑的现实来源。出于对安全的关注和对可能由工程及其活动引发的灾难进行防护的考虑，在最大程度上避免潜在的、未来的、可能的工程风险带来对人生命及财产的伤害，工程职业伦理章程的制定基本上是以工程师承担相应于职业角色的道德义务与责任、在工程活动中作出或多或少的自我牺牲为特质的。

1. 对安全的义务

风险与安全的关系十分密切，根据工程学和统计学的规律，一个工程项目不确定性越大，它也就越不安全。所以，工程职业伦理章程中关于安全的条款是与减少不确定性相关的。在 NSPE 章程的Ⅱ.1.b 款和Ⅲ.2.b 款中，都要求工程师进行安全的设计，其定义安全设计的术语为"公认的工程标准"。例如，Ⅲ.2.b 款要求工程师"对不符合工程应用标准的计划书和/或说明书，工程师不应加以完善、签字或盖章"；Ⅱ.1.a 款则要求工程师"在公众的安全、健康、财产或幸福面临风险的情况下"，如果他们的职业判断遭到了否决，那么他们有责任"向他们的雇主、客户或其他适当的权力机构通报这一情况"，尽管"其他适当的权力机构"还有待于澄清，但它应该包含地方建筑规范的执行者和管理机构。在工程实践中，减少风险最普遍的观念之一就是"安全要素"的概念。例如，如果一条人行道的最大负载是 1000lb[①]，那么一位谨慎的工程师将按 3000lb 的承载力来设计图纸，即以 3 倍的安全要素对日常用途的人行道进行设计。

工程职业伦理章程对风险的控制，不仅要求工程师通过自我反思而达到的一种自我认识，更需要现实的行动，例如，"工程师应当公开所有可能影响或者看上去影响他们的判断或服务质量的已知的或潜在的利益冲突"[②]，"工程师应努力增进公众对工程成就的了解，防止对工程成就的误解"[③]。

---

① 磅，1lb=0.4536kg。
② [美]全国职业工程师协会(NSPE)工程师伦理准则[EB/OL]. [2016-02-20]. http://www.nspe.org/resources/ethics/code-ethics.
③ 美国机械工程师协会(ASME)协会政策伦理[EB/OL]. [2016-02-20]. https://www.asme.org/getmedia/9EB36017-FA98-477E-8A73-77B04B36D410/P157_Ethics.aspx.

2. 可持续发展

"可持续发展"着眼于人类发展的整体利益和长远利益,将自然纳入伦理的调整范围,并通过"人为自己立法"的积极行动,对工程实施有约束的发展模式,不仅实现代内发展的可持续性,还要确保代际发展的可持续性。在现代欧美国家,"可持续发展"已经成为全社会和各工程主体的首要责任,并在工程的具体运作中,"考虑总的、直接的和最终的所有(工程)产品和进程的环境影响……充分、平衡地考虑社会、后代人和(自然界)其他物种的利益……与把原材料转化为最终产品相联系,施加控制于产品和进程的所有即时的和最终影响"①。

职业伦理章程中的可持续发展观正是基于善之前提下人类享有应然的全面发展权利,但同时也要求工程师对自然世界主动承担起节约资源、保护环境的责任;它强调工程不能仅仅着眼于当前的物质和经济的需要,更应站在为人类安全、健康和福祉的基础上着眼于全面发展、生态良好、生活富裕、社会和谐的未来。

3. 忠诚与举报

工程师背负着多种价值诉求,而这些不同的价值诉求常常将工程师拉向对立的方向,举报正是这些冲突的一种结果。举报涉及诸多伦理问题,其中比较突出的一个问题便是:举报是否是工程师对雇主忠诚的一种背叛?

马丁和辛津格认为,举报"不是医治组织的最好的方法,它仅仅是一种最后的诉求"②,在采取揭发行动之前,应当注意几个实际建议和常识性规则:"①除了特别少见的紧急情况外,首先应当努力通过正常的组织渠道反映情况和意见;②发现问题迅速表达反对意见;③以通达的、体贴的方式反映情况;④既可以通过正式的备忘录,也可以通过非正式的讨论,尽可能使上级知道自己的行动;⑤观察和陈述要准确,保存好记录相关事件的正式文件;⑥向同事征询建议以避免孤立;⑦在把事情捅到机构外部之前,征求所在职业学会伦理委员会的意见;⑧就潜在的法律责任问题咨询律师的意见。"③

一个举报者之所以甘冒事业风险,毅然选择举报,正是由于他意识到了自己所肩负的社会责任。例如,在著名的挑战者号灾难中,当著名的举报者罗杰·博伊斯乔利被问到是否对自己的举报行为感到后悔时,他说,他为他的工程师身份感到自豪,作为一名工程师,他认为他有义务提出最好的技术判断,去保护包括宇航员在内的公众的安全④。因此,站在公众的立场,举报体现了工程师对社会的忠诚。其实,选择举报其实是举报者的一种无奈之举,组织应该对举报负主要的责任。在许多工程伦理案例中可以发现,举报者在举报之前,其实已经竭尽所能,穷尽了各种组织所认可的途径,但组织对他的警告完全漠视,以致最后他不得不选择举报。

---

① BEAMON B M. Environmental and sustainability ethics in supply chain management [J]. Science and Engineering Ethics, 2005(11): 221-234.
② 马丁,辛津格.工程伦理学[M].李世新,译.北京:首都师范大学出版社,2010:194.
③ 同②
④ 哈里斯,普里查德,雷宾斯.工程伦理概念和案例[M].丛杭青,沈琪,等译.北京:北京理工大学出版社,2006:2.

5.3.2 工程师的权利与责任

在具体的工程实践活动中,工程师需要履行职业伦理章程所要求的各种责任,这也意味着,工程师的权利必须得到尊重。

1. 工程师的权利

工程师的权利指的是工程师的个人权利。作为人,工程师有生活和自由追求自己正当利益的基本权利,例如在雇用时不受基于性别、种族或年龄等因素的不公正歧视的权利。作为雇员,工程师享有作为履行其职责回报的接受工资的权利、从事自己选择的非工作的政治活动而不受雇主的报复或胁迫的权利。作为职业人员,工程师有由他们的职业角色及其相关义务产生的特殊权利。

一般来说,作为职业人员,工程师享有下列八项权利:①使用注册职业名称;②在规定范围内从事执业活动;③在本人执业活动中形成的文件上签字并加盖执业印章;④保管和使用本人注册证书、执业印章;⑤对本人执业活动进行解释和辩护;⑥接受继续教育;⑦获得相应的劳动报酬;⑧对侵犯本人权利的行为进行申述。上述八项权利中,最重要的是第二条和第五条权利。

雇员权利是涉及作为一个雇员地位的任何权利——道德的或者法律的。它们与职业权利有些交叉,而且它们还包括由组织政策或雇用合同形成的机构权利,例如,领取在合同中规定的工资的权利、平等就业机会的权利、隐私权利和反对性骚扰的权利等。

2. 工程师的责任

工程职业伦理章程中已形成制度化的"工程师应当……"的话语系统以他律的方式检视、评估工程师是否在工程生活中践履工程师的义务-责任、过失-责任和角色-责任。"义务-责任指的是工程师遵守甚至超越职业标准的积极责任。过失-责任指的是伤害行为的责任。角色-责任指的是,由于处于一种承担了某种责任的角色中,一个人承担了义务-责任,并且也会因为伤害而受到责备。"[1]

首先,工程师必须遵守法律、标准的规范和惯例,避免不正当的行为,要求工程师必须"努力提高工程职业的能力和声誉"[2],"以一种有益于客户和公众,并且不损害自身被赋予的信任的方式使用专业知识和技能的义务"[3]来避免伤害的产生,承担义务-责任。其次,伦理章程严厉禁止工程师随意的、鲁莽的不负责任的行为,并要求工程师对自己工作疏忽造成的伤害承担过失-责任。同时,根据已有的工程实践历史及经验,提醒工程师不要因为个人的私利、害怕、无知、微观视野、对权威的崇拜等因素干扰自己的洞察力和判断力,对自己的判断、行为切实负起责任。最后,责任有时涉及一个承担某个职位或管理角色的人,例如,"对不符合适当工程标准的计划和/或说明书,工程师不应当完成、签字或盖章。如果客户或

---

[1] 哈里斯,普里查德,雷宾斯.工程伦理概念和案例[M].丛杭青,沈琪,等译.北京:北京理工大学出版社,2006:33.
[2] [美]土木工程师协会(ASCE)伦理准则[EB/OL].[2016-02-20].http://www.asce.org/code-of-ethics.
[3] 同[1]16.

雇主坚持这种不职业的行为,他们应当通知适当的当局"①。

3. 如何做到权责平衡

工程师在职业活动中要达到权利与责任之间的平衡,是需要实践智慧的,这是一种寻求、标识工程活动中工程师主动践履"应当"责任要求的本质行为或"能力"。

首先,工程师要在胜任工作和可能引发的工程风险之间寻求平衡。其次,在工程生活中,尽管"我-它"关系缺乏亲密,但是工程师也必须对"它"承担超出切近的责任,付诸"我"对"它"的善意(goodwill)。正如在"阻止一份危险的合同"案例中,由于萨姆担心公司生产的新型地雷会对更广泛的公众产生更大的危险性,所以他宁愿舍弃巨额利润并且支付1.5万美元的赔偿金,也要与北约政府机构解除合约。在阻止合同的工程行为中,萨姆克服了对物质利益的欲望与追求,自觉避免了他"以一种自然缺陷(体现出的)恶"(moral evil as a kind of natural defect),主动展现了他善良的美德(virtue as goodness of the will)②,践履了职业责任。最后,工程师要能始终保持个人完整性(integrity),在工程实践与个人生活中都是一个"完整的人"。在《斯坦福哲学百科全书》中,"完整性"被看作一个"集束概念"(cluster concept)③——"完整性本身不是一种美德,它更是一种合成的美德,(它将勇气、忠诚、诚实、守诺等美德组合成为)一个连贯协调的(美德)整体,也就是我们所说的,(形成了一个人)真正意义上的性格(character)"④。在工程实践情境中,完整性意指工程师在工程活动中能始终保持自身人格与德性的完整无缺、不受侵蚀;亦即在道德的意义上,要求工程师能忠诚地坚守他/她的价值观并拒绝妥协,在工程实践和个人生活中真实地做他/她自己,能够自愿选择并"正确行动",主动承担起各种职业责任。

R5-16 "阻止一份危险的合同"案例

5.3.3 工程师的职业美德

工程师最综合的美德是负责任的职业精神。在弗罗曼(Samuel C. Florman)看来,很好地完成自己工作的工程师是道德上善良的工程师,而做好工作是以胜任、可靠、发明才智、对雇主忠诚以及尊重法律和民主程序等更具体的美德来理解的。

---

① [美]全国职业工程师协会(NSPE)工程师伦理准则[EB/OL]. [2016-02-20]. http://www.nspe.org/resources/ethics/code-ethics.
② 参见:FOOT P. Natural goodness[M]. Oxford:Oxford University Press,2001.
③ 参见:Stanford encyclopedia of philosophy [DB/OL]. [2014-01-12]. http://plato.stanford.edu/entries/integrity/.
④ SOLOMON R C. A better way to think about business:how personal integrity leads you to corporate success [M]. New York:Oxford University Press,1999.

1. 诚实可靠

工程师的职业生活常常要求强调某些道德价值的重要性,比如诚实可靠。因为工程师的职业活动事关公众的安全、健康和福祉,人们要求和期望工程师自觉地寻求和坚持真理,避免有所欺骗的行为。

NSPE 伦理准则的 6 条基本守则中有 2 条涉及诚实可靠。第三条守则要求工程师"只以客观和诚实的方式发布公共声明",而第五条守则要求工程师"避免欺骗行为"。这些要求统称为诚实责任,也是工程职业伦理所要求的职业美德。工程师必须是客观的和诚实的,不能欺骗。诚实可靠禁止工程师撒谎,还禁止工程师有意歪曲和夸大,禁止压制相关信息(保密的信息除外),禁止要求不应有的荣誉以及其他旨在欺骗的误传。而且,诚实可靠还包括没能做到客观的过失,例如因疏忽而没能调查相关信息和个人的判断受到扭曲。

几乎所有的工程社团的职业伦理章程都提出了对工程师诚实可靠的要求。IEEE 伦理章程准则 3 鼓励所有成员"在基于已有的数据作出声明或估计时,要诚实或真实";准则 7 要求工程师"寻求、接受和提供对技术工作的诚实批判"。ASME 基本原则 2 规定,工程师必须"诚实和公正"地从事他们的职业,"只能以一种客观的和诚实的态度来发表公开声明"。

2. 尽职尽责

从职业伦理的角度来看,工程师的"尽职尽责"体现了"工程伦理的核心"[1],它"是以胜任、可靠、发明才智、对雇主忠诚以及尊重法律和民主程序等更具体的美德来理解的"[2]。例如,"工程师只在自己能力范围内提供服务"[3],"在处理所有关系时,工程师应当以诚实和正直的最高标准为指导"[4],"对于系统存在的任何危险的迹象,必须向那些有机会和/或有责任解决它们的人报告"[5]。作为工程师行为要求、评价的准则,胜任、诚实、忠诚、勇敢等个人品格无疑具有规范的意义;"将公众的安全、健康和福祉放在首位;只在自己能力胜任的领域从事业务;仅以客观的和诚实的方式发布公开声明;作为忠实的代理人或受托人为每一位雇主或客户服务;避免欺骗性行为;体面地、负责任地、合乎道德地以及合法地行事,以提高本职业的荣誉、声誉和作用"[6],意味着在工程实践中工程师诸多的职业责任。"尽职尽责"亦被理解为个体工程师内在的德性和品格。因此,工程职业伦理章程在工程活动的道德实践中敦促工程师要逐渐形成内在的诸如胜任、诚实、勇敢、公正、忠诚、谦虚等美德。

3. 忠实服务

服务是工程师开展职业活动的一项基本内容和基本方式;"诚实、公平,忠实地为公众、

---

[1] FLORMAN S C. The civilized engineer[M]. New York: St. Martin's Press, 1987: 101.
[2] 马丁,辛津格.工程伦理学[M].李世新,译.北京:首都师范大学出版社,2010:73.
[3] [美]土木工程师协会(ASCE)伦理准则[EB/OL].[2016-02-20]. http://www.asce.org/code-of-ethics.
[4] [美]全国职业工程师协会(NSPE)工程师伦理准则[EB/OL].[2016-02-20]. http://www.nspe.org/resources/ethics/code-ethics.
[5] [美]美国计算机学会(ACM)伦理章程与职业守则.
[6] 同④.

雇主和客户服务"[①]已然是当代工程职业伦理规范的基本准则。

服务是工程师为公众提供工程产品、集聚社会福利、满足社会发展和实现公众善需要的行为或活动，从而呈现出工程师与社会、公众之间基于正谊谋利的帮助关系。因为工程实践的过程充满了风险和挑战，工程活动的目标和结果可能存在不可准确预估的差距，工程产品也极有可能因为人类认识的有限性而对社会发展和公众生活存有难以预测的危害。所以在西方各工程社团的职业伦理章程中，都开宗明义地指出"工程师所提供的服务就需要诚实、公平、公正和平等，必须致力于保护公众的健康、安全和福祉"[②]。工程活动及其产品通过商业化的服务行为满足社会和公众的需要，并通过"引进创新的、更有效率的、性价比更高的产品来满足需求，使生产者和消费者的关系达到最优化状态"[③]，促进社会物质繁荣与人际和谐。由此看来，服务作为现代社会中人类工程活动的一个伦理主题，是经济社会运行的商业要求（正谊谋利、市场竞争），服务意识赋予现代工程职业伦理价值观以卓越的内涵。

作为一种精神状态，忠实服务是工程师对自身从事的工程实践伦理本性的内在认可；作为一种现实行为，忠实服务表现为工程师对践行"致力于保护公众的健康、安全和福祉"职责的能动创造。

5.3.4 应对职业行为中的伦理冲突

工程师职业伦理章程为工程师提供了被公认的价值观和职业责任选择，但是，在实际的工程实践情境中，工程师面临的问题不仅仅局限于伦理准则，还有具体实践境域下的角色冲突、利益冲突和责任冲突。

1. 回归工程实践以应对角色冲突

工程师在社会生活中不可避免地扮演着多重角色，不同的角色有不同的责任、追求以及他人的期待。当工程师作为职业人员的时候，他是一个职业人；工程师受雇于企业，他还是雇员；另外工程师可能在企业当中担任管理者的角色；此外他作为社会人，也是社会公众的一员，他还是家庭中的一员，甚至是某些社会组织中的成员。角色冲突导致了工程师所处的道德行为选择困境。首先，作为职业人，工程师一方面受雇于企业，另一方面，工程师有自己的职业理想。当企业的决策明显会危害到社会公众的健康福祉，或者工程师能预测到这种危害时，工程师就面临着角色冲突，这就是戴维斯所说的工作追求和更高的善的追求之间的冲突。工程师同时作为职业人员和企业的雇员，二者产生冲突的时候，则面临着忠于职业还是忠于企业的选择。其次，工程师作为社会公众的一员，和众多公众一样要遵守一般道德。通常情况下，工程师把公共善的实现放在首位，与一般道德的价值方向一致，不会产生冲突。但是工程活动是一项复杂的社会实践，涉及企业、工程师群体以及社会公众甚至政府。当工程师实践过程中的行为与一般道德要求相冲突的时候，他就陷入了角色冲突。第

---

① [美]土木工程师协会（ASCE）伦理准则[EB/OL].[2016-02-20]. http://www.asce.org/code-of-ethics.
② [美]全国职业工程师协会（NSPE）工程师伦理准则[EB/OL].[2016-02-20]. http://www.nspe.org/resources/ethics/code-ethics.
③ 所罗门.伦理与卓越——商业中的合作与诚信[M]. 罗汉，黄悦，谭盼盼，姚玮堤，译. 上海：上海译文出版社，2006：183.

三,工程师还可能是企业的管理者。工程师与管理者的职业利益不同,这使得他们成为同一组织中的两个范式不同的共同体。当企业的决策可能对公众安全、健康和福祉造成威胁时,处于企业决策者位置的工程师就面临着角色道德冲突。

为什么工程师会遭遇到角色冲突呢?这是因为,首先,运气的存在使得工程师很难兼顾自己的职业角色和个人生活中的其他多种角色。在"受雇用的机会"案例中(见二维码R5-17),无论杰拉尔德作出何种选择和行动,他都会感觉到遗憾①,工程职业伦理章程并未充分考虑生活的复杂性,只是将"工程师应当……"单纯地诉诸个人的工程实践要求,这就必然"在'道德上表现得卓越'和'生活得好'之间产生一个'断裂'"②。作为儿子,杰拉尔德有责任为患重病的父亲赚取医疗费;作为员工,他有责任为他履职的杀虫剂公司忠诚工作;作为一个理性的社会人和有良知的工程师,他负有"遵守可持续发展"的义务。于是在杰拉尔德身上,产生了角色冲突。

其次,职业伦理章程中对职业责任和雇员责任不偏不倚的强调,也常会导致角色冲突的发生。比如在"铲车手"案例中(见二维码R5-18),布赖恩作为职业工程师,必须"将公众的安全、健康和福祉放在首位",所以他必须拒绝上司的命令,甚至向上级有关部门举报公司的行为。可是,作为雇员的"做每位雇主或客户的忠实代理人或受托人,避免利益冲突,并且绝不泄露秘密"③职责,又要求他遵从上司命令。职业伦理章程中职业责任和雇员责任在具体工程实践情境下的矛盾,会导致工程师的职业角色和雇员角色的冲突。

R5-17 "受雇用的机会"案例

R5-18 "铲车手"案例

工程师角色冲突的解决有赖于宏观与微观方面建立一套机制。宏观层面的工程职业建设,为问题的解决提供制度保证和理论基础;微观层面对工程师个体的道德心理进行关怀,培育工程师的道德自主性,为制度建立内在的道德基础。首先,职业建设为解决冲突提供宏观制度背景。工程职业的技术标准和伦理标准是工程职业建设的两个最主要的方面,技术标准是职业在工程质量方面的承诺,而伦理标准是对职业人员职业行为的承诺。其次,增强工程师个体道德自主性的实践。只有当工程师把规范条文内化为自己的道德原则,从内心认同接受的时候,才能自觉地产生道德行为,作出合理的道德选择。最后,回归工程实践。角色冲突的出现和解决构成了工程实践的一部分,伴随着工程实践的始终,而工程实践也就是角色冲突的不断产生和不断解决。

---

① 参见:威廉斯.道德运气[M].徐向东,译.上海:上海世纪出版股份有限公司,2007:40-50.在工程生活中,"遗憾"必然涉及工程师"但愿事情已经是别的样子"这一愿望,它表达了工程师在理性慎思中对各种可能性的理性评价,以及在事后对自己行动所产生的"对……负责"的优化排列。由于运气的存在,"遗憾"不仅表达了工程师"负责任的能动性"(responsible agency),而且也从负责的角度表达了他作为一个人的同一性。
② 徐向东.自我、他人与道德——道德哲学导论(下册)[M].北京:商务印书馆,2009:569.
③ 同①.

2. 保持多方信任以应对利益冲突

工程中的利益冲突问题是工程伦理和工程职业化中的一个重要话题。工程中利益冲突的种类既包括了个体利益(工程师)与群体利益(公司)之间的冲突,也包括个体利益(工程师)与整体利益(社会公众)之间的冲突,同时也包括群体利益(公司)与整体利益(社会公众)之间的冲突。

首先是公司与社会公众之间的利益冲突。作为营利性的组织,公司所作出的决策都是遵循利益最大化的原则;而当公司的这种实现自身利益的活动影响到社会公众的利益(即安全、健康与福祉)的时候,公司与社会公众之间的利益冲突就发生了。

其次是工程师与公司之间的利益冲突。工程师受雇于公司,有责任以自己的职业技能作出准确和可靠的职业判断,并代表雇主的利益。但工程师与公司之间也时常会发生利益冲突,其中有两种情形:①当雇主或客户提出的要求违背工程师的职业伦理,或者可能危害到社会公众的安全、健康或福祉时,工程师是坚持己见与雇主或客户进行抗争,还是屈服于雇主或客户的要求,而不顾及社会公众的利益;②外部私人利益影响了工程师的职业判断,使其产生偏见,而作出不利于公司利益的判断。

最后是个体工程师与社会公众之间的利益冲突。不同于其他的一般职业,工程中利益冲突的对象并不只局限于工程师个体和公司群体这两方面,还常常会涉及"公众"这一重要的利益主体。工程师既是公司的一员,也是社会的一员。工程师既要考虑公司的利益,也同样要为社会公众的安全、健康与福祉负责。这里也有两种冲突的情形:①当工程师面对公众利益与私人利益的选择时,就会有利益冲突的发生;②当公司利益与公众利益发生冲突,雇主或客户所提出的要求影响到工程师的职业判断,进而使社会公众的安全、健康与福祉受到损害时,这也是发生在工程师与公众之间的利益冲突。

在工程师的日常工作中经常会发生利益冲突的情形。工程师该如何应对可能发生的利益冲突?这就要求工程师尽可能地回避利益冲突。具体到工程实践情境,它包含以下五种"回避"利益冲突的方式:①拒绝,比如拒收卖主的礼物;②放弃,比如出售在供应商那里所持有的股份;③离职,比如辞去相关委员会中的职务,因为公司的合同是由这个委员会加以鉴定的;④不参与其中,比如不参加对与自己有潜在关系的承包商的评估;⑤披露,即向所有当事方披露可能存在的利益冲突。前四种方式都归于"回避"的方法。回避利益冲突的方法就是放弃产生冲突的利益。通过回避的方法来处理利益冲突总是有代价的,即有个人损失的发生。其中不同的是,"拒绝"是被动地失去可获得的利益,而"放弃"是主动放弃个人的已有利益。而"披露"能够避免欺骗,给那些依赖于工程师的当事方知情同意的机会,让其有机会重新选择是找其他工程师来代替,还是调整其他利益关系。

3. 权益与变通以应对责任冲突

责任冲突是指工程师在工程行为及活动中进行职责选择或伦理抉择的矛盾状态,即工程师在特定情况下表现出的左右为难而又必须作出某种非此即彼选择的境况。在具体的工程实践场景中,相互冲突的责任往往表现在个人利益的正当性、群体利益的正当性、原则的正当性。因此,工程师需要作四类提问。

第一,该行动对"我"有益吗?在有些情况下,如果我们认为某一行动是有益行动,只要我们能显示这种行动对我们有益,我们就能证明自己的这种认识是正确的。

第二,该行动对社会有益还是有害?工程师在进行伦理思考时,不能仅考虑这一行动对自己是否有益,而是应该进一步考虑该行动对受其影响的所有人是否有益。

第三,该行动公平或正义吗?我们所有人都承认的公平原则是,同样的人(同等的人)应该受到同样的(同等的)待遇。进而,这引出了下一个问题,该行动侵犯别人的权利吗?

第四,"我"有没有承诺?假如有过承诺,那么应该信守承诺,做这件事就又有了一个正当理由。

通过上述反思,工程师至少可以寻找到一个满意的方案。工程社团职业伦理章程常常提供解决困境的直截了当的答案,但也有矛盾的地方。公认的准则是把公众的安全、健康和福祉放在首要位置,但是当公众利益与雇主、客户利益冲突,如何做到诚实和公平?这就需要在具体的伦理困境中的权宜与变通。

我们来看一个案例①:

戴维德是一位固体废物处理的专业工程师。在他所工作的麦迪森县,固体废物规划委员会(SWPC)计划在该县一处人烟稀少的地方建立公共废物填埋场。然而,该县少数富人想买下紧挨着这个拟议中的填埋场的一大片土地,因为他们打算建一座有豪华住宅环绕的私人高尔夫球场。富人们认为那里是麦迪森县最美丽的地区之一,在拟议地点建立垃圾填埋场会损害他们安居休闲的权利,因此建议①将垃圾填埋场改建到县内贫民集中居住的地区,这样方便废物运输、清理和及时填埋;或者②将垃圾填埋场迁址到临近麦迪森县最贫瘠地区的土地上,因为只有8000人(麦迪森县有10万居民)住在那里。

戴维德该如何化解公众利益与雇主利益的冲突?如何诚实公平地履行自己的职业责任和雇员责任?

第一,戴维德必须要耐心地倾听富人、城中贫民和郊区居民的权益要求,而且,也不能轻视乃至忽视任何选择下环境可能遭受的最坏影响。富人们有休闲娱乐、提高生活质量的权利,城中贫民和郊区居民也有健康生活和安居不受侵扰的权利;而且,为了后代人也能安乐生活在这个地方,戴维德还要考虑在任一区域建设垃圾填埋场可能对环境和生态产生的负面作用。

第二,戴维德要设身处地地思考他们提出的各种权益要求,深度权衡利益之间的矛盾与冲突,仔细比较各利益的受众面和影响程度;同时,梳理规范、准则对戴维德提出的责任要求,针对以上利益诉求考察并初步筛选已给出的行动方案。

第三,尊重生活传统给予自己的道德信念与良知,忠实于工程实践与个人真实生活的同一,戴维德将再度甄选已给出的三个行动方案(一个政府提出的,两个富人们提出的),寻找出利益诉求的矛盾焦点:何种利益是根本利益?何种利益更贴近于"好的生活"的实现?

第四,戴维德要慎思自己工程行为的伦理优先顺序:富人们休闲娱乐、提升生活品质的权益需要尊重,城中贫民和郊区居民生命健康和安乐生活的权益需要维护,环境的可持续发展有利于子孙后代的幸福生活,在这些利益中,最基本的权利是人的生存和健康,这是任何其他权利实现的必要前提,也是当代人追求"好的生活"的必需条件。因此,保护城中贫民和郊区居民的生命健康和生活成为戴维德行动的首要考虑;其次是尽可能降低污染影响,保护生态环境;最后才是考虑富人们的娱乐休闲权利。

---

① 参见:哈里斯,普里查德,雷宾斯.工程伦理概念和案例[M].丛杭青,沈琪,等译.北京:北京理工大学出版社,2006:59.

第五，用道德敏感性"过滤"规范对自己的责任要求，身临其境地"想象"已给出三个方案的可能后果，更新对规范的认识，将温暖关怀"你""它"的道德情感现实转化为改进富人们提出的第二方案的意志冲动，即在原方案的基础上，增加对居住于郊区的 8000 人以给予足够的经济补偿，政府也要在城内或城郊其他地方给予他们不差于此前生活标准和居住条件的妥善安置；同时，在填埋场附近建造污染监测站，招标生物清洁公司及时处理已发生的或潜藏的污染风险，维持该地区的生态平衡。

良好工程目标的实现固然离不开工程师"遵行责任"开展工程活动，但其最终的真正实现还是依赖于工程师是否能在整个工程生活中践履各层次责任并始终彰显卓越的力量。因此，工程师要按照伦理章程的规范要求遵循职责义务，根据当下的工程实际反思、认识、实践规范提出的道德要求，变通、调整践履责任的行为方式，不断探索和总结"正确行动"的手段、途径。

本章概要

1. 工程是一门职业

工程是一种涉及高深的专业知识、自我管理和公众利益的服务，它通常在自己的职业伦理章程中明确表达了公共善。这意味着：第一，成为职业工程师要求经历一段长期的专业知识、技术和技能的训练；第二，职业工程师需通过职业社团进行自主的自我管理；第三，工程职业服务于公众的安全、健康和福祉并提供技术解决方案。

2. 职业需要伦理

为了防止职业人员滥用权力，职业需要具体化为行为规范的伦理标准，即职业伦理。对作为职业的工程而言，工程伦理是一种预防性的伦理，它旨在预防道德伤害和可避免的伦理困境，帮助职业工程师进行伦理反思，作出正确的行动。

3. 工程师的职业伦理规范

工程社团的职业伦理章程确定了工程师的具体职业伦理规范，它一般包括：首要责任原则、工程师的权利与责任、工程师的职业美德，并尽可能通过规范条款详细地说明在不同工程实践情境下工程师如何作出正确的伦理决策。

参考案例

参考案例 1　中国奶业标准到底该由谁来制定

在 2008 年中国奶制品污染事件之后，由原卫生部牵头，启动重新制定乳制品的《杀菌乳安全标准》《灭菌乳安全标准》和《生鲜乳安全标准》的工作，而这三个标准的起草者为国内两大乳制品巨头——蒙牛和伊利，这使得中国整个乳制品行业陷入了各执一词的大争论。企业之所以争着起草标准，是因为企业完全可能在技术、概念界定等方面作出利于本企业发展的标准参数。

中国奶业标准到底该由谁来制定？

奶业标准如何保证公平性和适用性？
奶业标准如何保护公众的利益？

R5-19　牛奶新标准引发激烈博弈

参考案例2　熊很舒服?!

2012年2月,福建归真堂药业股份有限公司试图通过上市融资扩大生产规模的消息传出后,一石激起千层浪,引发了民众的热切关注和质疑,"活熊取胆""熊很舒服"一夜之间成为网络热词。社会质疑的目的无他,就是请归真堂做一家有良心的企业。动物保护主义者们提倡"没有买卖就没有杀戮",坚决抵制归真堂活熊取胆。但是,中国中药协会支持归真堂,会长房书亭认为,熊胆在中医临床上的作用不可替代。

职业协会应该如何维护其成员的利益？
行业协会如何在社会、企业和公众间摆正自己的位置？
企业在经济利益谋取与道德情操坚守前该何去何从？

R5-20　职业的良心

参考案例3　女性的工作能力不如男性吗？

布伦达·琼斯是XYZ公司的一名化学实验技师,当她想在职业生涯中进一步发展时,她的上司断然拒绝了她提出的工艺化学师岗位申请,因为上司对她的处事能力表示怀疑,"如果你的孩子生病了,那么你该怎么办？工厂还得运行,当你留在家里照看孩子时,他们是不会等着你的"。难道仅仅因为琼斯是女性,就要一次次地错过机会吗？

职业女性如何冲破性别阻力？
在职业中,女性该如何自我定位？
女性如何在职业中争取自己的平等权利？

R5-21　女性的职业困境

参考案例 4　怎样才能避免利益冲突？

麦克唐奈 & 米勒公司怎样才能避免利益冲突的出现？

作为锅炉和压力容器专业委员会的主席，T. R. 哈丁负有什么样的责任？他该如何以不同于前述处理问题的方式来保护 ASME 的利益？

一旦出现利益冲突，工程社团该怎样保护他们的利益？

对 ASME 不利的最终判决是公平的吗？为什么是或者为什么不是？

ASME 修订的利益冲突规章解决了所有的问题吗？为什么是或者为什么不是？

R5-22　美国机械工程师学会（ASME）起诉流体控制
设备制造公司（Hydrolevel Corporation）案例

思考与讨论

1. 戴维斯（Michael Davis）这样定义"职业"："职业是许多从事相同工作的个体为了生计而自愿地组织起来，并以超越法律、市场、道德以及公众所要求的道德允许的方式，公开侍奉一个道德理想。"他提出，木匠、理发师、守门人及其他围绕一个共同的伦理准则来从事一项工作的人群，都应当看作是职业人员。请结合本章有关对职业的论述及其相关案例，谈谈你对职业的理解。

2. 结合本章对工程职业和工程职业伦理的论述，结合本章参考案例，谈谈你对工程职业精神的理解。

3. 很多从事具体工作的职业工程师认为，在现实的工作情境中，工程师采取某项职业行动的动机是什么无关紧要，重要的是做正确的事情。请结合工程的特点和本章对工程职业伦理规范的阐释，参考国内外工程职业社团的伦理章程，思考并讨论工程师在从事职业活动时"负责任行为"的标准。

4. 通过本章的学习，查阅相关资料，思考并讨论在当前中国"一带一路""中国制造 2025"发展趋势下"职业工程师"的标准。

参考文献

[1] DAVIS M. Thinking like an engineer[M]. New York：Oxford University Press，1998.

[2] DAVIS M，STARK A. Conflict of interest in the professions[M]. New York：Oxford University Press，2002.

[3] LAYTON E T. Revolt of the engineers：social responsibility and the American engineering profession

[M]. Baltimore: Johns Hopkins University Press, 1986.
[4] FOOT P. Natural goodness[M]. Oxford: Oxford University Press, 2001.
[5] FLORMAN S C. The civilized engineer[M]. New York: St. Martin's Press, 1987.
[6] SOLOMON R C. A better way to think about business: how personal integrity leads you to corporate success[M]. New York: Oxford University Press, 1999.
[7] 马克思,恩格斯.马克思恩格斯全集(第3卷)[M].中共中央马克思恩格斯列宁斯大林著作编译局,编译.北京:人民出版社,1960.
[8] 亚里士多德.尼各马科伦理学[M].廖申白,译注.北京:商务印书馆,2003.
[9] 哈里斯,普里查德,雷宾斯.工程伦理概念和案例[M].丛杭青,沈琪,等译.北京:北京理工大学出版社,2006.
[10] 所罗门.伦理与卓越——商业中的合作与诚信[M].罗汉,黄悦,谭旼旼,姚玮堤,译.上海:上海译文出版社,2006.
[11] 戴维斯.像工程师那样思考[M].丛杭青,沈琪,等译校.杭州:浙江大学出版社,2012.
[12] 马丁,辛津格.工程伦理学[M].李世新,译.北京:首都师范大学出版社,2010.
[13] 威廉斯.道德运气[M].徐向东,译.上海:上海世纪出版股份有限公司,2007.
[14] 甘绍平.应用伦理学前沿问题研究[M].南昌:江西人民出版社,2002.
[15] 高兆明.存在与自由:伦理学引论[M].南京:南京师范大学出版社,2004.
[16] 徐向东.自我、他人与道德——道德哲学导论(下册)[M].北京:商务印书馆,2009.
[17] GUNN A S. Integrity and the ethical responsibilities of engineers[C]//GOLDBERG D E. Philosophy and engineering: an emerging agenda[DB/OL]. Springerlink, 2010.
[18] BEAMON B M. Environmental and sustainability ethics in supply chain management[J]. Science and Engineering Ethics, 2005(11): 221-234.
[19] COECKELBERGH M. Moral responsibility, technology, and experiences of the tragic: from kierkegaard to offshore engineering[J]. Science and Engineering Ethics, 2012(18): 35-48.
[20] DOORN N. Responsibility ascriptions in technology development and engineering: three perspectives [J]. Science and Engineering Ethics, 2012(18): 69-90.
[21] UNGER S. Codes of engineering ethics[C]//JOHNSON D C. Ethical issues in engineering. New Jersey: Prentice-Hall, 1991, 105-129.
[22] SON W C. Philosophy of technology and macro-ethics in engineering [J]. Science and engineering ethics, 2008(14): 405-415.
[23] 戴维斯.中国工程职业何以可能[J].工程研究:跨学科视野中的工程,2007,3(1):132-141.
[24] [美]全国职业工程师协会(NSPE)工程师伦理准则[EB/OL].[2016-02-20]. http://www.nspe.org/resources/ethics/code-ethics.
[25] ACM/IEEE-CS"软件工程伦理与职业行为"联合工作组.[美]软件工程伦理与职业行为准则(完整版)[EB/OL].[2016-02-20]. http://www.sqa.org.uk/e-learning/ProfIssues03CD/page_04.htm.
[26] [美]化学工程师协会(AIChE)伦理准则[EB/OL].[2016-02-20]. http://www.aiche.org/about/code-ethics.
[27] [美]土木工程师协会(ASCE)伦理准则[EB/OL].[2016-02-20]. http://www.asce.org/code-of-ethics.
[28] 美国机械工程师协会(ASME)协会政策伦理[EB/OL].[2016-02-20]. https://www.asme.org/getmedia/9EB36017-FA98-477E-8A73-77B04B36D410/P157_Ethics.aspx.
[29] [美]电气和电子工程师协会(IEEE)伦理准则[EB/OL].[2016-02-20]. http://www.ieee.org/about/corporate/governance/p7-8.html.

第6章 土木工程的伦理问题

引导案例：湖南凤凰县沱江大桥特大坍塌事故

1. 基本情况

2007年8月13日，湖南省凤凰县正在建设的堤溪沱江大桥发生特别重大坍塌事故，造成64人死亡，4人重伤，18人轻伤，直接经济损失3974.7万元。沱江大桥全长328.45m，桥面宽度13m，设3‰纵坡，桥型为4孔65m跨径等截面悬链线空腹式无铰拱桥。大桥桥墩高33m，且为连拱石拱桥。沱江大桥于2004年3月12日开工，计划工期16个月。事故发生时，大桥腹拱圈、侧墙的砌筑及拱上填料已基本完工，拆架工作接近尾声，计划于2007年8月底完成大桥建设所有工程，9月20日竣工通车，为湘西自治州50周年庆典献礼[①]。

根据事故调查和责任认定，政府相关主管部门、建设单位、施工单位、监理单位、标段承包人等24名责任人被追究刑事责任，分别被判处3～19年有期徒刑，33名责任人受到党纪、政纪处分，建设、施工、监理等单位分别受到罚款、吊销安全生产许可证、暂扣工程监理证书等行政处罚，同时责成湖南省人民政府向国务院作出深刻检查。

2. 事故原因

1) 直接原因

由于大桥主拱圈砌筑材料未满足规范和设计要求，拱桥上部构造施工工序不合理，主拱圈砌筑质量差，降低了拱圈砌体的整体性和强度，随着拱上荷载的不断增加，造成1号孔主拱圈靠近0号桥台一侧3～4m宽范围内，即2号腹拱下的拱脚区段砌体强度达到破坏极限而坍塌，受连拱效应影响最终导致整座桥坍塌(图6-1)。

2) 间接原因

一是建设单位严重违反建设工程管理的有关规定，项目管理混乱，对已发现的施工质量不符合规范、施工材料不符合要求等问题未认真督促整改，未经设计单位同意擅自与施工单位变更原主拱圈设计施工方案，且盲目倒排工期赶进度、越权指挥施工，甚至要求监理不要上桥检查，疏于对工程施工、监理、安全等环节的监督检查且对检查中发现的问题未督促整改。

---

① 新浪新闻中心.湖南凤凰县沱江大桥特大坍塌事故处理结果[EB/OL].(2008-04-22)[2016-02-20]. http://news.sina.com.cn/c/2008-01-22/112414800417.shtml.

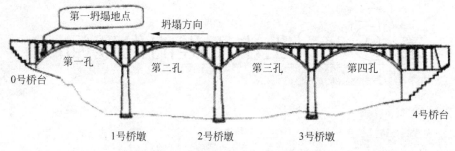

图 6-1 沱江大桥垮塌事故现场示意图①

二是施工单位严重违反有关桥梁建设的法律法规及技术标准，施工质量控制不力，现场管理混乱，未经设计单位同意擅自变更原主拱圈施工方案，项目经理部未配备专职质量监督员和安全员，为抢工期连续施工主拱圈、横墙、腹拱、侧墙，在主拱圈未达到设计强度的情况下就开始落架施工作业，降低了砌体的整体性和强度，对工程施工安全质量工作监管不力。

三是工程监理单位未能依法履行工程监理职责，对施工单位擅自变更原主拱圈施工方案未予以坚决制止，在主拱圈施工关键阶段对发现施工质量问题督促整改不力，还在主拱圈砌筑完成但拱圈强度资料尚未测出的情况下，即在验收砌体质检表、检验申请批复单、施工过程质检记录表上签字验收合格。派驻现场的技术人员不足，半数监理人员不具备执业资格。对驻场监理人员频繁更换，不能保证大桥监理工作的连续性。

此外，设计和地质勘察单位违规将勘察项目分包给个人，现场服务和设计交底不到位，政府有关部门对工程建设立项审批、招投标、质量和安全生产等方面的工作监管不力，对大桥工程的质量监管严重失职，湘西州政府要求盲目赶工期向"州庆"50 周年献礼等，也是导致事故的重要原因。

3. 分析与思考

这是一起由于擅自变更施工方案而引发的生产安全责任事故。这起事故的发生，暴露了该项目的建设、施工、监理单位等相关责任主体未能认真履行相关的安全责任和义务，没有按照国家法律、法规和工程建设的质量安全标准、规范、规程等进行建设施工。企业负责人和相关人员法制意识淡薄，未落实安全生产责任制。

沱江大桥坍塌事故中，建设单位为国有独资公司，在招投标方面没有违规操作，委托的设计、地质勘察、施工、监理等均为资质健全且业内信誉较高的单位，但就是这么一个"优秀"的项目团队，却最终"制造"了一场悲剧。反思这场悲剧的发生原因，是市场经济的逐利本性导致了建筑行业无序恶意的竞争，还是违背客观规律建造"献礼工程""面子工程""政绩工程""后墙不倒工程"？可以肯定的一点是，沱江大桥工程的相关参与者在各种压力与诱惑面前，缺乏责任、胜任、忠实、正直等基本工程伦理意识。

历史总是惊人地相似。回顾历史上发生的重大工程事故，我们总能发现背后存在腐败

---

① 国家安全监管总局监管二司.凤凰大桥坍塌原因详解[J].劳动保护，2008(03)：27-29.

(受贿与行贿、官商勾结)、未尽职工作(监督不力等)、超越能力、缺乏安全风险意识、隐瞒和欺诈等职业伦理问题。由于工程项目的参与方多、投资巨大,各参与方会面对各种各样的压力、威胁或诱惑,因此在具体的工程实践中很容易出现伦理困境。无数次的事故警示我们,只有不断提升工程伦理意识,并在实践中坚守工程师的职业伦理底线,用负责任的职业态度对待工程项目,才能有效避免类似的悲剧再次发生。

6.1 土木工程的类型与特点

土木工程可以说是最古老的一个工程学科,可以追溯到人类尝试用树枝树叶搭建第一个遮风避雨的窝棚。远古时期为方便通行在河流上搭一根树干,古代宏伟壮观的万里长城、都江堰水利工程、京杭大运河,近现代的标志性建筑如北京人民大会堂、国家大剧院、上海环球金融中心、上海虹桥综合交通枢纽,以及三峡电站、南水北调、西气东输、青藏铁路、京沪高铁、港珠澳大桥等巨型建设项目,都是典型的土木工程。可以说,从有人类活动开始,就有了土木工程。土木工程在推动人类物质文明的同时,也影响着人类道德观念的发展变化,引发了许多关于伦理与道德问题的思考。

6.1.1 土木工程及其类型

《中国大百科全书·土木工程卷》对"土木工程"的定义是:土木工程是建造各类工程设施的科学技术的总称,既指人类应用材料、设备进行勘测、设计、施工、保养、维修等技术活动,也指工程建设的对象,即在地上或地下、陆上或水中建造的,直接或间接为人类生活、生产服务的各种工程设施。土木工程所覆盖的内容非常广泛,与人们的日常生活密切相关,在经济社会发展过程中扮演着非常重要的角色。[①]

土木工程一般划分为建筑工程、交通土建工程、桥梁工程、港口工程、地下工程、水利水电工程和给排水工程。房屋建筑和桥梁是人们最容易联想到的土木工程,结构工程成为土木工程中最早出现的专业分支。随着各种交通工具的不断涌现,道路、铁路、高铁、地铁、轻轨、飞机场先后出现,形成了土木工程中的交通土建工程分支。以城市供水和排水系统为代表的城市管网系统建设,则形成了市政工程分支,而对城市用水质量的关注又逐渐发展出了环境工程学科。此外,在隧道、运河、堤坝、港口、电站、海洋平台以及防护工程等领域,土木工程始终没有停止其与时俱进的拓展步伐。

如今,土木工程师不仅设计建造房屋建筑、桥梁隧道、江河堤坝,还可从事航空航天工业中的航空器、空间站设计,在造船业、电力工业(如风电发电机)和涉及建造设施的许多其他行业,都会看到土木工程师的身影。立体化城市建设、高速化智能化交通,上天(登月计划)入地(地下工程)下海(海洋工程),工业化、信息化、智能化,土木工程在不断挑战人类智慧的极限(图6-2、图6-3)。

---

① 叶志明.土木工程概论[M].3版.北京:高等教育出版社,2009.

图 6-2 上海市的高架桥、公共建筑、住宅和公园

图片来源：https://en.wikipedia.org/wiki/File：Viaduct_in_Puxi,_Shanghai.jpg

图 6-3 上海莘庄综合交通枢纽

图片来源：百度百科 http://b.hiphotos.baidu.com/baike/c0%3Dbaike80%2C5%2C5%2C80%2C26/sign=794437a5f9f2b211f0238d1cabe90e5d/fd039245d688d43feee8c0247f1ed21b0ff43ba6.jpg

6.1.2 土木工程的特点

1. 经济影响明显

整体来看，土木工程投资作为固定资产投资的重要组成部分，在带动经济增长、促进就业方面具有重要作用。以 2014 年为例，全国固定资产投资 512020.65 亿元，其中与土木工程关系密切的建筑安装工程投资 349789.05 亿元，相当于全年 GDP 总额的 54.3%；整个建筑业城镇单位就业人员数量达到 2921.2 万人，规模仅次于制造业[①]。同时，由于土木工程建造的住宅、商业用房、基础设施等产出品具备坚实的需求基础，因而住房、"铁公基"等重大基础设施建设，常被中央或地方政府作为刺激经济增长、创造就业机会的重要抓手和切入点。

就单个项目而言，即便是最简单的土木工程项目，例如农村居民自建住房，通常也会涉及十万元数量级的投资额，而更为普遍的城市住宅小区投资额通常会达到千万或亿元的数量级。部分重大基础设施项目如高速铁路、城市轨道交通项目等，单体项目投资规模可以达到几百亿甚至上千亿元。因此，不论对于业主还是设计方、施工方或监理方，土木工程项目的经济影响都是显而易见的。

2. 社会影响广泛

土木工程建设作为人类改善居住和生活环境的重要手段，在许多方面对社会生活产生影响。首先，土木工程中的铁路、城市轨道交通、高速公路等重大基础设施建设为改善人居和生活环境作出了重要贡献，推动这些项目开展的个人和团体也因此获得重要的社会影响力。其次，大到兴建高速铁路，小至普通商品住宅项目开发，在工程建设过程中都会或多或少地对建设地点原有的社会生活产生影响，进而带来移民、拆迁、文物和物种保护等众多社会问题。

以拆迁为例，近年来媒体几乎每年都会曝光大量因征地拆迁问题引发的纠纷甚至伤害事件。许多纠纷因为处理不当，进一步演化为恶性群体性事件，给社会的稳定与和谐发展带来不利影响。中国社科院社会学研究所对 2012 年各类群体性事件形成的原因分析表明，约 50% 的群体性事件由征地拆迁引发[②]。

3. 环境消耗巨大

土木工程建设过程中需要使用大量的建筑材料，这些材料的生产不仅耗费自然资源，同

R6-1　土木工程

[①] 中华人民共和国国家统计局.中国统计年鉴 2015[M].北京：中国统计出版社，2016.
[②] 陆学艺，李培林，陈光金.社会蓝皮书：2013 年中国社会形势分析与预测[M].北京：社会科学文献出版社，2012.

时会带来环境污染。以我国为例,目前我国绝大部分土木工程建筑采用钢筋混凝土结构或砖混结构,而混凝土和黏土砖的生产(或浇筑)过程需要耗费大量的石灰石、淡水、黏土等自然资源和能源,同时产生较为严重的环境污染。

除了建筑材料的生产以及工程施工过程中的环境污染外,建筑废弃物也构成环境污染,对建筑废弃物不恰当的处理又将进一步带来衍生的环境污染问题。例如,对建筑废弃物粗放式的填埋和堆放将对土壤和地下水造成严重污染。据相关文献估计,我国近几年每年产生的建筑垃圾总量在15亿~24亿吨,占城市垃圾总量的约40%,而建筑垃圾处理、资源化利用水平非常低,资源化率不足5%[1]。

能源消耗是考察土木工程建设环境影响的另一个维度。据有关专家估算,发达国家建筑使用能耗占其全社会总能耗的30%~40%,欧盟25国建筑能耗已经占其全社会总能耗的40.4%。中国的建筑能耗也已经占到了全社会总能耗约28%,且这一比重未来20年内有可能达到35%[2]。降低建筑能耗,减少二氧化碳和颗粒物排放,加速治理困扰我国众多城市的雾霾已成为当务之急。2013年1月,国务院办公厅转发国家发改委和住建部联合制订的《绿色建筑行动方案》,该方案提出的新建绿色建筑和既有建筑节能改造的工作目标是:"十二五"期间完成新建绿色建筑10亿 m^2;到2015年末20%的城镇新建建筑要达到绿色建筑标准要求;"十二五"期间完成北方采暖地区既有居住建筑供热计量和节能改造4亿 m^2 以上;到2020年末,基本完成北方采暖地区有改造价值的城镇居住建筑节能改造。

4. 安全责任重大

土木工程的另一个重要特点在于其建设和使用过程中的安全责任重大。在建设过程中,由于建筑业属于劳动密集型行业,并且工程构造和工艺通常较为复杂,单件现场(甚至野外)露天生产,工作人员常常暴露在高温、高空、地下、重物、机械、粉尘等危险性较高的作业环境下,发生安全事故的概率较高。而在建筑物使用过程中,由于土木工程多为居住、商业、工业用途,工程质量直接关系到众多使用者的生命安全,一旦出现工程质量问题,或者遇到人为的火灾、爆炸事故,以及洪水、地震、泥石流等自然灾害,将会对使用者及公众造成不可挽回的伤害。

据相关文献,我国2010—2012年间建筑行业由于事故导致的死亡人数分别为2769、2634、2437人,远高于英国的水平[3]。例如,2014年12月29日,在清华大学附属中学体育馆及宿舍楼工程工地,作业人员在基坑内绑扎钢筋过程中,筏板基础钢筋体系发生坍塌,造成10人死亡、4人受伤的重大安全生产事故[4]。而在房屋和桥梁使用过程中,也时常发生导致生命财产损失的安全事故。例如在1999年1月4日,重庆市綦江县彩虹桥发生整体垮

---

[1] 建筑垃圾资源化产业技术创新战略联盟.中国建筑垃圾资源化产业发展报告(2014年度)[R/OL].[2016-02-19]. http://www.cet.com.cn/ycpd/sdyd/1469385.shtml.
[2] 陈磊.发展低碳经济如何在绿色建筑上做文章[J].中华民居,2010(4):29-32.
[3] 贾垣,方东平,樊富珉,张英俊.基于组织支持视角的建筑施工安全问题及对策分析[J].建筑安全,2015,06:46-49.
[4] "12·29"重大生产安全事故调查组.清华大学附属中学体育馆及宿舍楼工程"12·29"筏板基础钢筋体系坍塌重大生产安全事故调查报告[EB/OL].[2016-02-19]. http://zhengwu.beijing.gov.cn/zfjd/aqsc/t1414150.htm.

塌,造成40人死亡,14人受伤,直接经济损失631万元[①];2014年4月4日浙江省宁波奉化市发生5层居民楼倒塌事件,造成1死6重伤的惨重后果[②];2015年12月20日深圳市光明新区的一起特大生产安全事故中,由于受纳场渣土堆填体滑动导致的滑坡灾害,截至2016年1月12日22时,已造成凤凰社区恒泰裕工业园69人死亡、8人失联[③]。

5. 建设过程复杂

土木工程项目从前期可行性研究、投资决策,到规划设计、工程施工及最终交付使用,一般会经历相对较长的建设过程。在这一过程中涉及投资金融、规划设计、工程技术与管理、工程合同与法律等多个专业的众多干系人共同合作,整个开发建设过程较为复杂。尤其像三峡工程、港珠澳大桥、英法海底隧道等大型基础设施建设项目,其建设周期可能长达5~10年,涉及的干系人可能多达数百家、上千家。建设过程的复杂性为工程质量管控带来很大难度,任务分解的遗漏或某个环节责任人的失误、渎职都会带来安全隐患;而繁杂的沟通过程也将造成项目团队在纠纷处理、环保措施等决策上出现不应当的妥协。

6.1.3 土木工程的伦理问题

土木工程技术的发展,大大增强了人类抵御自然力和自然灾害的能力,比如建筑抗震技术的发展就大大提高了人类抵抗地震灾害的能力,使遭遇地震灾害的房屋等建筑结构倒塌所导致的人员伤亡和财产损失不断减少。土木工程技术通过不断对人居环境的改造来增强公众健康和社会的福利水平,包括居住条件的改善、交通出行的便利、工作环境的安全健康、购物休闲的多样便捷等。土木工程技术也促进了社会的和谐发展,城市开放空间、混合居住、可持续社区、保障性住房等,促进了城市的包容、公平、安全、活力和繁荣。但是,土木工程的发展也衍生出诸如安全、环境等伦理问题。

1. 土木工程的安全伦理问题

土木工程发展史上频频发生的工程安全事故及其导致的灾难性后果,使得人们不得不高度重视土木工程活动带来的风险,安全成为考察土木工程伦理的首要维度。

1916年9月11日,加拿大魁北克大桥发生坍塌,导致95人死亡,这是该桥1907年首次坍塌并造成82名建筑工人死亡后的第二次坍塌,事故原因是设计缺陷导致桥体实际承载能力远低于设计承载能力。1995年6月29日,韩国首尔的三丰百货大楼因建设中转变用途、拆除关键支撑柱以安装电梯、在原四层设计的基础上加盖一层、施工时偷工减料等原因发生倒塌,造成502人死亡、937人受伤。2001年9月11日,纽约世贸中心双子塔因遭到客机撞击轰然倒塌,成为历史上最严重的一起高楼坍塌事故,虽然设计师让每座高塔可承受5000t的横向载荷,但客机内的34万L[④]燃油的高温燃烧,最终导致大楼扭曲坍塌和大量人

---

① 百度百科词条.綦江彩虹桥[EB/OL].[2016-02-19]. http://baike.baidu.com.
② 浙江奉化一居民楼粉碎性倒塌[EB/OL].[2016-02-19]. http://news.163.com/14/0405/02/9P1K0QA500014Q4P.html.
③ 百度百科词条."12·20"深圳山体滑坡[EB/OL].[2016-02-19]. http://baike.baidu.com.
④ 升,1L=10^{-3}m³。

员伤亡。2010年11月15日,印度首都新德里的一座居民楼因建造质量低劣发生坍塌事故,共造成67人死亡,150人受伤。2013年4月24日,孟加拉国首都达卡郊区的拉纳大厦因违规加层发生倒塌,导致在楼内5家制衣厂工作的3000多名工人中,有超过1000人死亡。

为什么会有这么多疏失造成的悲剧?

有关专家对1958—1987年间发生的258起倒塌事故分析表明,施工和设计方面的缺陷是造成倒塌的主要原因,许多倒塌事故都与设计、施工资质审查不严或无人审查有关,几乎所有的施工缺陷都和施工质量监督不严有关[1]。

根据住建部统计,2014年,全国共发生房屋市政工程生产安全事故522起、死亡648人,安全生产形势十分严峻。按照类型划分,这些生产安全事故包括:高处坠落事故276起,坍塌事故71起,物体打击事故63起,起重伤害事故50起,机械伤害、车辆伤害、触电、中毒和窒息等其他事故62起。相关分析研究显示,法律法规和标准规范方面的缺陷、政府安全监管力度不够与能力不足、企业安全责任制落实不到位、建筑市场不规范、行业科技水平较低、建筑安全文化落后等,是导致安全生产事故频发的主要原因。

2. 土木工程的环境伦理问题

土木工程建设占用和消耗大量的自然资源。进入21世纪以来,中国成为世界上新建建筑规模最大的国家。国家统计局的数据显示,2014年我国水泥行业在产能利用率为65%的情况下,生产出了24.8亿t水泥,折合人均1.8t,是世界上除中国以外国家和地区人均水泥产量的6倍。国家统计局的数据还显示,在2005—2014年的10年中,我国新建各类房屋288.9亿m^2,这样的建设规模和速度在全球范围内可以说是史无前例、无与伦比。但中国同期房屋建筑拆除的规模和速度,同样是史无前例、无与伦比。有关研究显示,重庆市被拆除建筑的平均寿命为38年[2],郑州地区砖混结构房屋的平均使用寿命为28.45年[3]。而发达国家的建筑寿命普遍较长,其中美国建筑的平均寿命达到74年,英国建筑的平均寿命高达132年[4]。更有甚者,中国许多建筑刚刚建成甚至还没有建成就被拆除,因此常常被戏称为"是世界上制造建筑垃圾最多的国家"。

上海延安东路高架外滩下匝道,曾被上海市民誉为"外滩最佳观景点",设计寿命长达100年,但在使用11年后的2008年2月13日,为配合外滩通道综合改造工程而被整体拆除。"谁都没想到它十多年后就会被拆除","第一弯"的设计者邵理中说,"我们的设计人员今后在作规划的时候,最好能看得更长远一些"。位于安徽合肥黄山路南侧的维也纳花园小区1号商住楼,总建筑面积约2万m^2,主体结构高58.5m,但在正常建到16层、尚未完工时却被整体爆破拆除,原因是该商住楼的建设影响了合肥城市景观中轴线黄山路与大蜀山之间的山景,爆破之后可以将贯穿省城东西的黄山路"拉直"。《中国青年报》曾就城市建筑短命的现象进行调查,"地方领导片面追求形象和政绩、城市规划缺乏科学性、豆腐渣工程、商

---

[1] 叶耀先.中国建筑结构倒塌事故分析[J].建筑结构,1990(5):54-56.
[2] 刘贵文,徐可西,张梦俐,周滔.被拆除建筑的寿命研究:基于重庆市的实地调查分析[J].城市发展研究,2012(10):109-112.
[3] 苏炜,汪菁.郑州地区砖混结构房屋使用寿命分析[J].中州大学学报,2009(2):112-113.
[4] 尹波.建筑拆除管理政策研究[R].中国建筑科学研究院,2014.

家急功近利、审批拆除程序问题、建筑设计问题等是主要原因"。[①]

大型交通、能源、水利等项目建设和城市新区开发计划等,还常常涉及土木工程建设对自然生态环境的影响问题。这些大范围的开发建设活动可能会对项目影响范围内的生态环境带来负面影响,因此常常会面临诸多问题——建还是不建?为什么要建?如何降低甚至避免环境价值和生态价值损失?如何建立和完善生态补偿机制?例如,青藏铁路在建设过程中,通过在冻土层和湿地地带广泛采取"以桥代路"的工程措施,有效保护了青藏高原的生态环境。一些新城市区域的开发,会改变当地的生态环境系统,从而导致生态价值的损失,这就需要建立起生态价值评估与补偿等机制。像南水北调中线工程的实施,对作为水源地的丹江口库区及上游地区带来了巨大的生态与环境保护压力,尤其是这些地区多为国家和省级贫困县,经济发展要求迫切,区域用水量和排污量增长迅速。要长期保持丹江口水库"一库清水",需要在中央支持下建立可持续的跨区域补偿和协调发展机制。

3. 土木工程的其他伦理问题

土木工程的伦理问题,除了上述安全和环境两方面外,还会遭遇诸如文化和价值观的冲突与困惑、工程师的职业伦理问题。就前者而言,比如在城市更新改造项目中,常常遇到拆建还是拆改、历史文化街区保护和商业开发价值、文化传统与现代时尚等问题的争议。例如中央电视台总部大楼主楼,除了工程预算从50亿元飙升至200亿元、使用安全和能源效率问题广受关注外,其"侧面S正面O"的奇特造型也被部分专家认为是"全心全意在搞怪形状",被网友戏称为"大裤衩",2014年11月还被英国《金融时报》的编辑记者推举为自己身边最想拆掉的糟糕建筑,然而在2013年,该建筑被世界高层建筑学会授予"全球最佳高层建筑奖"。

土木工程的伦理问题,除了工程的维度外,还有更多的是从参与工程的专业人士的职业伦理的角度考察的,也就是土木工程师的职业伦理。美国著名桥梁工程师莫里森(Gorge S. Morison)1895年当选为美国土木工程师学会(ASCE)主席,他在就职演讲中说,工程师是技术变迁和人类进步的主要力量,他们不应受利益集团(政治集团和商业集团)偏见影响,对确保技术变革最终造福人类负有广泛责任。[②]

在西方国家,通常对土木工程师的基本伦理要求包括:①以保障社会公众的安全、健康和福祉作为根本准则来指导自身的专业工作;②将保障社会、资源、生态和环境的可持续发展作为自身的社会职责和行动准则;③在自己资质、能力范围内提供专业服务,恪守法律政策,遵循行业行为标准;④在提供服务中要诚实、守信、公正、客观、平等,杜绝欺骗、虚假、渎职倾向;⑤对公众、业主、委托单位、合作单位负责,恪尽职守,尊重他人的工作。

当然,这里的土木工程师是泛指参与土木工程项目运作的所有相关人。在土木工程全寿命周期中,需要多种专业人士的协同工作。具体涉及规划设计阶段的规划师、建筑师、景观设计师、结构工程师、设备工程师、水暖电等专业工程师、测绘工程师,建设实施阶段的建造工程师、监理工程师、造价工程师、项目经理,运营维护阶段的物业管理师、设施管理经理等,甚至包括与土地和房屋投资交易相关的专业人士。

[①] 网易新闻.中国建筑为何短命[EB/OL].[2016-02-19].http://discover.news.163.com/special/chinesearchitecture/.
[②] 李文利,柴文革.论土木工程师的工程伦理责任[J].北京城市学院院报,2007(4):86-90.

6.2 土木工程师的职业伦理

土木工程师的职业伦理主要包括责任伦理、环境伦理和安全伦理三个方面。在西方国家,现已基本建立健全了土木工程师职业伦理章程,对土木工程师的职业责任、环境与生态责任和社会责任等方面作出了详细的规定。

6.2.1 行业组织对土木工程师职业伦理的要求

1. 美国土木工程师学会(The American Society of Civil Engineers,ASCE)

ASCE 是美国历史最悠久的国家专业工程师学会,目前已成为全球土木工程界的领导者。ASCE 编制了《职业行为准则》(Standards of Professional Conduct),其中涉及对土木工程师职业伦理的要求。《职业行为准则》从基本原则(fundamental principles)和基本准则(fundamental canons)两个层面对土木工程师的职业伦理进行了规定,具体如表 6-1 所示。ASCE 还针对职业伦理要求规定了详细的实施办法,对违反伦理要求的 ASCE 会员将采取惩罚措施。

表 6-1 ASCE 对土木工程师职业伦理的要求

层面	内容
基本原则	工程师应当通过下述行动来维护和提高工程专业的操守、荣誉和尊严 1. 使用他们的知识和技能改善人类的福祉和环境 2. 诚实、公正、忠诚地为公众、雇主和客户服务 3. 努力提高工程专业的能力和声望 4. 支持他们专业领域的专业的、技术的行业学会
基本准则	1. 工程师应把公众的安全、健康和福祉放在首位,并且在履行工作职责时努力遵守可持续发展的原则 2. 工程师应在其能力范围内提供服务 3. 工程师只能以客观、真实的方式发表公开声明 4. 工程师应当以忠实的代理人或受托人的身份,以专业的方式服务于每一位雇主或客户,应该避免利益冲突 5. 工程师应当以他们的优异服务建立专业声誉,而不应与他人进行不公平竞争 6. 工程师应当通过行动来维护和提高工程专业的荣誉、操守和尊严 7. 工程师应当在整个职业生涯中持续进行专业发展,并且应当为处于他们监督下的工程师提供专业发展的机会

2. 英国土木工程师学会(The Institution of Civil Engineers,ICE)

ICE 是国际性的土木工程学术组织,拥有包括专业土木工程师会员和学生会员 8 万多名。ICE 的宗旨是鼓励和促进土木工程技艺和科学的发展,为鼓励土木工程行业在全世界的创新而提供资源。ICE 编制了《伦理手册》(Ethics Toolkit),其中包含 ICE 对土木工程师职业伦理的要求。《伦理手册》中规定土木工程师的职业行为应该遵循6个方面的规则：正直(integrity)、胜任(competency)、公众利益(public interest)、可持续(sustainability)、持续专业教育(continued professional development)、通知ICE(notifying the ICE)，具体规定如表6-2所示。

表6-2 ICE对土木工程师职业伦理的要求

方　面	内　容
正直	1. 正直地履行你的专业职责 • 注意义务 • 诚信 • 书面的协议和保险 • 不可抄袭 • 尊重与平等 • 不可贿赂、欺骗或腐败
胜任	2. 只承担你能力范围内的工作 • 相关的知识和专业技能 • 著作权 • 你工作的性质和程度 • 知识产权
公众利益	3. 充分考虑公众利益 • 健康和安全 • 预防灾害，借鉴相关的良好做法 • 考虑所有利益相关者的利益 • 文化的、古老的、民族的遗产 • 对后代的影响 • 社会和生活质量
可持续	4. 重视环境和自然资源的可持续管理 • 理解其他专业对可持续发展的贡献 • 促进可持续设计、施工及维护的不断改进 • 理解相互关联的社会、经济、环境问题 • 整理并传播良好做法
持续专业教育	5. 持续发展你的专业知识、技能和能力 • 提升和更新技术知识 • 为别人的专业发展提供帮助 • 法律条文的更改 • 继续教育 • 知识、技能和能力
通知ICE	6. 当发生以下事情时，要通知学会 • 被裁定刑事犯罪 • 破产或被取消公司董事资格 • 其他成员违反职业行为守则

6.2.2 对土木工程师职业伦理的共性要求

综合 ASCE 和 ICE 对土木工程师职业伦理的要求,可以发现两者是较为接近的,可以归纳出如下的共性特点。①公众利益:以将公众的安全、健康和福祉放在首位,作为根本原则来指导自身的专业工作;将保障社会、资源、生态和环境的可持续发展,作为自身的社会职责和行动准则。②胜任:在自己资质、能力范围内提供专业服务,恪守法律政策,遵循本行业行为标准;在整个职业生涯中持续提升自己的知识、技能和能力,并帮助别人提升能力。③正直忠实:在提供服务中要诚实、守信、公正、客观、平等,杜绝欺骗、虚假、渎职倾向;对公众、业主、委托单位、合作单位负责,恪尽职守,尊重他人的工作(表 6-3)。

表 6-3 西方国家对土木工程师职业伦理的共性要求

方面	内 容
公众利益	1. 以将公众的安全、健康和福祉放在首位作为根本原则来指导自身的专业工作
	2. 将保障社会、资源、生态和环境的可持续发展,作为自身的社会职责和行动准则
胜任	3. 在自己资质、能力范围内提供专业服务,恪守法律政策,遵循本行业行为标准
	4. 在整个职业生涯中持续提升自己的知识、技能和能力,并帮助别人提升能力
正直忠实	5. 在提供服务中要诚实、守信、公正、客观、平等,杜绝欺骗、虚假、渎职倾向
	6. 对公众、业主、委托单位、合作单位负责,恪尽职守,尊重他人的工作

6.2.3 案例分析:烟大渤海跨海通道

1. 项目背景

目前往来于山东和东北之间的铁路、公路需绕行山海关,路程 1600km 以上。大连与烟台两市铁路联系要围着渤海绕一个 C 字型的大圈,运距 1800km,用时 20h;高速开车需要 12h;2006 年烟台和大连实现了铁路轮渡,来往于两地之间需要至少 6h。

2015 年 12 月,关于渤海海峡跨海通道建设纳入山东省"十三五"规划建议。该项目有希望纳入辽宁省十三五规划建议并在国家"十三五"规划中立项的消息,再次引发了社会各界对渤海海峡跨海通道建设的热烈讨论。实际上渤海海峡跨海通道项目从提出至今,已超过二十年,早在 1992 年就被列入相关地方政府的议事日程。在 2014 年 8 月国务院《关于近期支持东北振兴若干重大政策举措的意见》、国家发改委的《环渤海地区合作发展纲要》等文件中,也多次提及要研究推进渤海海峡跨海通道建设前期工作。

2. 项目方案

渤海海峡跨海通道建设已提出跨海桥梁、海底隧道、桥隧结合等多种方案,并根据渤海海峡的地理地质、海洋环境等提出了不同的线路设计。其中被普遍看好的是修建海底隧道。

渤海海峡跨海隧道南起山东半岛北岸蓬莱角,北至辽东半岛南端老铁山角,两端相距 106km,平均水深 25m,最深处位于北部老铁山水道,深 86m。隧道先从大连旅顺附近定一个入地点,蓬莱有一个登陆点,然后到达烟台,整条隧道全长 123~126km,设计寿命 120a。计划采取以全断面隧道掘进机(TBM)为主,钻爆法和浅埋暗挖法交替配合的方式。工程总造价 2000 亿~2600 亿元,项目建设周期 10 年。设计火车运行时速 220~250km/h,全程运行 40min。年运营收入估算约 200 亿元。

3. 支持者的理由

(1) 促进经济发展。烟大海底隧道建设对于疏通南北交通、振兴东北老工业基地、促进沿海经济和开发海域资源都具有重要战略意义。可形成纵贯我国南北、从黑龙江到海南 11 个省(市),全长 5700km 的中国东部铁路、公路交通大动脉。

(2) 拉动经济增长。项目建设将产生对工程机械、设备、建筑材料、劳动力等各方面的巨大需求,将会取得拉动经济增长、增加就业机会、消化过剩产能等良好经济、社会效果。按照目前渤海隧道 10a 的预计建设工期计算,工程钢材使用量预计超过 200 万 t,混凝土浇筑量超过 2000 万 m^3,折合水泥需求量超 800 万 t。渤海隧道建设平均每年拉动钢铁需求 20 万~40 万 t,水泥需求 80 万~160 万 t。

(3) 节能环保。大连和烟台的运行距离可缩短 1500 多 km,东北和华东、华南沿海各大城市的运距可缩短 500~800km,按每年吸引 2000 万 t 客货运量计算,可节省运输费用 100 多亿元,节省的汽柴油消耗相当于一个中小型油田的年产量。

(4) 加强国防安全。北部战区是拱卫京畿的重地,渤海通道可成为联系东北与华北、华南的战略通道。

(5) 技术日渐成熟。我国已从建成的和在建的众多长大跨海隧道工程中(如厦门翔安海底隧道、青岛胶州湾海底隧道、港珠澳跨海桥隧等)积累了丰富的经验。目前我国长大跨海隧道技术已居世界领先水平,无论是设计施工还是装备材料,已无技术上的障碍。

4. 反对者的理由

(1) 经济效果不容乐观。据渤海海峡跨海通道战略规划研究项目组预测,到 2020 年,渤海海峡间潜在的客流量将达到 3 亿人次左右。即使按照跨海通道承担 60%~80% 的比例,客流量也将达到 1.8 亿~2.4 亿人次。据公开数据显示,2011 年渤海湾车运量达 101 万辆/次、客运量 654 万人/次,其中烟连航线车运量达 89 万辆/次,客运量 562 万人/次,占到总运量的近九成。要在 2020 年产生 3 亿人次的客流量,从现在起客流量每年要增长 4 倍多,这对于任何一条交通线路来说几乎都是不可能的。从对比数据来看,京沪高铁开通三年客运量才突破 2 亿人次。从京沪高铁和渤海海峡跨海通道沿线覆盖的人口规模比较,经济效果不容乐观。

(2) 地震危害不容忽视。郯庐地震带[①]北起黑龙江,南到长江,呈北东走向,纵贯中国大陆东部,延伸超过 2400km,是东北亚巨型断裂系中的一条主干断裂带,历史上曾发生过多次强烈地震。

(3) 直接受益面有限。中间没有出口,带动的只有辽宁和山东两个省,建一条环渤海湾的陆地高铁项目,不仅风险小、成本低,更能带动沿线其他地区的发展。

---

① 郯庐地震带泛指北起黑龙江,南止长江边,总体上呈北东走向,纵贯中国大陆东部的巨型渠断裂。在我国境内延伸超过 2400 多千米,切穿中国东部不同大地构造单元,规模宏大,结构复杂。它形成于中元古代,经历了多期构造。

(4) 国防安全隐患。大连毗邻东北亚外海边疆,东北亚未来安全背景复杂,现代战争一旦爆发,海底隧道将是主要的打击目标。

(5) 灾害隐患难以预料。隧道一旦被海水倒灌,后果不堪设想。而且易受恐怖袭击,如果有毒气、火灾将会十分危险;即使是停电,也将会造成巨大恐慌,人员无法逃生。2008年9月11日连接英国和欧洲大陆的英法隧道发生大火,"欧洲之星"服务全面停止,12日仍无法恢复,数万人受影响。大火起因疑是一辆货运列车上的货车刹车系统过热起火,事故至少造成14人受伤,其中6人吸入浓烟送院治疗。这是隧道自1994年启用以来的第3次火灾。

(6) 环境影响分析不足。环境影响尤其是海洋生物的影响难以预估,三峡和三门峡工程已有教训。

(7) 困难估计不足。目前的工程建设能力还有难度,对海洋环境下安全性和耐久性研究不足,国内其他亟须优先建设的地区还很多。

(8) 政绩工程。一些有识之士认为,工程造价高,后期维护困难,费用巨大,渤海隧道现在不必要。英法海底隧道"想了200年,建了8年多",是世界上规模最大的利用私人资本建造的工程项目;海底段隧洞38km,总投资100亿英镑(折合1990年人民币约1300亿元);对比估算,渤海隧道总投资将远远超过2600亿元。

5. 讨论议题

围绕渤海海峡跨海通道建与不建,以及如何建设的问题,从土木工程伦理和土木工程师职业伦理的角度可以讨论的议题包括:公众安全、健康和福祉;经济、社会、资源、生态和环境的可持续发展;能力范围和制度政策;如何做到诚实、守信、公正、客观、平等以及对公众、业主、委托单位、合作单位负责。

6.2.4 情景案例讨论

1. 工程采购

公司正在参与一个大型基础设施项目设计阶段的投标,经理要求小明编制投标文件。业主提供的设计概要明确指出,为了达到"绿色"的目标,要求采用一种可持续的技术进行施工。

小明发现,公司内没有人具备上述施工方法的设计经验;如果将此任务分包出去,成本又很高。小明向经理反映了这个问题,经理建议小明继续完成投标文件的编制,并且不在文件中指出经验缺乏的问题。

如果你是小明,你将怎么做?如果你是经理,你将怎么做?

2. 工程安全

小红刚接手一个住宅建设项目的监理工程师工作,当她第一次到工地检查时,发现工人们在危险的条件下工作,承包商无视工人的健康和安全。

小红向承包商反映了这个问题。承包商回应称,此前的监理工程师从来没有提出过此类问题,而且目前工程进度已落后于计划,加快工程进度才是当务之急。

如果你是小红,你将怎么做?如果你是承包商,你将怎么做?

3. 工程咨询

小军是一个土木工程公司的顾问,他的公司最近赢得了一个偏远地区的大型基础设施建设项目。小军认为这个建设项目是不必要的,而且不符合地区可持续发展的要求。

小军向经理反映了他的担忧,但经理却强调了这个项目的重要性。如果完成这个项目,将能够打造与客户的良好关系,而且可以提升公司的声誉。

如果你是小军,你将怎么做?如果你是经理,你将怎么做?

6.3 建设管理人员的职业伦理

6.3.1 行业组织对建设管理人员职业伦理的要求

1. 美国项目管理协会(Project Management Institute,PMI)

PMI是由项目管理专业领域中研究人员、学者、顾问和经理组成的全球性专业组织机构。PMI编制了《职业行为和道德规范》(Code of Ethics and Professional Conduct),适用对象是项目管理人员,包括:①所有PMI成员;②虽不是成员,但拥有PMI认证或正在申请认证的项目管理人员;③PMI的志愿者。

《职业行为和道德规范》从责任(responsibility)、尊重(respect)、公正(fairness)、诚信(honesty)四个方面分别制定了共识性标准(aspirational standards)和强制性标准(mandatory standards)。所谓责任,是指对我们所作出的或未作出的决定、采取的或未采取的行动及其结果负责。所谓尊重,是指对我们自身、他人和委托给我们的资源予以高度重视;委托给我们的资源包括人、钱、名誉、他人的安全以及自然或环境资源。所谓公正,是指我们应客观地、无偏袒地决策和行事;我们的行为应不受私利、偏见和偏好的影响。所谓诚信,是指我们应该了解真相,并以真诚的方式进行沟通和采取行动。PMI对项目管理人员职业伦理的具体要求如表6-4所示。

表6-4 PMI对项目管理人员职业伦理的要求

	共识性标准	强制性标准
责任	基于社会、公共安全和环境的最大利益作出决定和采取行动	持续学习并维护那些规范我们工作、职业、志愿活动的政策、准则、规章和法律
	只接受那些符合我们的背景、经验、技能和资格的工作任务	向管理部门报告不道德或非法的行为,如有必要,还会向受影响者进行报告
	履行我们许下的承诺——做我们所说的我们要做的事	提请合适的机构对违反本守则的行为进行决议
	当犯下错误或疏漏时,我们会负责并迅速改正。当发现由他人造成的错误或疏漏时,我们会立即与相关机构沟通。我们接受因我们的错误或疏漏造成的任何问题的问责	只备案被事实证实的道德伦理投诉
	保护委托给我们的专有或机密信息	我们将对那些打击报复举报人的行为人采取纪律惩戒行动
	坚持这个规范并与其他遵守此规范的人携手共进	

续表

	共识性标准	强制性标准
尊重	努力了解其他人的规范和习俗,避免发生他人可能认为是失礼的行为	真诚地进行谈判
	倾听别人的观点,试图了解他们	不利用自身的专业知识或地位去影响别人的决策或行为以谋求自身的利益
	直接联络与我们有冲突或分歧的人	不辱骂、诽谤或虐待他人
	以专业的方式采取行动,即使得不到回报	尊重他人的财产权
公正	确保决策过程的透明	主动且充分地向利益相关者披露任何实际或潜在的利益冲突
	持续地重新审视我们的公正性和客观性,并进行适当的纠正	当意识到有实际或潜在的利益冲突时,我们避免在决策或其他过程中试图影响结果,除非:已向利益相关者充分披露;有一项获批准的缓解计划;已取得利益相关者的同意,可以继续
	将信息公平地提供给那些应该知道这些信息的人	不基于个人考虑(包括但不限于偏袒、裙带关系或贿赂)进行雇佣或解雇,奖励或惩罚,订立或拒绝合约
	向合格的候选人提供公平的机会	不因性别、种族、年龄、宗教、残疾、国籍或性取向等原因歧视他人
		不偏袒或有偏见地运用组织(雇主、项目管理协会或其他组织)的规则
诚信	努力寻求了解真相	不参与或纵容欺骗他人的行为,包括但不限于,作出误导或虚假的陈述,作出半真半假的陈述,提供断章取义的信息或者隐瞒那些可以反映陈述是误导或不完整的信息
	真诚地进行沟通和采取行动	不采取以损人利己为目的的不诚实行为
	及时准确地提供信息	
	真诚地作出承诺与保证	
	努力创造一种环境以使别人能感觉说实话是安全的	

资料来源:*Code of Ethics and Professional Conduct*。

2. 国际咨询工程师联合会(Fédération Internationale Des Ingénieurs Conseils,FIDIC)

FIDIC 是目前国际上最具权威的被世界银行认可的咨询工程师组织。FIDIC 编制了《FIDIC 道德规范》(*FIDIC Code of Ethics*),适用对象是咨询工程师。《FIDIC 道德规范》主要从责任(responsibility)、胜任(competence)、正直(integrity)、公正(impartiality)、公平(fairness)、腐败(corruption)等 6 个方面制定了相关规范,如表 6-5 所示。

表 6-5 FIDIC 对咨询工程师职业伦理的要求

	规范
责任	接受咨询行业的社会责任
	寻求符合可持续发展原则的解决方案
	在任何时候都维护咨询行业的尊严、地位和声誉

续表

	规 范
胜任	提升自己的知识与技能以跟随技术、立法和管理的发展,应用恰当的技能,细心勤奋地为客户服务
	自身能力要与提供的服务相匹配
正直	任何时候都以客户的合法利益为行动指南,完整忠实地提供所有服务
公正	公正、中立地提供专业意见、判断或决策
	告知客户服务中可能出现的任何潜在的利益冲突
	不接受影响独立判断的报酬
公平	推广"基于质量评审"(QBS)的理念
	避免无意或有意地做任何会损害别人声誉或业务的事
	不直接或间接地试图取代另一名已经被指派了具体工作的咨询工程师
	在没有获得客户有关中止前一位咨询工程师工作的书面通知,或在通知这位咨询工程师之前,不可接管他的工作
	在被要求对他人工作进行审查时,遵守适当的行为和礼貌
腐败	不提供或接受任何形式的报酬,无论是①试图影响咨询工程师和/或他们的客户的选择或补偿的过程,还是②试图影响咨询工程师公正中立的判断
	与任何对服务或施工合同的管理执行进行调查的合法调查机构进行全力合作

资料来源:*FIDIC Code of Ethics*。

3. 英国皇家特许测量师学会(Royal Institution of Chartered Surveyor,RICS)

1868年成立的英国皇家特许测量师学会是世界上覆盖土地、物业和建设及相关专业的最大的国际专业组织。其倡导的核心价值理念主要涵盖如下9个方面。

(1) 正直不阿:绝不把你自己的所得利益凌驾于客户的利益之上,或是凌驾于你要对其履行职业职责的对象的利益之上。一直尊重客户的私密性。在你的判断力之内,总是考虑社会的更广泛利益。

(2) 诚恳可靠:做任何事都让人信任,绝不故意误导。

(3) 透明公开:与你的客户分享所有的真实情况,让事情尽可能简单和易于理解。

(4) 承担责任:承担所有的责任,如果事情没做好,从不责备他人。

(5) 贵乎自知:知道自己专业能力限度,不要企图超越这个限度。绝不做超出自身专业能力范围之事。

(6) 客观持平:提出的建议要清晰、恰当,绝不能让你的情感或利益左右你的判断。

(7) 尊重他人:绝不对他人持有偏见。

(8) 树立榜样:记住,你的任何公共及私人行为都会影响你个人、RICS以及其他会员的名誉。

(9) 敢言道正:当发现任何形式的危害安全行为或不法行为时,敢于采取应有的行动。

在上述核心价值理念指导下,该行业组织还要求会员必须遵循五个方面的伦理标准,具体包括行为诚信、始终提供高水准的服务、以促进行业信任的方式行事、以礼对待他人、承担责任。

4. 英国皇家特许建造学会（Chartered Institute of Building，CIOB）

CIOB 是由从事建筑管理的专业人员组织起来的社会团体，是涉及建设全过程管理的专业学会。CIOB 编制了《会员专业能力与行为的准则和规范》(*Rules and Regulations of Professional Competence and Conduct*)，适用对象是建筑管理专业人员。《会员专业能力与行为的准则和规范》分为准则(rules)和规范(regulation)两部分，其中准则部分与 PMI《职业行为和道德规范》的规定类似，此处不再详细列示；规范部分主要强调与 CIOB 相关的称谓和缩写的使用方法。

5. 国际伦理标准联盟（International Ethics Standards Coalition，IESC）

为在全球市场中建立起公众对专业的信任和信心，国际伦理标准联盟（International Ethics Standards Coalition，IESC）这个由世界各地土地、物业、建设、基础设施和相关行业的专业组织发起成立的国际组织，于 2015 年成立了标准制定委员会（Standard Setting Committee，SSC）。该委员会制定了跨越国家行政区域、种族文化、法律制度的伦理标准，包括如下 10 个方面的内容。

(1) 诚信(integrity)：从业人员要诚实公平，不能误导或企图误导客户与公众，应该基于合法证据提供咨询意见。

(2) 胜任(high standard of service)：从业人员应仅在其专业能力胜任和专业资格允许的范围内提供服务，以确保提供高水准的专业服务。

(3) 尽责(responsibility)：从业人员有对其客户尽职尽责的义务，有适当考虑第三方及利益相关者权益的义务。

(4) 信任(trust)：从业人员应该在其专业沟通中保持真诚，时刻意识到其职业表现对维护公众、对行业的信任和信心非常重要。

(5) 披露(disclosure)：从业人员在提供服务前应该进行利益申明，如果披露后存在不可消除的利益冲突，从业人员应该回避相关事宜或事先获得利益受影响方书面同意方可参与其中。

(6) 信用(fiduciary responsibility)：从业人员在所有财务活动中应诚实、透明和可信。

(7) 尊重(respect)：从业人员在提供服务的过程中要尊重客户、第三方和利益相关者对适用法律规范、社会准则和环境问题的关注。

(8) 保密(confidentiality)：从业人员未事先征得有关方面同意，不能透露保密或内部信息，除非相关法律法规要求披露。

(9) 透明(transparency)：从业人员不能对其提供的产品或服务条件进行误导。

(10) 自省(verification)：从业人员应持续评估其提供的服务，以确保其行为与伦理准则和实务标准的要求保持一致。

6.3.2 建造工程师职业伦理的共性要求

在归纳共性要求之前，我们先分析 PMI 和 FIDIC 在职业伦理上的差异性要求。两者存在差异性要求，主要因为两者的适用对象略有差异。PMI 主要面向项目管理人员，FIDIC

主要面向咨询工程师。由于项目管理人员要处理多个利益相关者的关系,所以 PMI 的职业伦理中更强调尊重。另外,PMI 职业伦理的公平要求中,更多地与项目决策、招标过程相关;而 FIDIC 的公平要求中,更多地与咨询工程师之间的竞争相关。

虽然存在上述一些细节差异,但综合各机构编制的职业伦理规范手册可以发现对建造工程师职业伦理的一些共性要求。①胜任:要求能力应与任务相匹配;持续学习政策、法律、法规、技能等知识。②责任:配合主管部门打击违反职业伦理的行为;解决方案应维护公众利益;正直忠实地完成本职工作。③尊重:不歧视他人。④公正:保守机密信息;行为应公平、客观;应向利益相关方充分披露实际或潜在的利益冲突;不接受或提供贿赂,以防影响公平判断;不损害他人或单位的职业声誉、业务(表 6-6)。

表 6-6　国际行业组织对建造工程师职业伦理的共性要求

	共 性 要 求	PMI	FIDIC	CIOB	RICS	IESC
胜任	能力应与任务相匹配	√	√	√	√	√
	持续学习政策、法律、法规、技能等知识		√	√	√	√
责任	配合主管部门打击违反职业伦理的行为	√				
	解决方案应维护公众利益		√	√	√	√
	正直忠实地完成本职工作	√	√	√	√	√
尊重	不歧视他人	√				
公正	保守机密信息	√	√	√		
	行为公平、客观		√	√	√	
	向利益相关方充分披露实际或潜在的利益冲突	√	√			√
	不接受或提供贿赂,以防影响公平判断	√	√	√	√	√
	不损害他人或单位的职业声誉、业务		√	√	√	√

6.3.3　案例分析:重庆綦江彩虹桥坍塌事件

1. 事件回放

1999 年 1 月 4 日晚,竣工不足 3 年的重庆綦江县彩虹桥突然整体垮塌,造成了严重的伤亡事故。在这起事故中,40 人遇难,14 人受伤,直接经济损失达 628 万元。

经调查,造成彩虹桥垮塌的直接原因是一系列技术问题——吊杆锁锚问题、主拱钢管焊接问题、钢管混凝土问题等。导致这些技术问题的根本原因是管理缺位。彩虹桥工程是一个名副其实的"六无工程":①未办理立项及计划审批手续;②未办理规划、国土手续;③未进行设计审查,私人设计,非法出图;④未进行施工招投标,承包主体不合法;⑤未办理建筑施工许可手续;⑥未进行工程竣工验收。

2. 相关伦理问题分析

技术问题的背后是管理失位,而管理问题的背后是更深层次的职业伦理问题。一场工程悲剧的发生,通常伴随着与工程相关人员的职业伦理的集体丧失。表 6-7 展示了彩虹桥建设过程中主要参与方的伦理问题。

表 6-7 彩虹桥建设过程中主要参与方的伦理问题

人物角色	伦理问题	违反的职业伦理规定
建委主任（业主代表）	受贿：收受施工方贿赂累计11万元；追加工程款118万元	不接受或提供贿赂，以防影响公平判断
设计院设计室主任	超越专业能力行动：以乙级设计公司签订设计施工一体化的总承包合同；将设计工作分包给私人	能力应与任务相匹配
施工方负责人	行贿：向建委主任行贿	不接受或提供贿赂，以防影响公平判断
施工方负责人	超越专业能力行动：中专文化、缺乏桥梁建设经验，却承包了桥梁施工工程	能力应与任务相匹配
施工方负责人	未尽职工作：使用劣质材料、设备	正直忠实地完成本职工作
工程技术总负责人	未尽职工作：工程中擅离职守	正直忠实地完成本职工作
工程技术总负责人	行为不公平：任人唯亲	行为公平、客观
设计总负责人	未尽职工作：未有效地施加设计控制	正直忠实地完成本职工作
主管城建的副县长	未尽职工作：监管不到位	正直忠实地完成本职工作
质监站站长	未尽职工作：未能阻止桥梁未经验收即投入使用	正直忠实地完成本职工作

作为业主代表的綦江县建委主任存在受贿问题。收受施工方贿赂累计11万元，在划拨工程款等方面为施工方提供便利，且在工程结算时追加工程款118万元。

设计院设计室主任存在超越专业能力行动的问题。设计院设计室主任利用市设计院下属华庆设计工程公司的名义签订了设计施工一体化的总承包合同，而华庆公司只是乙级设计公司，并不具备彩虹桥工程的设计资质，也缺乏施工能力。设计院设计室主任还进一步将桥梁设计工作分包给私人完成。

施工方负责人存在行贿、超越专业能力行动、未尽职工作等问题。施工方负责人为了拉拢关系，取得工程方面的便利，向建委主任行贿；仅有中专文化水平、缺乏桥梁建设经验的施工方负责人却承包了桥梁施工工程；在工程建设中，使用劣质材料、设备。

工程技术总负责人存在未尽职工作、行为不公平的问题。工程技术总负责人实际上是一位退休工程师，在彩虹桥建设过程中存在擅离职守的情况；而且其举荐老朋友的儿子组织施工任务，任人唯亲。

设计总负责人存在未尽职工作的问题。彩虹桥设计中采用了存在风险的新工艺和非标构件，但设计总负责人并未有效地施加设计控制。

主管城建的副县长存在未尽职工作的问题。副县长未对违反基本建设程序的工程建设活动施加有效控制，监管不到位。

质监站站长也存在未尽职工作的问题。在理论上的工程验收阶段，质监站站长未能阻止桥梁未经验收即投入使用。在桥梁的使用过程中，虽然质监站站长提出了对桥梁质量进行评定的书面建议，但结果仍是不了了之。

可以看到，彩虹桥建设工程中主要参与方所存在的伦理问题，都可以对应到建造工程师职业伦理的要求中。如果工程各方能够遵守相关的职业伦理规定，那么这场人为的工程悲剧也许就可以避免。

6.3.4 情景案例讨论

1. 执行命令

迈克的经理要求他去完成一个与工程合同相关的工作任务,但经理建议的工作方式让他很不舒服。他认为,如果用经理建议方式去完成这个任务,可能会让自己犯错,甚至可能违反业务所在地的法律法规。迈克想与其他部门的一位高级经理谈谈,看看他有什么好的建议,但迈克并不确认是否可以这么做。虽然迈克感觉到应该告诉公司风险内控部门的人员,但又担心直接领导自己的那位经理知道迈克和别人讲了此事,可能会让他不再负责该合同事宜,甚至可能会给他"小鞋穿"。迈克该怎么办呢?

2. 他人行动

假如你正在某一个国家管理一个项目,使用了一个分包商。你与这个分包商很熟悉,曾经有过多次合作经历,充分相信该分包商能在预算范围内很好地完成所承包的工程建设任务。但忽然间你接到指控,说这个分包商有故意用低于市场水平的工资雇佣非法移民的问题。你该怎么办?

3. 利益冲突

假如你是某大型国有房地产企业的一位城市公司负责人,正在负责开发建设一个商品住宅小区,包括部分配套商业。项目的住宅部分销售非常顺利,但配套商业部分遇到了销售难题。此时你的一位大学同学找到你,说愿意购买部分配套商业面积,但前提是必须用相当于成本80%的价格购买。该项目的主要盈利来源是商品住宅销售,配套商业用相当于成本80%的优惠价格销售,对项目整体盈利水平影响有限,且有缩短项目周期、加快资金回流、减少现场管理人员支出等多重好处。但也有人提出,周边类似配套商业的市场销售价格可以达到成本价的水平,且如果待小区居民入住后,配套商业的销售价格可以进一步提高。你应该如何避免利益冲突?

本章概要

土木工程是人类改造自然、创建人居环境、为人类生活居住和生产活动提供空间和设施服务的活动,涉及对自然资源的占用和消耗、对经济增长和社会发展的贡献、对生态环境的改变,对人类发展的历史和文化也产生着重要影响。

正是因为其影响如此广泛,在土木工程项目投资决策、规划设计、建造施工、使用维护运行直至拆除的全寿命周期内,充满了安全与风险、利益分配的公平与公正、经济社会与环境可持续、局部与整体和短期与长期利益协调、现代化改造和历史文化传承等一系列工程伦理问题。

与此同时,以土木工程师为代表的土木工程专业技术人员在参与土木工程实践的过程中,也不断面临着诚实守信、尽责胜任、平等尊重、回避利益冲突、保密自省等职业伦理问题的挑战。树立正确的价值观,增强伦理意识、学会思考辨识这些伦理问题,并在面对价值冲突和工程或职业伦理困境时,作出负责任的价值判断和选择,不仅会促进社会和行业的信任和信心,对个人职业生涯的长期持续发展也会大有裨益。本章的主要内容包括:

1. 土木工程及其工程伦理问题

土木工程是伴随着人类历史发展而不断发展壮大的工程学科。它包含了人类创建和改造人居环境的一切活动,建设过程复杂且有着广泛的经济、社会和环境影响,与包括生命财产安全和生态环境安全在内的人类安全问题密切相关。为此,在土木工程建设过程中,常常会遇到安全伦理、环境伦理、文化与技术伦理以及技术人员的职业伦理等一系列工程伦理问题。

2. 土木工程师的职业伦理

美国土木工程师学会和英国土木工程师学会是被公认为最早对土木工程师提出职业伦理标准要求的专业组织。英国特许测量师学会、美国项目管理协会、国际咨询工程师联合会等,是对土木工程建设管理专业人员最早提出职业伦理标准要求的专业组织,其职业伦理标准具有最广泛的影响力。在中国相关专业组织尚无明确的职业伦理标准要求的情况下,分析介绍其职业伦理标准,并结合中国实践中的问题进行伦理思考,是一种非常有意义的学习探索方式。

3. 土木工程伦理案例学习

本章介绍了8个土木工程伦理问题的分析案例,包括引导案例和参考案例在内。这些土木工程伦理分析案例中,有处于可行性研究和决策阶段的烟大渤海跨海隧道项目,有涉及工程安全的沱江大桥特大坍塌事故、清华大学附属中学脚手架坍塌事故、重庆綦江虹桥坍塌事故、深圳光明新区滑坡事故,还有涉及社会公正和可持续发展的台北美河市改变征收土地用途事件、天津水岸银座拆除事件等。本章还选择了涉及专业人士职业伦理问题思考的恒隆地产"诚信之道"案例等。希望通过这些案例的学习,更好地帮助同学把握土木工程伦理的精髓要义和分析思考的框架。

参考案例

参考案例1　清华大学附属中学脚手架坍塌事故

1. 基本情况

清华大学附属中学体育馆及宿舍楼工程(以下简称"清华附中工程")位于中关村北大街清华大学附属中学校园内,总建筑面积 20660m²,是集体育、住宿、餐厅、车库为一体的综合楼。建设单位为清华大学,总包单位为北京建工一建工程建设有限公司(以下简称"建工一建公司"),劳务分包单位为安阳诚成建设劳务有限责任公司(以下简称"安阳诚成劳务公司"),监理单位为北京华清技科工程管理有限公司(以下简称"北京华清技科公司"),设计单位为清华大学建筑设计研究院有限公司（以下简称"清华设计研究院"）。

2014年12月29日8时20分许，清华附中工程的作业人员在基坑内绑扎钢筋过程中，筏板基础钢筋体系发生坍塌，造成10人死亡、4人受伤。事发部位位于基坑3标段，深约13m，宽约42.2m，长约58.3m。底板为平板式筏板基础，上下两层双排双向钢筋网，上层钢筋网用马凳支承。事发前，已经完成基坑南侧1、2两段筏板基础浇筑，以及3段下层钢筋的绑扎、马凳安放、上层钢筋的铺设等工作；马凳采用直径25mm或28mm的带肋钢筋焊制，安放间距为0.9～2.1m；马凳横梁与基础底板上层钢筋网大多数未固定；马凳脚筋与基础底板下层钢筋网少数未固定；上层钢筋网上多处存有堆放钢筋物料的现象。事发时，上层钢筋整体向东侧位移并坍塌，坍塌面积2000余 m^2。

根据事故调查和责任认定，政府相关主管部门、建设单位、总包单位、劳务分包单位、监理单位等16名责任人被追究刑事责任，14名责任人受到党纪、政纪处分，7个人员或单位受到行政处罚，同时责成市规划部门针对清华附中工程项目设计过程中存在的问题，对相关设计人员给予通报批评、责成海淀区人民政府和市住房城乡建设委向市政府作出深刻检查。

R6-2 清华大学附属中学体育馆及宿舍楼工程"12·29"筏板基础钢筋体系坍塌重大生产安全事故调查报告

2. 事故原因

1) 直接原因

未按照方案要求堆放物料。将整捆钢筋物料直接堆放在上层钢筋网上，施工现场堆料过多，且局部过于集中，导致马凳立筋失稳，产生过大的水平位移，进而引起立筋上、下焊接处断裂，致使基础底板钢筋整体坍塌。

未按照方案要求制作和布置马凳，导致马凳承载力下降。现场制作的马凳所用钢筋直径从《钢筋施工方案》要求的32mm减小至25mm或28mm；现场马凳布置间距为0.9～2.1m，与《钢筋施工方案》要求的1m严重不符，且布置不均、平均间距过大；马凳立筋上、下端焊接欠饱满。

马凳及马凳间无有效的支撑，马凳与基础底板上、下层钢筋网未形成完整的结构体系，抗侧移能力很差，不能承担过多的堆料载荷。

2) 间接原因

施工现场管理缺失。一是技术交底缺失，未按照要求对作业人员实施钢筋作业的技术交底工作，致使作业人员未按照方案施工作业，擅自减小马凳钢筋直径、随意增大马凳间距，降低了马凳的承载能力。二是安全培训教育不到位，未按照要求对全员实施安全培训教育，施工现场钢筋作业人员存在未经培训上岗作业的现象。三是对劳务分包单位管理不到位，未及时发现其为抢赶工期、盲目吊运钢筋材料集中码放在上层钢筋网上的隐患，导致载荷集中。

备案项目经理长期不在岗、专职安全员配备不足。一是建工一建公司对项目部项目经理统一调配和协调管理不到位,明知备案项目经理无法到现场履行职责,仍未及时履行相应的变更手续,致使备案的项目经理长期未到岗履职;清华大学发现备案项目经理长期不到岗的行为后,也未及时督促整改。二是未按照相关规定配备2名以上专职安全生产管理人员。

经营管理混乱。建工一建公司存在非本企业员工以内部承包的形式承揽工程的行为。在清华附中工程项目投标阶段,建工一建公司涉嫌允许杨泽中以本企业名义承揽工程,致使不具备项目管理资格和能力的杨泽中成为项目实际负责人,客观上导致出现施工现场缺乏有专业知识和能力的人员统一管理、项目部管理混乱的局面。

监理不到位。一是对项目经理长期未到岗履职的问题监理不到位,且事故发生后,伪造了针对此问题下发的《监理通知》。二是对钢筋施工作业现场监理不到位,未及时发现并纠正作业人员未按照钢筋施工方案要求施工作业的违规行为。三是对项目部安全技术交底和安全培训教育工作监理不到位,致使施工单位使用未经培训的人员实施钢筋作业。

行业管理部门监督检查不到位。海淀区住房城乡建设委作为该工程项目的行业监管部门,负责该工程的质量安全监督工作。该单位未认真履行行政监管职责,未按照《A栋体育馆等3项(附属中学体育馆及宿舍楼)工程质量监督执法抽查计划》规定的检查次数、内容实施监督检查。事故发生后,海淀区住房城乡建设委提供了虚假的监督执法材料。

此外,清华设计研究院绘制的施工图中,个别剖面表达有误,在向施工单位实施设计交底过程中签到记录不全、交底记录签字时间与实际交底时间不符。清华大学确定的招标工期和合同工期较市住房城乡建设委核算的定额工期,压缩了27.6%;在施工组织过程中,未按照《北京市建筑工程质量监督执法告知书》的要求书面告知海淀区住房城乡建设委开工日期;且强调该工程在2015年10月份清华附中百年校庆期间外立面亮相,对施工单位工期安排造成了一定的影响。

3. 分析与思考

该起事故是一起重大生产安全责任事故。工程必然涉及风险,所有的工程规范都把安全置于优先考虑的位置上,且需要项目各参与方在各个阶段切实履行职责。施工企业的项目负责人必须具备相应资格和安全生产管理能力;中标的项目负责人必须依法到岗履职,确需调整时,必须履行相关程序,保证施工现场安全生产管理体系、制度落实到位;现场施工人员不得随意降低技术标准、违章指挥作业;监理单位要严格履行现场监理职责,严格审查承包企业资质和施工方案,对施工过程进行严格的监督管理。该起重大事故是建设单位、总包单位、劳务分包单位、监理单位等多个参与方,在多个环节出现的问题累加的结果。工程风险的预防需要一个组织内从管理层到管理员工严格遵守相关规范,在每一个工作细节上精益求精,为预防风险去竭尽全力。

参考案例2 深圳光明新区"12.20"滑坡事故

1. 基本情况

2015年12月20日,广东省深圳市光明新区凤凰社区恒泰裕工业园发生山体滑坡。此次灾害滑坡覆盖面积约38万m²,造成33栋建筑物被掩埋或不同程度受损。经排查,发现深圳光明新区柳溪工业园发生山体滑坡,判断为由此造成管道受损泄漏,未发生爆炸。截至2015年12月26日,造成33栋建筑物被掩埋,7人死亡,75人失联,90家企业、4630名人员受到影响。

深圳市宝安区人民检察院2015年12月31日发布消息称,该院以涉嫌重大责任事故罪,依法对深圳市益相龙投资发展有限公司法定代表人龙某美、副总经理于某利,以及光明新区红坳受纳场现场监督员、调度员等共11人批准逮捕,并要求公安机关加大侦查力度,尽快抓捕在逃的其他主要犯罪嫌疑人。

2. 事故原因

1) 直接原因

深圳光明新区垮塌体为人工堆土,原有山体没有滑动。人工堆土垮塌的地点属于余泥渣土受纳场,主要堆放渣土和建筑垃圾,由于堆积量大、堆积坡度过陡,导致失稳垮塌,造成多栋楼房倒塌。

R6-3 "12·20"深圳山体滑坡　　R6-4 深圳滑坡事故12嫌犯被立案侦查:滥用职权和玩忽职守　　R6-5 深圳滑坡官方确认失联76人:男50人,女26人

2) 相关问题

根据2013年深圳市光明新区政府采购中心发布的中标公告,光明新区红坳余泥渣土临时受纳场运营服务的中标供应商为深圳市绿威物业管理有限公司。而根据2015年7月31日深圳市三方诚信招标有限公司发布的"深圳市光明新区网上政府采购中标公告(项目编号:GMCG2015031516)"显示,光明新区红坳、玉律余泥渣土受纳场监管服务的中标供应商均为深圳市建星项目管理顾问有限公司。

此外,一份由深圳市宗兴环保科技有限公司编制完成的红坳余泥渣土临时受纳场《建设项目环境影响报告表》指出,该临时受纳场潜在的水土流失危害可能会导致崩塌、滑坡危害,"危及山体和边坡的安全"。该环评报告中称,"项目选址原为红坳石场,由于石场开采造成山体植被严重破坏,弃土任意堆放,开采区形成大面积土壤裸露,项目已堆填余泥渣土100万 m^3 ,造成水土流失严重",在该环评报告中表示,选址区存在多种污染,如生态环境破坏、水环境污染、大气环境污染、声环境污染等。因此,环评报告中表示,"今后应着重加强对已存在的环境问题采取有效的防治措施进行治理"。

而在环境风险分析部分曾强调,"挡土坝发生溃坝风险主要是可能对北侧柳溪工业园和混凝土有限公司的安全造成一定的影响",并建议采取疏散来往车辆和人员、派人昼夜巡视、封闭经危险区的路口、禁止闲人进入危险区、制定警报信号、在溃坝开始前及时发出警报信号、建立观测站(网)进行长期动态监测、掌握灾情的变化发展趋势等措施。

3. 分析与思考

2015年12月23日上午,国务院深圳光明新区"12·20"滑坡灾害调查组在深圳成立。调查组由国土资源部部长姜大明任组长,成员包括公安部、监察部、环保部、住建部、安监总局、全国总工会、广东省和深圳市政府有关负责人。

滑坡灾害调查组经调查认定,此次滑坡灾害是一起受纳场渣土堆填体的滑动,不是山体滑坡,不属于自然地质灾害,是一起生产安全事故。根据《生产安全事故报告和调查处理条例》(国务院令第493号)有关规定,经国务院同意,成立由安全监管总局牵头的国务院深圳光明新区渣土受纳场"12·20"事故调查组,由安全监管总局局长杨焕宁担任组长,立即开展事故调查工作,依法依规严肃追责。

如今,最高检介入严查所涉职务犯罪,最高检反贪总局有关部门负责人表示,检察机关将加强与国务院事故调查组协调配合,认真开展事故调查,依法严查事故所涉滥用职权、玩忽职守、徇私枉法等职务犯罪,对构成犯罪的涉案人员,将依法追究刑事责任,为保障广大人民群众生命财产安全,促进安全生产秩序稳定发挥好职能作用。

参考案例3 天津水岸银座拆除事件

1. 基本情况

2015年12月,天津"最牛开发商"赵晋落网一年零五个月后,其靠腐败建立起来的庞大房地产帝国已轰然倒塌,留下的"遗祸"却仍在发酵。赵晋为江苏省委原常委、秘书长赵少麟之子。2014年6月,赵晋和公司多名高管被有关部门带走,4个月后,其父赵少麟落马,随着赵氏父子被查,赵晋在南京、济南以及天津的多个公司处于停滞状态。

赵晋在天津开发的水岸银座及名门广场项目将拆除,其中刚刚整体完工的水岸银座最高一栋公寓高度已超200m,将成为国内高楼"第一拆"。水岸银座的开发商是高盛房地产开发有限公司,赵晋系该公司的法定代表人。开发商表示,将给购房人退还购房本金、贷款利息及相关税金,截止日期是2015年12月31日前,逾期不办理的,不再享受购房本金所产生的利息。由于赵晋旗下公司剩余资金并不足以满足全部退款需求,天津市多家大型国有房地产公司将接手退款善后工作,其中水岸银座项目将由天津市住宅集团承担。

2. 事件原因

2009年8月,高盛地产出资36940万元拿下毗邻海河、40年产权的商业金融用地,地上总建筑面积69900m²。而到了2010年6月,经有关部门批准,增加该地块地下商业建筑面积10126.84m²。水岸银座延续的是赵晋以往开发的楼盘的营销模式,以超小户型、低总价为卖点,达到迅速销售的目的。40~50m²的小户型,单价1万元/m²,总价45万元。

通过私改规划、"偷面积"等方式,增加可销售的面积,是赵晋的楼盘在黄金地段销售的价格比周边市场价低30%的真正原因。原规划审批其建筑底部为3~4层的裙房及上部三幢31~35层住宅,其中01、02栋均为31层,高100m,03栋为35层,高169m,建筑面积约为10万m²,且规划图对楼宇的间距都有明确规定。但开发商多次擅自更改规划,将原规划的 31～35 层增加为 41～66 层(违规增高达 130～210m),并采用缩小楼间距、用卧室充作"飘窗"和"装饰性阳台"等方法,使该项目容积率超过规划审批容积率的两倍以上(大于 10,超过国家规定的容积率的限值标准),违规超建面积一倍多。按照天津市中心城区的商品房行情,即使以每平方米一万元计,该开发商通过改变规划、扩大容积率所获取的非法利益已达数十亿元之巨。

另一个位于河西区广东路与绍兴道交口的酒店式公寓项目名门广场也面临相同的命运。事实上,赵晋开发的房子几乎都存在"偷面积"的问题。例如,某个户型的使用面积为 40m^2,但其产权证上的面积仅有 9m^2,售楼员的解释是,其余面积按"装饰性飘窗"计算,属于赠送面积,因此不计入产权内。但是,当时标的单价却要乘以使用面积 40m^2 计算总房价,缴纳的税费等则按产权证上的面积交。

这种高密度楼盘存在巨大居住安全隐患。由于单层户数过多,买家多数用于出租,致使楼宇管理困难,人员复杂易成为"黄赌毒"的聚集地,引发社会问题。更为严重的是,一旦该超高层建筑出现火灾等情况,电梯、消防通道无法承受如此多住户带来的疏散压力,可能会导致灾难性的结果。

R6-6 65层高楼为何成为国内"第一拆"？　　**R6-7** 津城最吹牛楼盘"名门广场"将拆除　　**R6-8** 《名门广场涉嫌虚假宣传》引天津高盛地产多项目曝光

3. 分析与思考

地产腐败中,利用容积率调整是最常见手段。容积率的修改,开发商的主要手段就是行贿。容积率不会白白增加,每修改一次,都是开发商和官员们的双赢。小偷小摸好办,如此大规模、明目张胆地"扩建",它是怎么通过规划、建委、发改、国土、人防、消防、园林、环保等 20 个部门的重重关卡?这种高密度楼盘存在巨大安全隐患,但是在以上各部门中的技术负责人,以及设计方、施工方的工程师们,并没有严格履行自己的职业责任。工程师作为专业人员,具有一般人不具有的专门的工程知识,他们能够比一般人更早、更全面、更深刻地了解某项工程所存在的潜在风险、可能给社会带来的损失。如果工程师出卖了公众的信任,追逐个人利益,进而损害社会公众的利益,那么他的行为就是为道德和法律所不容。本案例中另一个值得讨论的问题,就是该违规项目的处置,是否真的就只有拆除这个唯一选项?

参考案例 4　台北美河市改变征收土地用途事件

1. 基本情况

2006 年台北市政府主导的台北市捷运局与日胜生房地产开发公司联合开发位于小碧潭捷运站的美河市项目,即北捷新店机厂联合开发项目。该项目集写字楼、商场、住宅于一体,包括两个超高层办公大楼、一座百货购物中心和十三栋钢结构住宅大楼,开发面积高达 2.8 万 m^2,是台北都市区近年来最大规模的开发项目。然而,台北市政府起初却是以建设台北捷运站公共设施为名进行的土地征收。

该地区原为台北市地价较为便宜的地段,台北市政府当初以建设台北捷运站公共设施为名,以极低的价格对进行土地征收,却在征收完毕后将土地所有权转移给开发商,以兴建大众交通工具为名,行兴建写字楼、商场和住宅之实。原征收土地时规划公有土地的比例为 99.24%,通过权益分配,开发商获得了 70% 的土地权益,此举严重违反当初政府征收私有土地时的目的。

2012 年美河市弊案爆出,2013 年案件经台北地检署检肃黑金专案小组认定台北市政府违法对开发商进行利益输送,预估违法输送金额高达新台币 110 亿元,并且有伪造鉴价的嫌疑。2015 年 12 月 28 日,台北地院审结美河市弊案,依照图利罪判处前捷运局联合开发处长高嘉浓 10 年徒刑、前课长王铭藏 4 年徒刑。

2. 主要问题

台北市政府当年以兴建大众捷运系统名义低价征收民众的私有土地,征收后却将法定空地与开发商联合开发,将 16 栋 2200 户房屋及土地所有权出售,违反土地征收目的。台北市检察院将此举认定为利益输送,且其中有公务员涉及伪造鉴价。拥有 99.24% 土地所有权的台北市政府,在 2200 户房屋中仅分到 673 户,约三成比例。此案遭监察院纠察,质疑台北市政府低估土地成本,使台北市损失约 110 亿元新台币外,台北检察院也以图利罪起诉北捷联开处原处长及课长等人。此外,该项目也违反了都市计划细部计划的规定,没有按照规定降低商业、办公规模,规划项目容积率为 34%,实际项目容积率却高达 241%,为原计划规模的 7 倍多。

3. 分析与思考

台湾的土地征收有六个基本的要件,分别为:符合法律规定、符合公共利益、必要性原则、比例性原则、最后不得已手段和完全补偿,必须符合这六个条件才能进行征收。

在美河市弊案里,第一个探讨点在于此项目进行土地征收的合理正当性,该征收行为是否真的符合公共利益? 若依原先开发的目的而言,兴建大众捷运系统符合大众利益,然而后来政府连同开发商将土地及房屋所有权出售,显然违背了征收目的。根据台湾的土地征收条例,若需用土地机关在申请土地征收后并未依照当初征收计划使用土地,原土地所有权人可向直辖市或县市主管机关申请依据原征收补偿价额收回其土地。

另一个探讨点在于,土地估价结果及市政府与开发商的分配比例。在此案中,由于估价的机制并没有透明公开,最后在确定分配比例时,出现了分配不均的状况。相关官员涉及利益输送,北捷联合开发处的官员被起诉侦查。

美河市弊案发生的主要原因在于官员与开发商的勾结,政府官员利用人民赋予的权力,以公共建设的名低价收购私有土地,却与开发商勾结将公共建设土地转为私有建设土地,借以获取大量不法利益。在实行 PPP 等政企合作开发项目时,尤其需要关注其中可能存在的行贿受贿和利益输送,加强社会监督,提高项目的公开透明度。

参考案例5　恒隆地产的"诚信之道"

恒隆以诚为本,一直以来对内对外都采取零容忍政策,拒绝不正当或不公平的事情发生。内部审计更制定和落实审计和监控措施,又设立举报机制,积极建立高标准的诚信文化。

助理董事(集团审计总监)曾殿科和高级经理(内部审计)周锦雄是集团的两位"诚信之道"把关者和推动者。曾殿科认为诚信是公司的核心价值,必须要以公司最大利益为原则,避免踏入灰色地带。他说,"现在大部分被举报出来的个案都涉及举报人的自身利益,但我希望大家能以坚守诚信为共同目标,看见任何不公平、不公义的事情都挺身而出,做个良好的公民"。周锦雄认为日常工作中的每个细节都能反映和表现出诚信,"没有人喜欢与不诚实的人做朋友、做生意。我们要对自己常警惕,同时愿意接受监管并提高工作中每个流程的透明度。另外亦要透过不断完善内部监控程序,以逐步提升诚信文化"。

恒隆恪守诚信,秉承"只选好的只做对的"的精神,致力维持一个公平公正的商业环境以持续发展,为成为良好企业公民而努力。该公司曾经发生的一些违背"诚信之道"的真实案例以及相应的处理情况,请参见本页二维码。

R6-9　恒隆地产的"诚信之道"

思考与讨论

1. 结合土木工程建设活动的特点,思考为什么在具体的实践中会出现伦理问题。
2. 土木工程伦理与工程师职业伦理之间有什么联系?有什么区别?
3. 土木工程建设项目全寿命周期中的市场分析与投资决策、规划与设计、施工与交付、运营与管理阶段,分别可能出现哪些伦理问题?这些伦理问题各有什么特点?
4. 结合本章的参考案例,思考并讨论该如何妥善处理可能遇到的职业伦理问题?

参考文献

[1] 国家安全监管总局监管二司.凤凰大桥坍塌原因详解[J].劳动保护,2008(03):27-29.
[2] 叶志明.土木工程概论[M].3版.北京:高等教育出版社,2009.
[3] 朱力,李琼英.现阶段我国城市拆迁矛盾的特征、趋势及对策[J].华东经济管理,2014(12):134-139.
[4] 陆学艺,李培林,陈光金.社会蓝皮书:2013年中国社会形势分析与预测[M].北京:社会科学文献出版社,2012.

[5] 贾炽,方东平,樊富珉,张英俊.基于组织支持视角的建筑施工安全问题及对策分析[J].建筑安全,2015(6):46-49.

[6] 叶耀先.中国建筑结构倒塌事故分析[J].建筑结构,1990(5):54-56.

[7] 李文利,柴文革.论土木工程师的工程伦理责任[J].北京城市学院院报,2007(4):86-90.

[8] 程新宇.工程决策中的伦理问题及其对策[J].道德与文明,2007(5):80-84.

[9] 秦红岭.职业伦理视野中的建筑工程伦理[J].高等建筑教育,2006,15(2):9-12.

[10] 陈磊.发展低碳经济如何在绿色建筑上做文章[J].中华民居,2010(4):29-32.

[11] 刘贵文,徐可西,张梦俐,周滔.被拆除建筑的寿命研究:基于重庆市的实地调查分析[J].城市发展研究,2012(10):109-112.

[12] 苏炜,汪菁.郑州地区砖混结构房屋使用寿命分析[J].中州大学学报,2009(2):112-113.

[13] 尹波.建筑拆除管理政策研究[R].中国建筑科学研究院,2014.

[14] ASCE. Standards of Professional Conduct for Civil Engineers[S]. American Society of Civil Engineers, April 3, 2000.

[15] ASCE. American Society of Civil Engineers Code of Ethics Engineers[EB/OL].(2006-07-23)[2016-02-20]. http://www.asce.org/code-of-ethics/.

[16] ICE Council. ICE Code of Professional Conduct. [EB/OL].(2014-04-15)[2016-02-20]. https://www.ice.org.uk.

[17] CIOB. Rules and Regulations of Professional Competence and Conduct[EB/OL].[2016-02-20]. https://www.ciob.org.

[18] RICS. The Global Professional and Ethical Standards[EB/OL].[2016-02-20]. http://www.rics.org/regulation.

第 7 章 水利工程的伦理问题

引导案例：关于黄河三门峡工程的论争

黄河穿过晋陕峡谷冲出龙门之后，在潼关折向东流，约 110km 即到三门峡。三门峡枢纽大坝即建于此处，河南省三门峡市则因三门峡水利工程而建、而兴。三门峡枢纽按高坝大库方案设计，工程于 1957 年开工，1962 年建成。令人遗憾的是，在开始蓄水仅一年多时间内，水库就发生严重淤积，导致渭河下游水位显著抬升，沿岸人民受到严重影响。为减缓上游淤积，三门峡水库被迫改变原设计的运用方式，并先后两次进行改建。

三门峡枢纽工程自建设初期就引发了巨大的争论，目前关于其存废的争论仍在继续，围绕三门峡工程的争论为水利工程伦理提供了多维度的观察视角。

1. 工程本身的技术争论

三门峡工程的技术设计由苏联专家主导完成，采用"高坝大库"方案。有学者提出了强烈质疑，认为在多沙河流上修建水库必定造成严重的泥沙淤积问题，"高坝"方案后果尤其严重，如果一定要修，则应采用"低坝"方案。虽然当时进行了较为广泛的讨论，但正确的意见没有得到充分重视。实践证明，工程不但远未实现设计目标，而且造成了严重的生态环境问题。

2. 不同地域的利益相争

三门峡蓄水后发生严重淤积，给陕西造成严重危害。2003 年秋汛，渭河小流量却造成大洪灾。陕西方面认为三门峡是罪魁祸首，要求炸掉三门峡；而河南方面认为陕西的指责舍本逐末、避重就轻，是不负责任的，要求合理利用三门峡。围绕三门峡工程存废的豫陕争论仍在继续，而利益的考量（资源的分配与风险的分担）显然是争端的核心因素。

R7-1 从黄河三门峡到长江三峡——黄万里的长河孤旅

3. 不同人群的人生命运

对于水利专业工作者而言,三门峡就像一面镜子,从中可以清晰地看到自己的学识和灵魂。黄万里凭借自己的远见卓识,一针见血地指出了工程设计方案存在的问题,面对压力敢讲真话、拒绝妥协,为知识分子树立了光辉的典范,但他的人生际遇也让后来人唏嘘不已。

对于几十万三门峡水库移民而言,由于当时的补偿安置水平低,三门峡成了他们心中永远挥不去的痛,今天回顾三门峡移民的风雨历程对推进水利工程健康发展仍具有重要意义。

7.1 水利工程中的伦理问题

水是生命之源,生产之要,生态之基。我国的水资源并不丰富,人均水资源占有量仅为世界平均水平的1/4。我国水资源分布的地域不平衡性非常突出,东南地区湿润多雨,而西北地区干旱少雨。对同一地区而言,降水随季节的变化非常显著,年际间的差异也很大。由于水资源时空分布不均匀,天然来水过程与人类用水需求并不同步,因此需要采取工程措施进行调控。

水利工程就是对自然界中的水资源(包括地表水和地下水)进行有效控制、按需调配、持续利用及全面保护的工程,它属于国家基础设施和基础产业,关乎国家安全,影响社会全局。中国以世界7%的水资源和7%的耕地养活了世界21%的人口,为人类社会的发展进步作出了突出贡献,水利工程在其中发挥了关键作用。

7.1.1 水利工程的特点

简言之,水利工程通过修建结构物来控制、调配、利用、节约、治理和保护水资源,达到兴水利、避水害的目的。按照其承担的核心任务,可将水利工程分为防洪工程、农业水利工程、供水与排水工程、水力发电工程、港口与航道工程、水土保持工程和河湖环境生态工程等[①]。

防洪工程按功能可分为挡、泄(排)和蓄(滞)三类,其中挡水工程阻拦江河洪水或沿海潮水可能造成的侵袭,泄(排)水工程通过设置或清理泄洪通道增加行洪能力,而蓄(滞)水工程则是通过调节洪水、削减洪峰来减轻下游防洪压力。农业水利工程通过修建水库、堰塘、泵站等设施,完成向农田输水、配水和排水等功能,调节和改变农田水分状况,促进农业增产增收。供水与排水工程是保证工业和居民用水的关键设施,主要包括水库、管井、渠道、水闸、泵站等,而排水工程的主要任务则是排出废水、污水和暴雨引起的短时局部积水。水力发电工程一般简称为水电工程,是水利工程的重要组成部分,利用水力来推动水轮机转动将水能转化为电能。港口与航道工程一般简称为港航工程,涉及港口、船闸及航道的设计、施工与运行管理。水土保持工程一般简称为水保工程,通过退耕还林及修建梯田、蓄水池、淤地坝

---

① 杨革.水利工程概论[M].北京:高等教育出版社,2009.

等措施,减缓泥沙从坡面向河道的输移,大大延长水利工程的使用寿命。河湖环境生态工程致力于解决伴随水利工程建设及经济发展产生的河湖环境生态问题,是新时期水利工程的崭新内容。

水利工程涉及的范围宽广、规模不一,考虑到水利工程伦理问题主要与大中型水利工程有关,这里仅概括大中型水利工程的特点。

1. 政府主导

水利工程是基础设施,是基础产业,具有典型的公益性质,因此大型水利工程规划和建设一般都由政府来主导,具有鲜明的国家行为特征。在中华民族发展的历史长河中,兴修水利一直是治国安邦、发展生产、开拓疆土的重要措施,多由中央政府直接负责组织实施,水利工程建设伴随着时代的起伏与兴衰[①]。在世界其他国家,水利工程建设也同样具有明显的政府行为特征。以美国为例,在"向西运动"的过程中,联邦政府在水利工程规划建设中一直发挥着主导作用;20 世纪 20 年代美国陷入了持续的经济萧条,作为罗斯福新政的一部分,如火如荼的水利建设也由联邦政府主导。

2. 规模宏大

与其他行业的工程项目相比,大型水利工程的规模要宏大得多。京杭大运河全长近 1800km,纵贯北京、天津、河北、山东、江苏和浙江六个省(市),沟通了海河、黄河、淮河、长江、钱塘江五大水系。南水北调中线工程的总干渠全长超过 1200km,沟通长江、淮河、黄河、海河四大流域,穿过黄河干流及其他集流面积 10km^2 以上的河流 200 多条,建节制闸、分水闸、退水建筑物和隧洞、暗渠等各类建筑物千余座。三峡工程在规模上更是创下了多项世界之最:坝体总混凝土量最大(1486 万 m^3),船闸级数最多(5 级),总水头最高(113m),移民人数最多(超过 140 万人)等[②]。

3. 技术复杂

大型水利枢纽一般都位于深山峡谷区。对坝址及相关区域的勘测包括水文、地质、地貌、生态等多项内容,枢纽规划涉及政治、经济、军事多目标优化,技术设计需要考虑水文、荷载、地震等多种随机因素,工程施工需要截流、导流并承受洪水风险,枢纽运行须综合考虑社会、经济、生态等多重效益,因此水利工程涉及的技术问题非常复杂。以三峡工程为例,大江截流水深达 60m,最大流量超过 10000m^3/s,截流进程中有通航要求,戗堤基础覆盖层深厚,因此施工难度相当大。二期围堰堰址水深达 60m,约 2/3 高度的堰体在水下施工,堰址地质情况复杂,世所罕见。导流明渠截流,抛投物不易稳定,江水流量大(10300m^3/s),落差大(4m 多),流速高(7m/s),综合难度大于大江截流。

4. 周期漫长

大型水利工程的勘测、规划、设计、施工周期很长,往往长达几年、十几年甚至几十年、上

[①] 郭涛. 中国古代水利科学技术史[M]. 北京:中国建筑工业出版社,2013.
[②] 中国长江三峡集团公司. 三峡工程概况[EB/OL][2015-8-1]. http://www.ctgpc.com.cn/sxgc/newsdetail2.php.

百年,其使用寿命一般都是几十年、上百年。以三峡工程为例,它承载着中华民族的百年梦想。早在 1919 年孙中山先生就提出了最初的建设设想,1945 年国民政府启动了三峡工程的筹备工作(相关工作随后中断)。新中国成立后,三峡工程规划建设步伐明显加快,1957 年长江流域规划办公室完成了三峡工程不同正常蓄水位和不同坝区的枢纽布置的比较方案,1984 年国务院同意三峡工程立即开始施工准备,随后批准了《长江三峡工程可行性研究报告》。1992 年 4 月 3 日,第七届全国人民代表大会第五次会议通过了《关于兴建长江三峡工程决议》。三峡工程整个施工任务的完成,前后总共历时 17a,而三峡水库的设计使用寿命则超过 100a。

5. 投资巨大

由于水利工程的规模巨大,周期漫长,因此工程建设需要的资金巨大。从水利行业整体来看,自 2012 年以来,每年完成的水利建设投资基本稳定在 4000 亿元的规模。对于单项工程而言,三峡工程 1993 年经国家正式批准的初步设计静态总概算为 900.9 亿元(其中枢纽工程投资 500.9 亿元,水库淹没处理及移民安置费用 400 亿元)。由于三峡工程施工期长达 17 年,且其资金来源多元化,计入物价上涨及施工期贷款利息的动态总投资估算约为 2039 亿元(由于我国经济发展、物价稳定、利率下调等有利因素,三峡工程实际总投资约 1800 亿元)[①]。

6. 功能多元

大型水利工程多为枢纽工程,一般具有防洪、发电、航运、供水等多项功能,能够发挥综合效益。三峡工程就是具有多元功能的综合水利枢纽工程,正常蓄水位 175m,设计防洪库容为 221.5 亿 m^3,从根本上改变了长江中下游防洪形势;水电站总装机容量 2250 万 kW,年最大发电能力约 1000 亿 kW·h,将华中、华东、华南电网联成跨区的大电力系统;航运效益也非常突出,水库形成后从根本上改善了大坝上游三斗坪至重庆江段 660km 的航道,同时增加了坝下长江中游航道枯水季节的流量和航深,保证万吨级船队由上海直达重庆,运输成本大幅度降低。

7. 综合性强

大型水利工程都是枢纽工程,具有很强的综合性,其规划建设基于对国家政治和经济形势的综合判断。工程目标包括防洪减灾与发电兴利等综合内容,技术设计涵盖了水利、土木、机械、电力、电子、环境等多个学科。水利工程产生的影响也是多方位的,以三峡工程为例,共有涵盖 42 个专业的 400 多位专家参与论证,划分为地质地震、枢纽建筑物、水文、防洪、泥沙、航运、电力系统、机电设备、移民、生态与环境、综合规划与水位、施工、投资估算、综合经济评价共 14 个专题,从涉及的范围和层次来看,其综合性非常突出。

8. 影响深远

水利工程规模宏大、周期漫长、投资巨大、功能多元,这就决定了其影响必定是深远的。

---

① 中国长江三峡集团公司. 三峡工程概况[EB/OL][2015-8-1]. http://www.ctgpc.com.cn/sxgc/newsdetail2.php.

第一,水利工程对于促进国民经济和社会发展具有全方位的深远影响。第二,水利工程影响的空间范围广大,工程枢纽上下游串成一条线,这条线又带动一个面,会引起空间大范围的连锁反应。第三,由于水利工程的生命周期长,因此产生的影响常常跨越数十年甚至上百年。第四,水利工程对人文和生态环境均产生深远影响,极大改变了库区移民的生产和生活状态,整个河流的环境与生态系统将发生重要的变化与调整。

7.1.2 水利工程涉及的伦理问题

在古代水利工程建设中,治水先辈们秉承"天人合一"的思想,师法自然,最大限度地保证了工程、文化与生态的完美统一。其中,都江堰工程以其科学美妙的自然造化和人工斧凿的浑然天成,成为水利工程中人与自然和谐的杰出代表。随着社会的发展与进步,人类对自然的干预能力不断提升,对自然进行改造的野心不断膨胀,水利工程中的伦理问题日益凸显。水利工程建设不仅涉及经济利益,而且涉及社会利益;不仅影响当今利益,而且影响未来利益;不仅涉及人类利益,而且会对自然界产生影响。因此,水利工程涉及社会伦理、经济伦理、发展伦理、生态伦理等多种伦理问题。比如,从社会伦理的角度看,目前水利工程面临政府主导下巨型工程多目标价值的碰撞与平衡;从生态伦理的角度看,水利工程承担着保护河流生态环境的重大责任。

从技术的视角观察,水利工程在创造价值的同时,也不可避免地带来风险。比如,大型水库一旦溃决,将造成重大的财产和生命损失。对水利工程的价值认同与风险评估,其核心与本质就是伦理追问。

从社会的视角观察,水利工程涉及利益的分配和风险的分担。一般情况下,政府是大型水利工程的主导者和决策者,是促进水利行业发展的积极因素;但在强力推动工程建设的过程中,相关的评估以及与公众的沟通可能会被弱化,从而引发公众的不满情绪甚至尖锐对立。

就具体的工程而言,不同地区之间的利益分配和风险分摊非常复杂。有的地区会获益,有的地区则受损;有的地区获益多,有的地区获益少;有的地区获得经济利益,有的地区获得社会利益;有的地区承担高风险,有的地区则"一本万利"。以防洪为主的工程,增大水库库容将提升下游的防洪标准,但却扩大了上游的淹没范围。以调水为主的工程,加大调水量将提高受水区的水资源保证率,但供水区却因此付出了更高的经济与生态代价。综合性的大型水利枢纽往往担负着防洪、发电、航运、供水、生态等多元功能,而协调这些功能会让地区间的利益关系更加复杂。

就不同的人群而言,对水利工程的利益诉求可能会存在冲突。我国的公有制制度决定了大型水利枢纽工程由全民所建、为全民所建,理论上全民都是利益相关者。早在1992年全国人大通过兴建三峡工程的议案后,国务院决定全国(部分地区除外)用电每度加价三厘钱,专项用于三峡工程建设,其后两次提升征收标准。如今三峡工程已完工,但为其筹资的电价附加并没有取消,而是继续以新设立的国家重大水利工程建设基金的名义征收,这种征收对于维护社会公平与正义的意义值得深入思考。相对于普通民众通过三峡基金为三峡工程作出的贡献,三峡库区移民的付出更值得大力宣扬;公正维护水利工程移民的权利,在实践中也遇到诸多伦理追问。

从自然的视角来看,水利工程活动与生态环境有着复杂的关系。水利工程建设本身要尽量减少对自然环境的干扰,避免对河流系统进行无节制地攫取。由于河流系统的生态响应缓慢,水利工程引起的一些问题可能十年甚至是几十年后才能显现出来。如果工程建设丧失了对自然的敬畏,那么人类"对自然界的每一次胜利,起初确实取得了我们预期的结果,但是往后和再往后却发生完全不同的、出乎意料的影响,常常把最初的结果又消除了"①,水利工程也就沦为了"危害人类社会的环境的帮凶"②。

从水利工作者的视角来看,水利工程的价值和对社会的贡献是职业自豪感的源泉,作为从业者,需要通过透视工程风险来警醒敬畏心,通过分析利益冲突来提升使命感,通过厘清角色定位来强化责任感。

简言之,水利工程涉及技术伦理、社会伦理、环境伦理与职业伦理中的重要问题。中国水利工程建设经历了从工程水利、资源水利到生态水利的演变,这其中也体现出伦理思想的变迁。水利工程建设在满足技术可行、经济合理及环境友好等要求的同时,将更多地面对工程伦理层面的审视。本章以公平与正义为主线,讨论水利工程四个方面的典型问题,即水资源的公正配置、水利工程风险的公正评估、水库移民的公正补偿和河流健康生命的公正维护,最后简要讨论水利工程师的角色与责任。

7.2 水资源的公正配置

在人类历史发展的早期,地球上淡水的供给量远远超过实际需求,人们认为水资源取之不尽、用之不竭。及至近代,尤其是进入 20 世纪以来,全球随着人口和经济的增长,工业化和城市化进程逐渐加快,人类用水总量持续扩大,对用水品质和用水保证率的要求也不断提高,水资源的"有形价值"日益凸显。当水资源出现短缺时,不仅社会发展减缓,公众的生产生活受到严重影响,而且不同团体、不同地区、不同国家之间可能为争水而爆发激烈冲突。水资源公正配置的实施依赖于水利工程的控制和调度,而公正配置的理念也会影响水利工程的规划与建设。

7.2.1 水权

法学界对水权概念的内涵与外延并未取得完全一致意见,已有的法律条文也并未明确使用水权这一概念。为简化问题,这里在概念上将水等同于水资源(可用的自然淡水资源),把水权概括为与水资源有关权利的集合。从法律上的产权和物权观点出发,可以认为"水权是指人类在开发、利用、管理和保护水资源过程中产生的对水的权利"③,亦即水资源的所有权、配置权、经营权与使用权等。也有观点认为,水权并非由人类独享,而是由水生态系统中的各成员(包括动物和植物)分享。虽然动植物难以成为真正法律意义上的水权主体,但人类不能武断地垄断对水资源的权利,不能生硬地剥夺河流生态系统对水资源的依赖权,这一点已经得到广泛的认可。

---

① 马克思,恩格斯.马克思恩格斯选集:第一卷[M].中共中央马克思恩格斯列宁斯大林著作编译局,译.北京:人民出版社,1995:383.
② [美]哈里斯,普里查德,雷宾斯.工程伦理概念和案例[M].丛杭青,沈琪,等译.北京:北京理工大学出版社,2006:165.
③ 黄锡生.论水权的概念和体系[J].现代法学,2004,26(4):134-138.

《中华人民共和国宪法》第九条及《中华人民共和国水法》（以下简称《水法》）第九条确认，水资源属于国家所有，水资源的所有权由国务院代表国家行使。在具体操作层面，由国务院各部门及地方各级政府行使中央政府所赋予的代理权，进行水资源的规划与配置。政府在配置水资源时，实行分级管理体制，以取水许可为具体行政手段。可见，水权的核心是水资源的配置权，从用户的角度看就是初始取水权。

在我国，政府享有绝对的水资源配置权。以南水北调中线工程为例，《南水北调中线工程规划》（2001年修订）中确定的丹江口水库有效调水量为95亿m^3，其中分配给北京、天津、河北和河南的额度分别为12亿、10亿、35亿和38亿m^3。《南水北调工程供用水管理条例》（国务院令第647号）规定，中线工程实际水量调度以此为基本依据，其中年度实际可调水量由长江水利委员会提出，受水区省、直辖市人民政府水行政主管部门根据年度可调水量提出年度引水总量和月引水量的建议，水利部综合平衡年度可调水量和南水北调工程受水区省、直辖市年度用水计划建议，按照国务院批准的受水区省、直辖市水量分配指标的比例，制订南水北调工程年度水量调度计划，征求国务院有关部门意见后，在水量调度年度开始前下达有关省、直辖市人民政府和南水北调工程管理单位。水资源的统一调度管理，对中国这样幅员广阔、水资源分布时空差异巨大的国家具有重要意义。

7.2.2 水资源公正配置的原则

由于水资源时空变异大，水资源预报可靠性差，面对用水部门众多、用水类型不一的复杂局面，水资源的优化配置在技术和管理上都存在诸多挑战。实现水资源的公平与高效配置，一方面要在技术上下功夫，通过不断提升技术水平来提高用水效率；另一方面，要完善法律法规体系，提升水行政机关的管理和服务水平，避免出现部门利益和地方利益驱动、公共权力恶性竞争以及设租与寻租等现象。与其他公共资源的配置类似，在确定具体的水资源配置方案时，要努力践行公平与效率统一、经济利益与社会效益统一、全局利益与局部利益统一、近期利益与长期利益统一等基本原则。与此同时，考虑到水资源的特殊性，在水资源配置的实践中，实现公平与正义也有一些特殊的伦理考量。

1. 邻近优先

土地私有制国家常常把水权附于土地所有权。以美国东部为例，该地区的多数州均依据河岸法（Riparian Doctrine）来确立地表水权，承认土地所有者拥有从其土地内或土地边界的河流中合理取水的权力，该权力不能单独买卖，也不会自然丧失。在河岸法体系下，取水用水的邻近优先原则是绝对的，是完全排他的。而在我国，水资源属于国家所有，任何单位和个人都不能主张对水资源的所有权。虽然在地理位置上紧靠河流和湖泊并不能成为拥有水资源的合法理由，但我国法律也承认农村集体经济对其修建的水塘、水库的所有权。《水法》第九条规定，居民为了家庭生活和小规模生产活动，可以直接从邻近的江河、湖泊或者地下取水用水，无须申请取水许可。正所谓"近水楼台先得月"，这既表明了得天独厚的先天条件，也暗含了取水用水"邻近优先"的朴素伦理思想。

按照邻近优先的原则，在进行大规模水资源规划配置时，特别是实施跨地区、跨流域调水时，水源地的用水需求应该优先得到满足；但在现实生活中，贯彻这一原则并非看上去那么理所当然——对于跨流域调水,《水法》第二十二条规定"应当进行全面规划和科学论证,统筹兼顾调出和调入流域的用水需要"。注意这里的用语是"统筹兼顾"调出区和调入区的需求,而非"优先考虑"水源地的用水需求和实际利益。这是因为,在具体工作中,由于水资源调入区一般社会更加发达,在整个国民经济中的地位也更为重要,因此对调水配置决策会施加更多影响;另一方面,水资源调入区的经济往往更为活跃,和水资源调出区相比,单位水资源量创造的经济价值更大。因此,从经济价值方面考虑,水资源配置向水资源调入区倾斜很有可能会成为利益驱动下的默认选择。

2. 尊重历史

历史的发展有其自身的逻辑,历史进程对现状的影响应该给予充分考虑。对于特定的地区而言,其用水历史一般都经历了从充足到紧张的演变过程。从地理的横向维度看,水资源的紧张状态是由所有用水户的需求总和大于水资源的供给总量造成的;从时间的纵向维度看,新用水户的加入显然是造成或加剧用水紧张局面最直接的原因。在处理此类矛盾时,很多时候倾向于作出尊重历史的伦理选择。从本质上讲,该做法是保护既得利益者的利益,因此伦理上存在一定争议。

在水资源相对缺乏的美国西部地区,以"先来后到"为指导思想的优先专用权法(Prior Appropriation Doctrine)替代了河岸法,用来规范水资源的配置。该法案包括两个核心原则:一是先占即先得原则,二是不用即作废原则。用户的取水用水权与是否濒临河流无关,其优先级别是根据其注册时间的先后决定的。在枯水期,当供水不能满足全部用水需求时,水权级别最高的用户可以引用所需的全部水资源,而低级别用户则被削减引用水量甚至被迫停水。显然,在这种情况下,尊重历史原则与邻近优先原则是相悖的。

我国是农业大国,农业用水一直占水资源总量的最大比重。历史上黄河流域的水资源主要用于农业生产,而农业用水的大户是中游和下游的各大灌区。目前在黄河流域的水资源配置方案中,对这一历史事实给予了充分考虑,农业用水量占总用水量的八成以上,为确保粮食安全和整个社会的长治久安奠定了坚实的基础。值得指出的是,随着黄河流域经济的快速发展,煤炭、冶金、石化等高耗水项目产能持续增加,黄河流域水资源供应的紧张局面不断加剧。由于我国农业用水的价格远远低于工业用水的价格,而农业单位用水的产值也远远低于工业用水,因此水资源配置从农业向工业转移的压力持续加重。为缓解发展中的供水压力,不能简单地、武断地改变水资源的初始配置额度,而可通过创新黄河水权制度来优化水资源的配置[①]。

对于国际河流而言,关于"邻近优先"原则与"尊重历史"原则之间的冲突更为突出。大江大河孕育的早期文明常常出现在河流的中下游地区,因此处于国际河流下游的国家其用水历史往往更为久远,根据"尊重历史"的原则主张自己的用水权利更为有利。处于上游的国家拥有地理位置上的先天优势,传统上认为河流属于国家的领土范围,因此坚持领土绝对完整、主权不受干涉的立场,主张对流过其境内河流的水资源拥有绝对所有权,这也有充分的道理[②]。目前,涉及水资源分配的国际水法条款与国际水条约非常有限,普适的水资源分

[①] 陈永奇. 黄河水权制度建设与黄河水权转让实践[J]. 水利经济, 2014, 32(1): 23-26.
[②] 郝少英. 论国际河流上游国家的开发利用权[J]. 资源科学, 2011, 33(1): 106-111.

配法则并不存在,通过协商来解决水资源的分配与利用问题常常是唯一可行的途径。我国尚未在任何一条国际河流上与境外流域国家签署有关跨境水资源分配、利用和协调管理的双边或多边协议,也没有合作建立统一的流域管理机构。现有国际水法过多地强调下游国家对水资源利用,对上游国家开发利用自身水资源权利的维护不足,这对我国是极其不利的。

3. 利益补偿

从本质上看,水资源的配置是利益的分配。我国实行水资源的统一配置管理,追求的是整体利益和全局利益。在水资源配置过程中,局部地区、部分行业和部分单位(个人)的利益会受到一定的影响,而受影响的地区、行业、单位和个人有权利要求获得一定补偿。

从区域上看,水资源统一配置会影响两类典型地区。第一类是水源涵养区。为保证水资源的质量,水源涵养区常常会采取封山育林等生态恢复措施,工农业生产受到限制,造成经济发展降速、人民群众收入增长减缓。比如密云水库上游的河北省承德和张家口两市的部分地区就是密云水库的水源涵养区,为保证北京市的供水安全承担了巨大的发展代价。第二类区域是水资源调出区,比如丹江口市及下游地区,由于南水北调中线工程计划每年引水百亿方,在一定程度上降低了这些地区水资源的保证率,也削弱了当地经济和社会发展的潜力。

因此,我国实行水资源有偿使用制度。自来水价格在构成上一般包括三个部分,即水费、水资源费和污水处理费。水费体现的是工程水价,即通过水利工程、自来水厂和城市管网系统将自然水体收集、储存、净化并输运到终端用户所付出的工程成本,是实际供水所花费的工程代价;水资源费体现的是水资源本身的价格,是对水资源损耗的经济补偿;污水处理费体现的是环境水价,是治理由废水排放造成的环境污染所付出的成本。

通过征收水资源费,可以比较容易地通过财政转移支付的手段,对水资源配置中的直接或间接受损方进行一定的利益补偿。如上例,为了对密云水库上游地区水资源和水环境保护进行补偿,北京市政府通过跨地区协作等手段支持承德市和张家口市,增强其生态保护和经济发展能力。京冀两地于 2006 年签署《北京市人民政府河北省人民政府关于加强经济与社会发展合作备忘录》,确定北京市按照每年每亩 450 元的标准,补偿密云、官厅水库上游承德、张家口地区近 20 万亩"稻改旱"项目(其后这一标准提高至 550 元)。此外,北京还通过安排资金、项目合作等方式,支持这一地区治理水环境污染、发展节水产业。虽然这些补偿是实实在在的,但当地民众普遍认为"被限制开发是张家口地区贫困落后的重要原因之一","已有的补偿"还远远不够"[①]。目前,京津冀协同发展战略以及北京、张家口联合举办 2022 年冬季奥运会等利好消息,为密云水库上游水源涵养区的发展提供了重大机遇。

《南水北调工程供用水管理条例》规定,依照有关法律、行政法规对南水北调工程水源地实行水环境生态保护补偿;与此同时,为弥补南水北调工程引水造成的汉江中下游大幅减少的水量,缓解对湖北中部地区的不利影响,国务院已批复引江补汉工程。规划从三峡水库提水进入汉江支流后自流补充给丹江口水库,年调水量与南水北调中线长年向北方调水量

---

① 刘飞越,刘玉海,离首都 100 多公里,贫困县竟然连成片[EB/OL]. [2016-02-19]. http://www.dili360.com/cng/article/p54c0b58f3cf6220.htm.

基本持平。该工程被安排在 2019 年具体实施,严重滞后于南水北调中线工程的建设进度。

从总体上讲,在我国水资源配置实际工作中,对整体利益强调得多,对局部利益重视得少;对集体利益强调得多,对个人利益重视得少。因此,建立和实施全面、长久、有效的利益补偿制度仍任重而道远。

跨国河流的管理超越了单一国家主权,无法通过简单有效的行政制度安排加以解决。因此,上下游国家之间的利益补偿问题更为复杂,落实重视生态的原则困难更多。我国西南地区处于众多国际河流的上游,近年来在怒江、澜沧江和雅鲁藏布江流域进行水资源和水电开发的速度不断加快。一方面,在我国境内成功修建大型水利工程,有效拦蓄洪水,合理调节径流,可以极大改善下游国家的通航条件和防洪态势,下游国家收益良多;但由于缺乏国际河流上下游国家之间的利益补偿机制,中国水利工程建设为下游国家的贡献就等同于无偿的国际援助。另一方面,中国在上游加快水利工程建设,不可避免地会对原有河流系统产生多方面的影响。实际上,就中国水电开发对河流生态系统可能造成的冲击,下游国家一直在表达强烈关切。中国作为负责任的大国,勇于承担保护河流生态的国际义务,应该对此作出更为积极的回应。

4. 重视生态

充分保护流域环境,维护河流生态系统的公平用水权利,已成为我国水利工作者的共识[①]。在水资源配置方面,国家出台多项规定,从制度上保证河流系统的生态用水需要。《水法》中明确规定:开发、利用水资源必须兼顾农业、工业及生态环境用水的需要,在干旱和半干旱地区开发、利用水资源,应当充分考虑生态环境用水需要(第 21 条);跨流域调水,应当进行全面规划和科学论证,统筹兼顾调出和调入流域的用水需要,防止对生态环境造成破坏(第 22 条)。《黄河水量调度条例中》制订黄河水量分配方案时,明确要求统筹兼顾生活、生产、生态环境用水。

在法律和法规层面,重视生态已经成为水资源配置中的刚性制度约束,这是人类在生态伦理方面取得的重大进步。但在水资源配置实践中,情况并不乐观——河湖系统无法为自己主张水权,容易受到挤压。一方面,生态用水配额是在经济和社会发展的多重压力下确定的,在多方利益、价值观念和决策水平的影响下,生态需水量标准往往定得比较低;另一方面,虽然生态用水有强制性指标,但是生态用水经济效益不明显,生态效益在短期内也常常难以见到效果,因此在用水紧张时,生态用水额度可能被人为挤占挪用。

7.3 水利工程风险的公正评估

我国已建成的水利工程在数量和规模上均居世界第一。20 世纪六七十年代建设的水库大坝已经进入生命周期的中后期,病险情况比较普遍[②]。近年来建成和目前正在兴建的大型水利工程,其规模和影响力都非常巨大,关系到流域、区域乃至整个国家的经济社会发

[①] 李国英.维持黄河健康生命[M].郑州:黄河水利出版社,2005.
[②] 陈进.大型水利工程的风险管理问题[J].长江科学院院报,2012,29(12):15-19.

展。因此,保证水利工程的工程安全、生态安全和社会安全,其难度在世界上绝无仅有。随着气候变化的加剧和公众权利意识的觉醒,大型水利工程面临的安全要求和风险控制的压力也日益突出。

7.3.1 从工程安全到工程风险

安全与风险是同一问题的正反两面。但在水利工程建设实践中,从传统的强调安全到如今突出管理风险,不仅反映了认识和观念上的变化,也体现了工程伦理思想的进步。

传统上,评估水利工程安全的落脚点集中在水工建筑物/结构物本身。以水库为例,其安全评价关注的中心对象是大坝本身。在进行工程设计时,需要根据地基基础、坝型、坝高、坝体材料、静水荷载和地震荷载等技术参数计算大坝的稳定性;根据坝址洪水特征设计溢洪道,保证洪水安全下泄。按照规范要求,工程设计时会预留一定的安全余量(安全系数)。如果施工质量满足要求,运行荷载不超范围,管理维护认真到位,那么从技术安全评估的角度看,大坝本身是绝对安全的。国际大坝委员会1987年发布《大坝安全指南》,将运行期大坝的安全定义为"将大坝的实际状态与导致其溃决/恶化的状态区别开来的范围"。可见在这个定义下,大坝安全考虑的仅仅是大坝本身的工程状态;若没有出现溃决和破坏等状况,就认定大坝是安全的[1]。

然而,随着社会的发展与进步,传统上水利工程对安全的定义及相关评价的局限性日益凸显。水利工程规模宏大,因此其安全问题涉及的范围远远超越水工建筑物/结构物本身。若水库发生溃决,不仅水利工程本身毁于一旦,设计功能完全丧失,防洪、供水、供电等服务中断,更为严重的是给下游人民造成重大的人员伤亡、经济损失和环境破坏。1976年6月5日,美国的Teton大坝(最大坝高126.5m)在建成后的第一个汛期就因管涌发生溃决,摧毁下游两座城镇,致使两万多人无家可归。由此,水利工程界开始从概率论和风险分析的角度来研究大坝的安全问题,从大坝溃决的概率和其可能造成的后果两个层面审视大坝的实际风险。

2004年,美国陆军工程师团发布的《大坝安全——政策与过程》标志着西方国家对水利工程安全的认识达到了新的高度。在这个文件中明确提出,大坝不应对人员、经济和环境造成不可接受的风险;仅靠正确设计和规范施工并不能保证大坝的绝对安全;为评估大坝的安全状况,需要考虑工程的整体性和可持续性,辨识大坝自身的缺陷和溃决的后果,综合运用工程准则、实践经验和风险管理体系,努力将不可接受的风险降至社会和公众可以接受的范围[2]。显然,水利工程安全概念的核心已转变为社会和公众对工程风险的认知和评估,水利工程安全问题从单纯的技术问题转化为一个综合问题。

目前,美国等西方发达国家已经从法律、技术标准等方面基本建立起大坝风险管理的制度体系。由于文化上的原因,我国水利工程界一直不大喜欢"风险"一词,而是喜好"安全度"或者"可靠度"等正面名称[3]。在具体实践中,水利水电工程建设中安全评价工作的程序主

---

[1] 陈进.大型水利工程的风险管理问题[J].长江科学院院报,2012,29(12):15-19.

[2] 李雷.大坝风险评价与风险管理[M].北京:中国水利水电出版社,2006.

[3] 同[1].

要包括"准备阶段,风险辨识或危险、有害因素识别与分析,定性定量评价,提出安全对策措施,形成安全评价结论及建议"[1]。从本质上看,目前水利工程安全评价的核心就是对风险的评估,这种评估已经从建筑物/结构物本身的安全拓展到同时考虑建筑物失事风险和可能造成的损失两个层面。

根据2006年版的《水电建设工程安全评价与安全管理》,水利工程风险是指水利工程中危险/危害事故发生的可能性(P)与其所造成的危害程度(S)的综合度量。因此,评估水利工程的风险首先需要进行风险辨识,通过对P和S两个要素进行数学描述,取二者的乘积来判定风险的等级(RL)。由于对P和S的精确数学描述并不容易实现,因此对水利工程风险进行完全的定量评价并不现实。在实际工作中,常常采用风险评价指数矩阵法来半定量地评价水利工程风险[2]。在水利工程建设中,如发现高度风险,就必须立即采取措施,进行综合治理,直至风险降低到较低水平;对于重度和中度风险,则应该认真考虑预防成本,尽快实施减少风险的措施,并进一步进行评价;对于低度风险,在保证工程整体效益最佳的情况下一般可不采取额外措施。

值得指出的是,在水利工程评价工作中,因为评价的目的和对象不同以及评价的内容和指标要求不同,评价的方法也不尽相同。实际工作中需要根据工程特点和具体要求选择合适的方法。

7.3.2 影响水利工程风险客观公正评估的因素

从方法和步骤上看,水利工程的风险评估涉及更多的是技术问题。而实际上,无论是具体参数的选择、评价结果的确定还是整改措施的推荐与落实,都会影响风险评估的客观性和公正性。

第一,我国大型水利工程建设是由政府来主导,行政导向性对工程风险评估的影响是巨大的,这种影响在水利工程的不同生命阶段呈现出微妙差别。在安全预评价阶段,为了使工程顺利获批,有可能出现弱化风险的倾向。例如,黄河三门峡工程在设计初期,泥沙工作者就认识到泥沙淤积带来的风险是巨大的,遗憾的是当时并没有充分估计风险,而是寄希望于水土保持减沙。《技术任务书》提出,通过在上游开展水土保持工作,10a后黄河来沙可减少50%,50年之后可减少100%。工程设计方认为数据过于乐观,为"谨慎"起见,最终将设计依据改为"十年后减沙20%,50年后减沙50%"。可是50多年以后的今天,陕西和山西的黄土大地会告诉我们,减沙50%是一个多么浪漫而不切合实际的梦想。

在进行安全现状评价时,情况又常常会走向另一个极端——渲染甚至夸大风险,以便减轻自身责任或争取更多的维护经费。2011年5月18日国务院三峡办出台了《三峡后续工作规划》,其中提到"三峡工程在发挥巨大综合效益的同时,在移民安稳致富、生态环境保护、地质灾害防治等方面还存在一些亟须解决的问题,对长江中下游航运、灌溉、供水等也产生了一定影响",这引起了国内外关注。因为在三峡工程论证和建设期,各方基本上都是大力宣传三峡的正面效益;而三峡工程建成后,少有人高调承认自己是三峡的受益者,而声称是

---

[1] 李雷. 大坝风险评价与风险管理[M]. 北京:中国水利水电出版社,2006.
[2] 王民浩. 水电水利工程风险辨识与典型案例分析[M]. 北京:中国电力出版社,2010.

三峡受害者的突然多了起来,这些"受害者"包括历史上曾经的受害者、目前的真正受害者、未来的潜在受害者、本身没受害但亲戚受害者、本身没受害但邻居受益者、本身受益但发现隔壁受益更多者、本身受益但担心利益不能持久者,难以一一列举。可见,工程论证时高唱效益、弱化风险常常成为主流声音,而在运用阶段,高举风险大旗、拼命诉苦则有可能成为各方逃避责任的锦囊妙计。

第二,水利工程大多数风险因素是已知的,但由于水文过程具有非常强的随机性,地质条件也存在不确定性,因此很多风险因素是隐性的,甚至是不可预见的[①]。我国最长的水文实测资料不超过150a,大多数水库设计可依据的资料仅有几十年,而大型水利工程的防洪标准一般按百年一遇设计、千年一遇校核(三峡水库洪水按千年一遇设计、万年一遇洪水再加10%校核),因此"设计采用的水文资料多是根据历史文字记录或者现场考古推测得到,具有较大的不确定性"[②],这其中潜在的风险常常超出人们的预料。由于水文、地质条件的复杂性,准确评估水利工程的风险并不容易;在紧急情况下,面对可能出现的严重局面,在短时间内作出评判往往趋于保守,在客观上容易夸大风险。2008年5月12日四川汶川发生强烈地震,山体滑坡导致多处出现堰塞湖,其中唐家山堰塞湖规模最大,情况也最为危险。抗震救灾指挥部经会商认为,唐家山堰塞体溃决的风险极大,下游群众必须立即撤离。在"一定要坚持以人为本,把确保人民群众生命安全放在首位"的要求下,按照"三分之一溃坝"方案和"全溃"方案划定了淹没范围,需要撤离群众分别为19万人和130万人。前期按照三分之一方案实施,转移群众近20万人。从泄流的实际情况看,"三分之一溃坝"方案高估了实际风险,对撤离的群众来讲,属于"虚惊一场",甚至质疑水利工作者的专业水平。其实在当时时间紧迫、资料缺乏、目标苛刻的巨大压力下,高估溃坝洪水风险几乎是必然选择。

第三,在目前的工作机制中,水利工程风险评估的公众参与度不高。对于普通公众而言,并不清楚自身面对的风险,或者不能正确理解专业术语中对风险的表述。板桥水库按照百年一遇标准设计,按千年一遇标准校核;在普通公众心目中,百年不遇、千年不遇就如同于永远不会发生一样。根据已有的资料,当地民众对急风暴雨有直观的体验,但是对于可能发生的溃坝风险却并不了解。当"75.8"板桥溃坝洪水从上游呼啸而来时,下游的民众对险情仍一无所知,并没有采取任何撤离和转移措施[③]。最终,几十座大中型水库相继垮坝,千里平原瞬间变成洪泽,人民群众遭受了巨大的生命和财产损失。

第四,目前水利工程实践中对于风险采取的是预防为主的原则,这虽从制度上保证了水利工程在设计、验收和运行过程中随时辨识风险源,并采取有力措施降低安全风险,但问题是,风险在技术层面是以概率的方式描述和体现的,在具体的实践中有可能有不同的解读,从而导致责任弱化。我国目前对责任人的处理多采用追溯制,一旦出事,责任人就要承担相应的行政和法律责任;与此相反,只要不出事,其承担的安全责任就可能被忽视。比如,为了多发电,水库常常在汛期进行中小洪水调度;若根据风险评价提高水位引起溃决的概率是50%,但工程并没有采取任何措施,最终的调度运行取得圆满结果,那么按照工程风险道

---

① 李雷.大坝风险评价与风险管理[M].北京:中国水利水电出版社,2006.
② 同①.
③ 黄金池.板桥水库溃坝灾害的进一步反思[J].中国防汛抗旱,2005(3):25-27.

德评价的"功利主义标准进路"①,这种做法是正确的;反之,如果出现了问题,则评判结果就完全反过来。这其中的伦理困境,实际上也是水利工程师经常需要面对的冲突。

大型水利工程都是复杂的系统,技术难度大,不确定性强,不论是在建还是已经建成的工程都面临破坏和失效的风险。随着技术的进步,目前出现大规模水库溃决事故的可能性已经大大降低,但水利工程师千万不可掉以轻心,在工作中应该认真负责,全方位辨识风险源,客观评价风险等级,制订有效的改进措施,从而有效控制风险。与此同时,需要不断完善风险评价和管理机制,充分尊重公众对风险的知情权,拓宽多方参与风险识别和评估的渠道。公正评估水利工程风险,合理分担工程风险,在多方共赢基础上实现长治久安,是将为水利工程的可持续发展提供更坚实的基础。

7.4 河流健康生命的公正维护

7.4.1 河流系统的生命特征

河流具有多元价值。人类社会通过水利工程开发利用河流的多元方面的价值,彰显了对河流的主宰和支配地位。从人类生存和发展的维度看,河流的价值集中体现在经济、生态、审美和文化四个方面②。"大地伦理学"等生态中心主义学说认为,河流除了常规意义上的价值之外,还具有独立的"内在价值",具有天赋的生存和发展权利。虽然在大众层面完全理解和普遍接受河流的"内在价值"论尚需时日,但这并不影响我们保护河流的认识和实践。

河流生命健康是实现其价值的基础和前提③,我国水利工作者率先提出了保护河流健康生命的理念,并且在水利工程建设中努力践行这一理念④。目前学术界对河流生命这一概念的内涵和外延尚处于探索过程中,对评判河流生命健康的指标体系和参考原点也还存在争议。这些争议中已形成部分共识,即在具体的河流实践中,维护河流健康生命与保护河流生态环境、有限度地开发河流价值不谋而合。因此,为方便表述,本章直接使用河流健康生命这一概念,并从河流的外在价值观察河流生命的周期性、弹塑性、独特性和庄严性特征。

河流是地球上大尺度水循环中的一个环节。正如人有悲欢离合,月有阴晴圆缺,水循环也具有典型的周期性。观察我国大江大河的实测水文资料可以发现,汛期与非汛期的周期交替(年内)以及枯水年和丰水年的周期交替(年际)非常显著。同一条河流,在汛期汹涌咆哮、泥沙俱下,而在非汛期则温顺流淌、清澈见底;在丰水年河水漫溢,导致泛滥成灾,而在枯水年流量锐减,甚至出现断流。由于丰枯的程度不同,丰枯交替的频率不定,因此河流的周期性本身非常复杂,无法用简单的函数关系来表征其内在规律。理解河流生命的周期性,对于正确认识河流自然生命的特征、正确界定人类活动施加的影响具有重要意义。

在特定的流域,河流系统经历长期的历史演化,一般都处于动态平衡状态。随着流量的

---

① 朱勤,王前.欧美工程风险伦理评价研究述评[J].哲学动态,2010(9):41-47.
② 雷毅.河流的价值与伦理[M].郑州:黄河水利出版社,2007.
③ 叶平.河流生命论[M].郑州:黄河水利出版社,2007.
④ 李国英.维持黄河健康生命[M].郑州:黄河水利出版社,2005.

变化,河床或冲或淤,植物或枯或荣,动物迁入迁出,整个河流系统随时都在不断地进行自我调整。当条件发生小幅变化时,河流通过自我调整,能够在一定时间内回到原有的平衡状态,或者在新的健康状态下达到平衡。河流系统的表现张弛有度,伸缩自如,河流生命体现出很强的弹性。当外来的扰动过于暴烈,超过河流系统的承受能力时,河流受到的损害将不可逆转,就像钢材发生塑形变形,极端情况下河流系统可能一路下滑甚至出现崩溃。找到河流生命弹塑性的分界点,是维护河流健康生命的技术关键。

河流具有独特性,因为世界上没有两条完全一样的河流,人类也不可能两次踏入同一条河流。河流生命具有独特性,其价值也无法替代。区域经济发展和社会进步,在很大程度上依赖于对当地特定河流经济价值和生态价值的开发。河流生命在审美意义上的独特性更为典型,不同河流的独特美激发了不同的艺术灵感[①]——黄河壶口瀑布"湍势吼千牛",而长江三峡"险过百牢关";在乡村拐角小桥流水,居大漠深处长河落日。

在文化意义上,河流生命彰显无比的庄严性。黄河与长江承载着中华民族集体的核心记忆,奠定了整个中华民族凝聚力与向心力的根基。在和平年代,黄河为"成千上万的海外华人寻根问祖、顶礼膜拜提供了可知可感的实体和空间,成为凝聚民心、引领民气的精神图腾"[②];当中华民族到了最危险的时候,一曲《保卫黄河》成为凝聚所有中华儿女的无穷力量。

河流生命的上述四个特征,主要是源自从人类的视角出发观察河流的外在价值。如果从河流的"内在价值论"出发,那么河流的生命就独立于人类对价值的常规判断。"河流的形成是自然界长期进化的产物,是河流按照自身规律进行自我组织、自我维持和自我表达的生命系统。因此,河流同人类一样是主体性的存在,拥有至上性的生命意义"[③]。河流的主体论目前尚未得到广泛认可,但其倡导的人与河流的关系有一定可取之处。河流处于被动地位,人类担负着对河流给予充分尊重和公正维护的伦理责任。

7.4.2 水利工程对河流生命的影响

大型水利枢纽工程在很大程度上改变了河流的特征[④]。在天然状态下,河流从源头开始流经上游、中游和下游,一直奔流入海,在纵向上形成完全联通的体系,水流连续而平稳(局部存在瀑布的情况除外);而建在河流上的水利工程结构物对河流自然的连通性形成了阻碍,甚至造成了完全破坏。天然河流很多河段在横向上可以自由摆动,堤防建设则完全限制了河流的横向摆动,阻断了河流在横向上的物质、能量和信息交换。高坝大库的修建,显著改变了河流的水深,而防洪与发电调度则很大程度上改变了河流的水沙过程。水利工程对河流形态和水沙过程的改变,直接或间接地影响了河流的生命健康。

水利工程对河流健康生命具有正面的促进作用,这一点是毋庸置疑的。其一,在生态方面,水利工程能够显著提升河流的生态价值。比如,水库蓄水形成大规模的人工水体和湿地,为众多的动植物创造了新的乐园;水库调节下游河道流量,在偏枯年份避免出现断流;

---

① 张序,张采薇.试论河流的审美价值及其实现形式[J].中华文化论坛,2013(12):132-136.
② 乔清举.河流的文化生命[M].郑州:黄河水利出版社,2007.
③ 李映红,黄明理.论河流的主体性及其内在价值——兼论互主体性的河流伦理理念[J].道德与文明,2012(1):116-119.
④ 董哲仁,孙东亚.生态水利工程原理与技术[M].北京:中国水利水电出版社,2007.

水电是绿色能源,替代火电可以大大减少二氧化碳排放。其二,在审美方面,水利工程形成的大规模水体和湿地创造了新的风景,"高峡出平湖,当惊世界殊"的三峡水库和被誉为"天下第一秀水"的千岛湖5A级风景名胜区就是典型的例子。其三,在文化方面,数千年用水和治水的历程孕育了"现代民族国家的本土文化品格和深层意识形态,而河流则成为民族文化的象征和传统文化的载体"[①]。水利工程通过提升河流的经济、生态和审美价值,促进了社会的发展,提升了我国的国际地位,增强了民族向心力,发挥的影响无法估计。

但是也应该坦率承认,水利工程对河流健康生命造成巨大冲击。一方面,水利工程常常显著改变河流面貌,导致诸多天然美景的消失,例如三峡工程的修建使得原来"白浪横江起,槎牙似雪城;扁舟转山曲,未至已先惊"的景象永沉江底;另一方面,水利工程对河流生态系统的负面影响不能忽视。河流纵向连通性的退化破坏了河流生态系统的空间连续性,减弱甚至切断了物质和能量沿水流的传递,对原来稳定的生态系统造成一定冲击。对于洄游鱼类,这种冲击往往是巨大的甚至是致命的。被誉为"鱼中至尊"的大西洋鲑鱼一生大部分时间都生活在浅海海域,而在繁殖季节将沿河流溯源而上,经历千辛万苦返回到自己出生的淡水溪流中产卵。若建设拦河大坝却不设立相应的鱼道,鲑鱼的洄游路线就会被彻底切断,它们无法完成自己生命的历程,将会面临种群灭绝的威胁。堤防工程使得河流横断面上趋于几何规则化,横向摆动受限,滩地与主槽之间、主流与岔流之间随着丰枯变化而进行的自由转换将彻底消失,植被面积明显减少,生境的空间异质性降低。部分鱼类无法进入滩地和岔流产卵、觅食,也失去了一部分躲避风险的避难所,有可能造成物种的大幅度减少,影响生物群落的多样性,从而引起整个生态系统的退化。与河流相比,水库内水深加大,流速降低。在蓄水期,河流几乎变成了静止的人工湖,水温及水流边界条件皆随之发生变化,这种变化对原来的河流生态系统也将产生一定的冲击。

值得指出的是,水流工程对河流生态系统的扰动并非像一些极端观点认为的如同洪水猛兽。一方面,在自然力量的作用下,天然河流也有可能出现纵向连通性严重受损。比如大规模山体滑坡会阻塞原有的河道形成堰塞湖,河流下游在较长时间内出现断流。水流溢出堰塞湖坝顶后,河流连通性有所恢复,但一般会形成瀑布,和原有河道的连通性已经无法相比。另一方面,河流系统自身具有弹性,在一定程度内可以自我修复,或者在新的健康状态下达成平衡。新时期的水利工程建设在合理开发利用河流外在价值的同时,需公正维护河流系统的健康生命。

7.4.3 维护河流健康生命的原则和途径

1. 基本原则

1) 开发与保护并重

河流是人类的福祉,其自身也是有机的生命体系。尊重河流的健康生命,打破人与河流之间的主奴关系,是人类认识上的巨大进步,也对水利工程建设提出了新的挑战。开发与保护并重,是维护河流健康生命的第一原则。一方面,需要尊重河流的主体地位,彻底摒弃历史上对河流野蛮的、无限度的索取,停止对河流生命健康的塑性损伤。另一方面,也要警惕

---

① 乔清举.河流的文化生命[M].郑州:黄河水利出版社,2007.

河流中心主义者神化河流的主体地位、否定人类主导作用的极端观点。"如果为强调河流的目的性而否定其手段性,河流便凌驾于一切生命之上,人类开发与利用河流便失去了合法性和可能性,那么,不仅人类无以存续,地球上的其他一切生命都将消亡"[①]。开发与保护并重的原则,既承认"河流以实现人类的根本利益为价值指向",也要求"人类以实现河流的根本利益为道德过滤品",这具有积极的现实指导意义。

2) 局部与整体协调

河流形成一个复杂的生态整体,人类与河流也相互依赖、相互影响。从工程的角度看,水工建筑物本身是局部的、小规模的,但其影响的时空范围却非常巨大,这是河流系统的整体性决定的。河流系统的整体性要求在兴建水利工程时必须强调局部与整体协调的原则,把对河流经济价值、生态价值、审美价值和文化价值的追求协调起来,把人类的利益与河流自身生存与发展的利益协调起来,避免出现突出局部利益而损害整体利益的局面。

3) 补偿与损害等容

原则上,对河流生命的尊重要求我们对河流常怀敬畏之心,应该避免损害河流的完整性和正常功能,特别是应该避免对河流造成不可弥补的塑性伤害。但在现实生活中,不论是由于认识上不到位还是优先考虑其他利益,总会有一些行为对河流系统造成了损害;一旦损害的事实发生,责任人必须作出补偿,而且这种补偿必须足以保证将河流恢复到受损前的健康状态。可是在目前的实践中,落实补偿与损害等容的原则常常会面临一些困境,补偿与损害等容原则的落实往往需要个例讨论。

4) 近期与远期统一

河流生命具有典型的循环特征,而河流的演变过程是长期的、缓慢的。对于河流健康生命的维护,必须遵循近期与远期统一的原则。一方面,要着力避免为了眼前利益对河流进行掠夺式开发。在工业化快速发展的进程中,有些滨河城市为了获取城市发展用地,采取束窄河道、围堤造地的办法,大幅度缩减了河道的行洪断面,给城市的长期安全埋下巨大隐患。另一方面,在水利工程规划和实施过程中,要认真研究对河流上游和下游长河段造成的短期和长期影响,避免出现累积性的严重后果。

2. 实践途径

在认识上,我们应该牢固树立维护河流健康生命的价值观,坚持开发与保护并重、局部与整体协调、补偿与损害等容以及近期与远期统一这四项基本原则,追求人与河流和谐相处。在实践中,可以通过法律、技术和管理手段,努力维护河流健康生命。

目前,与河流流域管理有关的法律和法规内容已比较健全,对河流相关问题的规定可以分为以下几个层面[②]。第一是在《宪法》中,明确规定国家保护和改善生态环境,禁止任何组织或个人破坏自然环境。第二,以《环境保护法》和《环境影响评价法》为代表的环境保护法规对河流环境保护和水利工程环境评估等作出了具体规定。第三,《野生动物保护法》《水生野生动物保护实施条例》《野生植物保护条例》等涉及对河流生态平衡及野生动植物的保护。第四,《文物法》《风景名胜区条例》等涉及对河流人文资源和风景名胜的保护。第五,《水法》《水土保持法》《防洪法》《取水许可和水资源费征收管理条例》《黄河水量调度条例》《南水北

---

① 李映红,黄明理.论河流的主体性及其内在价值——兼论互主体性的河流伦理理念[J].道德与文明,2012(1):116-119.

② 蔡守欣.河流伦理与河流立法[M].郑州:黄河水利出版社,2007.

调工程供用水管理条例》等丰富的水资源类法规,它们是河流管理中最直接、最重要的法规。当前我国已经初步建立起河流环境资源管理体制,确立了关于河流资源开发、利用和保护的基本法律原则和法律制度,这为维护河流健康生命提供了法律保障。

技术进步对维护河流健康生命提供了有力的支撑。节水技术可大大减少水资源的消耗,减轻对河流的取水压力。有数据显示,我国农田灌溉年均用水量约为3400亿～3700亿 m^3,有效利用系数只有0.52;若利用率提高10%,每年就能节省300多亿 m^3 水,相当于一条黄河的年用水量[①]。我国农业灌溉节水潜力很大,目前大水漫灌的方式还非常普遍,若推广喷灌可节水50%,而使用滴灌可节水75%以上。此外,技术的进步也可推动生态友好型水工建筑物的设计与施工。以鱼道为例,传统的设计手段效率低,鱼道的适用范围窄,效率也比较低;而现代的鱼道设计方法基于CAD、CFD和虚拟现实技术,集成流域特征、河段特点、过坝鱼型、鱼道参数等数据信息[②],可根据鱼类耐力、速度和飞跃能力,优化鱼道几何参数和相应的水流条件,为鱼类翻坝提供高效舒适的通行廊道[③]。关于河流廊道生态工程技术、水库生态治理技术以及水环境修复生态工程技术等,在实践中也已经得到一定应用[④]。

目前我国对涉水事务实行流域管理与行政区域管理相结合的管理体制。国务院水行政主管部门负责全国水资源的统一管理和监督管理,在重要江河、湖泊设立的流域管理机构行使水资源管理和监督职责,而县级以上地方人民政府水行政主管部门负责本行政区域内水资源的统一管理和监督管理工作。流域的统一管理,有利于充分保证河流生态用水,有利于维护河流长期健康生命。以黄河为例,黄河水利委员会自1999年开始实施水量统一调度,自2002年起利用小浪底水利枢纽进行调水调沙调度。这些统一调度措施,产生了积极的生态环境效应,从根本上扭转了黄河下游连年断流的局面,遏制了黄河三角洲湿地的急剧萎缩。由于河流问题复杂,水资源供需矛盾突出,目前流域的综合管理仍面临复杂、艰难的局面。在确保防洪、防凌安全的基础上,协调流域各省区、各部门、上下游、左右岸的关系,协调生活、生产、生态用水关系,需要完善的法律法规体系作为制度保证,也需要现代通信、信息技术的有力支撑。

保护河流生态系统是全社会的责任。河流水质污染与生态系统退化,表现在水面上,而根源往往在岸上。以长江为例,很长一段时间内沿江地区经济建设如火如荼,高污染的矿产、钢铁、水泥、化工企业密集布局,给长江健康带来严重威胁。为推动长江经济带的可持续发展,要"共抓大保护,不搞大开发"。绿水青山就是金山银山,推动长江经济带发展,要从中华民族长远利益考虑,走生态优先、绿色发展之路,全心全意建设生态文明的先行示范带,使绿水青山产生巨大的生态效益、经济效益和社会效益。

显然,维护河流健康生命,不仅要靠水利部门切实履行职责,更需要党政主导、部门联动、社会参与。在新的历史时期,"河长制"应运而生,由各级党政主要负责人担任"河长",负责组织领导相应河湖水系的管理和保护工作。全面推行河长制,为维护河流健康生命提供

---

① 于文静.水利部负责人谈节水灌溉发展.[EB/OL](2014-09-29)[2015-8-1]. http://news.xinhuanet.com/fortune/2014-09/29/c_1112682095_2.htm.
② 陈嘉玉,张鹏,张万达,等.流速可控式新型生态鱼道的概念设计与数值模拟[J].水道港口,2014,35(5):532-538.
③ 方真珠,潘文斌,赵扬.生态型鱼道设计的原理和方法综述[J].能源与环境,2012(4):84-86.
④ 董哲仁,孙东亚.生态水利工程原理与技术[M].北京:中国水利水电出版社,2007.

了有效的制度保证。

在尊重河流健康生命的基础上合理开发利用水资源,是实现现代社会可持续发展的基本保证;片面渲染水利工程对河流的损害,盲目反对水利工程建设,是非常有害的。

R7-2 美国反坝运动及拆坝情况的考察和思考

7.5 水利移民的公正补偿

水利工程占用巨大的空间资源,移民搬迁是工程建设的前提条件之一。我国水利工程建设取得举世瞩目成就的背后,是广大水利工程移民付出的巨大牺牲。与铁路、民航、石化和市政工程相比,水利工程移民有数量大、范围广和历时长三个典型特征。由于大型水利枢纽的淹没区多为山地,就地后靠不仅地形条件比较差(坡度大,不适合城镇建设等),而且资源缺乏,环境承载力低,因此通过就地后靠安置移民的数量非常有限。在大多数情况下,移民外迁安置是必然选择。实际上,所有大型水利枢纽工程建设都伴随着移民外迁的脚步。三门峡水库第一批移民部分迁至宁夏银川和甘肃敦煌两地,而三峡水库移民外迁区域范围则涵盖了十一个省(直辖市)。以三峡工程为例,当蓄水至175m水位时,水库总长度超过660km,淹没范围涉及湖北省和重庆市的20个区县,移民总数达140万人(其中16万多移民由外省市异地安置),移民工作自1993年2月开始至2010年宣告胜利结束,前后一共持续18a[①]。

从纵向时间来看,水利工程移民补偿的绝对标准一直偏低。20世纪50—70年代我国移民补偿标准基本上停留在满足移民基本生存状态的水平,之后补偿标准虽然有所提高,但限于国家的财政实力,政府给予移民的财产性补偿一直坚持适当补偿而非完全补偿的原则。从横向对比来看,水利工程移民自20世纪80年代起就采取独立政策,征地补偿标准与城市建设征地补偿标准相比明显偏低。虽然水利工程和高速公路、铁路等大型基础设施项目的补偿标准水平相当,但水利工程建设一般坚持执行移民条例中固定的标准,而其他行业的补偿标准相对灵活,相比较而言,水利工程移民补偿标准就显得格外低了[②]。

7.5.1 移民政策变迁

随着社会经济的逐步发展,我国的移民补偿与安置政策大致经历了三个阶段。

---

① 中国长江三峡集团公司. 三峡工程概况[EB/OL]. [2015-8-1]. http://www.ctgpc.com.cn/sxgc/newsdetail2.php.
② 胡大伟. 水库移民补偿的特征及法律性质[J]. 三峡大学学报(人文社会科学版),2013,35(2):15-20.

第一阶段是新中国成立初期至改革开放前。这一阶段的特点是行政命令主导水利移民政策，移民的固有权利在很大程度上被漠视，公正性严重缺位。在当时的经济和政治背景下，移民补偿与安置工作在整个水利工程建设中处于边缘地位，移民问题被认为是从属于工程的环境问题，移民工作既没有明确的法律法规指导原则，也没有具体的安置操作手册。为保证按时搬迁和工程顺利施工，各级政府常常"运用群众路线的大鸣大放大辩论大字报的方法，发动群众，教育群众，使移民认识到一户搬迁，保了千户，眼前利益服从长远利益，个人利益服从整体利益，小集体要服从大集体"[①]，并且"移民各项费用，规划测算时就偏低"，而"实施阶段大幅度压缩补偿标准，根本不足以补偿移民的损失，使移民损失过大，多年不能恢复生机，经济发展速度远远低于同类地区，部分移民生活水平甚至低于迁移前的水平"[②]。由于"重搬迁，轻安置"，移民生活常常陷入困境，搬得出却留不住，一度产生大范围的移民返迁问题。

第二阶段是改革开放至20世纪90年代中后期。在这一时期，移民补偿与安置政策取得重要进展，移民安置的公正原则得到确认。与前一阶段相比，这一时期移民政策的主要变化包括：从水电站发电收益中提取库区维护基金，专门用于解决移民的历史遗留问题；修订《国家建设征用土地条例》，确定了大中型水利水电工程建设征用耕地的补偿标准，并且新增了安置补助费；出台了一系列的水库移民专项政策与法规，明确提出水库移民安置是水利水电工程建设不可分割的组成部分，施行"谁主管、谁负责，谁受益、谁承担"的原则；确立开发性移民的原则，把搬迁转化为发展契机，立足于补偿，着眼于发展[③]。这一阶段"重工程、轻移民"的旧观念得到了扭转，移民补偿与安置标准也有较大提高。

第三阶段是21世纪初至今。进入新世纪以来，以人为本的移民理念深入人心，移民的权利得到比较完善的法律法规保护。《长江三峡工程建设移民条例》(2001年)和《南水北调工程建设征地补偿和移民安置暂行办法》(2005年)标志着特大型水利工程移民工作已经到了精细化管理的程度。2006年修订《大中型水利水电工程建设征地补偿和移民安置条例》(国务院471号令，以下简称移民安置条例)，强调工程征地补偿与移民安置必须遵循"以人为本，保障移民合法权益，满足移民生存与发展的需求"的原则，它"从保护移民合法权益、维护社会稳定的原则出发，明确了移民工作管理体制，强化了移民安置规划的法律地位，对征收土地的补偿补助标准、移民安置程序和方式、水库移民后期扶持制度以及移民工作的监督管理等问题作了比较全面的规定"，成为指导水库移民征地补偿、搬迁安置的纲领性文件。同年国务院印发关于移民后期扶持的政策性文件《关于完善大中型水库移民后期扶持政策的意见》，为移民的可持续发展起到了积极的促进作用。

近年来，我国西南地区小水电开发过程中对利益共享机制进行了积极探索，将补偿移民淹没土地的资金用于对工程的投资，移民以土地入股，以类似股东的身份分享工程效益，突破了原来的移民补偿与安置模式，保证了移民的可持续性长远发展。

[①] 罗启民，刘红宾.三门峡水库移民总结[C]//三门峡水库运用经验总结项目组.黄河三门峡水利枢纽运用研究文集.郑州：河南人民出版社，1994.

[②] 中国长江三峡集团公司.三峡工程概况[EB/OL].[2015-8-1]. http://www.ctgpc.com.cn/sxgc/newsdetail2.php.

[③] 胡大伟.水库移民补偿的特征及法律性质[J].三峡大学学报(人文社会科学版)，2013，35(2)：15-20.

7.5.2 落实移民补偿公正原则的途径

移民补偿与安置工作涉及多方利益,《移民安置条例》规定了五项原则：①以人为本,保障移民的合法权益,满足移民生存与发展的需求；②顾全大局,服从国家整体安排,兼顾国家、集体、个人利益；③节约利用土地,合理规划工程占地,控制移民规模；④可持续发展,与资源综合开发利用、生态环境保护相协调；⑤因地制宜,统筹规划。对移民进行补偿和安置是水利工程建设中的法定要求,而公平公正则是整个移民工作成败的核心。在移民工作实践中,落实补偿安置的公正原则,需要抓住以下几个关键方面。

1. 明确责任主体

移民的补偿安置责任应该由谁来承担？这是移民工作中首要的问题。水利移民补偿具有典型的公益征收补偿性质,在计划经济时代,是由政府来承担补偿义务的主体责任。随着开发投资主体的多元化,水利工程建设投资主体由国家变成项目法人,比如三峡工程的建设与运营就是由中国长江三峡集团公司全面负责。按照"谁投资、谁受益、谁补偿"的原则,作为投资主体的项目法人,理所当然要承担补偿义务的主体责任；否则,由全民买单帮助具体项目得利,将引发对公平性的强烈质疑。但在实际工作中,由于大型水利工程价值多元、意义重大,其建设和运行"彻底改变整个库区的生态结构、资源结构、社会结构、区域经济结构以及社会生产力的布局",绝非其他行业一般工程项目可比,"移民安置、项目迁建则从属于由纯技术问题所引发的生态问题、环境问题和经济、社会、文化问题,其中所包含的社会责任和历史责任显然已大大超出了一个企业的责任能力范围"[①]。在经历了一段时间的游离之后,国家承担补偿的义务主体在《长江三峡工程建设移民条例》和《移民安置条例》中得到了确认,问题的关键转化为如何分配水利工程多元效益带来的价值增值。

2. 核定补偿标准

如何对移民的损失进行计算和补偿是落实公正原则的核心。和其他行业相比,目前水利工程补偿标准偏低,比如同时期实施的南水北调中线工程和石武铁路客运专线工程,在同一地段的土地补偿标准,交通比水利高出近15%,引发移民对公平性的质疑[②]。而且,对于无形的损失,比如精神损失的补偿,目前法律、法规中还找不到相应的依据,这对于某些少数民族和原住民的心理与情感冲击是很大的。少数民族移民在宗教、文化、语言及生活方式等方面具有很强的独特性,移民远离世代定居的家园,远离固有的文化环境,其无形的损失难以估量；而调整生活模式,适应新的文化环境,所付出的成本也是高昂的。

在实际工作中,首先要避免出现"同一时间段,水利工程移民在不同工程、同一工程的不同区域、不同群体补偿方面存在的不公平问题"[③],比如"水利工程比其他工程征地拆迁补偿标准低,实物补偿标准较实际损失偏低,对不同身份或不同地域的移民补偿标准不同"等。

---

① 崔广平.论水库移民补偿、公平价值和立法[J].水利发展研究,2003(3)：13-17.
② 胡大伟.水库移民补偿的特征及法律性质[J].三峡大学学报(人文社会科学版),2013,35(2)：15-20.
③ 余文学,胡义浪.公平理论下的水利工程移民安置补偿问题[J].水利经济,2011,29(3)：67-78.

其次，要避免"不同时间段（主要指在可比的相邻时段内）移民安置补偿存在不公平的情况"，比如"同一个工程由于搬迁时间较长，特别是一些大型水利工程，搬迁前后可能相差十余年，这期间整体经济水平和物价调整可能比较大，在这种情况下如何做到补偿公平；此外，同为水利工程移民，由于安置政策及补偿标准的调整，如何保持政策调整前后的补偿公平"[①]。

3. 平衡公私矛盾

对移民所享有的权利，《移民安置条例》中虽有一定的表述，但仍存在较大不足，而且学术界也并没有达成完全共识。在实际移民工作中，移民对自己权利的认知也存在两个极端。一方面，移民对自己的权利坚持不够，在多方压力下，容易作出妥协，放弃自己的法定权利，过多地牺牲了个人利益；而另一方面，部分移民超越了法定权利的边界，坚持"我的地盘我做主"，认为"故土无价"，拒绝一切形式的补偿与安置方案，客观上影响了水利工程建设的顺利推进。

毫无例外，大型水利工程的兴建代表着国家的整体利益，不可避免地会影响甚至损害到个人利益。《移民安置条例》提出"顾全大局，服从国家整体安排，兼顾国家、集体、个人利益"。在我国水利工程建设历史上，广大移民曾为全力支持工程建设而付出了巨大的个人牺牲——三门峡水库部分移民，远赴大漠深处，遭受物质和精神双重苦与痛；百万三峡移民，义无反顾地舍弃故土，成为支撑三峡工程最牢固的基石。广大移民以国家利益为至高利益，为国家的经济发展和更多人的福祉牺牲了个人利益，这是值得肯定和称颂的。

移民的奉献精神值得高度礼赞，但在实际移民工作中，国家、集体和个人利益兼顾的平衡点到底在哪里？这是移民补偿与安置中最深沉的伦理追问。毫无疑问，国家的利益高于一切；在这个基本原则之下，依法对移民及时、足额进行补偿安置，对移民的付出给予高度的政治认可，对移民群体给予更多的伦理关怀，这是目前阶段做好移民工作的正确途径。

7.6 水利工程师多重角色的统一

水利从业者的工作性质大致可以分为行政管理、科学研究、总体规划、工程设计、建设施工、运行维护、出版宣传及社会服务等。水利工程师的核心工作内容涉及工程的规划、设计、施工和维护。近年来，我国水利行业的体制一直处于不断的改革之中，因此传统对水利工程师就业单位按管理、科研、设计、施工、传媒等进行划分并不准确。随着中国电力建设集团有限公司（中国电建）和中国能源建设集团有限公司（中国能建）在2011年的成立，企业的经营呈现多元化，工程设计与施工集成化，业务甚至超出了传统意义上水利工程的范畴，其性质无法用"设计单位"或"施工单位"来简单概括，这也使得水利工程师职业角色多元化的特征更为突出。

7.6.1 困境与冲突

规模巨大的水利工程必然会涉及不同地区、不同行业、不同人群的利益冲突，涉及国家、

---

① 余文学，胡义浪. 公平理论下的水利工程移民安置补偿问题[J]，水利经济，2011,29(3): 67-78.

集体和个人利益的平衡,涉及人类社会与自然环境的协调。因此,水利工程师经常会在实际工作中面对诸多困境和冲突。

第一,水利工程规模浩大,容易引发水利工程师对个人价值的低估。个体水利工程师在大型水利工程中参与的时间及发挥的作用都可能非常有限,甚至可忽略不计,这是因为"任何一个工程靠个人的力量是无法完成的,需要大家的参与和通力合作,它凝聚着从地勘、规划、设计、施工、科研到地方领导等无数人的心血,是集体智慧的结晶"[①]。在宏大的水利工程面前,水利工程师个体的价值无法用一种可量化的方式直接体现出来,容易造成个体水利工程师强烈的失落感。

第二,水利工程技术复杂,常常导致水利工程师内心出现深度焦灼。从微观来看,单个水工建筑物本身承受多种作用力,不同部位的应力-应变特性差异很大,其工作的边界条件复杂多变,进行正确的工程设计需要掌握过硬的专业知识。从中观来看,流域内梯级枢纽之间既相互联系,又相互制约,所谓"牵一发而动全身"。宏观上,水利工程和国民经济其他部门紧密相关,规划设计须从全局出发进行综合分析优化。水利工程的系统性和复杂性,容易让水利工程师备感自身知识和能力的不足,焦灼的状态可能导致强烈的挫败感。

第三,水利工程周期漫长,容易引起水利工程师日常工作中的懈怠。水利工程效益的显现可能在几年甚至十几年以后,而设计和施工中出现的瑕疵也可能不会在短期内暴露。另外,由于水利工程的运行环境与设计时选取的基准条件有一定差异,即使工程出现一些问题,也难以快速准确地判定原因并追究责任。正因为如此,在实际工作中水利工程师可能会滋长懈怠情绪,当与自身角色的职业要求对照时,水利工程师的这种情绪将会引发内心的不安和愧疚。

第四,水利工程价值多元,当水利工程师面对激烈的利益冲突时可能会无所适从。一方面,大型水利工程具有防洪、发电、航运、供水等综合效益,这些效益本身就存在冲突,效益的分配也存在冲突;另一方面,水利工程造成大规模的移民搬迁,对自然景观和生态环境也会产生冲击,这方面也存在价值取向和实际利益的冲突。水利工程师的职业角色要求他们必须"把公众的安全、健康和福祉置于首位,并且在履行他们职责的过程中努力遵守可持续发展的原则;工程师应该诚实、公平和忠实地为公众、雇主和客户服务",但具体到水利工程所负责的具体工作,达到这种职业要求的限制因素很多,多种利益间的冲突导致工程师在具体情境中难以作出选择。

7.6.2 多重角色的人格统一

有关治水、用水和护水的新思想、新理论、新技术、新方法、新设备、新工艺、新材料等相继涌现,水利工程的内涵和外延不断丰富和发展。为适应水利工程建设的新局面,水利工程师需刻苦钻研业务,提升专业素养;强化职业规范,忠实履行职责,确保工程安全;尊重生态环境,顺应自然,践行可持续发展。水利工程师在实践中应不断提升自我,努力实现多重角色下的伦理统一。

---

① 高蓓,潘家铮.赤子情怀赋江河[J].中国水利,2004(3):63-66.

1. 精通行业技术的专家

水利工程是多学科的综合体,水利工程基础知识涉及数学、力学、物理学、地理学等多个学科,专业知识则包括水工建筑学、水力学、河流海岸动力学、水文水资源学、岩土力学、工程地质学等,因此,水利工程师必须掌握宽广的基础知识和系统的专业知识,而且要与时俱进,不断更新自己的知识体系。除此之外,水利工程师还应具备一些人文素养,通过对哲学和伦理学的通识,学会正确处理人与人以及工程与人、自然、社会的关系。在具体现实的工程实践中,还要求水利工程师具备综合分析并解决复杂的大尺度、多时空问题的能力,全面协调工程建设中的冲突,平衡多方利益,实现水利工程的规划设计目标。不仅如此,随着水利工程国际化进程的加快,水利工程师提升国际视野的要求也日益迫切。

首先,全面掌握专业技术,是确保水利工程规划设计科学性的关键。水利工程师自身知识结构的缺陷将会导致重大的、方向性的失误,造成不可逆转的社会悲剧。从本章的引导案例中我们可知,三门峡水利工程出现严重问题的重要原因之一就是设计者(苏联电站部水电设计院列宁格勒分院专家)知识结构的缺陷。由于苏联专家对黄河演变规律缺乏基本认识,没有认识到水库回水变动区可能产生的严重淤积,盲目相信可以用淹没换取库容,仅从防洪的角度坚持高坝大库方案。提出坚决反对意见的黄万里教授因为早年不仅学习水利工程的科目,而且潜心研读了水文、气象和地理等有关学科,并且在水利一线工作十多年,知识结构完整,因此能够敏锐地捕捉到三门峡工程规划设计方案中存在的重大问题。

其次,全面掌握专业技术,是确保水利工程质量和安全的关键。只有掌握了过硬技术,才能按照规范要求进行工程设计、施工和后期运行维护,从根本上控制水利工程的风险。"75.8"板桥溃坝灾难的直接原因是暴雨洪水超标,但从根本上追究,可以发现溃坝发生的重要原因是"水库安全标准和洪水计算方法存在问题",是当时"大跃进"背景下工程施工质量存在问题①,是低水平维护管理造成的关键时刻关键设施失灵问题②。

再次,全面掌握专业技术,是水利工程师正确回应社会关切的基础。由于水利工程具有广泛且深远的影响,社会各界会有很多问题和质疑;正确回应这些关切,是水利工程师的社会职责。关于三峡工程的防洪能力,新闻媒体中曾出现从"万"到"千"到"百"年一遇到"作用有限"等字眼,网络上因此质疑官方在三峡防洪能力上"牛皮吹破了"。南水北调中线工程通水测试时,央视记者在渠道中放置"大黄鸭"直观展示水流流动,而一篇题为《南水北调通水即失败》的网络文章根据"大黄鸭"的运动来估算水流的流速,最后断定"水流非常缓慢,证实工程完全失败了!"这两个事件在当时网络上都造成了相当大的影响,水利专业工作者的回应如果没有切中问题要害,将会引发更多质疑。

最后,水利工程的复杂性决定了水利工程师在职业生涯中永远不可能充分掌握全部的知识。作为独立的个体,水利工程师只要努力学习,不断进步,就可以坦然接受面对巨型工程产生的渺小感,也可以积极消解面对复杂技术问题时的焦虑感。与此同时,水利工程的复杂性也决定了必须以分工合作的模式来设计、施工和运行,因此作为一个群体,水利工程师们可以取长补短,共同完成水利工程的建设任务,没有必要苛求每一个人都成为全能型人才。

---

① 黄金池.板桥水库溃坝灾害的进一步反思[J].中国防汛抗旱,2005(3):25-27.
② 洛承政.中国历史大洪水调查资料汇编[G].北京:中国书店,2006.

2. 恪守职业道德的模范

除了在业务上追求精益求精之外,一个优秀的水利工程师也必然是恪守职业道德的模范。坚持科学、实事求是、认真负责,是指导水利工程师技术工作的准则。当然,与其他行业的工程师相比,水利工程师做到坚持科学和实事求是更为困难。这是因为大型水利工程皆由政府主导,行政的巨大力量会抑制个人主观能动性的发挥。水利工程师常常会感到自己渺小无助,因而对自己的专业技术判断产生怀疑,在很多时候难以坚持自己的正确认识。顶住多方压力,恪守职业道德,需要良心,需要智慧,需要勇气。在这方面,我国水利专家黄万里为我们树立了光辉的榜样。

黄万里因为反对三门峡工程,遭受了很多指责和攻击。当事实证明他是正确时,所遭受的不公正对待并未解除。黄万里坦然面对这一切,对中国的水利建设痴心不改,晚年时对三峡工程多次建言献策。"众人皆醉我独醒"并不是一件容易的事情,需要在掌握扎实专业知识的基础上对问题全面分析、深入思考、反复论证,更需要对事实的执着、对真理的坚守。黄万里为水利工程师恪守职业道德树立了光辉的典范,他"只说真话,不说假话;只会说真话,不会说假话",代表了一代中国知识分子的良心,正如张承甫、鲍慧荪在《遥寄黄万里》中所赞:

情系江河早献身,不求依附但求真。
审题拒绝一边倒,治学追求万里巡。
为有良知吞豹胆,全凭正气犯龙鳞。
谁知贬谪崎岖路,多少提头直谏人。

3. 热爱自然山水的智者

与其他行业相比,水利工程师与自然山水的接触更为密切,因此,水利工程师更应珍惜自然界的一山一水,一草一木,充分重视水利工程对自然环境产生的不利影响,努力做到工程、人与自然和谐相处。

水利工程是一项相对艰苦的工作,水利工程也是一项快乐的工作,正如《水利建设者之歌》唱道:

从那黄河走到长江,我们一生走遍四方,
辽阔的祖国万里山河,到处都是我们的家乡。
露宿峡谷和山冈,遍赏神州的风光。
一旦修好了水库电站,我们就再换一个地方。
从那黄河走到长江,我们一生走遍四方,
辽阔的祖国万里山河,到处都是我们的家乡。
带来光明和希望,迎来田野的芳香。
改造自然,造福人类,永远是我们远大的理想。
前面是滚滚的江水,身后是灯火辉煌,
我们的生活就是这样,战斗着奔向前方。
前面是滚滚的江水,身后是灯火辉煌,
壮丽的事业我们骄傲,豪迈地奔向前方。

水利工程师在与山川秀美的大自然打交道的过程中,开阔了胸襟;在与基层人民群众打交道的过程中,丰润了情感。知者乐水,仁者乐山;睿智畅达犹如长天流水,仁德厚重犹如大地高山。这是水利工程师独有的精神财富,也是水利工程师立业和为人的最高准则。

中流击水,需要无边勇气;顺水推舟,体现高超技巧;水到渠成,蕴含深沉智慧。

水利工程师,永远的骄傲!

本章概要

水利工程规模宏伟、功能多元、周期漫长、投资巨大,对自然和社会均有深远影响。水利工程建设要考虑不同地区、不同行业、不同阶层之间的利益调整与分配,同时也要考虑人类社会与自然生态之间的协调。因此,水利工程中涉及社会伦理、发展伦理和生态伦理等多种伦理问题。

在社会伦理层面,水利工程的核心是多目标价值的碰撞与平衡问题,包括不同地区利益、枢纽不同功能、不同阶层诉求的冲突与协调等。①水资源的特殊性要求在其公正配置中考虑邻近优先、尊重历史、利益补偿与重视生态四项原则。②加强风险管理,避免知识缺陷导致的失误,同时水利工程风险评估需拓宽参与的广泛度。③应在充分保障移民权利的前提下实现个人利益与国家利益的平衡。在自然伦理层面,水利工程建设面临着实现工程价值与保护生态环境的双重要求。

水利工程师面对复杂技术问题和多重伦理冲突,需要通过不断钻研业务、加强修养、提升境界,成为精通行业技术的专家、恪守职业道德的模范和热爱自然山水的智者,最终实现多重角色下的伦理统一。

思考与讨论

1. 以三峡工程为例,查阅相关资料,根据其设计功能,思考可能引发的利益冲突,思考为什么与其他行业相比大型水利工程引发的社会争议更多?

2. 《黄河水量调度条例》(国务院令第 472 号)规定,黄河流域 9 省区及河北省、天津市实施黄河水量统一调度,其中年度水量调度计划,依据经批准的黄河水量分配方案和年度预测来水量、水库蓄水量,按照同比例丰增枯减、多年调节水库蓄丰补枯的原则,在综合平衡申报的年度用水计划建议和水库运行计划建议的基础上制订。"同比例丰增枯减"是指各省市水量的分配额度根据来水量的多少确定,丰水年分配额度高,枯水年分配额度低,但不管是丰水年还是枯水年,各省市分配额度的比例保持不变。考虑到水资源具有随机的特点,请思考实施该原则可能引发哪些伦理问题。

在 2013—2014 调度周期中,计划与实际用水情况如表 7-1 所示。请分析分配指标和实际取水之间的偏离情况,探究偏离产生的原因,并思考这种偏离可能引发的争议。

表 7-1 黄河 2013—2014 调度周期中各省市耗水情况   亿 m^3

项　　目	青海	甘肃	宁夏	内蒙古	陕西	山西	河南	山东	河北	合计
分配指标	4.07	12.22	31.8	47.77	7.79	10.21	30.66	55.89	2.97	203.38
实际耗水	3.94	13.59	34.79	50.84	4.23	8.68	31.54	74.41	2.97	224.99
超标数量	-0.13	1.37	2.99	3.07	-3.56	-1.53	0.88	18.52	0.00	21.61
超标比例/%	-3.19	11.21	9.40	6.43	-45.70	-14.99	2.879	33.14	0.00	10.63

数据来源：http://www.yellowriver.gov.cn/zwzc/gzgb/gg/201412/t20141215_149116.html，访问日期：2015-8-1。

3. 在印度乌昌吉坝建设过程中，大坝周围的公众在非政府组织的水利工程师们帮助下，通过与政府水利规划部门进行协商，参与大坝工程设计规划，最终确定最佳建设方案的真实事例。在这一案例中，大坝最终方案的选择是公众在认识、理解并接受大坝建设中存在的工程风险的基础上，与政府规划部门通过协商而达成的契约(或协议)，而非政府组织工程师们是在其中进行工程风险沟通的关键性因素。(材料选自：朱勤，王前. 欧美工程风险伦理评价研究述评[J]. 哲学动态，2010(9)：41-47)

请思考，在我国水利工程建设中，上述"契约论"方法是否可行？

4. 阅读下面的文字。河流的发电效益与峡谷的审美价值不可兼得，最终放弃发电效益，选择保留河流原生地，请思考这其中的伦理基础是什么？这种选择在我国西南河流开发中是否可以直接采纳？

峡谷是河流的作品，高峡只能与急水相配，而水坝无疑是峡谷景观的大敌。美国科罗拉多河上的大峡谷段(Grand Canyon)位于亚利桑那州的北部，该段以上是格伦峡谷大坝，以下则有胡佛(Hoover)、戴维斯(Davis)、派克(Parker)等大坝。在格伦峡谷与胡佛两座大坝之间长达 500km 的河段上，按水头本可建三级水电站，获得 3600MW 的装机，但为了保留了大峡谷的景观，没有再修大坝和水库，而是辟为大峡谷国家公园。(摘自：张序，张采薇. 试论河流的审美价值及其实现形式[J]. 中华文化论坛，2013(12)：132-136)

5. 张光斗院士是中国水利行业的大师，"一直胸怀祖国，热爱人民，情系山河，为我国的江河治理和水资源的开发利用栉风沐雨，殚精竭虑，建立了卓越功绩"，"钟爱教育事业，在长期的教学生涯中，默默耕耘，传道授业，诲人不倦，为祖国的水利水电事业培养了众多优秀人才，作出了重要贡献"，其"品德风范山高水长，令人景仰！"(摘自胡锦涛致张光斗 95 岁寿辰贺信。)

黄万里教授不仅学识渊博，更被誉为"中国知识分子的良心"，在那个万马齐喑的年代，"真正做到了俯仰无愧于天地"，其高贵品格赢得了万千群众发自内心的崇敬。但由于遭受了不公正的待遇，黄万里教授失去了参与中国诸多重大水利工程建设的机会。

对比张光斗、黄万里两位水利大师不同的辉煌人生，思考水利工程师在实践中可能面对的伦理困境与价值选择。

参考文献

[1] 刘红宾. 三门峡大坝：曾经"中国第一坝"如今命悬一线？[N]. 北京青年报，2003-11-24.
[2] 张华勇. 三门峡水库存废之争：陕西河南的利益博弈[N]. 民主与法制时报，2006-4-17.

[3] 杨革.水利工程概论[M].北京:高等教育出版社,2009.

[4] 郭涛.中国古代水利科学技术史[M].北京:中国建筑工业出版社,2013.

[5] 长江三峡集团公司.三峡工程概况.[2015-8-1]. http://www.ctgpc.com.cn/sxgc/newsdetail2.php[EB/OL].

[6] 黄锡生.论水权的概念和体系[J].现代法学,2004,26(4):134-138.

[7] 陈永奇.黄河水权制度建设与黄河水权转让实践[J].水利经济,2014,32(1):23-26.

[8] 郝少英.论国际河流上游国家的开发利用权[J].资源科学,2011,33(1):106-111.

[9] 刘玉海.离首都100多公里贫困县竟然连成片[J].中国国家地理,2015(1).

[10] 李国英.维持黄河健康生命[M].郑州:黄河水利出版社,2005.

[11] 陈进.大型水利工程的风险管理问题[J].长江科学院院报,2012,29(12):15-19.

[12] 李雷.大坝风险评价与风险管理[M].北京:中国水利水电出版社,2006.

[13] 王民浩.水电水利工程风险辨识与典型案例分析[M].北京:中国电力出版社,2010.

[14] 黄金池.板桥水库溃坝灾害的进一步反思[J].中国防汛抗旱,2005(3):25-27.

[15] 朱勤,王前.欧美工程风险伦理评价研究述评[J].哲学动态,2010(9):41-47.

[16] 雷毅.河流的价值与伦理[M].郑州:黄河水利出版社,2007.

[17] 叶平.河流生命论[M].郑州:黄河水利出版社,2007.

[18] 张序,张采薇.试论河流的审美价值及其实现形式[J].中华文化论坛,2013(12):132-136.

[19] 乔清举.河流的文化生命[M].郑州:黄河水利出版社,2007.

[20] 李映红,黄明理.论河流的主体性及其内在价值——兼论互主体性的河流伦理理念[J].道德与文明,2012(1):116-119.

[21] 董哲仁,孙东亚.生态水利工程原理与技术[M].北京:中国水利水电出版社,2007.

[22] 蔡守欣.河流伦理与河流立法[M].郑州:黄河水利出版社,2007.

[23] 水利部负责人谈节水灌溉发展.(2014-09-29)[2015-8-1]. http://news.xinhuanet.com/fortune/2014-09/29/c_1112682095_2.htm[EB/OL].

[24] 陈嘉玉,张鹏,张万达,等.流速可控式新型生态鱼道的概念设计与数值模拟[J].水道港口,2014,35(5):532-538.

[25] 方真珠,潘文斌,赵扬.生态型鱼道设计的原理和方法综述[J].能源与环境,2012(4):84-86.

[26] 胡大伟.水库移民补偿的特征及法律性质[J].三峡大学学报(人文社会科学版),2013,35(2):15-20.

[27] 罗启民,刘红宾.三门峡水库移民总结[C]//三门峡水库运用经验总结项目组.黄河三门峡水利枢纽运用研究文集.郑州:河南人民出版社,1994.

[28] 崔广平.论水库移民补偿、公平价值和立法[J].水利发展研究,2003(3):13-17.

[29] 余文学,胡义浪.公平理论下的水利工程移民安置补偿问题[J].水利经济,2011,29(3):67-78.

[30] 高蓓,潘家铮.赤子情怀赋江河[J].中国水利,2004(3):63-66.

[31] 洛承政.中国历史大洪水调查资料汇编[G].北京:中国书店,2006.

第8章 化学工程的伦理问题

引导案例：2005年吉化双苯厂案例

2005年11月13日，中国石油天然气股份有限公司吉林石化分公司双苯厂硝基苯精馏塔发生爆炸（图8-1），造成8人死亡，70人受伤，数万人疏散，松花江大面积污染（图8-2），致使位处松花江下游的哈尔滨自来水供应中断4天，直接经济损失约6908万元。国家事故调查组经过调查、取证和分析，认定中石油吉林石化分公司双苯厂"11·13"爆炸事故和松花江水污染事件，是一起特大安全生产责任事故和特别重大水污染责任事件。

图8-1 吉化分公司双苯厂爆炸事故

图8-2 松花江污染

爆炸事故的直接起因是硝基苯精制岗位外操人员违反操作规程，未关闭预热器蒸气阀门，导致预热器内物料气化；恢复硝基苯精制单元生产时，再次违反操作规程，引起进入预热器的物料突沸并发生剧烈振动，导致硝基苯精馏塔发生爆炸，并引发了厂内其他装置、设施的连续爆炸。

爆炸事故发生后，双苯厂及有关部门未能及时采取有效措施，防止泄漏出来的物料、冷却循环水及抢救事故现场消防用水与残余物料的混合物流入松花江，上百吨污染物质短时间内未经相关部门充分处理，直接排放到了松花江，引发了严重的水体污染事件。

污染事故发生后，有关政府部门又严重抑制信息发布，致使信息披露不实、不及时。松花江水体污染事件造成了当地社会的混乱和恐慌，终于演变成为一场影响深远的社会事件。

R8-1　2005年吉化双苯厂事故分析

8.1　化学工业发展中的工程伦理问题

过去十多年里，在有关政府部门、危险化学品从业单位以及高校、科研院所的共同努力下，我国化学工业安全生产和环保水平得到了显著提升。但是，重大安全生产事故和突发环境事件仍偶有发生。随着我国化学工业制造规模的快速大幅度发展，危险化学品事故造成的后果很难控制在工厂范围内，它们往往对周边社区居民和企事业单位产生不利影响，甚至造成严重的生态灾难。逐渐建立、健全的我国危险化学品法律、法规和标准体系要求并不比国外低，事故问责比国外显得更严厉，可是，为什么仍然难以控制危险化学品重大事故的发生？事实上，问题的根源在于我们在化学工业生产的诸多环节中漠视甚至忽视工程伦理问题。化学工业生产过程中产生的工程伦理问题究其一点，即是在关键时刻工程师、技术操作人员、生产企业单位负责人和相关部门人员是否能够坚持人民利益至上，是否能够把公众的安全、健康和福祉放在首位，即党的十九大报告要求的，始终把人民利益摆在至高无上的地位。

8.1.1　化学工业在国民经济中的作用

如果没有化学工业，我们将无法生产化肥，粮食会减少30%的产量，如果雨水等自然条件差的话，减产甚至高达50%，那么整个国家就会立即陷入粮食危机；如果没有化学工业，我们将无法生产足够的化学纤维材料用以制造衣服，不仅纺织工业的产量将下降约70%，而且将会有众多的百姓又回到衣不蔽体的年代；如果没有化学工业，我们将无法生产大量的汽油、柴油和航空煤油，汽车将停止奔驰，飞机将无法飞翔。可以说，当代人类社会正在享受着化学工业、石油天然气工业带给我们日常生活的巨大福利，我们的衣食住行每一刻都离不开合成纤维、化肥、染料、涂料、洗涤剂、高性能材料、汽油、柴油、医药等化学品。

在化学工业诞生的200多年时间里,以石油化工为代表的现代化学工业迅猛发展,使得50%的世界财富都来自化工行业。在我国,化工行业已经成为国民经济的支柱性行业。2014年,我国石油和化工行业规模以上企业29134家,行业主营业务收入为14.06万亿元,利润总额为7911.1亿元,占全国规模工业利润总额的12.2%;上缴税金9849.5亿元,占全国规模工业税金总额的20.3%,为我国的现代化建设和社会繁荣作出了巨大的贡献。

随着化石能源的枯竭,开发各种清洁的可持续利用的能源已经成为能源发展的大趋势。但是,目前所开发出来的包括太阳能、风能和生物质能源等在内的新能源工业,仍然离不开化学工业。用于制造太阳能发电的多晶硅电池板的材料、用于制造风力发电的叶片材料、生物质燃料等都是化工制造过程的产物。为此,美国2020展望指出,以化工为代表的过程工业仍将是经济社会可持续发展的基石。

8.1.2 化学工业的伦理问题

改革开放以来,随着我国经济高速增长,石化化工行业也进入快速增长期,全行业总产值30多年增长了100多倍,我国石化化工产业规模已经连续多年保持世界第一位,基本满足了人民群众日益增长的物质生活需要,极大地改善和增进了群众的福祉。但是,不可回避的是,随着化工行业生产力的极大发展,整个行业面临着一系列环境伦理和安全伦理冲突,对中国石化产业的可持续发展带来了严峻挑战。

1. 环境伦理冲突

据《中国环境统计年鉴》,2013年全国工业废水排放量209.8亿t。在调查统计的41个工业行业中,废水排放量位于前4位的行业依次为造纸和纸制品业、化学原料及化学制品制造业、纺织业、煤炭开采和洗选业[①]。其中,化学原料和化学品制造业的工业废水排放量为26.56亿t,占工业废水排放总量的12.66%,位居工业领域第二位,仅排在造纸和纸制品业之后(表8-1)。2013年,全国工业废气排放总量达669400亿m^3,其中化学原料和化学品制造行业排放工业废气31500亿m^3,占工业废气排放总量的4.71%。考虑到造纸行业、纺织行业所排放的废水、废气中的主要污染物仍然是化学品,因此,人们往往把环境污染与石油和化学工业相关联。

表8-1 重点行业废水排放情况　　　　　　　　　　　　　　　　亿t

年份\行业	合计	造纸和纸制品业	化学原料及化学制品制造业	纺织业	煤炭开发和洗选业
2011	105.4	38.2	28.8	24.1	14.3
2012	99.6	34.3	27.4	23.7	14.2
2013	90.8	28.5	26.6	21.5	14.3
变化率/%	−8.8	−16.8	−3.1	−9.5	0.6

---

① 中华人民共和国环境保护部.2013年环境统计年报[R/OL].[2016-02-22].http://zls.mep.gov.cn/hjtj/nb.

中华人民共和国成立初期，国民经济建设的主要目的是要解决温饱问题，形成了先发展后治理的化工行业发展态势，从而在半个多世纪的石化行业快速发展过程中，一方面，化工企业由于对自然资源低效利用而导致了浪费，对环境保护工作缺乏高度重视而导致了生态破坏和部分民众身心健康受到影响；另一方面，污染企业没有付费，受益者没有作出补偿，使得整个行业与社会公众之间的环境冲突日益尖锐。随着我国逐步进入小康社会，民众对环保的呼声日益高涨，环境保护与治理成为石化行业可持续发展的必然选择。而这种选择，必然要使一些落后的工艺和不重视环境保护的化工企业在发展中被逐渐淘汰。

进入 21 世纪以来，随着人民生活水平的快速提高，我国石油对外依存度持续攀升，突破了 50% 的"警戒线"；同时，国际原油价格曾一度居高不下，高达 100 多美元一桶，对我国能源安全构成了极大挑战。因此，我国的"十一五"规划纲要要求各省区把煤化工作为重点发展方向。由于平均每个煤化工项目的投资高达几十亿到几百亿元人民币，在经济利益的驱使下，很多地方政府和企业为拉动经济，推高 GDP，纷纷上报投资煤化工项目，仅 2012 年国家发改委收到的各地正式上报的大型煤化工项目有 100 多个，投资总额高达 2 万多亿元人民币。但是，煤化工的发展要以消耗水资源为前提，这加剧了化工行业与公众、生态、环保的环境伦理冲突。根据 2014 年 4 月 29 日中国新闻网转载的《中国商报》报道①：内蒙古神华鄂尔多斯煤制油项目 2008 年投产运行，总建设规模为年产油品 500 万 t。多家 NGO 组织调查发现，由于煤化工高耗水的本质，促使神华将 22 口深井打入草原，取水地附近区域的苏贝淖尔湖的面积在 2004—2011 年间缩小了 62%。从 2004 年至今，该项目大规模取水直接造成当地地下水位显著下降、沙漠湖泊面积严重萎缩、地表植物退化、草原沙漠化加剧等生态退化问题。此外，神华在厂区内利用渗坑违法偷排高浓度工业污水，经地表向地下渗透。虽然神华集团为了缓解国家能源危机，努力建设煤制油项目，但是，在建设过程中，集团没能充分考虑生态的承受力和社会公众的生命健康与安全，对当地生态的可持续发展和环境保护造成了极大的负面影响。对于在神华集团工作的工程师和相关决策者来讲，极易引发社会公众、生态、环保与化工企业之间的环境伦理冲突。

事实上，当前国内石油、化工建设项目存在环境伦理冲突的现象比较普遍。根据环保部发布的 2012 年全国主要污染物总量减排考核结果，中石油、中石化两家企业未能通过减排考核，两家企业有 100 多台锅炉没有上脱硫或脱硝设施，致使大量含有 SO_x 或 NO_x 的废气排放到大气环境中。2013 年 2 月下旬至 3 月，环保部组织北京、天津、河北、山西、山东、河南六省（市）环保厅（局），以地下水水质异常和群众反映强烈的区域为重点地区，以废水排放量与理论产生量明显不一致、建有渗坑渗井或旱井的企业为重点目标，全面排查华北平原地区工业企业废水排放去向和污染物达标排放情况，查处污染地下水的环境违法行为。检查发现有 55 家企业存在利用渗井、渗坑或无防渗漏措施的沟渠、坑塘排放、输送或者存储污水的违法问题，其中天津 5 家、河北 6 家、山西 1 家、山东 14 家、河南 29 家。这类无良企业违规偷排不达标的污水，令我国地下水的水质极度恶化。

1968 年，加勒特·哈丁在《科学》杂志上发表《公用地悲剧》文章，提出一个著名论断："公共资源的自由使用会毁灭所有的公共资源。"如果每一家化工企业都不注重保护环境这

---

① 神华承诺逐步停止抽取鄂尔多斯地下水[EB/OL].[2016-02-22]. http://www.chinanews.com/cj/2014/04-29/6119198.shtml.

一人类的公共资源,那么,在不久的将来,我们必然会承受污染、自然栖息地的破坏、自然资源的枯竭等现代版的"公用地悲剧"。化工行业和企业的未来发展必须首先置于"可持续发展"的环境责任考量之下,无论是企业的决策者,还是从事具体工作的工程师,在履行职业责任时必须将公众的安全、健康和福祉放在首位,并努力遵守可持续发展原则。

2. 安全伦理冲突

化学品建设项目从规划、设计到运营、维护等全过程都蕴藏着安全风险。如果对安全风险估计不足,特别是针对周边社区的安全风险估计不足,没有做好风险控制和应急准备,那么随着化工石化企业的生产规模不断扩大,一旦发生安全生产事故,往往会对社会、公众和环境造成严重影响,甚至会导致恶性的生态灾难。最近十几年来我国发生的影响比较大的危险化学品事故有:

(1) 2003 年 12 月 23 日,重庆市开县高桥镇罗家寨发生了国内乃至世界气井井喷史上罕见的特大井喷事故,离气井较近的开县高桥镇、麻柳乡、正坝镇和天和乡 4 个乡镇、30 个村,9.3 万余人受灾,6.5 万余人被迫疏散转移,累计门诊治疗 27011 人(次),住院治疗 2142 人(次),243 位无辜人员遇难,直接经济损失达 8200 余万元。

(2) 2004 年 4 月 16 日,重庆天原化工总厂发生氯气罐爆炸事故,导致重庆市江北区居住的 15 万居民被迫紧急转移,给城市正常的秩序和居民生活造成严重影响。

(3) 2010 年 7 月 16 日,位于辽宁省大连市保税区的大连中石油国际储运有限公司原油库输油管道发生爆炸,引发大火并造成大量原油泄漏,部分泄漏原油流入附近海域造成污染。事故造成 1 名作业人员轻伤、1 名失踪;在灭火过程中,1 名消防战士牺牲、1 名受重伤。事故造成的直接财产损失为 2.2 亿元。

(4) 2013 年 11 月 22 日,中国石化位于青岛黄岛的一段输油管道发生泄漏爆炸事故。事故共造成 62 人遇难,136 人受伤,直接经济损失 7.5 亿元。

(5) 2015 年 8 月 12 日,位于天津港的瑞海公司危险化学品仓库发生特别重大火灾爆炸事故(下面简称天津港"8·12"爆炸事件),事故造成 173 人遇难,800 多人受伤,直接经济损失达 68.66 亿元以上。

8.1.3 应对策略和效果

为预防危险化学品事故,加强环境保护,我国已逐步建立、健全了相关的法律、法规和标准体系,建立起各级安监和环保机构。比如在法律、法规建设上,已出台的安全生产方面的法律有《中华人民共和国安全生产法》《中华人民共和国职业病防治法》《中华人民共和国消防法》《中华人民共和国道路交通安全法》《中华人民共和国特种设备安全法》和《中华人民共和国突发事件应对法》等;环境保护方面的法律有《中华人民共和国环境保护法》《中华人民共和国水污染防治法》《中华人民共和国大气污染防治法》《中华人民共和国环境噪声污染防治法》《中华人民共和国固体废物污染环境防治法》和《中华人民共和国海洋环境保护法》等;国务院颁布的相关条例有《危险化学品安全管理条例》《安全生产许可证条例》《生产安全事故报告和调查处理条例》和《建设项目环境保护管理条例》等。为保障公民、法人和其他组织获取环境信息、参与和监督环境保护的权利,畅通参与渠道,促进环境保护公众参与依法有序发展,环保部于2015年7月颁布了《环境保护公众参与办法》,力图建立多元治理的格局(图8-3)。

图8-3 多元治理的主体及相互关系①

为合理规划产业安全发展布局和加强化工企业的安全监管,在相关制度建设上,国家出台了有针对性的工作指导意见。例如,国务院安委会办公室颁布了《进一步加强危险化学品安全生产工作的指导意见》(安委办〔2008〕26号),该意见规定"从2010年起,危险化学品生产、储存建设项目必须在依法规划的专门区域内建设,负责固定资产投资管理部门和安全监管部门不再受理没有划定危险化学品生产、储存专门区域的地区提出的立项申请和安全审查申请;……新的化工建设项目必须进入产业集中区或化工园区,逐步推动现有化工企业进区入园"。目前全国有各类化工园区近千个,其中地市级以上有500多个。

在化工安全生产标准制定方面,国家安全生产监督管理总局先后颁布了重点监管的危险化工工艺目录(包括氧化工艺、光气化工艺、加氢工艺、聚合工艺、煤化工工艺等20余种工艺)和重点监管的危险化学品目录;针对这类有关生产存储装置,确定重点监控的工艺参数,装备和完善自动控制系统,大型和高度危险的化工装置要按照推荐的控制方案装备安全仪表系统(紧急停车或安全联锁)。2011年,国家安全生产监督管理总局制定了《危险化学品重大危险源监督管理暂行规定》,重大危险源的化工生产装置要装备满足安全生产要求的自动化控制系统,一级或者二级重大危险源要装备紧急停车系统。

在环保国家标准制定与颁布方面,2015年5月11日,为贯彻落实《大气污染防治行动计划》,环境保护部制定并会同国家质检总局发布了《石油炼制工业污染物排放标准》《石油化学工业污染物排放标准》《合成树脂工业污染物排放标准》《无机化学工业污染物排放标准》等新的国家标准。与旧的国家标准相比,新的标准大幅收严了常规污染物的排放限值,例如水污染物化学需氧量(COD)排放限值下降约30%,氨氮排放限值下降约20%,水特征有机污染物排放限值下降约30%;在大气污染物方面,常规大气污染物排放限值下降约50%,有机特征大气污染物排放限值下降达95%。

随着经济社会发展,为进一步强化对环境的保护,加大对环境污染犯罪的打击力度,最高人民法院于2013年6月19日举行新闻发布会,公布了《最高人民法院、最高人民检察院关于办理环境污染刑事案件适用法律若干问题的解释》,扩大了污染物的范围,降低了入罪

---

① 中国环境与发展国际合作委员会.生态文明建设背景下的环境保护制度体系创新研究[R].中国环境与发展国际合作委员会2014年年会,2014-12,北京.

门槛。

在政府、企业和有关单位的共同努力下,我国化工行业在安全生产和环境保护方面取得了明显的进步,十年来危险化学品事故起数和死亡人数均降低了一个数量级(图 8-4)。

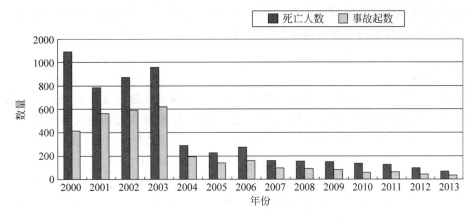

图 8-4 危险化学品事故统计数据

8.2 化工安全事故的伦理分析

很多化工安全事故都在现实中演变为灾难,不仅极大地影响到公众的安全、健康和福祉,也给社会发展和公众生活的生态环境造成难以估量的损害。工程是社会试验,它意味着人类通过科技手段在与自然力作斗争,但是我们并不能保证每次试验都能取得满意的成果。如何主动掌握和控制潜在风险?如何规避可能存在的风险而不致演化为事故?这就需要在化工生产过程的各环节中将公众的安全、健康和福祉放在首位,坚持环境与生态的可持续发展,以综合全面的视角积极掌控已知的与潜在的风险,作好相关的各项评估,减少风险引发的各种不确定性因素,缓解公众的邻避情绪,实现化工工程项目与人、自然、社会的和谐良序发展。

8.2.1 化工安全事故的人为因素

化学品的生命周期包括研发、规划、设计、建造、生产、运输、存储、使用和废弃处理,每个环节都可能由于人为失误而导致重大事故。据各类文献统计,50%~90%的化工事故是由于人的失误引起的。引起人为失误的因素很多,既有内因也有外因。内因包括操作者技术的熟练程度、情绪控制力、精力集中度、风险偏好、职业伦理敏感度等,外因包括工作场所的卫生环境、操作培训和应急演练质量、操作规程清晰度、个人防护设备配备情况、设备标识情况、企业安全文化、安全管理系统的健全程度等。如果在化学品生命周期的早期阶段比如研发、规划、设计等阶段,充分考虑后续各阶段的风险,考虑到厂内的员工、厂外的社区公众、产品的终端用户的安全和健康,避免人为失误或过失,做好事故预防工作,那么就能起到事半功倍的效果。

8.2.2 过失的根源分析

何种态度或思想状态会导致不负责任的过失行为,不管是故意地、鲁莽地或仅仅是疏忽?本节将考察在化工行业领域内事故发生的过失根源。

1. 私利

伦理学的基本问题可以归结为公与私的问题。有时,对自身利益的关注和追求会使得工程师难以充分理解他们的职业责任,以至于工程师的某些行为与其他人乃至公众的利益发生抵触,甚至与公众对工程师的期望背道而驰。工程师对私利的过分关注(通常被描述为"先为自己着想")是一种利己主义(egoism)的表现,这种情况下,他们较少考虑他人的利益诉求。在前文吉化双苯厂爆炸事故案例中,操作工为了尽快排除精馏塔的故障,没有遵守操作规程的动机是不要因非计划停车而影响个人的绩效考评成绩和工资收入。个人的私利心理最终导致了重大安全事故的发生,进而损害到公共利益。

2. 害怕

与个人私利行为相关的心理因素是害怕。特别是在察觉到风险甚至已经发生事故时,工程师可能会被各种担心所牵制。他们可能会害怕承认公开自己的过失;害怕受到某种惩罚;害怕失去工作;害怕被打击报复。害怕的心理就会影响职业判断,从而就像那些对"挑战者"号的O形环保持沉默的工程师们,有可能会在具体的情境中为遵行某种上级的命令而"不能自制"(akrasia)①,失去负责任行为的动力。在前例吉化双苯厂爆炸事故中,操作工害怕被扣工资、害怕被批评而导致了误操作;吉林市环保局已经在爆炸当天就检测到了松花江被污染,但是害怕被上级领导批评未能及时公开检测结果;同样,中石油管理层和地方政府因为害怕引发百姓的恐慌,而故意隐瞒实情,亦未能及时公开检测结果。在这个案例中我们可以看到,无论是操作工、工程师,还是化工企业负责人、主管部门、地方政府,都在风险演变为事故后存在着"害怕"心理,因为,一旦引发百姓恐慌,他们将会被追究更大的责任。

每个人都有私利,都在风险来临的时候会害怕,怎么办?抵制私利的诱惑的一种方法是真诚地面对自己,并且扪心自问:如果他人用同样的方式对待我们,那么我们会不会同意?这样会对我们产生一种强烈的"己所不欲,勿施于人"的心理效果,让我们对风险时刻保持警惕,时时警醒自己,是否违反了将公众的安全、健康和福祉放在首位的职业承诺。

3. 自欺

工程是社会试验,使得风险如影随形。当潜在的可能的风险尚未演变为现实的事故之前,某些工程师和技术操作者可能还会"自欺",这是一种逃避责任的"托词"心理。例如他们会认为"我这么做不仅仅是为了我自己""大家都这么做,我为什么要坚持原则,唱反调,得罪

---

① "不能自制"的希腊文为 akrasia,英文常常译为 lack of self-control, incontinence, the weakness of will。苗力田将其译为"不自制"(见《尼各马可伦理学》,第七卷)。在这里意为"道德上存在弱点",即(工程师们)未能去做他们知道是正确的事情,从而表现出亚里士多德所说的"不自制"。

人""每个人都会偶尔走捷径的,水至清则无鱼",等等。在吉化双苯厂的爆炸事件中,中石油管理层和吉林地方政府原以为通过增加附近小丰满水库的排水量,就可以稀释污染物,尽快消灭污染江水的证据,进而达到永远掩盖这起事故造成环境污染的目的,结果却酿成了更大的灾难。

4. 无知

对重要信息的无知是导致潜在风险演变为事故的一个重要因素。如果化工企业的高管、安监或环保部门的官员不具备专业知识,不了解安全管理、应急管理、风险管理的本质,就容易被他人言语或表面现象所蒙蔽,进而作出错误的决策。例如,在吉化双苯厂爆炸事件中,如果有人向有关领导建议:把小丰满水电站的水多放一些,苯系物就会被稀释(苯胺溶于水),不会有太大问题。在这种情况下,由于不懂专业知识,有的领导就可能作出错误的决策。

5. 自我中心倾向

人类经验的一个普遍特征是,我们倾向于从非常有限的视角来看待问题,并且需要付出特殊的努力才能获取一个较为客观的观点。这就是心理学家所谓的自我中心(egocentricity)的观点。具有自我中心倾向的人往往自尊心过强、固执己见;可能明知道这一决定对别人的伤害后果,也要坚持己见。自我中心的人因为太固执、太自我,很难在短时间接受他人的意见或建议,也很难在短时间内了解事实的真相,从而容易作出错误的判断。事实上,官僚主义的一个重要特征就是以自我为中心。

6. 微观视野

与自我中心倾向一样,微观视野也是一种狭隘的表现。具有微观视野的人可能得到的信息非常准确和精确,但是作出的判断却是基于有限范围内的思考。比如,在一个大型的石化企业集团或一个大型的制药公司内,员工都是在某一个部门内工作,而一个部门的人常常考虑本部门的利益更多一些,考虑其他部门的利益要少一些。又如,在发生火灾爆炸的时候,消防部门往往只考虑要用尽可能多的消防车和消防水把火压下去,至于消防废水能否被及时地、妥善地处理掉却很少考虑。

7. 不加批判地接受权威

工程伦理的职业伦理性质强调工程师在履行职责的时候要能作出独立的、客观的判断,但是另一方面,也强调要忠实于企业和客户的义务。独立和服从是一对现实的矛盾。"绝大多数工程师不是他们自己的主人,需要服从组织的权威。"[①]在吉化双苯厂爆炸事故发生后,检测出水体污染的环境检测人员可能是服从了上级的指示,掩盖水体污染的真相,进而出现了集体缄默或集体说谎的现象。实际上,吉化公司在2005年11月13日18时就已经知道了松花江水体被严重污染,但直到2005年11月15日,也就是爆炸后的第三天,《哈尔滨日报》上仍刊登了一篇题为"吉林石化大火扑灭未造成松花江水质污染"的文章。文章指出,经吉林市环保部门连续监察,整个爆炸现场及周边空气质量合格,松花江水体也未发生变化,

---

① 哈里斯,普里查德,雷宾斯.工程伦理概念和案例[M].丛杭青,沈琪,等译.北京:北京理工大学出版社,2006:31.

水质未受影响[①]。

8. 团体思维

在具体的工作中,工程师个人倾向于成群结队地工作和协商。这意味着,一位工程师需要经常参与团体决策,而不是作为一个个体进行决策。尽管"三个臭皮匠,顶个诸葛亮",但也产生"团体思维"倾向——团体以牺牲批判性思维为代价来达到一致的倾向。在我国化工企业中,工程师的团队思维通常体现如下:团体决策是正确的;一致对外(哪怕是欺骗公众、欺骗上级领导或部门);将责任转移给团体外的其他人;不要在关键时刻给本单位添乱;全体沉默,就是全体赞同;如果谁有不同意见,就是团队的叛徒,就要给他压力;有福同享、有难同当;即使团体作出了错误的决定,也法不责众。在这种团体思维下,人们往往只关注本单位、本部门的利益,而不能坚持社会和公众利益至上。为了克服团体思维带来的弊端,发挥团队领导者(不管他们是管理者还是工程师,或者两者皆是)的作用至关重要。团队领导者应该意识到团体思维倾向的弊端,要采取建设性的措施来抵制团体思维,鼓励团队成员扮演批评家的角色。美国的化学工程师伦理准则第三条规定工程师要"对自己的行为负责,寻求和留意对自己工作的批评性意见,对别人的工作提出客观的评论"。

上面简单分析了在化工行业领域内容易发生过失的八种原因。那么作为工程师,如何避免过失?这就需要有伦理敏感性。在化工过程全生命周期各个阶段(包括研发、规划、设计、建设、生产、运输、存储和废弃等)的有关人员,都要时刻真诚地面对自己,问自己:如果他人用同样的方式对待我们,那么我们会不会同意?我这样做是否把公众的安全、健康和福祉放在了首位?

R8-2 美国化学工程师伦理准则

8.2.3 事故预防中存在的伦理问题

事故预防的关键在于事前的安全隐患排查。化工建设项目在建设前、建设完成后和生产过程中都要进行安全评价,目的就是要消除可能导致重大事故的高风险隐患。根据《中华人民共和国安全生产法》第 29 条规定:矿山、金属冶炼建设项目和用于生产、储存、装卸危险物品的建设项目,应当按照国家有关规定进行安全评价。

但是,在安全评价过程中,如果不能科学地预测发生事故或造成职业危害的可能性及其严重程度,不能科学地界定化工企业或危险化学品经营单位与周边社区的安全距离,特别是,如果不能把公众的安全和健康放在首位,那么就不能科学地排查安全隐患,不能提出科学、合理、可行的安全对策措施建议,所界定的安全距离就会不足以有效防范重大危险化学

[①] 戚建刚,杨小敏."松花江水污染"事件凸显我国环境应急机制的六大弊端[J].法学,2006(1):25-29.

品事故对公众的伤害。在 2015 年 8 月 12 日发生的天津港瑞海公司危险化学品仓库火灾爆炸事件中,距离该仓库数百米远的多个居民小区内 17000 余户的住房和公共建筑(包括轻轨站)均遭到严重破坏。根据《危险化学品经营企业开业条件和技术要求(GB 18265—2000)》,危险化学品仓库按其使用性质和经营规模分为三种类型,即大型仓库(库房或货场总面积大于 9000m²)、中型仓库(库房或货场总面积 550~9000m²)和小型仓库(库房或货场总面积小于 550m²)。大中型危险化学品仓库应与周围公共建筑物、交通干线(公路、铁路、水路)、工矿企业等至少保持 1000m 的距离。瑞海国际堆场占地面积 46226.8m²,属大型仓库,应该执行 1000m 红线规定,但居民区万科清水湾仅距事发地 600 米。根据公开的天津中滨海盛卫生安全评价监测有限公司完成的安全评价报告文件显示,瑞海国际危险品仓库工程的地址与周围居民区、商业中心、公园等人口密集区域的距离符合规定;通过该安评报告的专家组组长签名为"郑树国",为天津港集团公司安监部专家①。这起事故表明,有关安全评价单位和专家没能把公众的安全和健康放在首要位置。在天津港危险化学品仓库爆炸事件发生后不久,山东省接连发生两起化工事故。一起是 2015 年 8 月 22 日晚,淄博市桓台县果里镇东付村的润兴化工厂发生爆炸起火,1 人死亡,9 人受伤,村内多户居民住所玻璃被震碎,1km 范围内的民众被安全疏散;另一起是 2015 年 8 月 31 日 23 时 22 分,东营市利津县刁口乡滨源化学有限公司发生爆燃,事故造成 13 人死亡。工厂 1km 范围内的居民所面临的安全风险究竟有多高?安全评价结果是什么?

R8-3 有关安全评价的一些规定

就我国目前的标准体系而言,仅有防火距离的标准(例如《石油化工企业设计防火规范 GB 50160—2008》)和卫生防护距离的标准(例如《石油加工业卫生防护距离 GB 8195—2011》),没有危险化学品爆炸和泄漏事故的防护距离标准。因此,在安全评价过程中,往往出现遵循现有标准的最低标准的现象,即按照防火距离或卫生防护距离的最低标准为依据,达到这些最低标准的项目往往能通过安全评价。这样的安全评价以不违规为目标,却不深入研究和分析危险化学品各类事故(特别是爆炸事故和泄漏事故)对公众的安全和健康的影响。因此,一旦发生爆炸或泄漏事故,就可能造成意想不到的惨重灾难。

8.2.4 事故应急中存在的伦理问题

事故应急工作包括事前的应急准备、事后的事故报告和应急处置等环节。

事前的应急准备主要包括应急预案的制定、应急设备和物质的准备、应急演练等环节。危险化学品火灾、爆炸或泄漏事故发生后,往往会在很短的时间内对公众和环境造成较大的

---

① 中国青年报. 瑞海安评报告偷偷公布了:距居民区 1000 米符合规定[EB/OL]. (2015-08-22)[2016-02-21]. http://gongyi.ifeng.com/a/20150822/41461593_0.shtml.

影响，需要事故应急人员事前做好风险分析工作，将危险化学品的风险信息告知利益相关方，这样才能有针对性地制定比较完善的综合应急预案，使有关各方做好应急准备。否则，如果事前没有做好风险辨识工作，或者即使做了风险分析，却没有把分析出来的风险信息告知利益相关方，那么各利益相关方就不清楚事故现场有什么化学品，更不清楚这些化学品会引发哪些危险事故。这样一旦发生事故，往往会对事故现场的应急人员自身和公众产生不利后果。在天津港"8·12"爆炸事件中，消防员事先不知道会发生化学品爆炸事故，更不知道化学品发生爆炸可能影响的范围，104名消防人员因此失去了宝贵的生命。距离该化学品仓库数百米远的居民在事故发生前甚至不知道该化学品仓库的存在，更不用说了解该仓库潜在的火灾爆炸等风险，因此，爆炸事故使得周边居民蒙受重大人身伤亡和财产损失，304幢建筑物（其中办公楼宇、厂房及仓库等单位建筑73幢，居民1类住宅91幢、2类住宅129幢，居民公寓11幢）遭到不同程度的破坏。

《中华人民共和国突发事件应对法》第二十条规定："县级人民政府应当对本行政区域内容易引发自然灾害、事故灾难和公共卫生事件的危险源、危险区域进行调查、登记、风险评估，定期进行检查、监控，并责令有关单位采取安全防范措施。省级和设区的市级人民政府应当对本行政区域内容易引发特别重大、重大突发事件的危险源、危险区域进行调查、登记、风险评估，组织进行检查、监控，并责令有关单位采取安全防范措施。县级以上地方各级人民政府按照本法规定登记的危险源、危险区域，应当按照国家规定及时向社会公布。"令人遗憾的是，在天津港爆炸事件前，各级政府部门并没有及时向社会公布关危险源和危险区域的信息。

为了充分吸取2005年松花江污染事件的教训，国务院于2007年颁布了《生产安全事故报告和调查处理条例》，规定事故报告应当及时、准确、完整，任何单位和个人对事故不得迟报、漏报、谎报或者瞒报。但是，涉嫌瞒报或迟报的重大事故仍然偶有发生，给人民群众生产和生活，乃至生命安全带来极大威胁。山西苯胺泄漏事故瞒了5天，祸及3个省，山西境内2万多人、河南河北均受事故影响；涉事企业和事发地政府存在信息漏报、迟报，甚至瞒报的嫌疑，一时间该事件成为焦点。苯胺泄漏事故可能造成的公共安全风险无法预估，如果不能及时有效处理，并立即通报沿途公众知晓，就无异于一次大规模的公开投毒。因此，苯胺泄漏事故瞒报5天，它实际所造成的潜在危害以及由此带来的公众内心不安，都是十分巨大的。2012年12月31日，位于山西省长治市的潞安天脊煤化工集团发生苯胺泄漏事故，8.68t苯胺排入浊漳河。直到2013年1月5日下午，长治市才向下游的河北、河南方面通报有关情况，导致下游邯郸、安阳等地大面积停水。而此次山西苯胺泄漏事故的肇事者山西天脊煤化工集团股份有限公司（以下简称天脊集团），头顶"中国化工节能减排20强""山西省节能减排先进单位"等多项环保桂冠。2012年12月31日7时45分，天脊集团发现苯胺泄漏，但至16时30分，天脊集团才第一次向潞城市环保局报告。得知事故发生后，长治市政府分管领导指示市环保局、市安监局赶赴现场，查明事故原因，及时上报情况。但长治市安监局既未派人前去，也没有报告。同时，长治市环保局也负有重大责任。2013年1月1日16时10分，天脊集团第一次以书面形式向长治市环保局报告。直至1月5日9时40分，长治市环保局才向省环保厅传真报告了事故初步情况，但未提及2013年1月3、4日浊漳河出省口王家庄断面苯胺超标情况。长治市环保局在得知事件信息后没有立即进行核实，面对大量的监测数据不能及时作出正确判断、不能向领导和上级提出正确建议，在监测数据连续超标的情况下，仍坚持将污染事件暂定为一般环境污染事件。另外，在此次事件中，长治市政府应急部门也存在信息上报迟缓的责任,应急处置不力,未及时将环境事件信息通报下游省市有关部门。1月5日12时,长治市政府向省政府值班室传真报送《关于山西天脊煤化工集团股份有限公司苯胺泄漏事故情况报告》。这是长治市政府第一次以书面形式向省政府报告,此时距泄漏事故发生已有6天。在这6天时间里,上述有关单位和部门出于私利、害怕、自欺、无知、团体思维等原因,而将浊漳河沿岸民众的安危和生态环境的保护置之度外。

8.2.5 事故调查中存在的伦理问题

2002年11月1日,河南省洛宁县曾发生11.7t氰化钠溶液运输车辆翻车泄漏事故,造成窑子头河、兴华河、洛河大面积水质污染,直接经济损失巨大。但是,这件事并未引起有关部门和危险化学品生产经营单位的高度重视,以至于12年后,也就是2015年的"8·12"天津港发生火灾爆炸事故时,对氰化钠的应急准备和处置均出现措手不及的状况。无独有偶,2010年7月16日中石油大连石化公司发生的原油储罐爆炸泄漏事故(简称"7·16"事故),其直接原因就是由于操作人员在脱硫操作的过程中向原油管道注入了过多的双氧水。然而,"7·16"事故发生前5年,也就是2005年11月24日重庆市垫江县新民镇英特化工有限公司发生过一起类似事故,造成1人死亡,5人受伤,其事故直接原因就是由于该公司操作人员用双氧水处理苯中的含硫杂质时投料过快,造成反应釜因剧烈反应发生爆炸。如果中石油大连石化有关人员能够从2005年重庆发生的那起事件中充分吸取经验教训,那么2010年的"7.16"事件完全可以避免。

为什么我们没能从过去的事故灾难中学习到经验教训?这是因为,当前国内的事故调查机制可能让人们丧失了"学习"的机会。目前国内社会已经形成了一个非常强烈的意识,就是问责机制。所以一旦事故发生,公众舆论和领导关注的都是要求尽快查明事故原因,严惩事故责任人。在"11·22"青岛输油管道泄漏爆炸事故(以下简称为"11·22"事故)的调查报告中,50%以上的篇幅都是有关事故责任人的处理建议,却忽略了很多背后的技术、管理和监管方面的细节。

国外有不同的机制。在美国,有一个负责化学品事故调查的专门机构——美国化学安全委员会(Chemical Safety Board,CSB)它的"事故调查—明确问题—提出建议—进行整改—情况反馈"的闭环工作机制,使得所提出的建议与对策具有科学性、合理性、安全性。其事故调查的目标不是以问责为导向,甚至明确规定,如果法律起诉责任事故方,不能把该机构的调查结果作为证据,这就保证了调查时能够充分让所有当事人没有任何顾忌地把事故的根本原因分析清楚。

而在"11·22"事故调查报告中,有关事故根本原因的描述并不清晰。例如在事故的间接原因分析中,该报告指出"中石化集团公司和中石化股份公司安全生产责任落实不到位。安全生产责任体系不健全,相关部门的管道保护和安全生产职责划分不清、责任不明;对下属企业隐患排查治理和应急预案执行工作督促指导不力,对管道安全运行跟踪分析不到位;安全生产大检查存在死角、盲区,特别是在全国集中开展的安全生产大检查中,隐患排查工作不深入、不细致,未发现事故段管道安全隐患,也未对事故段管道采取任何保护措施"。如果说中石化集团公司和中石化股份公司的安全生产责任体系不健全,那么就应该告诉大家这两个公司的安全生产责任体系现状是什么,什么地方不健全,采取什么样的措施才能健全安全生产责任体系；如果说中石化集团公司和中石化股份公司对管道安全运行跟踪分析不到位，那么就应该告诉大家这两家公司是如何对管道安全运行进行跟踪分析的，他们的分析方法或程序存在什么不足，如何改进就能做到对管道安全运行跟踪分析到位；如果说中石化集团公司和中石化股份公司这两家公司隐患排查工作不深入、不细致，那么就要告诉大家为什么他们隐患排查工作不深入、不细致，是技术上的问题，还是管理上的问题？如果是技术上的问题，究竟什么技术出了问题？如果是管理上的问题，究竟是管理上的哪个或哪几个环节出了问题？如果不说清楚上述问题，如何体现对社会和公众负责？如何能够让其他企业知道事故发生的根本原因？如何能够让其他企业也能尽快改进自己的类似缺陷，避免类似事故再次发生？

根据我国《生产安全事故报告和调查处理条例》的第二十三条规定，事故调查组成员应当具有事故调查所需要的知识和专长，并与所调查的事故没有直接利害关系。如果事故调查组成员与所调查的事故有间接利害关系或利益冲突，那么该成员也可能受到忠诚、诱惑或其他利益的影响，使得其职业判断偏离事故调查的初衷，不利于系统、全面、彻底的事故调查，进而使得更多的公众利益受到损害。

工程的试验性质，要求工程师必须具备与其从事工作相关的职业伦理素养，即工程师应该向公众、上级部门或客户公布所有"已知的"或"潜在的"利益冲突；工程师在履行其职业责任的过程中不应该受到利益冲突的影响。但是，我国现有的化工事故调查报告并没有清楚载明事故调查组所有成员及其工作单位，很难让公众判断事故调查组成员是否与所调查的事故责任各方存在利益冲突。因此，一方面，为了客观公正、全面深入、认真细致地开展化工事故调查工作，我国现阶段有关法律、法规仍需进一步完善；另一方面，为了回避利益冲突，参与事故调查的专家有义务本着工程师的职业伦理要求，及时告知事故调查组是否本人与事故责任各方存在利益冲突，否则，就出卖了公众对事故调查专家的信任，就难以保证事故调查的全面性、系统性和彻底性，进而损害了公众的长远利益。

8.3 化工企业环境信息公开

继续深入研究本章的引导案例，可以得知，吉林市环保局已经于爆炸发生两个小时后发现爆炸现场附近的松花江硝基苯浓度为 1703mg/L、苯浓度为 223mg/L、苯胺浓度为 1410mg/L，分别超出排污标准 851.5 倍、2230 倍和 1410 倍[国家标准《污水综合排放标准》(GB 8978—1996)规定，硝基苯小于 2.0mg/L，苯小于 0.1mg/L，苯胺小于 1.0mg/L]。但是，第二天上午，吉林市政府领导在新闻发布会上介绍，根据专家检测分析，爆炸不会产生大规模污染，整个现场及周边空气质量合格，没有有毒气体，水体也未发生变化。吉化双苯厂爆炸事故 5 天后，即 2005 年 11 月 18 日，吉林市向黑龙江省通报了爆炸可能对松花江水质产生污染的情况。黑龙江省政府接到通报后，立即启动应急预案，成立了以省长为组长的应急处置领导小组。哈尔滨市决定停止从松花江取水，市政府召开会议讨论要不要公开停水原因，会上，主张不公开的意见占了上风，理由是哈尔滨正处于招商引资关键时期及旅游旺季，公开会引起恐慌和争执。2005 年 11 月 21 日早上，哈尔滨市政府发布了第一次停水公告，决定自 22 日中午 12 时起停止供水，大约需要 4 天时间，原因是全面检修市区供水管网设施。停水公告发布后,流言四起,哈尔滨市开始陷入恐慌,有人猜测是吉化双苯厂爆炸造成松花江水污染,更有人谣传哈尔滨将发生大地震。不少市民抢购食品、饮料,有的顾客甚至一次性购买5000元的矿泉水。到公告发布下午5点,全市饮品被抢购一空,市民情绪出现失控苗头。

由此可见,信息不公开不仅会引发公众的恐慌和邻避情绪,而且可能进一步引发社会群体事件,导致公共安全风险。事实上,我们很多化工企业认为安全生产数据、环境排放数据属于敏感数据,竭尽全力不愿对公众公开。长此以往,群众对企业生产及环境污染事实真相难以了解,逐渐失去对所有化工企业和相关政府部门的信任,安全生产问题和环境问题逐渐成为社会公共问题。

安全生产和环境保护需要各方的共同努力尤其是社会公众的积极参与,对企业施以全社会监督的震慑力,进而促进企业安全生产和环保水平。而实现这种合作与参与的一个基本前提便是公众对相关环境信息的获知。近年来,随着我国《清洁生产促进法》的颁布,环境信息公开为推动公众深度参与环境治理体系建设提供了坚实基础。

8.3.1 环境信息公开的重要性

正如第1章参考案例1所描述,我国生产对二甲苯(PX)的历史已近半个世纪,因为我国是化纤大国,合成纤维生产需要大量PX作为原料。但是,多年来,由于我国化工企业不公开环境信息,公众很难了解自身所面临的安全风险、环境风险和健康风险,而且企业经常出现偷排、超标排放等现象,使得公众逐渐对化工企业失去了信任。尤其当某位专家提出"按照国际惯例,PX项目要距离居民区100km"这种荒谬的说法时,立即引起了公众的极度恐慌。在过去8年的时间里,接连在厦门、大连、彭州、青岛、宁波、昆明、茂名、上海等多地出现民众上街反对PX建设项目的请愿示威活动。尽管相关政府部门、企业、专家多次宣讲PX项目的低风险,仍旧不能取得民众的信任。

根据PX的安全技术说明书(MSDS),它的小鼠口服半数致死量LD50为3246mg/kg,经皮肤吸收的半数致死量LD50大于5000mg/kg,吸入接触半数致死量浓度为26.44mg/L。国际上目前尚未把PX确定为致癌物质,仅仅列为有嫌疑的致癌物质。按全球化学品统一分类与标签制度(GHS)的标准,PX属于第四类和第五类之间的低毒性物质;即使根据我国公布的2015版《危险化学品目录》,PX也不属于剧毒物质。但是,公众却坚持认为PX属于剧毒化学品。剧毒化学品的定义是:经口LD50≤5mg/kg,经皮LD50≤50mg/kg,吸入(4h)LC50≤100mL/m³(气体)或0.5mg/L(蒸气)或0.05mg/L(尘、雾)。毒鼠强、氟、尼古丁、氯气、氰化钠等属于剧毒类物质。2014年4月2日,清华大学化工系的一位本科生发现有人在"茂名PX事件"发生的当天凌晨悄然将百度百科词条中PX毒性由"低毒"改成"剧毒",为了捍卫科学真理,化工系有近10名本科生勇敢地站出来,把百度词条的PX毒性改为"低毒"。然而,又有人把PX的毒性恶意篡改为"剧毒",化工系的同学们再次把PX的毒性改为"低毒",这样反反复复的"拉锯战",使得PX词条6天内反复修改36次。清华大学化工系的这些未来的化学工程师们坚守科学的阵地,防止了谣言的进一步扩散,也使得有关PX化学物质属性的真实信息被百度百科固定下来。信息公开平缓了当时"茂名PX事件"所引起的公众的内心焦虑和邻避情绪。

PX虽然低毒,但是整个PX生产装置的安全风险和环境风险究竟有多高,爆炸、泄漏的风险有多高?这个信息仍然没有很好地公开并被公众所理解和接受。2015年6月22日,当听说中国石化的高桥石化要整体搬迁到上海市金山工业区,并可能上马PX项目后,上海市金山区有民众打出"PX项目滚出金山""拒绝高桥!拒绝PX!""美丽金山,拒绝毒气"等横幅至金山区政府,抗议高桥石化迁入。尽管上海化工区管委会主任等负责人强调"化工区环评不涉及PX项目,将来也不会有PX项目",但是,仍然难令聚集的民众信服。

因此,化工领域从业的伦理准则,就是要把公众的安全、健康和福祉放在首位,做到环境风险信息公开透明,而不是简单地用"PX装置从未发生过重大安全事故"这样的说法,来说明PX装置的低风险。只有在化工建设项目的全生命周期各个阶段,始终坚持人民利益至上,才能取得公众的支持和认可;只有让公众理解化工行业和化工工程项目运作,才能找到解决现在化工行业发展困局的钥匙。正如我国公安部前新闻发言人武和平先生在其所著的《公开,才有力量》一书中所讲:掩盖真相并不能减少恐慌,沉默与暧昧反而是恐慌的催化剂。

8.3.2 环境信息公开的有关法律、法规要求

我国化工企业数量庞大,工艺复杂多样,仅靠安全、环保部门的监管,虽然可以对企业违法排污现象有所遏制,控制企业明目张胆直排,但是转而采取夜间偷排、假日偷排、雨天偷排方式的企业仍不在少数。企业应对环保检查的手段也越来越高超和隐蔽,治污设施"开机欢迎、关机欢送"的现象很多。比如2015年3月,环保部曾用无人机对河北邯郸市的一些企业采用了航拍及夜间红外技术空中巡查,发现大气污染治理设施不正常运行、夜间治污设施停运、烟气排放超标等大量问题线索[①]。

这些偷排是有形的,至少是用无人机等检测设备可以观察到的。但是,一个化工建设项目的环境风险究竟有多高,是很难观测的。一方面,如果公众不了解这些风险信息,就会产生恐惧,产生邻避情绪;另一方面,这些信息如果不公开,那么就意味着可能存在高风险情景,企业不敢公开。而不敢公开有两种情况,一种情况是企业明知自身的环境风险较高,又不愿投入一定的人力、物力和财力去降低和控制风险,所以不敢公开;另一种情况是企业不知道自身环境风险究竟有多高,没有信心充分辨识风险、管理风险和控制风险。

公众参与环保是环境保护最有力的武器之一,是解决我国环境问题的重要途径。公众参与环境保护的途径有:

- 公众参与环境影响评价;
- 公众参与环境行政许可听证;
- 公众参与环境行政立法听证;
- 公众参与"环境公益诉讼";
- 公众参与环境保护有关的行政管理决策和执法。

无论以哪种方式参与,环境信息公开是公众参与环保的前提和基础。

环境信息公开的重要性早在2002年颁布的《清洁生产促进法》中就已上升到法律高度。

---

① 环保部.环境保护部通报2015年3月无人机执法检查及处理处罚情况[EB/OL].(2015-05-18)[2016-02-21]. http://www.zhb.gov.cn/gkml/hbb/qt/201505/t20150518_301736.htm.

《清洁生产促进法》第十七条规定:"省、自治区、直辖市人民政府负责清洁生产综合协调的部门、环境保护部门,根据促进清洁生产工作的需要,在本地区主要媒体上公布未达到能源消耗控制指标、重点污染物排放控制指标的企业的名单,为公众监督企业实施清洁生产提供依据。列入前款规定名单的企业,应当按照国务院清洁生产综合协调部门、环境保护部门的规定公布能源消耗或者重点污染物产生、排放情况,接受公众监督。"第二十七条规定,实施强制性清洁生产审核的企业,应当将审核结果向所在地县级以上地方人民政府负责清洁生产综合协调的部门、环境保护部门报告,并在本地区主要媒体上公布,接受公众监督,但涉及商业秘密的除外。

2007年4月11日,国家环保总局为推动公众参与环保事业,依据《清洁生产促进法》和《政府信息公开条例》制定了《环境信息公开办法(试行)》。但是该办法在立法上存在一些缺陷和不足,例如,该办法第十条规定,环保部门公开政府环境信息不得危及国家安全、公共安全、经济安全和社会稳定。因此,众多化工企业以担心会引发社会稳定问题为借口,没有公开环境信息。

为扫除上述制度的羁绊,2014年12月15日,环境保护部审议通过了《企业事业单位环境信息公开办法》,并从2015年1月1日起实施。该办法第八条规定,具备下列条件之一的企业事业单位,应当列入重点排污单位名录:

(一) 被设区的市级以上人民政府环境保护主管部门确定为重点监控企业的;

(二) 具有试验、分析、检测等功能的化学、医药、生物类省级重点以上实验室、二级以上医院、污染物集中处置单位等污染物排放行为引起社会广泛关注的或者可能对环境敏感区造成较大影响的;

(三) 三年内发生较大以上突发环境事件或者因环境污染问题造成重大社会影响的;

(四) 其他有必要列入的情形。

而该办法第九条规定重点排污单位应当公开下列信息:

(一) 基础信息,包括单位名称、组织机构代码、法定代表人、生产地址、联系方式,以及生产经营和管理服务的主要内容、产品及规模;

(二) 排污信息,包括主要污染物及特征污染物的名称、排放方式、排放口数量和分布情况、排放浓度和总量、超标情况,以及执行的污染物排放标准、核定的排放总量;

(三) 防治污染设施的建设和运行情况;

(四) 建设项目环境影响评价及其他环境保护行政许可情况;

(五) 突发环境事件应急预案;

(六) 其他应当公开的环境信息。

该办法第十一条规定了环境信息公开的时间限制:重点排污单位应当在环境保护主管部门公布重点排污单位名录后九十日内公开本办法第九条规定的环境信息。

由于该办法刚刚制定一年,实际执行效果仍然有待观察,但无疑是环境信息公开制度的一项重大进步。目前环保部门正在加强执法督察。2015年6~8月,环境保护部东北环保督察中心会同辽宁省环保厅对大连市开展了环境保护综合督察,督察发现全市144家重点排污单位,有82家仍未依法公开环境信息。

8.3.3 环境信息公开的良好实践案例

PX事件反映出我国当前化工行业发展中遇到的困局。要破解这个困局,就需要坚持工程伦理的基本原则,即把公众的安全、健康和福祉放在第一位,推己及人,在化工项目建设中,使得公众做到知情并同意有关项目建设,符合工程伦理的基本公正原则、普适性原则和互惠原则,否则就会使这个困局越发矛盾激烈,影响整个行业的可持续发展,乃至社会的稳定。

2014年4月,《中国环境报》报道了一篇题为"PX得靠谁来救?"①的文章,讲述了中国石化九江石化分公司如何坚持开门办企业、加强沟通、消除公众疑虑和恐惧的良好实践。

九江石化总投资28亿元的60万t芳烃联合装置(含PX)项目在"一闹就停"的社会背景下,摆脱PX困局,成功走到了环评最后一步。九江石化PX项目启动于2012年2月,同时成立了环评工作小组,企业和政府共同参与。2013年4月,完成了环评报告书的送审稿;2014年1月,根据装置和生产情况,九江石化对送审稿作了补充和完善。同其他化工类项目一样,在PX项目环评中,重点强化项目选址、环境影响、风险防范、公众参与等相关内容。此类项目必须在依法设立、环境保护基础设施齐全、环境风险防范措施到位,并经规划环评的产业园区内建设;必须符合污染物达标排放、总量控制、环境质量标准等要求;要进行全面的环境风险评估,制定并落实有效的环境风险防范措施和应急预案;同时加大信息公开力度,广泛听取公众意见,必要时召开座谈会、听证会等。当时,网上出现了关于九江石化PX项目的帖子,环评单位和九江石化陆续收到公众投诉和邮件。九江市相关部门立即启动应急机制,进行正面引导和宣传。与持不同意见的人员面对面交流、制作发放宣传材料、组织宣讲团深入社区宣传等,九江石化通过各种方式消除公众对PX项目的负面理解,争取公众的信任。当时,九江石化组织了20多场报告,听众涵盖了教师、青年代表、公务员、网络意见领袖等。

根据要求,在环评过程中,九江石化先后进行了两次公示:2012年4月10日,在当地环保局网站及现场进行公示,重点在各区政府、街道办、村委会、学校等公告栏张贴项目环评第一次公告;2012年9月27日,分别在报刊、人民政府网站、九江市环保网站等公示了27天。2013年4月29日,九江石化在当地报纸进行了芳烃项目第二次公示的补充公示。

除公示公告外,2012年10月20日,九江石化和环评单位在九江市环保局组织下,就PX项目环境影响评价召开了座谈会,位于项目环境影响范围内的代表占参会人数的95%以上。不仅如此,2012年10月,九江石化在九江市范围内举行了公众问卷调查,重点调查区域内受影响的单位和个人代表,调查涵盖了各领域、各职业、不同文化层次和年龄段,代表性较强。在重点关注区域发放问卷650份,回收了627份,从调查情况看,90%以上表示支持,10%左右表示无意见或无所谓。

R8-4 PX得靠谁来救?

---

① 刘潇艺. PX得靠谁来救?[EB/OL]. (2014-04-17)[2016-02-21]. http://www.cenews.com.cn/qy/qygc/201404/t20140417_772949.html.

可见,只要坚持把公众的安全、健康和福祉放在第一位,就没有任何需要隐瞒的信息,就可能获得公众的理解、信任和支持。

8.4 责任关怀

在吉化双苯厂爆炸事故前,中国石油公司吉化分公司曾以安全管理严格闻名业内。2002年4月新任总经理上任后,建章立制576项,推出了"六查六整顿",从严治厂,即:查思想观念,整顿工作作风;查制度,整顿工作秩序;查低标准,整顿现场管理;查经营活动,整顿采购、营销、资金运作;查纪律,整顿干部员工队伍;查工程项目和用工,整顿投资、施工及劳动合同管理。查处各类违纪人员4000多人,罚款200多万元人民币。为了安全,该企业设置安监人员2000多人,占在岗人员总数的10%左右;在保障安全投入方面,仅消防水系统升级改造一项就投入了1亿多元人民币。但是,这些措施仍然没有预防和控制住2005年那场松花江污染事件。那么究竟应该如何有效地预防危险化学品重大事故?如何在出现危险化学品事故后,能够把事故的后果控制到最小程度,降低事故对公众和环境产生的不利影响?事实上,国际化学品行业根据通用的工程伦理准则,探索出一条行之有效的途径,那就是责任关怀。

8.4.1 责任关怀的历史

责任关怀是化工行业针对自身的发展情况提出的一套自律性的,持续改进环境、健康和安全绩效的管理体系。其基本含义为:化学品制造企业在产品从实验室研制到生产、分销以及最终再利用、回收、处置销毁的各个环节,有责任关注本企业员工、供应商、承包商、用户、附近社区及公众的健康与安全,有责任保护公共环境,不应因自身的行为使员工、公众和环境受到损害。

责任关怀起源于加拿大化学品制造商协会。加拿大化学品制造商协会(CCPA)最初定位为:为加拿大经济的发展提供支持服务,但是不寻求特殊的待遇,不宣传化工行业对本国经济的重大贡献,即寻求"低调"发展,仅寻求为其他工业提供基础服务的机会。但是20世纪70年代后期发生在欧美的几起危险化学品事故,让CCPA不能不重新思考自身的发展定位。1974年6月,位于英国Flixborough的Nypro公司的一套串联的环己烷氧化反应器泄漏和爆炸,造成28人死亡,周边社区数百人受伤,经济损失2.2亿美元,工厂完全报废。幸亏事故是发生在周末,要是发生在工作日,后果将会更为严重。1976年7月10日,意大利塞维索的伊克梅萨化工厂由于反应放热失控,引起压力过高,安全阀失灵而形成爆炸,逸出三氯苯酚,其中含有剧毒化学品二噁英(简称TCDD),造成严重的环境污染,使多人中毒。1979年11月10日,在距离多伦多东北部40km处的Mississauga市,一列载满甲苯、苯乙烯、丙烷、氯气等多种危险化学品的列车脱轨,导致了火灾爆炸事故(图8-5),21.8万人被迫撤离,6天后才返回家园。越来越多的化学品事故接踵而至,负面消息纷至沓来,安全环保问题日趋凸显,突然间,整个化工工业从"隐形"行业,成为众目睽睽的"高危"行业,加拿大国内公众对危险化学品行业的态度可谓民怨沸腾,化工行业被逐渐妖魔化。

图 8-5　1979 年 Mississauga 市危险化学品列车脱轨火灾爆炸事故现场

为了改变行业形象,争取公众对行业的理解和支持,1983 年,加拿大化学品制造商协会开始要求会员单位自愿签署行业行为指导原则——确保生产经营活动不给员工、客户、公众和环境带来不可接受的风险;向客户和公众提供化学品危险性质信息;积极响应社区的合理关切;主动与利益相关方沟通,承诺持续改进环保、安全和健康绩效。起初,很多人担心行业行为导则会招致更多的赔偿责任,但是最后 96% 的加拿大化学品制造商协会会员单位还是签署了责任关怀指导原则,尽管该指导原则不具有强制性。

1984 年 12 月 3 日博帕尔灾难在全球造成了重大恐慌和关注。CCPA 董事会召开紧急会议,一致表决通过强制执行责任关怀指导原则的动议。所有会员单位被命令审查各自的安全生产情况,排查隐患,上报排查结果。1985 年,CCPA 会员单位一致认同——整个行业的形象好坏取决于最薄弱的环节;任何一个公司不负责任的行为,都会对整个行业造成负面影响。1985 年,责任关怀正式诞生。

1988 年,CCPA 的做法影响到美国,美国化学理事会(ACC)也接受了"责任关怀"理念。ACC 的"责任关怀"(responsible care)行动要求理事会单位实施责任关怀管理体系(Responsible Care Management System®,RCMS®),并由第三方进行审计认证。RCMS 体系保证了在环境保护、人类健康和安全方面的持续不断进步。目前全球 53 个国家和地区实施了责任关怀,所有跻身世界 500 强的化工企业都在践行有关理念。

2005 年起,中国石油和化学工业联合会每两年召开一次责任关怀促进会。2015 年 6 月 10 日,在北京举行了 2015 中国责任关怀促进会。会议指出,随着我国石化产业规模快速扩大,产能过剩,资源环境约束、创新能力不强的深层次问题进一步凸显。特别是当前人们对石化行业的关注度显著提升,安全环保问题已经越过工厂围墙和专业领域的边界,与许多社会问题交织在一起,成为影响社会和谐稳定的重要因素。实践证明,实施责任关怀有利于企业提高安全环保水平,加强与社会的沟通,营造和谐环境,是行业实现可持续发展的必由之路[①]。截至 2015 年 6 月,已有数百家企业和大型化工园区签署了责任关怀承诺书,越来越多的企业把责任关怀纳入战略管理体系。

8.4.2 责任关怀准则

2011年6月5日,我国工业和信息化部发布了化工行业标准《责任关怀实施准则 HG/T 4184—2011》。该标准列明了实施责任关怀的12项指导原则:

(1) 不断提高对健康、安全、环境的认知,持续改进生产技术、工艺和产品在使用周期中的性能表现,从而避免对人和环境造成伤害;

(2) 有效利用资源,注重节能减排,将废物降至最低;

(3) 充分认识社会对化学品及其运作过程的关注点,并对其作出回应;

(4) 研发和制造能够安全生产、运输、使用以及处理的化学品;

(5) 制订所有产品与工艺计划时,应优先考虑健康、安全和环境因素;

(6) 向政府有关部门、员工、用户以及公众及时通报与化学品相关的健康、安全和环境危险信息,并且提出有效的预防措施;

(7) 与用户共同努力,确保化学品的安全使用、运输以及处理;

(8) 装置和设施的运行方式应能有效保护员工和公众的健康、安全和环境;

(9) 通过研究有关产品、工艺和废弃物对健康、安全和环境的影响,提升健康、安全、环境的认识水平;

(10) 与有关各方共同努力,解决以往危险物品在处理和处置方面所遗留的问题;

(11) 积极参与政府和其他部门制定用于确保社区、工作场所和环境安全的有关法律、法规和标准并满足或严于上述法律、法规及标准的要求;

(12) 通过分享经验以及向其他生产、经营、使用、运输或者处置化学品的部门提供帮助来推广《责任关怀实施准则》的原则和实践。

同时,该标准还规定了6项实施准则:

(1) 储运安全准则;

(2) 工艺安全(也称为过程安全)准则;

(3) 职业健康安全准则;

(4) 产品安全监管准则;

(5) 污染防治准则;

(6) 社区认知和应急响应准则。

由于我国化学工业认识和实施责任关怀起步比较晚,整个行业在推行责任关怀方面还不够全面,特别是在产品安全监管、化工过程安全、社区认知和应急准备方面需要进一步深入。

8.4.3 产品安全监管

产品安全监管是对产品全生命周期上的安全进行的监管,在一定程度上超越了法律、法规和标准的要求。对我国化工企业而言,产品安全监管是一种具有革新意义的管理理念和模式。当一个产品沿着其价值链往下游移动时,它就离开其制造者和销售商越来越远,那么对其风险的控制就越来越困难。产品安全监管的核心理念是:在产品生命的每一个阶段

(创意、研发、建设、生产、销售、配送、存储、使用、回收和废弃等)都要谨慎从事,尽可能避免对人员健康和环境造成危害。产品安全监管准则的目的是:规范化学品相关企业实施责任关怀过程中产品安全的监督管理,使健康、安全以及环保成为化学品生命周期中不可分割的一部分,保证在生命周期的每个环节把对人员和环境造成的伤害降至最低程度。

根据产品安全监管准则,企业的最高管理者是企业产品安全监管工作的第一责任人,应明确提出加强产品安全监管的承诺,通过提供适当资源(例如时间、财务与人力资源),支持与维护产品安全监管计划并持续改进。企业应配备相应的工作人员负责产品安全监管。其职责和权限应包括:组织识别和评价产品风险;制定并实施产品安全监管措施;制定产品安全监管应急措施;建立有效的产品安全监管制度并持续改进。企业应根据健康安全及环境信息对新产品和现有产品可预见的风险特征加以描述;建立定期评估危害因素和暴露状况的体系;与公众分享其产品风险特征的确定过程,并公开已确定的产品风险特征。企业应对其所有可能接触和产生的化学品(含产品、原料和中间体)进行普查,建立化学品档案,并按相关要求进行登记;供应商应向下游用户提供完整的化学品安全数据说明书(MSDS),提供与健康、安全和环境有关的信息,对 MSDS 进行更新,并向下游用户提供最新版本的 MSDS。当发现对产品使用不当时,应与分销商和用户合作,采取措施予以改善;如改善情况不明显,应终止产品的销售。2008 年全国发生大量婴儿奶制品被三聚氰胺污染事件,数以万计的婴儿受到严重伤害。虽然此次事件的肇事者三鹿集团等不良奶制品生产企业和部分奶农是罪魁祸首,但是如果危险化学品行业普遍实施责任关怀,对产品安全进行全生命的监管,那么就可能及早发现三聚氰胺被不当使用,从而采取一些措施,比如向负责监管的政府部门发出警告,甚至终止三聚氰胺的销售,那么就可能避免那么多婴儿受到伤害。

采购危险化学品时,应向化学品的供应商索取化学品安全技术说明书和安全标签,不得采购无安全技术说明书和安全标签的危险化学品。2010 年 7 月 16 日,大连中石油国际储运公司发生原油管道爆炸起火事件,事故导致 1 名作业人员失踪,灭火过程中 1 名消防战士牺牲,附近海域污染。事故的主要原因是操作人员向原油管道加注大量"脱硫化氢剂"(事后才知道所谓"脱硫化氢剂"的主要成分是强氧化剂双氧水)而导致原油管道爆炸。如果在加注"脱硫化氢剂"前,有关企业向"脱硫化氢剂"的供应商索取"脱硫化氢剂"的化学品安全技术说明书,了解"脱硫化氢剂"的主要成分究竟是什么,具有什么危险特性,那么这场事故也就不会发生。

8.4.4 化工过程安全

化工过程安全(chemical process safety)是安全领域的一个分支,是预防和控制化工过程特有的突发事故的系列安全技术及管理手段的总和,涉及设计、建造、生产、储运、废弃等化工过程全生命周期的各个环节。

通常的职业安全管理体系关注的是行为安全和作业安全,过程安全管理关注从过程设计开始的化工过程自身的安全。通过对化工过程整个生命周期中各个环节的管理,从根本上减少或消除事故隐患,从而降低发生重大事故的风险。

为了防止类似博帕尔灾难的事故重演,美国职业与健康管理局(OSHA)于 1992 年颁布了过程安全管理(Process Safety Management,PSM)标准 29CFR1910.119。该标准是一套得到广泛认可的、行之有效的预防重大化学品事故(包括有毒有害化学品泄漏、火灾和爆炸等)的方法。该标准涵盖了 14 个要素,即:①员工参与;②工艺安全信息;③工艺危害分析;④操作规程;⑤变更管理;⑥教育培训;⑦承包商管理;⑧开车前安全审查;⑨机械完整性;⑩事故调查;⑪动火作业许可;⑫应急响应计划;⑬符合性审查;⑭商业秘密。中国也于 2010 年 9 月 6 日由国家安全生产监督管理总局发布了 AQ/T 3034—2010《化工企业工艺安全管理实施导则》,包含 12 个相互关联的要素,即工艺安全信息、工艺危害分析、操作规程、培训、承包商管理、试生产前安全审查、机械完整性、作业许可、变更管理、应急管理、工艺事故/事件管理、符合性审核,于 2011 年 5 月 1 日起正式实施。

化工过程安全的核心就是风险管理。企业应树立"零事故"的安全理念,科学地评估风险,辨识生产过程中存在的危险源,采取有效的风险控制措施,将风险降到可接受程度,避免事故的发生。企业必须对化工操作(工艺参数、化工工艺、设备和关键人员等)的变更进行管理,建立专门程序对所有的变更进行风险评估、批准、授权、沟通、实施前检查并作变更记录。必要时实施相应的培训。

过程安全管理的各个要素之间存在紧密的内在联系,需要相互协同,不出现管理要素之间衔接的漏洞,才能发挥好事故预防的作用。

8.4.5 社区应急与准备

社区应急与准备的目的是:为规范化学品相关企业在实施责任关怀过程中的社区认知和应急响应,通过信息交流和沟通,提高社区认识水平,让化工企业的应急响应计划与当地社区或其他企业的应急响应计划相呼应,进而达到相互支持与帮助的功能,以确保员工及公众的安全。为此,企业的最高管理者应该承诺建立良好的企业社区认知氛围,提供资源、建立制度和相关机构来保证企业与社区在安全、环保和健康方面进行必要的交流和沟通。企业应制订"社区认知计划",就利益相关者(包括员工、当地社区、周边企事业单位、政府有关部门等)关注的产品、工艺、运输和存储等方面的安全、环保和健康问题进行评估和公示;应该与社区建立快速有效的联络渠道,并保持其畅通;应积极参与建立完善的综合应急响应计划(见图 8-6),使社区公众知晓在紧急情况下的应急措施以及能获得的援助。

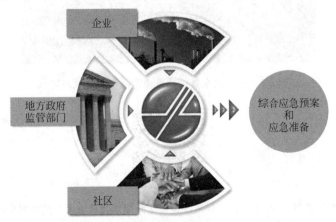

图 8-6 综合应急预案和应急准备过程示意图

本章概要

本章在介绍化学工业重要作用的基础上,描述了化学工业"先发展、后治理"带来的环境、安全伦理冲突和发展困局,从事故预防、事故调查和事故应急等几个角度分析了产生危险化学品事故的伦理原因。为破解发展困局,获取公众的理解和支持,本章指出化学品企业环境信息公开的重要性,介绍了有关法律、法规要求,并以中石化九江分公司处理应对 PX 事件为例,描述了一个企业信息公开的良好实践案例。本章最后一部分给出了国际化工行业普遍奉行的工程伦理最佳实践,即责任关怀。

参考案例

山东省青岛市"11·22"中石化东黄输油管道泄漏爆炸特别重大事故

2013 年 11 月 22 日 10 时 25 分,位于山东省青岛经济技术开发区的中国石油化工股份有限公司管道储运分公司东黄输油管道泄漏,原油进入市政排水暗渠,在形成密闭空间的暗渠内油气积聚遇火花发生爆炸(图 8-7),造成 62 人死亡、136 人受伤,直接经济损失 7.5 亿元。

图 8-7 中石化东黄输油管道泄漏爆炸事故现场

R8-5 "11·22"中石化东黄输油管道泄漏爆炸特别重大事故案例分析

思考与讨论

1. 根据本章引导案例（吉化双苯厂爆炸事故）的描述，如果你是该厂的厂长，在事前应该如何做好风险防范工作？如果你是吉化公司的一名工程师，当你得知双苯厂的消防污水流入松花江后，你要怎么做？

2. 假设你研究生毕业后来到一家发展势头强劲、福利待遇良好的化工企业工作。五年后，由于工作成绩突出，被提拔为车间主任。最近，由于市场变化，你们企业销售额大幅下降。一天，企业总经理命令你在夜间把你们车间的污水处理设施停下来，以降低企业成本。你该怎么办？

参考文献

[1] 龚维斌.一起突发事件处置引发的应急管理治道变革——以吉化双苯厂爆炸事故为例[J].国家行政学院学报，2015(3)：82-86.
[2] 唐茵."十三五"责任关怀地位将更凸显 石化行业须重点落实四项工作[J].中国石油和化工，2015(7)：7-7.
[3] FLEDDERMANN C B. Engineering ethics [M]. 4th ed. Upper Saddle River, NJ: Prentice Hall, 2012.
[4] 赵劲松,陈网桦,鲁毅.化工过程安全[M].北京：化学工业出版社，2015.
[5] 哈里斯,普里查德,雷宾斯.工程伦理概念和案例[M].丛杭青,沈琪,等译.北京：北京理工大学出版社，2006.
[6] 戚建刚,杨小敏."松花江水污染"事件凸显我国环境应急机制的六大弊端[J].法学，2006(1)：25-29.

CHAPTER 9

第 9 章　核工程的伦理问题

引导案例：日本福岛核事故

福岛核电站(Fukushima Nuclear Power Plant)是目前世界上最大的核电站，地处日本福岛工业区，由福岛第一核电站、福岛第二核电站组成，共 10 台机组(第一核电站 6 台，第二核电站 4 台)，均为沸水堆。福岛第一核电站 1 号机组于 1971 年 3 月投入商业运行，已经服役 40a，出现了许多设施老化迹象，这一机组原本计划延寿 20a，到 2031 年正式退役。

2011 年 3 月 11 日，里氏 9.0 级地震加海啸，导致日本福岛两座核电站反应堆因冷却系统停止工作而发生故障。其中第一核电站多个机组出现险情，1 号反应堆发生氢气爆炸；2 号反应堆发生十分猛烈的氢气爆炸并起火；3 号反应堆发生两次氢气爆炸，并释放出带有放射性的水蒸气；而 4 号反应堆遭受两次火灾。

福岛核电站发生的爆炸属于化学爆炸，是由泄漏到反应堆厂房内的氢气与空气反应发生的爆炸。由于地震和海啸导致应急冷却系统故障，反应堆内冷却水位下降，并导致堆芯裸露。冷却不足致使燃料棒外壳（为锆合金）温度超过锆-水反应极限温度，从而发生锆-水反应生成大量氢气。

3 月 11 日地震发生时，福岛第一核电站的 1—3 号机组正在运行，4—6 号机组处于停堆检修状态。地震和海啸发生后，1—3 号机组立即自动停堆，但电站的外部电网全部瘫痪，加之备用的柴油发电机由于被海啸摧毁未能正常工作，致使反应堆余热排除系统完全失效。这是福岛核电站事故的主要产生原因。除地震、海啸等客观因素外，灾前和灾后忽视安全隐患和疏于管理，以及日本当局在事故最初对事故的严重程度认识不足，也是造成此次事故并导致事故扩大的重要原因。

图 9-1 中，被炸毁的屋顶是反应堆的厂房而不是安全壳。堆芯中锆-水反应生成的氢气曾一直封闭在厂房中的安全壳内。由于厂房中氢气相对空气的浓度达到了爆炸极限，在遇到高温甚至明火后便发生了爆炸。爆炸掀掉了厂房的屋顶，只剩下钢筋骨架。

日本福岛核事故迫使各国重新审视核能的开发及安全维护。中国政府要求：①立即组织对我国核设施进行全面安全检查；②切实加强正在运行核设施的安全管理；③全面审查在建核电站；④严格审批新上核电项目。总体来讲，日本福岛核电站的事故放缓了世界各国核电事业的发展步伐。我们应该汲取以下经验教训：①加强对自然灾害的预测能力。②改进核电技术，提高其安全性；在提高安全管理的基础上，努力开发新的核电技术，不断提高核电的安全性，以减少核电对公众及环境可能带来的负面影响。③加强对核电的安全

图 9-1 事故后的福岛核电站

管理。对正在运行的核电站,要定期检查其安全性;在核电站周围建立核电安全监测站,以确定核电对公众的影响在国家标准的允许范围之内,同时监测核电站工作是否正常。④从事故中总结经验教训,防患于未然。对于历史上的高发核电事故,分析原因,总结经验,强化认识,形成安全生产的理念。⑤提高公众应对重大事故的能力,保证信息公开透明。尊重事实,保证事故的透明度,群策群力,共渡难关。

9.1 核工程及其特点

核能开发及核技术应用对人类社会发展起到了巨大的推动作用,但同时也带来了诸多不确定因素,由此引发复杂的、多层次的价值难题,给传统的道德观念和伦理原则带来了严峻挑战。因此,对核工程中涉及的伦理问题进行探讨和分析成为必然。核工程伦理主要涉及核能与核技术开发利用、核武器的研制与可能爆发的核战争以及核废物等所带来的道德问题。核能的开发利用和大规模建设正深刻影响着人们的生活,影响着社会、经济、科技的发展。人们对核能的认识,不应再是停留在"谈核色变"的初级阶段;核电的发展,不应仅仅从技术角度来分析,还必须从伦理角度加以探寻。

9.1.1 核工程的特点

核能是在原子核结构发生变化的过程中释放出来的能量,更确切地应称为原子核能。重原子核分裂或轻原子核聚合时,都会释放出巨大的能量,前者称为裂变能,后者称为聚变能。核能主要是指这两种能量。

燃煤电厂已成为大气污染的重要因素,因此发展核电已成为必然选择。中国是仅次于美国的第二大二氧化碳排放国。预计中国二氧化碳排放(主要来自发电部门)在全球所占比重将会从 2020 年的 14% 增长到 2030 年的 19%[①]。核电就是对核能的利用。可裂变物质在裂变过程中释放出的能量是非常巨大的。例如,每一个 ^{235}U 原子核发生裂变时,会放出约 200MeV 的能量。以此推算,1g ^{235}U 完全裂变时可以产生约 7.95×10^{10} J 的能量。考虑到 ^{235}U 在裂变的同时,不可避免地有一部分会发生非裂变的中子俘获反应,因此,实际消耗 1g ^{235}U 可以产生约 6.7×10^{10} J 的能量。这个数字相当于 2t 多优质煤完全燃烧时所放出的能量[②]。

由于核工程潜藏着放射性风险,因此存在着特殊的核安全问题,即核电安全性。核电安全性包括反应堆的安全性及核废物的安全处理处置两个方面。确保核安全是实现核能与核技术利用事业可持续发展的前提和基础。

9.1.2 我国核工业的发展历程

我国核工业是在中华人民共和国成立后创建和发展起来的。1950 年,成立中国科学院近代物理研究所,开始从事核科学技术研究工作;1964 年,成功爆炸了第一颗原子弹;1967 年,成功爆炸了第一颗氢弹;1971 年,成功试航了第一艘核潜艇;这表明中国的核工业已有较快的发展,建成了比较完整的核工业体系。20 世纪 70 年代末,随着国家工作重点转向经济建设,核工业由主要为军用服务转向军民结合,以核为主,多种经营,主要从事核能、核技术和平利用以及民用产品的开发,并提出要以"不污染国土、不危害人民"为原则。1983 年,在浙江海盐县秦山开始了中国自行设计的秦山核电站建设;1984 年,引进技术设备,在广东深圳开始建设大亚湾核电站。经过 30 多年核电建设实践,我国已系统掌握了核电站建造的关键技术以及与国际标准接轨的先进工程管理规范和方法,建立了一套比较完整、科学、有效的核工程质量和安全保证体系,保证了我国核设施的建造和运行安全。当前我国的核工业基本形成了以核电站建造为主业的科技创新能力和核心竞争能力。核工程、核电工程建设领域取得的成就,不仅保持了一支核科技队伍,保持了核威慑能力,而且为国家调整和优化能源结构,促进国民经济建设持续、稳定、健康发展奠定了坚实的基础。

9.1.3 核工程的利弊分析

核能的大规模开发及广泛利用,在一定程度上可以缓解能源危机以及化石能源利用对环境带来的污染,但同时也存在负面作用——一方面,随着各国争相建设核电厂,将产生更多的核废物,核废物安全处理处置有待解决;另一方面,核电站的安全运行隐患也时有发生,这给核能的利用带来了挑战。

核能利用的优点主要体现在以下方面:①目前所有的能源生产方式中,核电是唯一不受资源地域分布限制、可进行大规模电力生产且不排放二氧化碳等温室气体,也不排放如颗粒物、二氧化硫、氮氧化物等污染物。发展核电能够有效缓解温室效应,减缓气候变化。

---

① 李红,方栋,任天山,李允兴.中国煤电和核电的环境影响与健康风险比较[J].城市环境与城市生态,2000,13(3):40-42.

② 姜圣阶,任凤仪.核燃料后处理工学[M].北京:原子能出版社,1995:8.

②核电厂对环境的辐射影响较小,其辐射来源主要是流出物中放射性物质对周围环境的辐射照射。一个装机容量百万千瓦规模的电站,对周围环境产生的辐照剂量约为 0.018mSv/a[①],基本接近天然本底辐射水平。而在年发电量水平相同条件下,燃煤电厂对周围环境产生的辐射剂量约为 0.063mSv/a,是核电站辐射水平的 3.5 倍[②]。③随着核电及配套技术水平的提升,反应堆的非能动安全性大大提高,核电站安全水平显著提升,且乏燃料管理水平有了显著进步,进一步确保了核电的安全性。④核能的资源分布广泛,国际市场上核燃料的价格相对稳定,而且核电的经济性已经能够做到优于煤电,因此,某些国家(如法国、日本、韩国等)首选核能发电。

尽管核能利用有着以上无可比拟的优点,但是它也有缺点,主要包括:①产生大量的核废物。如何妥善处理处置核电运行过程中产生的高放射废物,实现核废物最小化,有效解决乏燃料中长寿命核素的问题,仍是一个严峻的挑战。②可怕的核事故。虽然严重的核事故并不多见,但许多小型核事故却时有发生。③核材料走私。目前全球恐怖主义活动猖獗,不稳定因素增加。核事故、非法核交易以及恐怖分子试图获得核物质、核装置、核技术等现象,已经在现实世界中多次发生。

9.1.4 伦理学在核工程中的作用

在经济、社会、科技、国防等领域中,核能开发及核技术应用具有重大的战略意义。因此,对核工程领域的伦理学研究及应用,有利于保障我国核事业的健康、安全和可持续发展,有利于取得公众、社会和国际信任并承担应有的责任。伦理学在核工程中的作用可分为两方面:一方面,核工程需要伦理学的支持和肯定,为其解决一系列的价值难题;另一方面,核工程需要伦理道德引导、约束,以保证其安全且向着有利于人类的方向发展[③]。

9.2 核工程涉及的伦理问题

核工程涉及放射性物质,使用不当以及人为的事故或破坏都会造成巨大的灾害。从人类现在和未来的角度看,核工程自身的发展与伦理道德体系的制约所引发的问题以及核工程发展中折射出的伦理道德问题,必须得到妥善解决。从目前核能开发及核技术应用在社会经济发展及人们生活中所起的作用来看,取消核能是不太现实的。

9.2.1 核工程涉及的科技伦理

核工程在为人类带来巨大利益的同时,也带来了严峻的伦理问题。核工程中涉及的科技伦理问题主要表现在科学家的道德责任方面。1945 年 8 月,美国在日本的广岛和长崎投

---

① Sv 为剂量质量单位,1Sv=1J/kg。
② 苏永杰,姜维国,邵海江,等. 核能利用与环境保护[J]. 能源环境保护,2006,20(4):16-19.
③ 李建华,冯昊青. 核伦理学研究的转型与走向[J]. 哲学研究,2008(4):40-42.

掷了两颗原子弹,它对结束第二次世界大战起到了十分重要的作用,但是,它也在公众面前展现出它的毁灭性的破坏作用。基于此,参与原子弹研制的科学家们,在致美国战争委员会的报告中反映出对科学家责任的思考——科学家感到有责任对"因原子能利用而导致的科学的、技术的和社会的问题对公众进行科学教育",并且相信,应该致力于民众教育,让他们广泛了解科学所带来的潜在危险性。核能利用的双刃剑性质,使科学家在从事核能开发活动和在进行具体的科技手段应用选择时,承担着前所未有的社会责任。首先,规避可能的潜在风险,预防和减少开发过程中的负面效应,保证科研活动的正当性与合理性,实现科技社会功能的善用目的,成为科学家社会责任文化价值的社会选择。其次,在参与政府核能发展规划决策过程中,尤其是各利益集团博弈时,科学家有责任公开表达自己的观点和意见,有责任确保核技术成果运用能更好地服务大众。最后,推动核技术科研程序与规范的构建,引导核能利用科研行为的善用方向。核武器的研制是个划时代的起点,最终促成了科学界对核技术与核武器研制进行深层次的、系统的伦理解析。在"曼哈顿"工程执行期间,由于良心的驱使,参与其中的科学家就召开过几次讨论会。最初,他们希望发现一些理论缺陷,然后便名正言顺地中止核武器的研制;之后,他们希望对核武器的使用具有决定性的发言权。一些科学家的内心承受了巨大的道义压力,他们向美国政府进言,建议将原子弹在无人区演习,达到震慑日本的目的即可。然而,广岛和长崎上空升腾的"蘑菇云"将科学家们推进了伦理两难的境地,由此他们发起了史无前例的以自律为基础的政治运动。当科学家断定他们正在进行或参加的科学研究活动与伦理规范相冲突时,应该中断其所进行的研究活动,并公开声明作出这一判断的理由。科学家在作出这种判断时,应该充分考虑不利后果出现的可能性和严重性[①]。从以上的分析中我们可知,科学家的社会责任具体表现在以下两方面:其一,科学家应树立风险规避意识,科学家应明确,核能开发活动不应是无限和无节制的。其二,科学家应主动控制科研活动中的风险,与其他科学技术应用带来的风险相比,评估核能风险具有更大的不确定性,科学家有责任主动控制一些高风险性的科学研究,以规避其可能带来的自然和社会危害。

9.2.2 核工程涉及的安全伦理

核事故对人类造成的影响将会存在几十年甚至上百年。从已发生的核事故来分析,造成核事故的原因有很多种,如硬件系统失效、安全设计缺陷、核电站操作规程特别是应急规程不完备、人为错误等。人作为硬件系统的设计者、安全设计准则的制订者与核电站的运行者,对核能的安全运行负有不可推卸的责任。因此,重视核能利用中安全伦理的应用显得尤为重要。安全伦理以尊重每一个生命个体为最高伦理原则,以实现人和社会的健康安全、和谐有序的发展为宗旨。安全伦理主要体现在:"安全第一"的哲学观念;安全维护劳动者的生命、健康与幸福的伦理观念;安全是既有经济效益、又有社会效益的价值观念。保护公众的安全、健康和福祉,是核工程安全的出发点,也是核工程安全的归宿。安全伦理关系有两种,一种是人与人的关系,一种是人与自然的关系。现代安全管理已经从"物本主义"(以机为中心)管理走向了"人本主义"(以人为中心)管理,即为了人和人的管理。所谓为了人,就

---

① 吴翠丽.科技伦理与社会风险治理[J].广西社会科学,2009(1):18.

是把保障人的生命安全当作安全工作的首要任务。人的管理,就是充分调动每个职工的主观能动性和创造性,让职工人人主动参与安全管理。构建一个科学的核安全监管机制,至少需要具备以下两个条件:其一,清晰的核安全理念。其二,明确的核监管原则。确立一套有明确价值取向的监管原则,是监管机制构建的基础,是各组成要素之间和谐的重要保证[①]。

9.2.3 核工程涉及的生态伦理

地球生态系统是一个互相依存的系统。对地球生态系统中任何部分的破坏,一旦超出其生态阈值,便会发生连锁反应,危及整个地球生态,并最终祸及包括人类在内的所有生命体的生存和发展。因此,在生态价值的保存中,首要的是必须维持它的稳定性、整合性和平衡性。核大国对核污染具有不可推卸的责任。我们应该尽可能降低核能风险,因为我们的行为,既为后代带来幸福,也可能带来灾难。代际公平原则要求,本代人的发展不能以损害后代人的发展能力为代价,至少要比前辈留下更多的自然财富,以满足后代人进一步发展的环境资源等自然条件。当代人关心后代,给后代人留下一个功能健康的生态环境,是对后代所负有的基本义务。它要求人与人之间以及人与自然之间的关系协调。一是人类作为整体公正地对待自然,二是人类作为个体公平地承担对自然环境的责任。

在处理核废物的问题上,我国核工程科研和管理部门已付出诸多努力。事实上,对核废物某些不负责任的处理方式,并不是一个技术问题,而是对伦理学提出的挑战。在我国大力发展核能的今天,加强对自然生态环境行为的自律性,是解决核能利用中生态伦理问题、使人与自然和谐相处的一个重要措施。

9.3 核工程应遵循的伦理原则

发展核电可以缓解目前的能源和环境危机问题,对保护生态环境和促进人类社会可持续发展具有重大意义。但是,发展核电、核电站如何选址、核电发展应遵循什么原则、核电的未来发展等,都与人类对核电的开发和利用的伦理抉择密切相关。我们在享受核电带来的巨大便利的同时,也要保护生态环境和资源的可持续发展,维护人与自然和谐相处,最大限度地保障人类的整体利益和长远利益。核电建设应做到以人为本,遵循社会发展规律,坚持公平公正的伦理原则,既满足人类发展的需求,又保护生态环境,实现人类文明的可持续发展。

9.3.1 以人为本原则

以人为本的原则以实现人的全面发展为目标,这就是说,一切社会活动归根结底都是为了人,为了所有的人。所以,从伦理角度而言,核能开发和利用应当做到:第一,要充分认识核电发展的社会地位。发展核电是国家经济的迫切需要,是人民群众日益发展的物质文化生活的需要,核电作为清洁高效能源,对于推进我国社会进步,发展低碳经济,满足人民群众

---

① 殷有敢,王伟博."安全为天"的伦理阐释[J].理论界,2006(4):65-66.

生活需要,具有极其重要的意义。第二,核电建设要以人为本,就是以人的生命安全为本。因此,从核电站的选址开始,就要做到以人的生命安全为本,远离人口密集区,充分考虑极端事故尤其是极端的事故叠加发生的状况对核电站安全的影响,大力增强核电站应对自然灾害(如地震、海啸)的能力,确保核电运行安全。第三,要调动和发挥所有人的智慧、力量和敬业精神。人民群众是历史的主人,是社会物质财富和精神财富的创造者。社会活动的一切创造,都离不开人民群众的积极参与。第四,核电在自身发展中要注意关心企业员工的利益,要积极创造条件,改善工作环境,加强文化建设,增加培训机会,努力促进企业员工全面发展。

9.3.2 可持续发展原则

可持续发展中,发展与持续性是其最基本的内涵,两者相辅相成,唇齿相依。没有发展,也就谈不上可持续;没有持续性,就毫无发展可言。可持续发展是在社会、经济、人口、资源、环境相互协调和共同发展的基础上建立的一种发展模式。可持续性发展原则是,既要满足人类的各种生活需要,个体的人得到充分的发展;又要保护资源和生态环境,不影响后代人的生存和发展。它强调各种经济活动的生态合理性,是否对资源、环境有利。可持续发展的宗旨就是,既能满足当代人的需求,又不能对后代人的发展构成危害;资源的持续利用和生态系统可持续保持,是人类社会可持续发展的首要条件。可持续发展要求人们根据可持续性的条件调整自己的生活方式,在生态可能的范围内确定自己的消耗标准。核电的开发和利用,是目前人类文明可持续发展的现实需要。核电资源完全能够承担起人类经济和社会可持续发展的能源需求。

我国核电发展遵循可持续发展原则,应当做到:①正确处理核电发展"好"与"快"的关系,注意质量,注意效益,注意安全。②正确处理好经济效益与生态效益的关系,既要重视核电的经济效益,又要重视核电的生态效益。从核电站的选址到核电站的运行,核废物的处理以及相关设施的退役处理,都要充分考虑对生态环境的保护。要加强对核电站的监测和管理,严防核事故发生,杜绝各种核事件对环境可能造成的污染和破坏。③正确处理好核资源的使用与节约。我国核资源储量有限,在核电发展过程中必须做到厉行节约,最大限度地发挥有限资源的效率。④依靠科技进步,整体提升核电效益。要通过核电技术的改进与创新,降低核电的建设成本与运行成本,加强核燃料的循环使用,为核电的可持续发展提供坚实的科技支撑。

9.3.3 生态原则

发展核电应遵循生态原则,即在满足人类可持续发展的能源需求的同时,对环境和生态的破坏减至最小。其实在各种能源中,核电是温室气体排放量最小的发电方式。遵循生态原则,就是要使核能的开发与利用有利于保护环境和维护生态平衡。生态伦理思想的核心是强调生态环境的权利和内在价值。面对我国核电建设中生态环境的现状,我们要汲取生态伦理思想中的精华,以生态伦理思想为指导,在尊重自然权利和价值的前提下合理发展核电事业,以期实现对核电建设的生态环境责任与义务,实现我国核电建设的生态化。这就要求我们在核工程实践活动中,必须突出生态伦理思想的指导作用,加强与核电建设有关的生态伦理教育,树立我国核电建设中的生态价值观,唤起社会公众的"生态良知"。具体来说,我国核电发展遵循生态原则,应当做到:①在项目的选址及可行性研究阶段,必须保证风险范围最小化,周围环境安全的最大化。②在项目可行性评估通过后,再审查核电建设初期是否符合相关伦理规范和原则。若不可避免地对生态有破坏性,需考虑生态能否得到有效恢复,当地居民权利是否得到充分保障,比如知情权、赔偿权等。③在核电运行阶段,审查其产生的污染是否在可控范围,如果破坏程度过大,就必须停止运行,必须保证周围生态环境的安全。④若发生核电事故,需审查有关部门是否及时采取有效措施防止事态恶化,事故导致公众权利受到侵害后是否能给予足够补偿。

9.3.4 公正原则

公正原则要求人们以社会公平与正义的观念来指导自己的行为,平衡各方利益。发展核电应当遵守公正原则,这包含两方面的含义:首先,是公平原则。公平,就是指任何国家都有和平开发和利用核能的基本权利[①]。其次,是正当原则。正当原则即是要求"正当"发展核电工程,意味着所有国家发展核电的计划和进展都应该置于国际原子能机构的监督和制约下。核电发展要严格在国际原子能机构的框架下进行,并遵守相关国际公约,严格坚持核电的和平用途。任何国家都有发展核电以满足人民基本需要的权利,任何国家的人民都有安全使用核能的权利,同时,也都有接受国际社会监督与核查的义务。保护世界核安全是每个公民不可推卸的责任,因此,发展核电必须遵循公正原则。我国核电遵循公平公正的原则,应当做到:①牢牢把握我国自主发展核电的权利,坚持核电发展战略不动摇。②根据我国经济社会发展对清洁高效能源的现实需要,积极稳妥地推进核电建设,让核电发展有利于全体人民。③认真加强核电安全管理,确保核电安全运行。④核电建设布局要做到科学合理、公平公正,要根据核电建设的条件,统筹兼顾,正确处理好东部地区与中西部地区核电发展的关系、发达地区与欠发达地区核电发展的关系,以促进核电布局合理,协调发展。尤其要重视中西部欠发达地区的核电建设,保证欠发达地区的群众能更多地享受核电发展的成果。核电发展是解决人类所面临能源和环境危机的现实选择。核电发展应遵循可持续发展、生态、公正的原则,满足人类发展的需要,保护生态环境,保障各国发展核电的基本权利,防止核扩散,真正实现人类文明的可持续发展。

9.4 核工程与公众知情权

随着我国核电事业进入快速发展的重要阶段,社会公众对核电安全的关注需求越来越大。遵循公开透明原则,加大核电科普宣传的力度,减少公众对核安全的疑虑,营造有利于核电事业健康稳步发展的良好氛围,是我国核电发展亟须做好的一项工作。

---

① 喻雪红.核电发展的伦理原则[J].广西社会科学,2008(10):47-50.

9.4.1 核工程风险及公众认知

1. 什么是风险

一般来说,风险包括 3 个要素:一是可能发生的故障或失效,即风险的始发事件或诱因;二是始发事件发生的概率;三是该事件发生可能导致的后果。综合上述三个要素,才能对风险作出全面的理解和评价。风险用数学的形式可表述为:风险=事故(事件)后果×事故(事件)的发生概率。在真实的世界里,并不存在绝对安全的系统或设备,追求零风险是不切实际和无法达到的,人们所能做的只是如何合理地降低风险。

2. 核电的风险

核电行业以堆芯损坏频率以及放射性物质大规模向环境释放的概率来表示核电的风险。我国法规要求,堆芯损坏概率小于 10^{-5},而放射性物质大规模向环境释放概率小于 10^{-6}。显然,这种风险的表达是专家所认为的风险。公众对核电风险的认知与专家相比,无论在认知方法,还是在认知手段及结果上都有很大的差别。公众对风险的认知更为感性和情绪化,严重地依赖于自身知识、价值观、个人经历和心理等因素。专家和公众对风险的认知不同,就好比两个说着不同语言的人。因此,在向公众解释单纯的技术风险时,常常会出现"专家清楚、公众糊涂"的局面。

3. 公众对核电风险的认知

风险沟通是一项就人们关心的健康、安全、保安或环境话题所进行的语言或文字交流的互动过程,它起源于 20 世纪 70 年代后期美国核工业与化学工业界为缓解日益高涨的民众关注的举措。风险沟通旨在通过影响人们对风险的认知来影响其行为,本质上是一种通过沟通对公众心理产生影响的过程。公众对核电风险认知过程是一个动态、复杂和闭合的系统,为保持系统的平衡和稳定,系统必须要产生持续的负反馈效应。公众宣传的作用实际是减小核电风险的传递,有计划、有成效的宣传活动可以使公众建立理性和科学的核电风险观,平衡地看待核电带来的利益和存在的风险[①]。

9.4.2 公众在核工程中的权利和责任

日本福岛核泄漏事故可能产生的辐射危害,在日本民众中引发了核恐慌,并且在各邻国及全球范围内蔓延开来。作为日本的邻国,恐慌的蔓延导致了我国民众大规模的抢购碘盐事件。德国、法国为代表的欧洲有核国家的部分民众,也要求政府关闭境内核设施,停止发展核电工业;核电工程最为发达的美国,也有部分议员要求政府放缓发展核电的进程,慎重对待核电。可见,民众对核能利用知识的匮乏以及对核辐射认识的空白,导致了核泄漏事故一出现便产生核恐慌。

---

① 杨波.公众核电风险的认知过程及对公众核电宣传的启示[J].核安全,2013(1):55-59.

在发展核电过程中,由于核电技术自身的尖端性、工程的复杂性等,往往忽视了公众在核电工程建设中的权利和责任问题。实际上,公众作为核电工程最重要的利益相关者,根据知情同意原则,应享有一定的权利并且承担相应的责任。公众在核电工程中的权利主要表现在:①对于核电工程的相关信息,尤其是安全信息,公众应该享有全部的知情权,政府与核电企业要对公众保持"诚实",并充分保证信息透明;②在核电工程决策中,公众应该享有平等参与、讨论及表决的权利。核电站周边的居民对核电站的审批、建设、运营等各个阶段,除涉及国家安全的信息之外,都应有知情权和参与权。公众参与及核安全信息公开,是衡量核安全文化成熟的一个主要标志。公众在享有核电站提供的能源便利的同时,也应该承担相应的责任。这种责任重点表现在,一旦发生核电工程事故,公众要做好承担不良后果所造成的健康和环境影响的责任。核安全文化和信息的披露,要求核安全监管部门与核电企业之间及时、透明地进行信息沟通,这可以使核安全监管机构和核电运营企业更加注重核电安全。若双方信息沟通不畅,便会延误事件处理的最佳时期,也容易引起公众的恐慌和引发极端行为。因而,应该建立相关的制度和措施,鼓励实现核电企业与监管机构之间保持信息透明化和对称性。

9.4.3 影响核事故信息公开的主要因素

信息公开包括危害公开和利益公开,公开的内容必须全面、真实、具体,公开的信息必须充分、及时。各级政府及其相关部门要严格执行国家有关"信息公开"方面的政策规定,认真遵守"公开透明"原则,必须要向社会全面公示。影响核事故信息公开的主要因素包括以下几个方面。

1. 政治因素

从一定意义上说,核工程和核技术应用不仅涉及技术层面,而且涉及政治层面,这是科学技术政治化的一个典型例子。从核不扩散条约到某些成员国退出条约而从事核技术实验与开发,其真实目的是为国家的政治利益服务。切尔诺贝利核电站发生爆炸后的很短时间内,放射性物质就扩散到了波兰、北欧及德国的上空,而苏联一直没有向国际社会通报在乌克兰究竟发生了什么,这种故意掩盖核事故真相的做法受到了国际社会的广泛谴责和尖锐批评。

2. 经济因素

核工程主要分布在发达国家,这从一个侧面反映出核能技术开发与应用需要技术实力与经济实力,另一方面也反映出核能可以促进发达国家的经济发展。核能的应用,还会带动许多其他相关产业。未公开核事故,或隐瞒、降低核事故的等级,主要是为了维护核电企业自身的利益,如减小赔偿、维护自身形象等。

3. 社会因素

自核技术诞生起,其应用就存在争议。美国三里岛核电站事故和苏联切尔诺贝利核电站事故,引起了人们内心深处的巨大恐惧,导致公众对于发展核电的支持度大幅下滑。这使得政府担心,一旦将核事故真相公之于众,就可能引起社会骚乱。福岛核事故发生后,尽管日本经济产业省和东电公司都竭尽全力确保福岛核电站的安全,但是,看到核反应堆接连发生爆炸的电视画面,再加之有传言称核电站中的工作人员已经暴露于强核辐射之下,导致民众产生了恐慌心理。这反映出对公众的核辐射知识宣传与防护普及不到位。

9.4.4 提高核工程信息透明度

核电与生态环境和人类健康密切相关。核工程应当遵循信息诚实与透明原则,即应该及时、真实而全面地公开核工程的所有信息,使真实的信息透明化,而不应该隐匿、编造、篡改相关信息。政府、监管机构、公司和管理单位,在意识理念、行为准则、机构设置、人员培养、制度建设中,要加强公众在核方面的知识普及和教育,实事求是,不片面夸大或缩小安全因素。尤其是在紧急核事故的应对中,要及时、准确、透明地公布事故进展情况,防止发生恶性的集体溃逃事件。首先,信息公开是实现核伦理对核开发利用主体发挥作用的前提。信息的真实和透明有利于社会舆论的监督,从正面激励行为主体选择道德行为,从反面督促行为主体放弃不道德企图,从而防范不道德行为的产生。其次,信息公开是主体作出正确行为选择的前提条件之一。无知往往是造成错误行为的原因,正确的行为选择以信息的全面掌握和正确判断为基础。及时、真实、准确、全面地公开相关信息,有利于行为主体作出准确的分析判断,从而采取恰当的措施。再次,信息公开是保障核安全发展的重要原则。一方面,信息公开有利于公众知晓核设施及相关装置的危险性,进而提高警惕,自觉维护核安全,防范核伤害;另一方面,信息公开有利于取得公众对核开发利用的理解与支持。最后,信息公开也有利于保护公众的知情同意权及相关权益的实现。

9.4.5 加强核工程宣传教育

加强核工程宣传与教育,首要的是需强化核工程伦理道德内化机制。核工程的道德原则和具体道德规范,只有转化为人们的道德信念才能真正发挥指引其行为的道德功能;只有真正实现核开发利用道德要求的内在化,使工程共同体从内心深处认同核工程伦理原则、道德规范,才能真正杜绝核工程违背道德的现象发生。这就要求加强核工程伦理的研究,完善核工程伦理学理论体系及其道德原则和规范,积极向核工程共同体宣传并加强相关道德教育,使之明晓核工程伦理的道德要求、原则、规范及其重要性和科学性,提高其道德素养。

其次,建立核工程信息公开机制,确保社会舆论监督的实现。在不影响安全和不违反知识产权保护以及核不扩散条约的前提下,核工程的相关知识和信息应尽量公开透明,并应建立相关的信息公开机制。法国向公众广泛宣传和介绍核知识的实践证明,知识和信息的公开透明传播,不仅不会阻碍核工程建设,反而有利于取得公众的支持,确保核工程的安全与发展。此外,定期、及时通报信息并接受检查和监督,也是国际原子能机构确定的核和平利用原则。可见,信息的公开透明便于核工程伦理讨论,在讨论中去伪存真,有利于促进核工程伦理原则和道德规范的科学化、合理化,更有利于提高社会公众的核伦理认知水平及道德判断能力,从而增进核工程道德的内在化,增强外在道德舆论的"他律"力量。

再次,加强科普宣传教育,消除公众恐核心理。在世界能源紧张的宏观条件下,发展核电乃大势所趋,而核恐惧则是阻碍核电的主要因素。良好的公众沟通是战胜核恐惧的最有力的法宝①。

第四,提高核电信息公开,需要努力做到:①充分进行科普宣传教育。要使公众接受核电,就需要使公众确信,核安全是有保障的,核废物处理是值得信任的。②正确进行舆论引导,防止为了迎合新闻效应对核电应用负面情况的夸大其词。舆论引导的作用是要让公众感觉到自己没有被抛弃,是参与了决策,甚至是"亲自"作出了决策。③给民众更多的知情权和参与权。决策应该具有广泛的民主性和公意代表性,使利益相关群体中的普通民众真正地拥有知情权、选择权、参与决策权和受益权,通过合理、有效地参与机制的建立,"共享资源,共享决策",实现不确定性的消除和转化。

9.5 核工程与安全

安全是对风险的认知和防范,核电行业对风险和安全的认识有一个发展的过程。在核电发展的初期,核电安全致力于技术的可靠性。进入20世纪80年代,提出人为失误、人的局限性理念,关注行为科学。90年代,提出安全文化的理念。进入21世纪,进一步涉及组织行为学,关注到管理者及其安全管理,从团队和组织的层面思考,融合所有的安全措施。对核安全的认识,每一阶段表现的侧重点不同,但由此引入的安全对策不是对立、相互替代,而是互动、互补,不断加深和完善的。日本福岛核事故后,核电和核安全再次成为全球关注的焦点。核安全既是技术问题,又是管理问题,更是文化问题。1986年,国际原子能机构(IAEA)国际核安全咨询组(INSAG)提交的《关于切尔诺贝利核电厂事故后评审会议的总结报告》中,首次提出了"安全文化"的概念。我国从20世纪90年代初引进核安全文化的理念,在核工业界和其他工业领域引起了广泛重视。核安全文化理念对核安全监管也产生了很大影响,为我国核安全监管事业注入了新思想、新活力②。

9.5.1 核安全伦理

核工程安全不仅是技术问题和管理问题,而且是责任问题和人性问题,因而核安全也是一个伦理道德问题。安全伦理以尊重每一个生命个体为最高伦理原则,以实现社会和公众的健康安全、和谐有序的发展为宗旨。保证核工程参与各方的安全并避免风险,是核电工程建设及其设施运行的重要伦理原则。保障安全与避免风险就是为了尊重生命的价值,这也是核安全伦理的核心。尊重生命价值主要指维护作为生命主体的人自身的生存要求与生存权利。尊重生命价值,意味着始终将保护人的生命摆在一切价值的首位,这就要求一方面应积极创新核技术、开发更多的物质资源,提高人类福祉;另一方面,应积极防止可能的工程伤害,不进行可能破坏人类健康和生态环境的工程,并充分保障和提高工程的安全性和劳动的保护措施。在核工程这样关系到人类能源安全和国计民生的重大工程中,更应做到安全

---

① 冯昊青.核和平利用的伦理审视[J].自然辩证法研究,2008,26(57):91-96.
② 柴建设.核安全文化理论与实践[M].北京:化学工业出版社,2012.

至上，并在技术管理中尽最大可能避免风险，不断实现更高水平的安全[①]。核电发展需要牢固树立"以人为本"的伦理原则，坚持"安全第一"的生产理念，加强道德责任意识培养，将安全生产的伦理原则、伦理要求内化为人们的道德自律，外化于人们的生产实践之中。基于这种安全伦理要求，核电的建设必须加强核电企业的文化建设，健全和完善安全法律体系和核应急体系，增强核电企业工程技术人员的安全意识和道德素养，建立核电安全生产的伦理架构。

9.5.2 核安全基本原则

核安全基本原则涉及管理责任、纵深防御及若干基本技术原则。

1. 管理责任

核设施的运用单位，应当对核设施的安全负有全面和最终责任，这绝不因有设计方、供货方、合同方和监管方的存在而减轻其责任。政府为加强对核设施安全的监管，必须建立独立于核工业发展的核安全监管当局。

2. 纵深防御

纵深防御是实现核安全的一项基本原则。纵深防御原则要贯彻于安全有关的全部活动，包括与组织、人员行为或设计有关的单位，以保证这些活动均置于重叠措施的防御之下，即使有一种故障发生，它将由适当的措施探测、补偿或纠正。

纵深防御的目标是：①补偿或纠正设备故障或人因失误；②维持屏蔽本身的有效性并防止故障的传播；③在屏蔽本身的有效性不能完全保持时，保护从业人员、公众和环境不致受到辐射伤害。

其策略包括：①预防事故发生；②在事故一旦发生时，限制其后果，并防止它向更严重的方向发展。纵深防御原则要求在设计中设置一系列实体屏障，以包容规定区域的放射性物质。所需要的实体屏蔽的数目，取决于可能的内部及外部危害和故障的可能后果。例如，典型的水冷反应堆核电厂的屏蔽可能包括燃料基体、燃料包壳、反应堆冷却系统压力边界和安全壳。

纵深防御在设计中的基本实施方法有：①预防。防止偏离正常运行及防止系统失效。②检测。检测和纠正偏离正常运行状态，以防止预计运行事件升级为事故工况。③保护。设置应对设计基准事故的专门安全设施和应急操作规程，将核设施引导到可控状态。④包容。设置应对严重事故的事故管理导则，尽可能将放射性物质包容在核设施内部。⑤应急。制订应急响应计划，减轻放射性物质释放造成的后果。

3. 基本技术原则

核安全的基本技术原则主要包括：安全分级，设备鉴定，系统和部件的可靠性设计，火灾和爆炸，其他内部危害，外部事件，运行限值和条件，设计基准事故，严重事故，采用经验验

---

① 肖姝.核电工程的伦理思考[D].湘潭：湘潭大学，2012.

证的工程实践,应用经验反馈和安全研究成果,安全评价及其独立验证,老化,人因考虑和人机接口,辐射防护。

9.5.3 核安全文化体系

核安全文化的主旨是强调人的因素在保证核安全上的主导和核心作用,即,人因是核安全文化关注的核心,人因控制是核安全文化的中心,避免人因错误或失误是安全文化的目的。按照"人-机-环境"系统工程学理论,对"人-机-环境"系统的安全性研究,应分别研究系统中人的安全可靠性、机械设备的安全性、作业环境对安全的影响等因素。其中,人因是影响核安全的核心因素,是核安全文化关注和着力的核心。因此,安全文化的核心是人的安全知识、安全技能和安全意识。传统观念认为,事故与灾害应靠技术对策加以控制,但实践证明,软对策往往比硬技术更为有效,安全文化正是对这种实践经验的哲学总结。安全文化的形成需要全体成员的共同努力。政策层、管理层和员工个人三个层面的承诺,它们共同构成安全文化体系。切尔诺贝利核事故后,国际原子能机构经过调查分析总结认为,事故的核心要素是人为失误及整个管理体系所致,根本原因不在于硬件系统上,而在于以人为中心的操作体系上。20世纪核安全事故的突出特征是人因事故率日趋上升。在核工程实践中,工作系统是一个大规模、复杂的人-机系统,其安全性依赖于系统设备(硬件和软件)、环境和人员三方可靠性及其协同的可靠性。随着科技的进步,设备可靠性不断提高,运行环境也得到了极大改善。而对于人,由于其生理、心理、价值观、精神状态等特性,则表现出极大的可塑性、难预测性以及难控制性。因而,由人因错误或失误直接或间接导致的事故发生率,相对于设备事故率的下降而日趋上升。

9.5.4 核安全文化建设

1. 核安全文化的内涵

对核安全文化的内涵理解,可有六个方面的维度。

第一,安全文化不是通俗意义上的"文化",而是存在于单位和个人中的种种特性和态度的总和,它建立一种超出一切之上的观念,即安全问题要得到应有的重视。第二,安全文化既是态度问题,又是体制问题;既和单位有关,又和个人有关,同时还涉及在处理安全问题时应该具有的正确态度和应该采取的正确行动。第三,安全文化实质上是一种手段,它能使所有单位和个人都对安全密切关注;它强调人的因素在保证安全上的主导作用,并以此促进外界条件改善,从而提高整体安全文化水准。第四,培育良好的安全文化,特别需要企业高层重视,制订安全政策,全体员工积极响应,通力合作,持之以恒。第五,建设安全文化符合成本-效益原则。安全文化有利于早期发现事故隐患,并消除之,从而减少事故,降低运行和维护成本。第六,安全文化建设不能停留在形式上,而要融汇贯穿于企业的一切活动之中。

2. 核安全文化建设的内容

推行核安全文化,必须凝练全体员工共同的核心价值观,大力加强企业文化建设,包括精神文化建设、制度文化建设和物质文化建设。首先,加强精神文化建设,积极推进核安全文化建设,增强核电员工团队凝聚力,提高安全意识,形成"核安全是核工业的生命线,核安全文化是核电企业的灵魂"的安全理念。核电文化建设要遵循"观念变则态度变,态度变则行为变,行为变则习惯变,习惯变则文化变"的基本原则,以建设责任企业和责任员工为目的,通过负责的精神文化培育,使公司的每个员工逐步形成以安全为精神追求、以责任为工作动力的文化氛围。其次,进一步充实和完善管理制度,完善制度体系,使其更具有操作性;健全程序执行的监督和反馈体系,加强系统各单位之间的合作和经验共享,做到凡事有人负责,凡事有章可循,凡事有人监督,凡事有据可查。企业的制度和程序要切实落实到生产、管理、经营的实践中,这样才能够体现制度的意义和价值。最后,大力加强物质文化建设。物质文化是人类在发展过程中共同创造出来的社会性产物。它是一定的社会时代产物,是一个连续不断的积累过程。大力加强物质文化建设,就是要根据自己的经验和需要对传统文化加以改造,并且在传统文化中注入新的内容。物质文化建设的成果必须为一个社会或群体的全体成员共同接受和遵循。核安全文化建设是一项艰巨而复杂的系统工程,它需要各级组织和人员的关注、支持和参与,必须联系企业实际,找准切入点,并落到实处,才能使核电企业真正发挥其企业文化的独特魅力。

9.5.5 核安全目标

1. 总的安全目标

总的核安全目标是建立并保持对放射性危害的有效防御,以保护人员、社会和环境免受危害。它由辐射防护目标和技术安全目标所支持,这两个目标互相补充、相辅相成,技术措施与管理性和程序性措施一起,保证对电离辐射危害的防御。

2. 辐射防护目标

辐射防护目标是保证在所有运行状态下,辐射照射或由于任何计划排放的放射性物质引起的辐射照射低于规定限值并尽量低,保证减轻任何事故的放射性后果。

3. 技术安全目标

技术安全目标是采取一切合理可行的措施防止事故的发生,并且在发生事故时减轻其后果。对于在设计时考虑到的所有可能事故,包括概率很低的事故,要以高可信度保证任何放射性后果尽可能小并且低于规定限值,保证可能导致严重放射性后果的事故发生的概率极低。

9.6 核工程与生态环境

与人类的其他生产、生活活动一样,核能和核技术的开发利用也会产生废物,这就是核废物,也称放射性废物。放射性废物指含有放射性物质或被放射性物质所污染,其活度或活度浓度大于规定的清洁解控水平,并且所引起的照射未被排除的废弃物。放射性废物具有如下基本特征：①含有一定量放射性核素,其活度或活度浓度大于规定的清洁解控水平；②具有辐射危害性；③是一种废弃物。所有操作、生产和使用放射性废物的活动,如核燃料循环设施、核电站、核技术利用单位、核武器研发和试验场、核设施退役以及核科学技术研究活动,都会产生放射性废物。从辐射防护角度看,放射性废物是重要的电离辐射源和环境污染源。放射性废物可能造成的危害主要包括：①职业照射；②公众照射；③持续照射；④急性照射；⑤潜在照射。

9.6.1 核电与煤电环境影响的比较

煤电与核电的环境和健康风险影响,应该从全燃料链角度进行比较。煤电燃料链包括煤炭开采、洗煤、运输、发电和煤灰综合利用等环节,它的环境影响主要考虑在燃料链各个环节中由于占地、排放"三废"、机械设备的运行等对土地利用的影响、对水与大气环境的污染等。核电燃料链包括铀开采、水冶、富集、燃料元件制造、反应堆发电、乏燃料后处理和废物处理与处置等环节,其环境影响主要考虑燃料链各个环节由于占地、排放放射性及非放射性污染物对土地利用的影响以及对环境造成的污染。我国煤电燃料链与核电燃料链的综合影响比较参看表 9-1[①]。

表 9-1 我国煤电燃料链和核电燃料链影响综合比较

影响	途径	煤电	核电	煤电/核电比值
对公众健康的影响	辐射照射/(人·Sv/(GW·a))	364.37	7.12	51
	非辐射危害/(人/(GW·a))	12	0.67	18
对工作人员健康的影响	辐射照射/(人·Sv/(GW·a))	35.64	8.91	5
	尘肺/(例/(GW·a))	21.6	4.4	5
	急性照射死亡/(人/(GW·a))	35	0.6	60
对环境的影响	流出物	明显	不可察觉	—
	固体废物占地面积/(m²/(GW·a))	2.1×10^4	1×10^4	2
	地面塌陷/(m²/(GW·a))	1×10^6	1.6×10^2	6.3×10^3
对气候的影响	温室气体排放因子/(g 等效 CO_2/(kW·h))	1.3×10^3	13.7	95

煤是一种古老的燃料,人们对煤的利用习以为常。实际上,煤中均含有天然放射性元素和其他有害元素。与煤电燃料比较,核电燃料链对公众健康的影响要小 1~2 个数量级；对工作人员的健康危害约小 1 个数量级。仅从辐射危害看,燃煤电厂对公众产生的归一化集体有效剂量也比核电厂高几十倍。综上,从全燃料链的角度比较煤电与核电的环境影响和健康风险,可知煤电燃料链的环境影响和健康风险明显更大。

9.6.2 核废物安全管理原则

目前,我国的放射性废物比任何工业废物都受到更为严格的管理和控制。放射性废物

---

① 潘自强.核能发展与事故应急[J].辐射防护,2007,27(1):1-5.

管理是核设施运行的基本保证内容之一。放射性废物管理是指与放射性废物的产生、预处理、处理、整备、储存、运输、处置和退役等相关的各种行政与技术活动。放射性废物管理不仅是行政工作,而且包括各种技术活动,管理应该是从控制废物产生到实现最终处置,并且包含核设施退役的全过程。放射性废物管理目标是以优化方式进行处理和处置,使当代和后代人的健康与生态环境免受不可接受的危害,保障核工业可持续发展。放射性废物管理主要遵循以下四个原则[①]:①确保放射性废物对人类健康和生态环境的影响降低到可接受水平。②确保放射性废物对后代预期的健康影响不大于当今可接受的水平,并且不给后代造成不适当的负担。③放射性废物管理必须在适当的国家法律框架内进行;控制放射性废物的产生,使放射性废物的产生量最少化;放射性废物管理必须考虑废物产生和管理各阶段间的相互依存关系。④必须保证放射性废物管理设施使用寿期内的安全。按照国际放射性废物管理基本原则和辐射防护原则以及国家环境保护和辐射防护的法律和法规,安全、经济、科学、合理地管理好废物,是核废物管理者的责任。我国核废物管理方针为:减少产生、分类收集、净化浓缩、减容固化、严格包装、安全运输、就地暂存、集中处置、控制排放、加强监测。

9.6.3 核废物安全处理处置

1. 放射性废气处理

放射性废气的净化方法包括过滤、吸附、洗涤、滞留衰变等。净化后的气体经过监测达到允许水平后可以排放,排放口需进行连续监测,确保排放的安全。对于普通放射性实验室的排风,一般用高效空气过滤器就可满足要求。

2. 放射性废液处理

放射性废液所含的放射性核素的种类、数量、化学和物理形态、含盐量、酸碱度、活度可能差别很大,需要分类收集、分类处理,处理方法和成本也不同。主要处理方法包括吸附、絮凝沉淀、蒸发、离子交换、电渗析、反渗透、衰变储存等。经过净化处理的废液,达到要求后可以排放,排入江湖海洋,或返回工艺过程再循环。高放废液和有机废液有特殊的处理要求。一般放射性实验室的废水较容易处理到排放水平。

3. 放射性固废处理

放射性固体废物的处理,应把可燃性与不可燃性、可压缩性与不可压缩性废物分开来,实行焚烧或压实减容。焚烧炉尾气净化要求高,焚烧灰要进行固化处理。焚烧炉的建设和运行投资比较高。压实操作简单,投资少,应用比较普遍。

4. 放射性废物固化

放射性废液处理过程中所产生的泥浆、蒸发残渣、废吸附剂和废离子交换树脂等,需要

---

① 夏益华.电离辐射防护基础与实践[M].北京:中国原子能出版社,2011:364.

进行固化处理。固化的方法有水泥固化、沥青固化、塑料固化、玻璃固化、陶瓷固化等,目前应用最多的是水泥固化。放射性废物经过上面的处理和整备,有的达到国家审管部门规定的清洁解控水平,从而可以再循环/再利用;有的可以实行排放;有的则需要进行最终处置。

5. 低中放废物处置

对于短寿命、低中放废物的处置,主要有工程近地表处置场、简单近地表处置场、洞穴处置库和废矿井处置库,其中以工程近地表处置场最普遍、最成熟。应该说,短寿命、低中放废物的安全处置在技术上已得到解决。

6. 乏燃料后处理

核电厂在运行过程中产生的乏燃料元件,必须进行妥善处理。乏燃料在后处理前,储存期限为 0.5~7a。经冷却后,运输到后处理厂,通常需要进行以下处理:①后处理准备,将核燃料与结构部件分离,破坏燃料包壳;②以硝酸处理核燃料,使其转入溶液状态;③水-溶剂萃取处理,提取可裂变核素 U 和 Pu 同位素;④用化学方法将低放核素和高放核素分离;高放核素浓集在较小体积的高放废液中,并用化学方法将其分离或固化。

7. 高放废物处置

高放废物的处置有两条可行的技术途径,一是深地质处置;二是分离-嬗变技术。深地质处置是将高放废物埋藏在距地表深 500~1000m 的地下深处,使之永久与人类生存环境隔离,让放射性核素自然衰变,逐渐降低其放射性至环境可接受的水平。通常采用多屏障方法,包括围岩地质屏障、工程屏障和废物储存容器屏障。分离-嬗变技术通过化学分离把高放废物中的超铀元素和长寿命裂变产物分离出来,制成燃料元件或靶件,送到反应堆或加速器中,通过核反应使之嬗变成短寿命核素或者稳定核素。分离-嬗变技术可降低高放废物的毒性和长期危害作用,减少需要深地质处置的废物的体积,节省处置费用,减少公众对高放废物的担忧。

9.6.4 核电站的环境影响

1. 放射性污染问题

(1) 放射性核素释放。核电厂堆芯裂变反应释放能量的过程,也是放射性释放的过程。燃料包壳中可能泄漏的放射性核素:UO_2 在堆芯内吸收中子发生裂变反应,其裂变产物中有部分是以气体形态存在,如 ^{87}Kr(氪)、^{131}I(碘)、^{135}Xe(氙)及 ^{222}Rn(氡)等,另有碱金属元素(如 Cs)等。冷却剂(慢化剂)中可能泄漏的放射性核素:N-16(半衰期为 7s),O-19(半衰期为 27s),H-3(半衰期为 12.3a)和 Co-60(半衰期为 5.3a)。

(2) 纵深防御的多重屏障。根据纵深防御的设计原则,核电厂在放射性产物与人所处的环境之间设置了多道屏障,力求最大限度地包容放射性物质,尽可能减少放射性物质向周围环境的释放。第一道屏障:二氧化铀陶瓷芯块。裂变产物有固态的也有气态的,它们中的绝大部分都被容纳在二氧化铀燃料芯块内。第二道屏障:燃料元件包壳。气态的裂变产物能部分地扩散出芯块,进入芯块和包壳之间的间隙内。第三道屏障:一回路压力边界。包壳一旦破损,裂变产物就将穿过包壳进入一回路冷却剂中。一回路压力边界将放射性产物包容在一回路冷却剂内。第四道屏障:安全壳。安全壳即包容一回路的主厂房。它将反应堆、冷却剂系统的主要设备和主管道包容在内,阻止放射性产物向环境的释放。安全壳构成了反应堆与环境之间的最后一道屏障。在正常情况下,由于核电站采用多重屏障保护,对环境的放射性污染很轻微。即使生活在核电站周围的居民,从核电站排放的放射性核素中接受的辐射剂量一般也不超过本底辐射剂量的1%。

2. 热污染问题

核电站的热污染问题是现实中往往容易被忽略的环境问题。核电站实际热效率约1/3,也就是说,剩余2/3的热量被排到环境水体中。排放口温度升高必然对环境产生影响,主要包括以下方面:

(1) 对水体理化性质的影响,如降低水体中溶解氧浓度,可能使水体变浊,透明度降低,加速受纳水体的富营养化进程。

(2) 对底栖生物的影响,如底栖动物在强增温区消失。

(3) 对浮游生物的影响。水温升高将引起蓝藻、绿藻数量增多,硅藻减少,抑制其他饵料生物生长,延长藻类生长期并使菌类活动增强,加重水体富营养作用。核电站的温排水也可能直接作用于海洋浮游动物,对它们的分布和生活习性产生影响。

(4) 对鱼类的影响。温度急变对某些鱼类的繁殖、胚胎发育、鱼苗的成活等均有不同程度的影响。

(5) 对珊瑚的影响。核电站温排水会造成珊瑚白化或者褪色现象,甚至会导致珊瑚停止生长。

3. 内陆核电站对环境的影响

绝大部分内陆核电站都会考虑建造冷却塔,将向环境水体排放的热量转而向大气排放,会产生水雾、荫屏、盐沉积、噪声等环境影响。核电站长期运行,失散的热量和水滴可能对局部小气候产生影响[1]。内陆核电站的环境影响还来自放射性废物的环境影响,主要包括来自放射性流出物排放的环境影响以及被处置废物的环境影响。核废物是一种辐射源和环境污染源。核工业、核电厂和放射性同位素用户必须高度重视核废物,努力使废物最少化;安全处理和处置核废物,确保我国核电站和新建核设施的核废物不会危及工作人员和居民健康,不会污染环境和破坏生态平衡。

9.7 核工程师的伦理责任及培养

工程师是掌握专业知识和技能的专业人员。在普通公众的眼中,作为专业人员的工程师具备很强的分析能力、实践才能、创新意识和创新能力、灵活地更新并应用知识的能力、良

---

[1] 於凡,张永兴,杨东.我国核能发展需要关注的几个重要问题[J].辐射防护,2010,30(5):265-271.

好的沟通能力、商务与管理技能、领导才能以及终身学习能力,这些特点决定了他们在公司环境里遇到的伦理道德问题不同于普通人员,必须具备较高的伦理道德标准与职业素养去应对伦理困境,作出道德抉择。

9.7.1 在核工程决策中的伦理责任

工程师在工程决策阶段的伦理责任,是工程师伦理责任的核心问题。由于核工程技术发展在经济发展中的作用越来越大,作为工程活动组织者与管理者的工程师,在核工程活动中肩负着对决策过程进行指导和调节,避免或减少有利于一部分人而对另外一些人形成负担或损害的核工程技术的应用。特别是在对于核电这样的重大工程项目的决策、管理活动中,他们必须对公众、社会和自然负责,要求决策的最优化,确保决策的系统性、科学性、实效性,避免主客观原因影响核工程决策,尤其要兼顾眼前利益与长远利益,确保核工程成果造福人民而非危害社会与自然[①]。这一时期的伦理责任是针对核工程中特定的伦理问题,依据相应的伦理准则和道德规范进行分析、推导而得出不同备选方案,并从中选出最优方案,以求解决面临的伦理问题的过程[②]。对于核电工程来说,工程师相信并依靠自己优秀的专业知识进行决策。需要注意的是,核电工程的决策过程并不是简单的技术性决策,工程师只能担负一部分责任,但不能主导一切。并且,工程师们有责任和义务使公众了解他们希望了解和应当了解的信息,在不影响国家能源安全情况下,尽可能全面公开核电工程的细节,使民众具有自主决定权。在核工程决策中,工程师如何承担其伦理责任,应从以下两个方面来考虑:第一,对核工程项目进行伦理道德和社会价值上的评估要避免核能成果对正常社会秩序产生不利影响。对某个核工程项目,在实际实施之前就要对其社会应用前景作出初步预测,拒绝实施那些对社会有弊无利或者弊大于利的核工程项目。在评定核工程计划时,对那些可能会导致有害的结果,如危害人类身体健康发展、破坏生态环境,要进行价值评估。工程师在价值取向上保持中立是不可能的。第二,在核工程被获准进行之前,需非常谨慎地研制核能产品。对工程师来说,必须对核能的潜在危险加以警惕,既不能太危险,也不能在出现问题时胆怯地停下研究工作。工程师在核工程决策时,应该尽可能客观、公正、负责任地向大众揭示当代和平利用核能的潜在风险,并且自觉地应用伦理价值规范及伦理精神制约其研究与应用活动。对工程师来说,一切严重危害当代人和后代人的公共福利,有损环境可持续的研究、应用、经营活动都是不道德的,也不是真正意义上的核工程技术成果。对可能损害大多数人民利益的危及社会基本伦理规范的研究项目,应该放弃、暂缓或封存。当某个核工程项目将严重损害相关个人与公众利益的时候,工程师们有义务向有关人群乃至全社会发出警示。

9.7.2 在核工程实施中的伦理责任

核工程本身是一种人为的活动,核工程师工作在工程第一线,与工程技术的产生和发展有密切关系,因而工程师的道德素质就显得尤为重要。一个工程师在核工程活动面前作出

---

① 张兰兰.工程师对和平利用核能的伦理责任[D].沈阳:东北大学,2008.
② 肖平.工程伦理导论[M].北京:北京大学出版社,2009:158.

何种选择,取决于他的道德标准。应以服务全人类作为工程师在核工程活动中职业道德的最高宗旨,作为他们从事核工程活动的出发点和落脚点。核工程师在工程实施中的伦理责任,主要表现在以下方面:

(1) 核工程是一项艰巨而又复杂的任务,它的目的是造福人类,这就要求工程师必须努力提高自身的身体素质、文化素质和思想素质。由于核工程的庞大、复杂性,核工程师一定要明确自己的工作责任、工作范围,担当起在核工程实施过程中的责任,引导核能朝着造福于人类方向发展。

(2) 在核工程实施前应该对该工程进行评估,对其社会应用全景进行全面预测。然而,有的核工程能够在事前进行评估,有的却具有不可预测性,它的弊端有可能在实施过程中逐步展现出来,也有可能在实际应用中才能发现。因此,在工程实施过程中,工程师如果发现该核工程项目可能给社会带来危害时,应考虑如何将其危害减少到最小,一旦发现其危害远远大于给人类所带来的利益时,一定要想尽办法阻止该核工程项目的继续实施,在无法预测其后果时,切勿操之过急。

(3) 在核工程实施过程中,工程师的一切行为都应该从保护生态环境、保护人类健康、实现可持续性发展出发。任何核工程的实施,都应建立在保护生态环境的基础之上。在核工程实施的过程中,不能为了实现短期的效果或追求个人利益而不顾损害整个人类的利益、破坏生态平衡。工程师在核工程实施的过程中,要对我们的后代负责任,对实现人类可持续发展负责任。

(4) 核电工程师在行使职责的过程中,应该严格按照核电工程流程完成工作,不可私自修改或省略必要的流程。在工作中积极发现自己所承担的工作流程中的漏洞、缺陷,并能及时主动地向上级部门报告。

(5) 核电工程师应该具有良好的"技术转移"能力。技术的转移是将一定的技术转移到一个新的环境中,并加以合理运用的过程。从核工程立项、设计、施工、监理和验收等各个环节中,都存在着工程师的伦理责任。对于核工程,工程师有责任去思考、预测、评估他们所实施的核工程的可能带来的社会后果。由于核工程发展具有后果不可预测性等特点,这就要求从事核工程的工程师,不仅要有专业的技术,更要有高度的责任感,利用自己的知识尽可能地对核工程可能出现的长远后果作出全方位的预测,以尽可能减少甚至消除未来发展中"一旦"可能出现的"危险"因素,而不仅仅是被动地接受现有法律和道德的"指令"。如果不在实施阶段加以控制,潜在的风险将变成社会风险[①]。工程师只有严格把好每一个关口,才能保证每一个环节符合伦理道德,符合人类的整体利益和长远利益。

9.7.3 在核工程应用中的伦理责任

核工程技术成果最初的承诺与社会实际之间可能会出现偏离,如果由善的预设衍生出了恶的结果,势必会引起大量的伦理问题。此外,使用核工程技术的结果,又会反作用于已有的伦理准则。通常情况下,价值主体的素养、意图、目标和道德水准,制约着对核工程技术的开发和使用。然而,核工程技术成果广泛的社会化应用,也潜移默化地影响人们的价值观

---

① 苏俊斌,曹南燕.中国工程师伦理意识的变迁[J].自然辩证法通讯,2008,30(6):14-19.

念,颠覆原有的道德规范,对社会精神状态形成强烈冲击。在某项核工程实施完成后,工程师如何来承担其伦理责任,应从以下三个方面来考虑。首先,某项核工程实施完成后,在交付应用部门之前要进行广泛的论证,对于应用中可能出现的各种效应,特别是负效应,要作出尽可能全面的预测,努力做到未雨绸缪,防患于未然。对于应用前景尚不明朗的核工程项目,应建议适当延期应用。其次,某项核工程实施完成后,并不意味着工程师的伦理责任到此结束,应明确指出该项核工程的应用可能会带来哪些问题,对于那些想将其成果应用于不当方面的想法,应竭尽全力加以制止。最后,如果核工程项目在应用中出现了问题,应建议立即停止使用,以免造成更大损失。当然,一个核工程项目一旦付诸实施,其以后的发展并非工程师的能力所能左右,但这不能成为工程师推卸自己责任的理由,他们可以利用自己在社会公众中的威望以及对政界的影响发出呼吁,形成一种社会舆论的压力,使人们在应用核能成果时不至于肆无忌惮。核工程活动始终是主体对客体的活动。工程师在核工程活动中以及核工程技术成果应用于社会的过程中,每一次行为选择都必须符合工程伦理的基本价值准则——确保公众的安全、健康与福祉,促进工程与社会、人、自然的可持续发展。这就要求工程师不应只把自己工作局限于追求真理范围,局限于对核工程技术成果价值负责或只对自己理想负责,而应该是既追求真实性,又追求为人类谋福利。如今,越来越多的工程师已经认识到自己的社会责任与伦理责任,把运用核工程技术成果为人类造福看作工程师应当追求的美德。

9.7.4 对公众安全的伦理责任

安全规范要求工程师尊重、维护或者至少不伤害公众的健康和生命,在进行工程项目论证、设计、施工、管理和维护中,关心人本身,充分考虑产品的安全可靠、对公众无害,保证工程造福于人类。安全规范的道德基础是人道原则或生命价值原则。在伦理学上,尊重人的生命、一切以人为本的生命价值原则具有逻辑上和经验上的优先性,是最基本、最重要的道德原则。因而,防范可能的技术风险,维护社会与公众的安全成为对工程师的底线道德要求。核工业内进行安全管理的主要手段有四种,即法律手段、经济手段、科技手段和文化手段。如何运用文化手段促进安全规范的实现,促进安全规范得以履行,涉及到企业层面和员工层面的价值观和责任感。与工程法规不同,工程伦理的视角更关注工程活动对人的身体、精神与生活质量可能造成的影响与危害,要求工程师具有一种以专业知识为基础的道德敏感性,尤其能够对核工程活动中隐含的危及公共安全、给社会和公众带来生命与健康威胁的伦理问题提出警示。工程师不仅要考虑技术上是否可行、经济上是否合理等问题,更要考虑施工场所是否安全、核工程产品是否存在安全缺陷、是否会给用户和公众造成伤害等问题。工程师的职业道德素养,尤其是以职业良心为信念的专业精神、对公众安全和生态安全的道德敏感性,与核工程质量密切相关。在他们面对业主利益与用户及公众利益相抵触的道德(或价值)冲突的情形下,是否具有首先对用户及公众利益负责的道德勇气,是保障核工程设计是否合理、核工程质量是否合格的一个不可轻视的因素。

9.7.5 对环境的伦理责任

世界范围内环境问题的日益严重以及人们环保意识的不断提高,要求工程师在进行核工程活动时必须遵循可持续发展原则,合理地开发和利用自然,保护和提高环境质量,使自己成为一名"理性的生态人"。"理性"要求工程师应具备与其职业活动相适应的整体思维方法和生态环境知识,能够对一切与环境有关的工程活动作出符合生态学和环境伦理学的评价,并有充分的专业知识、专业智慧以及强烈的道德责任感,制定将生态安全置于首位并兼顾综合效益的工程技术目标和策略。一般来说,工程技术的核心理念是"设计"和"创新",因此,在设计与创新一种新的核能工程时,工程师应以谨慎的态度,采取技术选择的多标准权衡的综合评估方法,研究它对环境的影响以及与环境相协调的状况。这种方法要求确立多维度的衡量指标,通过对某项设计和技术可能带来的各种正负面环境效应进行权衡,尽可能将其中的负面影响变为正面的,或将高代价的负面影响变为低代价的。考虑因素或衡量指标包括:环境伦理意识是否有利于生态系统的稳定,是否增进生态安全、减少环境污染,是否能够使产生的核废物量最小化等。这些问题十分复杂,往往需要多次判断和多学科与多层面的广泛深入的探讨,特别应该充分考虑核工程技术活动的长远后果,要将未来世代的利益与风险承担作为一个重要方面加以考虑。在核工程领域,工程师的环境责任要以尊重和保持生态环境为宗旨,以现代及未来人类继续发展为着眼点,强调工程师在核开发利用中对生态环境保护的自觉和自律,强调人与自然环境的协调发展,强调核开发利用在改造自然、发展社会生产力,不断提高人类物质文化生活水平的同时,更突出强调要尊重和保护环境,不能急功近利,不能造成生态环境灾难,不能以牺牲生态环境为代价取得经济发展。核辐射对生态环境天然的伤害性以及核灾难的巨大毁灭性,决定了工程师在核工程领域的环境责任是所有生态伦理中的重中之重,在核开发利用应有更加强烈的道德责任去关心他人和其他生命。

9.7.6 对政府的伦理责任

工程师不仅要对核工程技术及其应用承担责任,还要对社会政治承担责任。工程师不仅要进行核工程领域的研究,还要关心核能成果的应用。当代和平利用核能对人类的社会的影响越来越大,工程师的作用不仅限于各自的核能专业领域,而且应该在社会政治生活中扮演重要角色。工程师对政府的责任主要表现在以下几个方面:①参与核工程决策的工程师应积极担当起参与核能决策、影响政府行为的责任。在和平利用核能时代,工程师在社会政治中的作用比任何时候都显得更加重要。工程师积极参与核工程决策,可以帮助政府从多方面权衡利弊,使工程决策更合理,规划更科学。②为政府提供咨询政府对核开发利用的决策需要科学技术支持。通过对工程师的咨询,参考工程师的合理建议,政府部门对核工程项目可以有更科学的把握。③阻止政府的不良行为,国家制定核工程规划和核科技政策出现失误时,工程师应该毫不避讳地指出其负面影响以及潜在的危害,以供政府作出选择或调整,尽力避免有悖于人类进步的核工程。

9.7.7 核工程师伦理责任的培养

在技术时代,借助技术的中介,人类的力量空前增长,各种行为由于相互联系耦合而成为社会化的集体行为,其效果在空间上波及整个地球,在时间上可以影响到遥远的未来。所以,行为者、行为以及行为后果,已与以往近距离范围内的所作所为有了本质上的区别,从而将"责任"推到了伦理理论的中心[①]。罗波尔指出了责任所包含的七项基本要素[②],即责任的主体是谁,因为什么、对什么、根据什么、什么时候、向谁负责和怎样负责,以及个人、社会和团体三个不同的层次,并由此形成了一个责任类型的形态矩阵,见表9-2[③]。

表9-2 责任类型的形态矩阵

	(1)	(2)	(3)
(A) 谁负责	个人	团体	社会
(B) 因为什么负责	行为	产品	无为
(C) 对什么负责	可预见的结果	不可预见的结果	遥远和长远结果
(D) 根据什么负责	道德规则	社会价值	国家法律
(E) 向谁负责	良心	他人的审判	法庭
(F) 什么时候负责	前瞻(事先)	此刻	追溯(事后)
(G) 怎样负责	主动	虚拟	被动

从以上分析可以看出,在培养未来核工程师的过程中,须重视培养他们的伦理道德和社会责任感,特别是要把可持续发展观和生态文明思想贯穿到工程教育中,培养学生的全球意识、生态意识和综合考虑问题的意识,以期在未来的工程实践中,能够将科学、技术、经济、社会、生态环境、文化以及伦理道德等多元价值观整合起来,追求人与人、人与工程、人与自然、人与社会的和谐发展。

首先,要培养工程思维能力。工程是由科学、技术和非技术等要素融为一体的完整大系统。培养未来核工程师的工程思维能力,需要整合不断分化的学科,将科学内容、工程技术内容、人文内容加以系统综合,并用集成的思想重构课程体系,促进学科的交叉和融合,为学生提供多学科的综合知识背景,全面提高学生的综合素质和能力。进而,在具体的核工程实践中,对于核工程涉及的多学科知识,如何根据核工程活动的需要,将理论与实践联系起来,对于核工程给社会相关方带来的损益及其表现的显性和隐性形式如何辨析,这在一定程度上是个思维方式问题,需要工程师在核工程活动中运用工程思维,把核工程视为一个整体、一个系统来把握。

其次,要树立和培养伦理责任意识。当前,工程师的伦理责任因责任边界模糊导致责任追究困难。此外,核工程存在投资人或决策者与公众、核工程建设与环境、核工程受益者与受害者、不同的投标人之间的利益冲突。当动机和结果发生错位、局部利益与整体利益发生失衡时,工程师要不要对核工程的后果负责?当工程师自身利益、工程投资人或决策者利益、公众利益发生多边冲突时,工程师应该如何处理?培养工程师的核伦理责任,分析在工程实践中可能碰到的伦理难题和责任冲突,解决工程伦理准则如何适用于具体的现实环境,使工程师的决定和行为符合伦理准则的要求,是核工程师培养的重要环节。

---

① JONAS H. The imperative of responsibility[M]. Chicago:The University of Chicago Press,1984.
② ROPOHL G. Ethik der Technikbewertung[M]. Frankfurt am Main: Suhrkamp, 1996:75.
③ 王国豫,胡比希,刘则渊. 社会技术系统框架下的技术伦理学:论罗波尔的功利主义技术伦理观[J]. 哲学研究,2007(6):78-85.

第三，培养核安全法律意识。最大限度地发挥工程师的核伦理责任，就可最大限度地减少核工程对人类的负面效应。除了加强工程师的工程伦理教育和道德教育，还必须加强有关核安全法律及法规的教育。核能利用的每一个环节都需要有完善的法律体系来保障。从某种意义上说，现代核工程行为的道德约束若不具有强制力和威慑力，就很难达到褒善惩恶的效果，这就必然削弱现实中工程师对核工程道德责任实际承担的积极性和主动性。因此，仅仅依靠工程师的道德自律显然是不够的，还必须依托法律的强制他律。一方面，要通过道德伦理规范约束和限制工程师的行为，使之朝有利于社会和人类健康的方向发展；另一方面，要通过核行业规范的和法律手段来防范和禁止对核工程的非道德和反人类的滥用。只有道德和法律在功能上相互补充、相互依托，才能保证核工程活动有效实施。

本章概要

伦理学在核工程中的作用可分为两个方面：一方面，核工程需要伦理学的支持和肯定，为其解决一系列的价值难题；另一方面，核工程需要伦理道德引导、约束，以保证其安全且向着有利于人类的方向发展。核工程应做到以人为本，遵循社会发展规律，坚持公平公正的伦理原则，既满足人类发展的需求，又保护生态环境，实现人类文明的可持续发展。核工程应当遵循信息诚实与透明原则，及时、真实而全面地公开核工程的所有信息，使真实的信息透明化。核工程安全不仅是技术问题和管理问题，而且是责任问题和人性问题。核电发展需要伦理引导，要牢固树立"以人为本"的伦理原则，坚持"安全第一"的生产理念，加强道德责任意识培养，将安全生产的伦理原则、伦理要求内化为人们的道德自律，外化于人们的生产实践之中。核安全文化强调人的因素在保证核安全上的主导和核心作用，即人因是核安全文化关注的核心，人因控制是核安全文化的中心，避免人因错误或失误是安全文化的目的。工程师在工程决策阶段的伦理责任是工程师伦理责任的核心问题。培养核工程师的伦理责任，分析在工程实践中可能碰到的伦理难题和责任冲突，解决工程伦理准则如何适用于具体的现实环境，使工程师的决定和行为符合伦理准则的要求，是核工程师培养的重要环节。

参考案例

R9-1　切尔诺贝利核事故

R9-2　三里岛核事故

其他参考材料：

 R9-3 核事故分级

 R9-4 压水堆核电站的基本原理

 R9-5 高温气冷堆

 R9-6 高温气冷堆核电站示范工程

思考与讨论

1. 核工程应遵循哪些伦理原则？
2. 核电发展应遵循的生态原则包括哪些内容？
3. 什么是发展核电的公正原则？
4. 核工程师的伦理责任主要包括哪些内容？

参考文献

[1] 姜圣阶,任凤仪. 核燃料后处理工学[M]. 北京：原子能出版社,1995：8.
[2] 李红,方栋,任天山,李允兴. 中国煤电和核电的环境影响与健康风险比较[J]. 城市环境与城市生态,2000,13(3)：40-42.
[3] 苏永杰,姜维国,邵海江,等. 核能利用与环境保护[J]. 能源环境保护,2006,20(4)：16-19.
[4] 李建华,冯昊青. 核伦理学研究的转型与走向[J]. 哲学研究,2008(4)：40-42.
[5] 吴翠丽. 科技伦理与社会风险治理[J]. 广西社会科学,2009(1)：18.
[6] 殷有敢,王伟博."安全为天"的伦理阐释[J]. 理论界,2006(4)：65-66.
[7] 喻雪红. 核电发展的伦理原则[J]. 广西社会科学,2008(10)：47-50.
[8] 杨波. 公众核电风险的认知过程及对公众核电宣传的启示[J]. 核安全,2013(1)：55-59.
[9] 冯昊青. 核和平利用的伦理审视[J]. 自然辩证法研究,2008,26(57)：91-96.
[10] 柴建设. 核安全文化理论与实践[M]. 北京：化学工业出版社,2012.
[11] 肖姝. 核电工程的伦理思考[D]. 湘潭：湘潭大学,2012.
[12] 潘自强. 核能发展与事故应急[J]. 辐射防护,2007,27(1)：1-5.
[13] 夏益华. 电离辐射防护基础与实践[M]. 北京：中国原子能出版社,2011.
[14] 於凡,张永兴,杨东. 我国核能发展需要关注的几个重要问题[J]. 辐射防护,2010,30(5)：265-271.
[15] 肖平. 工程伦理导论[M]. 北京：北京大学出版社,2009：158.
[16] 张兰兰. 工程师对和平利用核能的伦理责任[D]. 沈阳：东北大学,2008.
[17] 苏俊斌,曹南燕. 中国工程师伦理意识的变迁[J]. 自然辩证法通讯,2008,30(6)：14-19.
[18] JONAS H. The imperative of responsibility[M]. Chicago：The University of Chicago Press,1984.
[19] ROPOHL G. Ethik der Technikbewertung[M]. Frankfurt am Main：Suhrkamp,1996：75.
[20] 王国豫,胡比希,刘则渊. 社会技术系统框架下的技术伦理学：论罗波尔的功利主义技术伦理观[J]. 哲学研究,2007(6)：78-85.

第 10 章 信息与大数据的伦理问题

引导案例："棱镜门"下的隐私权

随着信息技术的发展,各种海量数据源源不断地产生、积累、关联——一个崭新的"大数据"时代腾空而出。人们紧跟大数据的潮流,享受大数据深度挖掘和分析带来的经济财富、科研成果和生活便利,也遭遇了一些"意想不到"的困境,比如,在国民对反恐的呼声高涨之际,安全部门以保护国家安全为由,随时随地监听监测任何人的通话记录和互联网上的一举一动,是否已经侵害个人隐私?是否符合大数据时代的社会伦理?

2013 年 6 月 6 日,前美国中情局职员斯诺登披露美国的"棱镜计划"(PRISM),在国际社会引起巨大震动,称为"棱镜门"事件。棱镜计划是美国国家安全局(NSA)和联邦调查局(FBI)自 2007 年起开始实施的绝密级电子监听计划,正式名为"US-984XN"。计划由美国情报人员实施,主要监控包括电子邮件、即时通信消息、视频、照片、存储数据、语音聊天、文件传输等私人活动的所有细节,甚至可以实时监控一个人(不限于美国公民)正在进行的网络搜索内容。美国 NSA 局长、美军网络司令部司令基思·亚历山大 2013 年 6 月 18 日在国会作证时称,得益于棱镜计划的实施,过去数年里已协助挫败了 50 多起恐怖阴谋。

在棱镜门中,美国以反恐为旗号,通过谷歌等 12 家 IT 企业,在未作公告更不可能告知本人的情况下,监听了遍布全球、本应属于公民个人隐私的海量网络活动记录。由此,情报部门既可以直接获取公民的通话和网络活动具体内容,也可以借助先进的大数据分析推断出个人性格、习惯、爱好、犯罪倾向等信息。随着棱镜计划细节逐渐曝光,国际舆论和许多国家政府都公开反对棱镜计划。同时,"棱镜门"事件将大数据热潮中如何尊重与保护个人隐私的伦理问题清晰地摆到公众面前。

美国是最早探究隐私权法律保护的国家之一。1890 年,布兰蒂斯和沃伦在《论隐私权》一文中首次正式阐明隐私权的概念。随后若干年里,美国法官通过一系列判例确认隐私权是公民的一项权利。1974 年,美国国会为保护个人隐私专门制定了《联邦隐私权法》。

信息技术,尤其是网络和移动通信技术,在 20 世纪末期得到飞速发展:互联网让整个地球连成了一个"村庄",智能移动终端则将每个人的行为时时刻刻记录在互联网上。相对信息技术的进步,法律建设严重滞后。目前,还没有对个人信息、隐私、数据权利保护作出清晰的界定,更没有形成完备的法律体系。

在大数据时代,除了棱镜计划这样的国家安全项目,众多互联网商业创新企业同样依赖涉及个人网络行为的海量数据,经过技术处理后,向个人用户推出即时的、与地理位置相关的各式各样的"私人定制"服务。

在这些"大数据"背后,我们不禁要问:其获取是否有逐一、明确授权?其分析结果是否合理可信?其存储和使用是否安全?其应用是否平等、惠民?其收益能否让参与数据提供个体共享?

这些问题揭示了信息技术尤其是大数据创新正面临诸多新的伦理问题,除了隐私权的保护问题外,值得我们进一步思考的伦理问题还包括:

(1) 以牺牲部分个人隐私换取提升整个社会生活质量的公共政策和商业创新是否正当?

(2) 线上交易的扩展和渗透是否会将"信息贫困者"打入更加贫困的境地而严重危害社会公平正义?

(3) 大数据、云计算的物理架构和管控模式是否会进一步集中信息安全风险进而变成高度集中的社会风险?

10.1 信息技术的社会影响

10.1.1 信息技术正在并将持续快速发展

按宇宙大爆炸理论,地球的年龄约为45.4亿年,现代智人大约在20万年前才出现。打个形象的比方,若地将球年龄浓缩成一年,人类只在最后半小时才出现;如今作为准确记载和传递信息的主要载体——文字——则只在半分钟前才被发明出来。①

就在这短短的半分钟内,人类社会的生产方式经历了狩猎、农业、工业到信息化的重要变迁。特别是近200年来,我们可以观察到几次以约50年为周期的长波变化:第一波以纺织工业为主导,实现蒸汽化;第二波以铁路、冶金为主导,实现铁路化;第三波以电力、化工、汽车为主导,实现电气化;第四波以石油和电子等技术为主导,实现电子化;当下正处于以网络和数字化技术为主导的第五波,实现信息化。② 随着物联网、云计算和大数据的风起云涌,信息化正在飞速改变人们的生产、生活乃至思维方式。

推动信息化的电、磁、光等重要科学基础发端于19世纪末20世纪初的欧洲。从20世纪20年代开始,伴随着GDP总量上升到全球第一,美国的一批科技工作者致力于将科学原理转为技术发明,并开始人类工程实验。信息技术由此萌生,信息时代逐渐到来。

R10-1 若干重要的信息技术发展进程

---

① 吴军. 文明之光(一)[M]. 北京:人民邮电出版社,2014.
② 周期性波动理论最早由苏联经济学家康德拉季耶夫1925年在美国发表的《经济生活中的长波》一文中提出。

在信息技术发展上，中国起步晚于美、欧、日等先进国家。1978年改革开放以来，生产力得到充分解放，国家经济实力和科教水平显著提升，中国在信息化发展道路上快速跟随，积极赶超。当前，信息化与工业化深度融合，集中体现在高端制造和大型信息化工程实施，如"三网融合"及信息基础设施普及，高铁及轨道交通装备制造及安全运行，C919大型飞机的数字化协同生产；同时，平安城市、金税工程等政府管理及智慧交通、智慧医疗、智慧旅游等民生服务快速提升；电子商务、网络经济更是风起云涌、创新不断。

与美国、中国相仿，全球各国正在以不同速度、不同程度地进入或"被"进入信息时代。

科学家们预测，21世纪上半叶，信息科技仍将快速发展，大有作为。新的信息功能材料、器件和工艺将不断出现；开放计算平台日益成为主流，智能化终端普及率快速提高；移动互联网和社交网络成为信息产业的增长关键，云计算、物联网等技术的兴起促使信息技术渗透方式、处理方法和应用模式发生变革；大数据研究成为全球关注的热点。

10.1.2 信息技术具有颠覆性

与机械技术、电气技术相比，信息技术具有如下特点：

(1) 连接能力。在无线、有线、局域、广域的通信网络技术和手机、智能终端、计算机、嵌入式设备支持下，人、机、物形成全时空、可追溯、可预测的互联互通的网络。

(2) 交互能力。符号、命令、文字、语音、图像乃至手势、表情，都可以被计算设备感知、识别，人机之间可以更加自然地"对话"。

(3) 渗透特性。家电可以上网，汽车可以联网，农作物生长态势及销售情况可以经由农业物联网送达农技人员、采购人员和百姓、政府……各种嵌入式设备被戴在手上、穿进鞋里、藏在筷子里。信息技术渗透到衣食住行各个方面，并带来新的生活方式，跨界、颠覆，成为信息科技的重要特性。

(4) 融合能力。信息科技以数字化的0和1为基本形式记录、存储、传输、转换各类信息，不同信息可以方便地传输到同一个设备上，进而进行匹配、关联、融合等深度处理，产生新的使用价值。

2013年，麦肯锡公司使用"颠覆性"(disruptive)一词，描述诸如移动互联网、物联网、云计算、大数据、知识工作自动化、3D打印、智能机器人、自动驾驶等信息或相关技术[①]。可以说，**颠覆性**，是信息技术的独特性质。

10.1.3 信息技术与社会变革

从20世纪中叶开始，随着电子元器件、检测、控制、数据库、通信与网络等技术发展，信息技术开始进入工业生产领域，从单变量数字控制回路，到整个生产加工过程的自动控制，再到将客户订单管理、制造资源管理、计算机辅助产品设计/工艺设计/加工制造等集成为一体的企业综合信息化系统，信息技术让企业获得更好的柔性、智慧，得到更高效率、品质。

---

① McKinsey Global Institute. Disruptive technologies: advances that will transform life, business, and the global economy[R]. May, 2013. http://www.mckinsey.com/insights/business_technology/disruptive_technologies.

同样,以电子化、数字化为基础的信息技术将激光照排技术引入印刷行业,"告别铅与火";将超声、激光、核磁等影像技术引入医学检验,不仅看得清骨骼,还看得见软组织和血流状况,有效提高诊断精度;将激光测距、视频摄像、导航卫星接收仪器预装进汽车,帮助驾驶员预警碰撞险情,扩展"盲区"视觉,知道身在何处;银行、航空公司等服务企业可以在数据库里记录客户的每一笔交易……

随着移动互联网技术的成熟和基础设施的普及,信息技术正以"互联网+"(或"+互联网")模式更广泛、更深入、更迅速地进入各行各业,进入社会生活的方方面面,接近家庭中的老老少少,变革甚至颠覆了原有产业模式、产业格局、生活习惯乃至思维模式。

> **专栏 10-1　什么是"互联网+"?**
>
> "互联网+"指以互联网为主的一整套信息技术在经济、社会生活各部门的扩散和应用过程,其本质是传统产业和生产过程的在线化、数据化。"互联网+"作用下的产业,信息(数据)将作为独立的生产要素存在,并成为驱动产业发展的核心要素。实现了"互联网+"的产业,用户将成为行业创新的源头和终端,产业链将在共享信息的前提下被各参与方重构、优化,产生新的商业模式。

发生在人们身边的"互联网+"变革传统行业的实例不胜枚举。

个人生活中,从买书、买唱片开始,到买衣服、日用品、家电……越来越多的人习惯通过电商平台挑选、下单,然后等待送货上门,越来越少逛商场;想约亲朋好友一起聚餐,在餐饮服务类平台上比较、选择、在线订座;要出差或旅行,网上买好火车、飞机票,出门前用软件约车,或者查看好公交运行实况后悠然出门乘车;读书、看电影前后,可以上网络分享平台查看、询问、交流……

生产企业里,更多的检测单元通过物联网感知物料形状、光洁度、温度、流量、成分、压力等参数,更多的机器人在搬运工件、与加工设备"对话"协作,更多的设备被统筹起来优化运行、节能降耗,更多的产品从设计、加工、销售都离不开网络平台和网民的参与。比如,宝洁公司曾经希望通过在薯片上印制图案来创新产品、吸引顾客、提高销量,公司设计人员两周不得其解后试着在网上"征集"创意,结果一天之内就得到了满意的解决方案。围绕企业新价值的流程再造,是企业在"互联网+"时代进行探索、转型的新突破点。

新闻和大众传媒更是发生了巨大变化。由于智能手机具有一体化拍照、输入、联网功能,大大促进了社交网络的广泛应用。从相对封闭的网络社区,到个体发布博客,继而到随时随地可发布图文短讯的微博,再到微信公众号、朋友圈,人人可以说话,人人可以观察,人人可以报道,人人可能成为一线记者。新闻出版行业遭遇了巨大挑战:越来越多的"首发"新闻线索来自普通人,越来越多的新闻消息不是由记者到一线采访写出,而是对众多网民自觉发布在网上的零散消息进行搜寻、挑选、确认后聚合生成,越来越多的传统纸媒关张、倒闭。与此对照,腾讯牢牢掌控2011年才推出的微信平台实现媒体服务和商务功能,腾讯发布的研究报告表明,2017年第三季度,分布在200多个国家和地区的约9亿用户每日活跃在微信平台上,通过浏览微信公众号、朋友圈来获取信息,微信已成为绝大多数用户首要信息来源渠道。阿里巴巴不断布局收购各路媒体,报道称至2015年年底,其在海内外已收购或入资24家有实力的纸媒或新媒体,如新浪微博、光线传媒、无界新闻、36氪、虎嗅、《南华早报》，不断发展自己的媒体平台。①

在公众生活领域内，由网民撰写、经一定志愿者审阅通过后发布，并可以不断修改的维基百科，颠覆了大英百科全书依赖专家和编审委员会的封闭模式，成为网民们信赖、依赖和共同维护的在线百科全书。Coursera、edX 和学堂在线等慕课平台向在线学习者提供个人学习控制、交流答疑社区等更贴近个性需求的功能，上线后即快速发展。慕课将使大批教师下岗的预言并未成真，教育更加回归"学习者为中心"的模式。此外，通过社交平台可以快速形成热点话题、网络舆情，一则"某日某时到某地一起做某事"的信息经由具"小世界"链接、"幂律"快速放大的社交网络传播，线下集聚人群的能力得以提高。2012 年北京"7·21"暴雨之时，一条动员私家越野车主去机场免费接送旅客的微博信息，很快变成了源源不断来到航站楼的公益车队。同样地，越来越多的社会运动（如发生在突尼斯的"茉莉花革命"）和暴恐行动，也是通过社交网络集聚相关人群的。

专栏 10-2　信息技术的社会影响

（1）信息技术为人们的生活、生产提供了新的技术手段、经营业态、思想观念、社会网络，支撑着我国市场经济改革和向现代化的转型，信息技术是社会进步的加速器。

（2）以在线学习、电子商务、电子政务为例，信息技术创造了社会生活新方式。

（3）信息系统内在的安全隐患，随着物联网、社交网络而扩散到物理系统和社会系统，对物理设施安全运行和社会生活的稳定有序提出巨大挑战；信息技术普及应用存在空间、人群和人口结构上的不平衡，数字鸿沟的深化会进一步扩大区域、代际、贫富发展不平衡，挑战社会公平和正义；社交网络从线上到线下的重要社会动员能力，也在挑战着社会学中关于社会结构、社会秩序、社会控制的理论构建。

有人认为，"互联网＋"的变革力，源于互联网技术具有"小世界"结构网络连接、易传播分享、网络主体平等、微小众筹众包方式可行、免费策略与注意力经济商业模式、流程重构等特点。也有人认为，"互联网＋"的变革力，源于其内在的特性：凡是一切基于信息不对称的行业都将被互联网打击；凡是一切基于信息不对称的环节都将被颠覆或被边缘化；凡是一切基于信息不对称的既得利益都将被统统清剿。②

信息技术在带来利好消息的同时，也引发了社会新问题。主动研究、正确认识信息技术对社会变革、价值准则、伦理规范的影响，及时而必要。

10.2　信息与大数据伦理问题

10.2.1　信息与网络空间伦理

拜纳姆和罗杰森在《计算机伦理与专业责任》中系统梳理了 2000 年前计算机和信息伦

---

① 汇通网.阿里收购南华早报再拥一员,媒体帝国版图扩张至 25 家[EB/OL].(2015-12-11)[2016-03-20]. http://finance.sina.com.cn/money/forex/hbfx/20151211/214123997549.shtml.

② 卢彦.互联网思维 2.0：传统企业互联网转型[M].北京：机械工业出版社,2015.

理的发展。控制论创始人罗伯特·维纳在1950年出版的《人有人的用处》中,最早追问信息技术对诸如生命、健康、快乐、能力、知识、自由、安全、发展机会等人类核心价值的意义,成为提出信息与计算机伦理的先驱。他提出的"伟大的公正原则"被认为是信息伦理的基石。

20世纪60年代,计算机学者唐·帕克开始收集计算机专业人员利用高科技犯罪和从事不道德行为的案例,为美国计算机学会(ACM)起草计算机工程师职业伦理规范,并广为宣讲。

70年代,既是哲学家后又成为计算机教授的瓦尔特·曼纳使用computer ethics指称研究计算机技术所引发、改变、加剧伦理问题的应用伦理学科,并出版相关教材。

80年代后期和整个90年代,计算机伦理学发展迅速。1985年,詹姆斯·穆尔发表论文"何谓计算机伦理学?",德博拉·约翰森撰写《计算机伦理学》经典教材,与信息技术伦理问题相关的学术会议、课程、研究、期刊和教授讲席应运而生;为应对层出不穷的伦理问题,还出现了负责日常甄别信息技术使用情况、监管滥用的专门组织,定期发布报告,提出降低风险的举措。

以下是若干受到信息技术影响的社会性、伦理性主题。对这些议题,迄今为止,无论在法律文本和判例上,还是在国家政策、社会规范和个人行为准则中,仍存在许多未解决、不确定的分歧。

1. 人际关系虚拟化

由于推特、脸书、新浪微博、微信等社交类软件在商业上取得了巨大成功,新闻、读书、打车、餐饮、游戏等非社交类软件也越来越多地提供好友分享、推荐、评价等社交功能以提升用户的体验,创造新价值。目前,线上真假互存的社交活动侵占了很多人(尤其是自我控制力正在形成和发展的青少年)的精力,线下面对面的真实社交有效时间正在减少。信息技术几乎能够满足人们的所有需求和欲望。在此情形下,个别人甚至很多人会不会完全采用线上生活方式,摆脱面对面的真实、深度社交?如果这样,处于马斯洛需求理论最高层的"自我实现"将如何表达?人们对生活满意度的内涵有什么变化?这符合现有的社会伦理吗?是否应在法律、政策、规章或社会规范中作出决定,来避免其向不利方向发展?谁能够、谁有权来制定这样的法律、政策、规章、规范?

2. 网络行为的正当性

随着信息技术和网络的出现,发明病毒、木马攻击他人信息系统,偷窥他人信息,偷盗他人软件或财务账户,通过网络从事非法走私、色情和毒品交易等活动一直没有停歇。由于网络可以"匿名"掩藏行动者的真实身份,降低了被发现和追责的机会,至今仍是网络信息时代一大"毒瘤"。防病毒、反攻击、密码保护、日志记录及追踪、实名注册等技术和公共治理手段,被用于反对以上不正当的网络行为。

然而,随着信息应用的发展,一些道德判定清晰的老问题出现了新现象,新的道德伦理困惑也接连出现。例如,在私密场所借助网络实施的虚拟性行为,没有伤害到第二个自然人,该判定为不道德吗?如果相关物品和服务的提供商向他人透露了该行为当事人的身份信息,服务商是否应该承担侵犯个人隐私的责任?如果不是服务商有意泄露而是被黑客攻击后才"公诸天下",当事人和服务商可以向黑客追责吗?怎样才能找到黑客呢?如果只能追溯到攻击方的IP地址或网络注册名,而没有真实的社会身份信息,那么该IP地址拥有者是否要担责?

此外,青少年由于身心发育尚不完善,很容易被网络游戏、色情网站吸引而不能自拔,除了家长和学校教师热情关怀、正面引导和及时惩戒犯了错的青少年等举措之外,如果政府要求在中小学采购的计算机中统一预装能拦截有害网址的软件,这种行为是否合法、合情、有利、有权?

"棱镜门"事件后,很多人感觉奥威尔在《1984》描述的"老大哥正看着你"的状况将变成现实,因此强烈要求保有网上活动"匿名"的权利,以实现维护个人安全感、心理健康、自我实现和心灵安宁的人类价值。然而,大量证据表明,"匿名"确实为跨境洗钱、毒品交易、恐怖活动或掠夺弱者提供了方便,因此很多国家以技术手段或管制要求加强了对"匿名"活动真实身份的鉴别,例如,规定必须实名注册,前台可以"匿名"。"实名"与"匿名"的看法尚未统一,政府的技术鉴别或管制行为是否获得授权,也存争议。

3. 更广泛的平等与公正

当前,很多社会活动和机会依赖网络空间。不少年长者,经济落后、缺少信息基础设施地区的人们,经济条件不足以获取并持有信息终端的人们,难以得到定制信息终端的残障人士……他们是信息时代新的弱势群体,难以分享信息技术创新所带来的社会福利和发展机会。如果任由信息技术不加限定地进入社会生活的各个领域,这些没有网上"身份"的人,其衣食住行等基本生活保障的服务范围和质量可能大大受限,"社会身份"的利益因而受损。在公正原则被置于工程伦理重要地位的现代社会里,谁有责任向"信息贫困"人群提供相关技术、服务和平等生存的伦理责任?又该如何去行动?

4. 知识产权争议

在信息时代,拥有和控制信息是通向财富、权力和成功的关键。由于数字化信息可以瞬间海量复制,方便地修改,也易于跨边界传输,因此,从网上"自由"获取受到现有版权和专利权保护的知识性财产,通过加工、传播、转让等方式分享甚至获利,这方面已有很多诉讼案例。一种声音强调,亟须制定新的法律、规章、规则和国际公约,来严格保护知识生产者的权利;另一种声音则指出,由于知识出版和传播体系中的价值控制者多为出版商,通过限制知识自由传播而保护出版商利益有违自由公正原则。此外,网上经常见到个人和企业搜寻他人出品的音视频节目和图文信息,加工、改编成自己的多媒体作品后公开发布。这种行为正当吗?如果为了获得使用和传播他人作品的许可,多媒体作品的创作者必须找到数以千计的版权所有者、支付相应的版权费吗?相关规则应当是什么?谁来实施?是代替传统出版商的平台运营方吗?他们会成为新模式下的知识产权利益的垄断者而不当得利吗?

5. 全球化信息交互与治理困境

信息技术有潜力大幅度改变自我与他人、个人与社区、公众与政府的关系,还能让人们在网络上自由跨越国家边界。乐观主义者认为信息技术有助于帮助公民参与到民主过程中,使国家政府决策更公开、行为更负责;悲观主义者则认为一国政府,甚至结成利益集团的国家联盟可能因受到网络快速集聚的群体非理性要挟甚至恐怖袭击灾难威胁,因而加紧网络管控,默许或放任黑客攻击,实施信息干扰……2015年以来全球安全形势的演变,让悲观主义者论调更加大声。在由互联网紧密联成的"地球村"里,如何形成对全球化信息交互利益与风险的共识,又该如何共同参与建立正当合宜的全球政策和治理框架?

10.2.2 大数据时代伦理新问题

1. 大数据特点

一般认为,技术进步使得数据采集、存储、处理都变得便捷、快速、廉价,从而带领我们走进大数据时代。例如,表10-1显示数据存储成本依摩尔定律快速下降,在此基础上,工业传感网、物联网大量部署,数字化数据增长迅速。

表10-1 1MB 存储器成本　　　　　　　　　　　　　　　　美元

年份	1955	1993	2010
1MB存储器成本	6000	1	0.01

关于大数据的特点,一种得到广泛认可和传播的说法是由IBM公司提出的4个"V":即数量大(volume)、类别多(variety)、增长速度快(velocity)和真实可信(veracity)。面对4个"V",寻找合适的计算架构和算法,从而创造真正的价值(value),这最后一个"V"才是大数据时代众多商业和政府治理创新关注焦点所在。在迈尔-舍恩伯格看来,大数据与以往数据应用不同之处在于三个方面:第一,可以获得全体数据而非采样数据,这既决定了大数据算法原理与样本分析方法明显不同,也体现其复杂度迥异;第二,允许获取的数据呈现混乱、复杂状态而不再强求干净、精确,即大方向的正确比微观精准更重要;第三,聚焦发现和分析事物的相关性而非因果性,避免在因果性上劳而无获、止步不前。[①]

然而,上述看法都没有突出大数据时代的社会性因素。近年来,互联网,尤其是移动互联网的爆发性增长,让各类数据形成非线性的复杂网络。借由社交网络构成人和人的便利连接,从这些易复制、易流传、易分享、易公开的数据准确定位到设备、到IP地址、到用户账号、到人并不难,还可以从多源、海量、关联的数据中提取、刻画出人的情感、需求、欲望和活动。例如,在大数据时代,当客人用手机拨通快餐店订餐电话,客服可能立刻根据来电号码提取出会员卡号、住址、口味爱好,甚至通过共享的大数据平台得到该顾客的健康记录、借书情况、金融记录、地理位置……进而对客人的配餐选择、信用情况、是否需要外送服务等作出可靠的判断。20世纪90年代,人们认为"在互联网上,没有人知道你是一条狗";不久的将来,边检官员很可能对访客作出这样的判断:"根据你在电商平台的购物历史、社交网络的积分和位置轨迹,我判定你在我国受欢迎程度是23.5%!"

可以说,大数据时代之所以引起轰动,既是因为技术进步而使众多大数据创新成为现实,更是因为这些创新与"人"紧紧关联而饱受关注!

2. 大数据伦理

大数据时代对社会伦理的新挑战表现在,无所不在的感知网络、无所不知的云端计算与

---

① 迈尔-舍恩伯格.大数据时代:生活、工作与思维的大变革[M].周涛,译.杭州:浙江人民出版社,2012.

存储、须臾不可分离的智能终端等构成的网络空间和真实生活交织交汇,使一些被广泛珍视的伦理价值,如个人权利平等、交易公平、安全感以及诚信、自由、公正,正在经受新挑战。这些挑战,拷问数据工程师的良心和职业道德,追问大数据企业的核心价值,警示政府守住法律底线和权力边界,提醒公众思考新的社会道德和价值准则,进而影响到信息技术如何被构思、被发明、被选择和被应用到实际问题中。

概括而言,大数据时代,作为技术应用提供方的数据工程师、大数据创新企业、政府部门,与作为使用方的普通用户、社会团体,共同面对以下四方面新的、更为集中的伦理挑战。

(1) 身份困境:数字身份与社会身份,可以分离还是必须关联?

(2) 隐私边界:"相比遭遇恐怖袭击、破产和财产被盗,美国人更担心网络在不经意间泄露了自己的隐私"①,怎样理解大数据时代的个人隐私?法律该如何提供保护?

(3) 数据权利:大数据是资产吗?在个人、企业、政府、公众之间,关于大数据的拥有权、采集权、使用权、处理权、交易权、分红权等权利成立吗?可以定价吗?有伦理风险吗?

(4) 数据治理:政府主导的公众数据是否应当无条件开放共享?基于大数据的公共治理创新如何才能避免歧视、不当得利或威胁个人自由?

大数据伦理(big data ethics)正在成为新的应用伦理方向。然而,它还没有完整、公开、形成共识的定义。作者认为,与大数据伦理相关的内容包括:

(1) 鉴别数据的获取、处理、存储、分发(发布)过程中涉及哪些不同利益主体;

(2) 发现大数据实践中对相关利益主体的安全、责任、自由、平等、公平、正义、节俭、环保等伦理原则造成威胁的风险类别、程度大小;

(3) 确定数据伦理的价值准则和哲学依据;

(4) 指导形成正当行动的行为规范。

R10-2 对大数据应用的伦理提问

10.3 数字身份困境

10.3.1 社会身份与社会责任

人的身份(identity),用来界定一个人是谁或是什么,具有可识别性、独特性、唯一性。各国政府进行公共治理,首先要进行人口调查、个体身份确认。在中国,通过身份证号可以唯一确定一个人;在美国,则以社会安全号唯一确定到人。

---

① DAVIS K, PATTERSON D. Ethics of big data: balancing risk and innovation[M]. New York: O'Reilly, 2012.

然而，身份证可能丢失、可能被伪造，且除了警察和车站、机场、银行等特定业务人员，普通人无权随意查验他人身份证件。因此，在现实交往中，人们往往通过长相、口音、姿势等生物特征，询问姓名、籍贯、经历，考察其社会关系（同伴、家庭和朋友），借助共同的记忆、故事等来判定人的身份；医生和专业人士还可能采用指纹、虹膜、基因比对等方式鉴定人的物理身份。

人还具有社会身份和相应责任。孩子、父母、祖父祖母……父慈子孝、尊老爱幼、夫妻和睦，各有家庭人伦责任。工人、农民、教师、医生、军人、商人、科学家、工程师、律师、公务员……既指代职业，也宣示该职业的社会责任，如军人保家卫国、不怕牺牲；教师育人为本、德育为先；医生救死扶伤、尊重生命；工程师创造安全、可靠、可用性强的工程项目造福社会，同时维护环境、永续发展；作为法官，必须以事实为依据，法律为准绳，做到法律面前人人平等，维护公平正义。

由于生活场景多样、生活环境可变，一个人的社会身份不时发生变化：家中是父亲，单位是法官，旅行时是游客，开车时是司机……但是，无论社会身份或角色如何变化，遵纪守法是公民的行为底线，承担责任、履行义务、行为正当、合乎道德是做人准则。

党的十八大提出"富强、民主、文明、和谐，自由、平等、公正、法治，爱国、敬业、诚信、友善"的社会主义核心价值观，从国家、社会和个人三个层面凝练出符合国情的社会风尚，也是指引当代中国人道德风气和行为规范的基本依据。

10.3.2 数字身份

1. 什么是"数字身份"

"数字身份（digital identity）是在网络空间领域非常流行的概念，被定义为一组独一无二地描述一个主体（subject）或实体（entity）的数据，是有关一个人的所有在数字上可得的信息的总和。"[①]

数字身份是人们在线使用的身份，以经个人（如"张三"）确认的一组适合于计算机系统处理的编码（如"Anybody"），并可以此来界定现实社会中的具体的、唯一的"张三"。当"张三"在线活动时，数字身份 Anybody 就可以代表他本人。

2. 数字身份特点

一是多样性。在社会生活中唯一存在的"张三"，在网上可以有多个不同的数字身份。如"张三"既可以在某聊天网上多次注册，从而获得包括诸如"Anybody1""Anybody2"……"AnybodyN"等作为自己的名字，这些账号或共有同一个真实住址，或虚构多个不同的电话、住址等信息；他也可以到银行网站上，提供真实的姓名"张三"、真实的身份证号码、电话号码、家庭住址等进行注册以便获取安全的金融服务。因此，辨析每个数字身份都确实对应到一个真实个人，确认由数字身份所做的每个操作都是这个人而非他人冒名操作的，即数字身份的可信识别性极为重要。

---

① 邱仁宗，黄雯，翟晓梅. 大数据技术的伦理问题[J]. 科学与社会，2014，4(1)：36-48.

二是可变性。"张三"的数字身份可以变化,比如地址变更、电话号码更换,即数字身份常常是不唯一的、动态的或短命的。大数据应用,不得不考虑相当长的时期内,如"张三"活着的时候甚至死去一段时间内,其数字身份可检索、追溯。

三是允许匿名和假名。

3. 数字身份管理

数字身份,是用户合法使用计算机系统和各种网络应用的第一道门槛。在计算机和网络应用中,常见的用户身份管理技术有:

(1) 用户名+密码+校验码;

(2) 第三方认证,如 U 盾;

(3) 预存的个性化问题,如"奶奶的出生地"、在九宫格上画一个图形;

(4) 生物特征,如指纹、虹膜,甚至击键的力度、频率等。

以上数字身份技术的研发和使用,都遵循"双盲"原则,即网络应用服务提供方只需通过以上特征判定正在登录的与系统记载的是"同一个人",而无须确认在真实社会里他是"张三"还是"李四"。除非特别要求,多数用户不会在网络应用上提供完整真实的身份信息。既能享受匿名的自由,也有安全的考虑。例如,一旦个人登录信息被有意无意泄露、转卖,匿名能防止网络记录与个人社会身份的明确关联。

10.3.3 大数据引发数字身份新问题

在流量为王、用户黏度至高无上的大数据经济时代,数字身份具有重要的商业价值。从技术上看,数字身份存在易被盗用和易被追溯两个主要问题,进而影响人与人的社会相处、伦理判断。

数字身份被盗用,可能造成财产损失,甚至生命灾难。尽管防范措施不断进步,盗用事件在现实中却层出不穷。2016 年 8 月,因高招网站存在信息安全漏洞,考生信息被盗窃后又被转卖,导致花季少年徐某某遭遇电信诈骗而猝死。

R10-3 徐某某案件

目前,从事深度分析或撞库攻击并主动在互联网上公开受害人数字身份数据的人,与利用获得的数字身份进行隐蔽犯罪的人,常常是两拨人。后者多为不法分子,着意窃取数字身份以获利,当以刑法论处而非入伦理讨论。前者大多为技术发烧友,自称"极客"(GEEK)或"白帽子"(有别于"黑客"),以猜出正确答案、发现信息安全漏洞并作公开提醒为荣,他们中多数人不认为自己行为失当。然而,由于白帽子公开的漏洞能被不法分子利用,从而侵害无辜网民的利益,应当采取更为妥当的行为方式。

数字身份被追溯,既有"人肉"之力,更有赖大数据深度挖掘、关联分析之劳。根据个人在网络上留下的数字身份和一系列"足迹",猜测并准确定位到现实生活中的"真人"。带来积极和负面效应的实例已不鲜见。

"最熟悉自己生活轨迹的人可能是从未谋面,也不会谋面的陌生人,这样的熟悉可能源于无聊、好奇之类的偶然,也可能出于蓄意的谋划与计划性的掌控。伦理情景不确定性的出现正是源于大数据时代的来临。"①

10.3.4 数字身份管理的伦理分析

1. 匿名

信息网络技术提供的"匿名"便利与社交网络的连接特点,使得网络空间中的一则信息可能在短短几分钟内即传播至数千上万人。如果信息不实或纯是谣言,网络传播可能让受众认识混乱;即使信息本身是真实的,但由于群体非理性的存在及"匿名无法追责"想法的传播,网上批评和非议很可能形成网络暴力,造成对当事人过度审判,从而侵害其名誉权。

2. 实名制

面对"匿名"对社会稳定的多方面影响,美国、韩国和中国的应对策略存在差异。

美国政府因其宪法第一修正案明确规定国会不得立法限制言论自由(但不保护淫秽内容、虚假事实),因而选择由联邦贸易委员会(FTC)和联邦通信委员会(FCC)分别监管网上电子交易、商业行为和网络通信行为,采用民事或刑事诉讼对网络谣言、侵权事件作出裁定。1996 年,美国通过《通信法(1996)》,其中第五部分《传播净化法案》(Communication Decency Act,CDA)是美国国会首次尝试规制未成年人色情内容的互联网途径。然而该法案由于不具备"迫切政府需要"的正当性而被法院宣布违宪。② 因此,美国政府在阻止或限制不当言论的产生与传播上,手段有限,其声称保护公民隐私权和言论自由,依赖网络自洁作用来维持社会秩序。然而,当斯诺登曝出"棱镜门",美国政府将其对恐怖分子的通信和网络行为监视分析不当扩大到更多的守法公民,甚至外国国家元首的实际做法,显然已违背其所声称要竭力维护公民言论自由的"核心价值"。

在东方文化和价值观主导的韩国,由"狗屎女""女演员崔真实不堪网络谣言而自杀"等社会事件触发,政府开始下决心治理互联网。2007 年出台了"网络实名制确认制度",要求日访问量超过 10 万人次的网站都需要实行"实名政策",即用户在注册并在该网站发言之前,需提交其身份证号码进行验证,以便日后有不当言论造成对他人的伤害时可以被追责,并且将"网络诽谤罪""传播虚假信息罪"等列入法律条文。③ "网络实名制"在韩国实行 5 年后,韩国宪法法院因实名制对不实言论的治理效果不明显、破坏个人信息安全等原因,宣布该制度违宪并予以废除。

我国的文化传统与韩国相仿,社会制度有别于美韩两国。在网络社区和社交网络初期,网民们相对不受拘束地匿名发表言论,既涌现出"天价烟""表哥"等成功的网络反腐案例,也

---

① 朱锋刚,李莹.确定性的终结:大数据时代的伦理研究[J].自然辩证法研究,2015,31(6):112-116.
② 汤磊.美韩两国网络谣言法律规制问题研究[J].陕西行政学院学报,2014,28(2):92-96.
③ 同②.

开始出现大量不负责任的言论、不实信息甚至谣言。秦火火所在的公司,即专以网络推手、删帖为营利手段,还大肆推送低俗网络人物,挑战社会公德良序底线。2002年,有学者建议实施实名上网。2008年春天,有人大代表在"两会"上提出网络实名制立法建议。同年夏天,国家工业化和信息化部正式答复,表示"实现有限网络实名制管理"将是未来互联网健康发展的方向,开启网络实名制立法进程。2012年底,全国人大常委会通过《关于加强网络信息保护的决定》,规定网络服务提供者为用户办理网站接入服务,办理固定电话、移动终端等入网手续,或者为用户提供信息发布服务,应当在与用户签订协议时,要求用户提供真实身份信息,从此确认网络实名制予以实施。目前,"后台实名、前台隐名"是我国通信和网络服务的基本规范。

3. 实名制伦理考量

网络用户、运营商、学者和政府对网络实名制治理政策当与不当存在分歧。表10-2试从不同角色对其作利弊分析的推断。

表10-2 不同群体对网络实名制政策的利弊分析

群体	利	弊
用户	网络发表言论时更加谨慎,更加合乎法律、道德规范;更利于青少年习得良好的社会行为	言论自由受到限制;个人数据泄露后隐私权、名誉权、财产权受到伤害的风险增加;接受不当个性化推送服务的频次增加
网络服务/运营商	更易于管理和运行,如向未成年人拦截不适合的网络游戏、暴力内容;更利于开展精准商业服务	服务吸引力受影响(如失去用户、失去粘度),进而减损价值;对信息和网络安全的投入要大大增加
政府	更利于提供精准公共服务;更利于减少网络不良信息,使得言论空间更加清朗;利于青少年和知识水平不高的网民的生存、学习和成长;侦查和惩治网络犯罪更快	便于实施类似"棱镜门"计划,而失去部分公民的信任;"寒蝉效应"使言路闭塞
他人	发生被不当"人肉"时易于找到事主并追责;被有意无意网络侵权的风险降低	盗取、兜售或伪造公民信息的新型网络犯罪可能更加多发
法律/伦理学者	利于发扬他律与自律共治的道德作用;维护正当的合法性与必要性原则	以不信任作为获得信任的前提;以限制自由来保护自由;以正价值信息全面否定负价值信息;以用户个体的潜在风险换取网络空间的安全[①]

卢因在《群体生活的渠道》中提出了信息传播中需要"把关人"的重要概念。"把关人"能过滤不当信息、抑制有害信息、强化有用信息。政府实行网络实名制,实际上是一种以强制、他律的方式努力让每一个网民学会做"把关人",矫正那些存在有害于他人的不当行为的人,威慑那些想要实施网络犯罪的人,在短时间内让更多的人了解网络交往和信息传播的特性,熟悉网络社区的行为规范,重视个人在网络空间上的社会责任,这样,有益于网络社区的健康发展。

[①] 杨林霞.网络实名制的伦理困境及其应对[J].新闻研究导刊,2015(16):292,288.

在社会普遍的自律程度还不高、损害他人权益要付出的代价还不大的情况下,强化他律的政策选择符合公正原则。

10.4 大数据时代的个人隐私

10.4.1 个人信息收集

大数据时代,不仅人们在网络上主动注册、登录、操作的数据能被系统记住;而且利用各种技术手段,有人可以不被察觉地获得他人的网络身份和活动信息,进而预测其行为、推断出身心特性,推荐服务或进行跟踪。

表 10-3 归纳了几类重要的收集个人数据的手段。

表 10-3 收集个人数据的手段

采集方法	案 例	主 要 技 术	用户能感知吗?	opt-out(用户可选择退出)
收集公开数据	用爬虫软件"扒"近期微博	开放 API	不能	不能
公开收集数据	关键词云图应用,网站问卷	Web 应用,Cookie……	能,确定	不用
日志文件	电商个性化推荐,搜索引擎,地图……	Cookie……	不能	不能或很难
隐藏式收集	手机手电筒 App 索取精确定位信息权限,Wi-Fi 探针	Android/ios 等 API,Wi-Fi 嗅探	能,常被忽视	不能或难
攻击、破解	徐某某案件	黑客攻击、秘密交易等	不能	不能
买卖	骚扰信息(出生、银行开户、手机开户……)	交易(公开或私密)	不能	不能
关联、推断	洛杉矶警方统计推断出某些小区较不安全	关联分析、聚类分析、机器学习	可能不能	不能

在中国消费者协会 2015 年"3·15"前发布的《2014 年度消费者个人信息网络安全报告》中,2/3 的受访者称上年遭遇过个人信息被泄露或窃取的情况,其中,个人基本信息被泄露或窃取最多,达 72.12%;之后依次为个人网络行为信息、个人设备信息、隐私信息、账户信息、社会关系信息。当信息被泄后,八成受访者受电话、短信、邮件等骚扰,还有 33.14%的人遭受过经济损失和人身伤害。①

K. Davis 和 D. Patterson 对名列财富 500 强前 50 名的企业进行研究,通过其网站公布的隐私声明,分析公司会不会分享、出售它直接从用户获得的个人信息,会不会购买其他公司掌握的用户数据,公司是否允许向客户作个性化推荐等。结果发现很多自相矛盾之处。如,声称有可能"买"数据的企业数远远大于声称能"卖"数据的企业数。又如,在如何获取个人数据上,多数企业采用默认用户已授权的"opt-out"(选择退出)策略,而不是必须赢得用

---

① 新京报.中消协:2/3 受访者去年遭遇过个人信息泄露[EB/OL].(2015-03-14)[2018-06-21]. http://news.xinhuanet.com/politics/2015-03/14/c_127579661_2.htm.

户明确授权的"opt-in"(选择加入)策略,把主动权留在企业一方。此外,互联网时代,许多公司都积极开发"个性化推荐"服务,虽然能提升客户服务精准性,也极有可能超越客户隐私边界进而侵犯其财物、心智甚至生命安全。该调研还对企业秉持的伦理价值观进行了梳理,遗憾的是,虽然各家企业都认可"企业应承担社会责任",但也有企业秉持"任何为股东带来合法盈利的行为都是公正的"信念而没有言及公众利益,只有2家企业明确宣示在制定政策时会遵从伦理价值的指引。①

R10-4　财富 500 强前 50 名网站公开隐私声明分析

10.4.2　从个人信息到隐私保护的伦理思考

个人信息充斥着网络空间。比如,当进行交易和注册登记时,个人要提供诸如信用卡信息、身份证号码、电话号码、地址等私有信息。获取数据的企业或公共机构若在存储中发生过失、使用中产生不当、发布中存在差错,都可能使这些信息外泄,从而侵犯隐私。如果外泄的个人私密数据被人假冒并用来实施诈骗,被侵犯的就不仅仅是隐私,还有财产甚至生命。另外,在大数据分析、关联、挖掘等技术支持下,大量个人私密信息被用于与其他数据联合分析,于是,在参与者不知情更无法同意的情况下,获取信息的本意被悄悄地"移花接木",出现功能潜变。

由于网络和信息技术的特点,保护数据隐私面临以下技术和非技术的挑战:

(1) 可信性与可靠性:在大规模、分布、开放的信息基础设施内,存在为数众多的数据收集、处理和发布的实体,很难确保所有实体均具有可靠、可信的数据管控能力。

(2) 快速扩散性与放大器效应:存储在专有数据库系统中的数据存在被出售、被快速扩散、快速覆盖的可能。因此,"隐私痕迹"很难消除。

(3) 挖掘技术与关联发现:可以把零散的、碎片化的数据重新关联、拼接起来,从而复原一个人的整体轮廓。

(4) 身份盗窃与冒用:恶意使用偷盗来的数字身份,例如进行信用卡欺诈。

(5) 恶意攻击:现行数据管理系统防备黑客犯罪行为的手段还很有限。

上述挑战,有些可以通过提高技术、规制行为来得到更好的应对,有些则很难做到完美的防范。

面对大数据时代技术创新与隐私保护困惑,一些伦理原则有了发展,一些伦理新观点开始出现,一些伦理追问仍没有答案。试举三例(见专栏 10-3~10-5)。

正如卢梭所说"人生而自由,却无往不在枷锁之中"。人们生而自由、终身追求自由,即便生活中享受到的不是无边的自由,而是下有法律做底、上有道德引领,还有伦理规范来约

---

① DAVIS K, PATTERSON D. Ethics of big data: balancing risk and innovation[M]. New York: O'Reilly, 2012.

束的真实生活,依然不变对自由意志、平等地位的追求。大数据时代,我们可以追问的是:个人信息权和隐私权有无重叠?是否清晰可分?个人信息权能否交易?隐私权可否让渡?

> **专栏 10-3　个人观影历史数据,从前是隐私,现在人们乐于公开分享**
>
> 　　1988 年通过的美国视频隐私保护法案(VPPA),视客户租借视频录像的记录为隐私,禁止出租商在正常业务流程之外透露给他人或机构,违者可罚款至 2500 美元。该法案的设立,直接源于 1987 年得到大法官提名的 Robort Bork 租借录像带记录被曝光,其中不良影视剧使他名誉受影响,隐私遭侵袭,被迫接受了对其能否胜任最高法院大法官的严苛评估。
>
> 　　2011 年,由于视频网站纷纷希望对接社交领域而制造更多的"分享经济",以 Netflix 为代表的公司一再游说国会,要求允许已经乐于分享个人行踪和喜怒哀乐的"Facebook 一代"可以向朋友分享其观影历史,而不再把它视作隐私权利。国会很快通过了修正案,规定像 Netflix 一样的公司必须在获得了用户"明确的书面同意"后才能通过互联网共享用户观影记录,同时保留用户随时撤回同意授权的权利。
>
> 　　23 年前后,隐私和隐私权的界定呈云泥之别。[①]

> **专栏 10-4　大数据预测、个性化推荐,该说 Yes 还是 No?**
>
> 　　大数据预测,是采用聚类、关联分析、统计学习等方法,对多来源、多形式、多维度的海量数据进行计算,从而不仅能"复现过去",也能"预测未来",很多成功的案例见于感冒疫情预测、经济走势反转点预测、CPI 指数预测等。当大数据预测所处理、分析的数据为人的活动时,比如,当看到求职者社交网上留着其"青春期"酗酒后的狂乱神态的照片,就此预测当事人未来还将缺乏自我把控能力而拒绝聘用,合理吗?
>
> 　　有学者考问大数据预测技术,认为其存在"结果预判挑战自由""隐私披露挑战尊严""信息垄断挑战公平""固化标签挑战正义"等伦理困境。[②]

> **专栏 10-5　技术之矛更尖利,隐私权防护之盾难抵挡。我们该不该放弃隐私?**
>
> 　　有观点认为,"隐私是控制应被分享的信息的一种手段,在 Web 2.0 或大数据时代隐私已经不能得到合适的辩护,应该主动放弃隐私"。[③]

10.4.3　隐私权、个人信息权的法律实践

　　隐私权指自然人享有的私人生活安宁与私人信息依法受保护,不被非法侵扰、知悉、搜集、利用和公开的一种人格权,已在大多数国家得到立法保护。随着社会发展,特别是技术

---

① DAVIS K, PATTERSON D. Ethics of big data: balancing risk and innovation[M]. New York: O'Reilly, 2012.
② 舍恩伯格. 删除:大数据取舍之道[M]. 袁杰,译. 杭州:浙江人民出版社, 2013.
③ 邱仁宗,黄雯,翟晓梅. 大数据技术的伦理问题[J]. 科学与社会, 2014(1): 36-48.

应用日益丰富,其客体范围不断扩展。目前,一般认为隐私权包括私密信息、私生活安宁、私人空间、私生活的自主;就其内容而言,主要指隐私享有权、隐私维护权、隐私利用权、隐私公开权。

信息时代,针对人们在网络活动而留下的丰富的身份、登录日志、交易或交互等个人信息,法律学者普遍认为应设立一种新型的权利,即**个人信息权**,来加以保护,以维护网络和大数据应用的可持续发展。所谓个人信息,是指与特定个人相关联的、反映个体特征的具有可识别性的符号系统,包括个人身份、工作、家庭、财产、健康等各方面的信息;而个人信息权是指信息主体对自己的个人信息所享有的进行支配并排除他人非法利用的权利,是一种积极的人格权。个人信息权的内容是信息控制权、信息利用权、信息知情权、信息收益权、错误信息的删除及更正权、信息安全维护请求权。也有学者提出将自然人在网络空间中的隐私权定义为网络隐私权。①

王利明认为个人信息权与隐私权应予以区分:第一,客体范围不同,隐私权的客体主要是一种私密性,很多隐私并不一定以信息的方式表现出来,如通信隐私、谈话隐私等,也有很多信息未必构成隐私,如个人姓名信息、电话号码信息等。第二,权利的性质不同,隐私权主要是一种精神性人格权,其财产属性并不突出,而个人信息权属于一项综合性的权利,不完全是一种精神性的人格权;隐私权主要是一种消极性的权利,而个人信息权主要是一种主动性的权利,可以进行积极利用。第三,权利的内容不同,隐私权主要包括了维护个人私生活安宁、个人私密不被公开、个人私生活自主决定,而个人信息权主要是指对个人信息的支配和自主决定。②

各国在立法保护隐私权和个人信息权的认识和实践上存在差异。随着互联网、大数据应用快速发展,我国积极推进个人信息或隐私权利相关法律建设。从 2000 年起已开始针对互联网应用的个人信息安全研究立法。2009 年全国人大通过《刑法修正案(七)》,在第 253 条增加第 1 款写明因出售、非法提供公民个人信息和窃取、非法获得公民个人信息而获罪的情形。2009 年 12 月全国人大常委会审议通过《消费者权益保护法》,对涉及侵害个人信息权利的行为作出法律界定和判决。2012 年 12 月,全国人大常委会《关于加强网络信息保护的决定》,将个人信息保护、垃圾信息治理、网络身份管理和主管部门的监管作为规制要点。2013 年工信部发布了《电信和互联网用户个人信息保护规定》,对电信和互联网服务过程中用户个人信息保护的细节进行了规定。2013 年 10 月第二次修订《侵权责任法》,规定网络用户、网络服务提供者利用网络侵害他人民事权益的应承担侵权责任。

2014 年 8 月起,国家互联网信息办公室得到国务院授权,负责互联网信息内容管理,并在随后两年内,陆续颁布《即时通信工具公众信息服务发展管理暂行规定》《互联网用户账号名称管理规定》《互联网新闻信息服务单位约谈工作规定》《互联网信息搜索服务管理规定》《移动互联网应用程序信息服务管理规定》《互联网直播服务管理规定》,规范运营商的行为。2016 年 11 月,全国人大常委会审议通过《网络安全法》,明确要求"网络运营商收集、使用个人信息,遵循合法、正当、必要的原则,公开收集、使用规则,明示收集、使用信息的目的、方式和范围,并经被收集者同意"。2017 年 12 月,国家标准《信息安全技术 个人信息安全规范》

---

① 张秀兰.网络隐私权保护研究[M].北京:北京图书馆出版社,2006.
② 王利明.人格权法研究[M].2 版.北京:中国人民大学出版社,2012.

(GB/T 35273—2017)颁布,提出以"权责一致、目的明确、选择同意、最少够用、公开透明、确保安全、主体参与"为个人信息安全的基本原则,对"个人信息""个人敏感信息"作了区分,对"个人信息主体"和"个人信息控制者"的权利义务作了界定,并在个人信息收集、保存、使用、委托处理、共享、转让、公开披露、安全事件处置和管理要求等方面制定了详尽的操作标准,为大数据创新者提供了较好的应用范例。

R10-5　隐私权与个人信息权多国立法实践比较

R10-6　我国隐私权和个人信息权相关法律条文

10.5　数据权利

10.5.1　数据的资产属性与数据权属

一种流行的说法称大数据为价值堪比石油的新财富,迈尔-舍恩伯格乐观预测,数据将会列入企业资产负债表。

从财务上看,自然人或法人的资产须具备三要素:

(1) 被他拥有和控制;

(2) 能够用货币来衡量;

(3) 能为他带来经济利益。

对照大数据实践,我们发现:

(1) 大数据在数据权属上存在模糊地带;

(2) 其货币价值依赖于数据质量,以真实性、可信性、完整性、可用性为度量;

(3) 大数据的价值多体现在关联价值上,即通过将数据不断聚合、加工后增值;

(4) 不同于物质性资产,数据的价值具有非消耗性,不随使用次数增多而减少。

除了改进技术应用手段,完善相关经济、市场规则外,要对数据的资产属性作出清晰的界定,同样涉及伦理判断,最核心的是数据权属问题。

让我们回到引爆大数据的社交网络及衍生服务来讨论。多数被深度利用的数据首先由社交网络的广大用户通过注册、登录、使用社交网络而提供,提供社交网络服务的企业用自己的服务器或租借云端存储来记录这些数据,并对数据进行各种计算以分析客户特性,便于其向用户推出个性化的服务(如"推荐好友""推送热点新闻")。近几年,社交网络还与其他企业结成联盟(如社交媒体携手电商),或在不同应用间共享用户数据(如电商与信用金融服务),作更大范围的联合商品/服务推荐,相关企业在资本市场和企业利润表上的数据也发生了明显增值。

可以看出，用户生成的原始数据是以上一切的基础。这些数据的权属在认识上和实践上存在多种分歧：

(1) 未清晰界定数据所有权和使用权，且缺乏明确的数据授权、让渡机制；

(2) 缺少对数据是否按照预设目的和要求来使用、共享和删除的审计权；

(3) 未定义涉及财产性和声誉性回报的数据分红权。

目前，在网络空间留下很多原始数据的用户，实际上很少拥有对这些自己产生并已为企业经营而用的数据资产的相关权利。相反，企业往往通过网站上发布权利声明，或清晰或模糊地保护其数据权利。例如，某搜索引擎在其权利页上公告："本公司拥有本网站内所有资料的版权，各分频道权利声明有特殊规定的，从其规定。任何被授权的浏览、复制、打印和传播属于本网站内的资料必须符合以下条件：所有的资料和图像均以获得信息为目的；所有的资料和图像均不得用于商业目的；所有的资料、图像及其任何部分都必须包括此版权声明；本网站所有的产品、技术与所有程序均属于本公司知识产权，在此并未授权。"还告知用户："您在使用搜索引擎时输入的关键字将不被认为是您的个人隐私资料。"

R10-7　几个网络知识众包和分享平台知识产权协议对比

显然，市场交易的公平性原则在大数据时代也因数据权属尚存很大争论正经受新的考验。如果因此而裹足不前、错失大数据发展的良机，非明智选择。相反，应推动数据交易市场，加速数据资产化进程，以公平交易原则及相关法律、伦理、道德同时作为约束，在发展中来逐步厘清数据权属，支持合法且"好"的商业创新和社会服务创新。

10.5.2　数据权属价值判断原则

要为大数据创新应用提供高质量的数据基础，必须坚持如下价值判断原则，谨慎对待各方数据权利。

首先，尊重原则。 应尊重包括专业人士、普通个人、公共治理权威和商业企业作为各类数据提供者的付出。经过长期学习和科学训练，科学家能通过科学观察、实验、理论分析和计算得到有价值的科学数据；普通个人用户通过自己的活动或网络服务，产生了大量的个人信息；政府公务员、从事公共服务的社会组织，在工作中积累、建立并维护公共服务数据；企业投入资金、场地、技术、人员和创意，不断创新应用，创造新的数据和知识。

其次，诚信原则。 进入数据流的各方数据提供者，应对本段数据的真实性负责，防止劣质数据。现实中，违反诚信原则的例子并不鲜见，如经篡改和伪造的科学研究数据，人为制造并借助网络快速扩散的谣言或不实信息，不完整的或多部门"打架"的公共信息。

最后，公平交易原则。 要研究数据估值和定价机制，形成公平、开放、透明、自由竞争的数据交易市场。这是一个难点问题，一方面，因为数据定价或估值问题复杂多样，其中涉及的利益主体数量不同、性质不一，价值目标和权重也有很大差异，如公开市场交易和"数据即服务"中的数据定价涉及广泛人群,需要探索能达到均衡博弈的价格形成机制;在点对点共享情形中的数据定价,则是双方议价的结果;对企业数据资产的估值,需要相对统一的行业分类、指标体系作参考;个人数据的定价机制,应当提供"底线关怀",努力使得普通人也能方便地保有、维持其应有权利。另一方面,由于数据的增值与技术和商业创新形式密切相关,与数据质量密切相关,存在极大不确定性,因此,需要研究动态的多阶段议价、定价机制或完善数据分红、审计机制。

10.5.3 防范数据滥用与垄断

大数据应用的崛起,为信息滥用提供了新机会。2014年6月17日,Facebook首席数据科学家亚当·卡拉默、康奈尔大学通信与信息科学学院教授贾米·古伊洛瑞等在《美国国家科学院院刊》发表研究成果指出,人们在社交网络的发帖具有情绪传染性。该研究因被认为滥用了用户私有数据而引发争议。按照课题组提出的假设,研究者对689003名Facebook用户修改了其好友发布新鲜事的数量或排序,而不修改发布内容,从而实现社会科学实验要求的控制对照。对该研究批判最多的是:被动接受负面信息的用户很有可能受到了负面情绪的不良影响。本研究在其不知情的情况下让他们受负面情绪感染而焦虑,有违科学伦理。

至于互联网行业普遍存在的"独角兽"现象,更多人开始担心由行业垄断导致数据垄断,进而造成网络生活的未知风险。

如果说,由于经济、知识、年龄等客观因素差异已经在人群中划出了"数字鸿沟",那么,在正在到来的大数据时代,横亘在个人与平台、微小创新企业与拥有大量数据的"行业巨头"之间的"数字鸿沟"更不容忽视(参见表10-4)。

表10-4 大数据时代"弱者"及保护

弱　　者	风险与威胁	保　护
"数字鸿沟"彼岸	丧失公平机会; 人财物安全受侵害	政府普惠信息设施、教育、基本社会保障; 培育和发展社会组织; 提供人性化公益服务
个人一方	个人隐私被侵害; 数据收益无保障	加快个人隐私、数据资产相关法治建设,尤其是司法实践; 研究、试行数据权属交易规则; 培育和发展坚守社会价值的社会组织
小微创业者	数据资产被垄断	加大数据共享、开放力度; 规范数据交易市场,强化法治建设

面对数据权利及其引发的伦理争议,特别是由信息数量的几何级增长给人们思维习惯、生存经验所带来的颠覆性改变,人类在享受数字化技术提供的诸多便利的同时,尚无能力辨识这种改变将把人类带向何方。因此,面对创业的新动力、可能的新问题,以安全、自由、正义、责任作为基本伦理原则,致力于建设一个美好的未来社会,是大数据从业者、监管者和用户的共同责任。在这样的社会里,个人安全及自由权利有保障,且以不伤害他人为边界;社会公正是协调全社会人与人之间自由权利的基本准则。然而,仅靠市场机制不能支撑社会公正的实现,还需要国家制度设计、社会组织安排及公民的自律合作来达到共治。

10.5.4 从数据公开到数据开放

谁占有数据,谁就占有先机。从增进社会福利角度考虑,大数据时代更应积极推动数据共享与开放,让人们能够更加平等、公平地访问和使用数据,让科学发现和知识生产过程更加快速,让更多产品和服务得以萌生,让更多的就业机会和更适宜的生活方式不断涌现。

当我们回顾现代科学研究实践之路,可以看到鼓励公开和分享数据的情况。与30年前相比,更多的跨国科学研究大平台(如欧洲核子研究组织,CERN)鼓励科学家共同体一起开展研究;更多的科技期刊要求作者不仅提供原始资料、数据,还需提供公开代码(open codes)以便检验真实性、分享成果[①];呼吁在线开放出版的声音不停传出,希望以网络具有的"去中心化"和"开放""众包""自洁"能力来消除封闭办刊的出版周期长、学术霸权等弱点。

现在,地球、气象、海洋、环境等全球问题的科学观测、实验、模型计算数据可以分享;排序搜索、随机优化、人脸识别领域有各类Benchmark问题及计算方法可以比较;统计公报、档案、史料等社会经济数据可以公开获取或按需提供;数字图书馆、数字档案馆、数字博物馆提供在线馆藏共享;维基百科、百度百科、知乎等提供在线开放知识问答。同时,人们呼吁政府开放其掌握的人口、教育、交通、公共事业等政务数据,呼吁商业上下游和垂直业务数据共享,这些声音日趋强烈。

专栏10-6的故事出乎意料。[②]

专栏10-6 *Nature*论文和其57000多Foldit游戏玩家作者

即使在现代计算能力下,解蛋白质结构依然是一个高复杂度的计算问题。借助网络游戏的魅力,科学家David Baker团队开发出一款名为Foldit(组装蛋白)的在线游戏,给定一个目标蛋白,玩家用各种氨基酸进行组装,最终拼凑出这个蛋白的完全体。游戏上线后,在超过57000个玩家的努力下,不断投放的蛋白质结构以大大领先于科学计算的速度被玩家解算出来。这">57000 Players"第一次以共同作者身份出现在*Nature*杂志上。这个案例,既挑战了科学研究一定需要严格专业训练的公众认知,也说明开放数据确实能激发和挖掘人们积极的社会价值。

数据共享、公开和开放,其含义有差异,见表10-5。

表10-5 数据共享、数据公开和数据开放的比较

类型	访问模式	数据要求	权利约定方式
数据共享	一对一、一对多和多对多 一般不公开访问	单独约定	逐一授权

---

① 见Nature,2014-10-30,514:536。编辑部要求所有在其杂志上发表的论文,尽可能提供其所用计算机代码的公开访问途径。

② 众包完成的Nature大作:世界上作者最多的文章[EB/OL].(2015-03-03)[2016-02-20]. http://mp.weixin.qq.com/s?__biz=MTg0MzMwODA0MQ==&mid=212096672&idx=1&sn=9ae685833d418e4f26a9ab0f021b7f10&scene=2&from=timeline&isappinstalled=0#rd.

续表

类型	访问模式	数据要求	权利约定方式
数据公开	一对多,公开访问	包含元数据	公开声明文件约定
数据开放	一对多,公开访问	开放授权 数据结构化 开放格式 提供 URI 定位 能与其他数据链接	公开声明文件约定

科研数据从私密、交换、共享到开放,经历了不短的历史,研究者个人、共同体、资助机构逐渐形成共识,从个人荣誉、同行竞争、共同体价值和社会福祉等方面确立了较高的价值目标和较为平衡的荣誉分配体系。伴随着大数据商业创新和政务创新热潮,对数据共享、开放的呼声日益高涨,由于国家治理、市场规则、社会伦理交叠作用,个中情形更为复杂。

专门从事大数据方向的研究人员指出,政府应在保持国家安全的前提下,主动带头开放公共数据,以促进大数据研究;创业者也认为,共享和开放数据可以推动生产、生活、政府治理能力和水平的大幅提升。以美国政府数据开放(www.data.gov)为先导,英、日和中国都开始了政府数据开放实践。

对使用开放数据的人们而言,首先要求数据具有高质量,其次是能够获得,也要考虑易架构、易管理、易本地处理等操作性指标,最后才是费用,因为开放并不意味着完全免费。在政府的带动下,不少企业进入数据开放市场:大企业由于有更强的数据资产意识、权利意识和安全保护机制等,具有优势;一些新兴企业以数据交易为核心业务,主动把握数据获取和处理技术、交易模式和定价机制并占有先机,如贵州大数据交易所、数据堂等交易平台。更有人倡议采用互联网思维推动数据开放,号召参与的政府部门、企业各方遵守共同的标准技术规范,实时维护、开放各自产生的数据,并按照共同认可的机制保护权利、分享利益。

按照本书倡导的工程伦理价值原则,从政府免费、企业有偿服务到数据共同体共享互联的各种数据开放模式,都需要以明晰数据权属、分离所有权与使用权、有效识别敏感数据、深度脱敏处理、严格使用审计与追责为前提。

R10-8 贵州大数据交易所

10.6 大数据公共治理伦理

10.6.1 中西公共治理价值观的差异

国家制度是当今人类社会的一种基本形态。现代国家保持政治权力、领土和人民三要素统一,强调国家主权及其合法性。

现代国家的基本职能是:
(1) 保护本国免受其他国家的侵犯;

(2) 保护国内每个人免受他人的侵犯与压迫；

(3) 承担个人或少数人不应或不能完成的事情，如发展国民经济、提供公共服务。

面对当今经济、资源、人才流动全球化和信息传播网络化的格局，有公共管理学者建议用**公共治理**代替**国家治理**概念，并提出现代公共治理理念必须从**管制**(regulation)走向**治理**(governance)，呼吁**共治**和**善治**。**共治**，强调个人、社团、企业、政府等各方利益主体的平等性、参与性、协调冲突等操作原则；**善治**，更进一步强调相互尊重、合作、公平、共济、透明等伦理价值。

中西方国家的肇始，可分别追溯到埃及、巴比伦、希腊、罗马、印度、中国等不同文明，经上千年商业、文化和战争交往，在工业革命兴起后，先后开启现代化进程，形成现代国家和国家制度。当今的中西方国家，具有相近的基本功能、基本要素和基本职能，然而，由于各自自然资源、历史发展和所形成的主流文化思想上存在显著差异，它们在社会价值观和受此影响的公共治理伦理上也各有侧重。陈来以西方近现代价值观为参照，指出脱胎于"家国天下"传统社会伦理的中华价值观表现出四大特色：

(1) 责任先于自由；

(2) 义务先于权利；

(3) 群体高于个人；

(4) 和谐高于冲突。[①]

10.6.2 大数据公共治理的伦理选择

电子政务是将信息技术引入政府管理和公共服务实践的开端。近年来，以美国为首的各国政府看到了大数据带来的公共治理巨大红利：利用政务管理数据、在线金融旅行商务等服务数据以及社交网络数据，可以较为准确地识别危机（人或事）、匹配公共服务的供需、进行经济社会统计和预测，等等。2012年3月29日，美国在全球率先发布《大数据研究和发展计划》，协调、汇聚高质量的政务数据并对公众开放，冀望通过对海量和复杂的数据进行分析，获得真知灼见，以提升对社会经济发展的预测能力。

我国政府积极推动大数据战略，2015年8月31日，国务院印发《促进大数据发展行动纲要》（以下简称《行动纲要》），提出要加快政府数据开放共享，推动资源整合，提升治理能力；推动产业创新发展，培育新兴业态，助力经济转型；强化安全保障，提高管理水平，促进健康发展。

让我们从伦理角度分析《行动纲要》提到的大数据征信体系建设。

R10-9 中国政府数据资源共享开放工程

R10-10 中国政府治理大数据工程促进计划

---

① 陈来.充分认识中华独特价值观——从中西比较看.人民日报,2015-03-04.

中国人民银行个人征信系统由国家主管公共部门最早建设,2004年小范围试用,目前向全国自然人开放查询,其信用评估数据最初来自个人金融服务记录(如信用卡、存贷款)和政务处理相关数据(交通违章、企业经济诉讼等),提供信用信息提示、信用信息概要和信用报告三个级别的个人信用信息。

支付宝于2014年10月上线的芝麻信用属第三方信用评估。它依托阿里云的技术力量,对3亿多实名个人、3700多万户中小微企业数据进行整合,涵盖了信用卡借还款、网购、转账、理财、水电煤缴费、租房信息、住址搬迁历史、社交关系等各种"电子痕迹"数据,从用户信用历史、行为偏好、履约能力、身份特质、人脉关系五个维度作出信用评估。

上述两大平台都可以介入计划建设的全国统一的信用信息共享交换平台。芝麻信用已经开发了若干应用,促进其芝麻分的使用,如让蚂蚁微贷旗下"花呗"据此评估贷款风险并决定额度、利率、期限。

就目前情形看,芝麻信用获取的数据来自每个人的上网记录。很少上网的"网外人"信用得分可能大大低于他的社会表现,因此,该大数据采集极有可能存在偏差,结果可信度和公正性存疑。由于支付宝是阿里集团旗下产品,能方便地共享阿里其他产品(如滴滴打车)累积的个人数据。不过,用户在最初使用滴滴打车时并未被明确告知将用于计算本人的芝麻信用分,因此,它对用户的知情权和参与权保障不足。此外,由于多应用的数据连接在一起,大大提升了平台的安全风险,需要更明晰、可感知、有信度的安全审计来保护用户。

在各国公共治理实践中,或多或少存在对某些信息的管制、屏蔽和删除等规制。这也可能伤及用户正当的信息可及性,如一国境内不能直接访问境外某些网站。此外,技术上缺乏足够的识别不良信息、垃圾信息的能力,也会造成信息不当可及。大数据公共治理的伦理困境表现在:一方面,网络和信息技术使得实施网络信息管控异常方便;另一方面,怎么界定、保护、转换(或授权)用户的信息访问控制权(access control)还未形成社会共识。

也许可以从责任伦理、集体利益、后果优先等方面来进行考量。

这里仅仅指出:**信息惠民**,可能是大数据公共治理中的最高要求。信息惠民,惠什么?一是方便,提供方便的服务,公众感觉到被服务的方便;二是安全,集中的、强大的风险防范强于分散的、薄弱的甚至缺失的风险防范;三是和谐美好,让社会运行更加和谐,让人民生活更加美好。

10.7 大数据创新科技人员的伦理责任

10.7.1 大数据伦理责任特点

大数据,是一把双刃剑。本节面向大数据从业人员,尤其是创造各种新颖奇特的大数据研究和应用的科技人员,讨论其应具有的伦理责任意识、应担负的伦理责任和应遵循的行为规范,帮助他们构建安全、和谐、有利于增进社会福祉的工作平台。

数据伦理责任是具有普遍意义的伦理责任在大数据时代的具体化,因此,它具有伦理责任的一般特征;同时,由于数据管理和网络社会自身的自由性、开放性和虚拟性等特点,数据伦理责任又有自己的特殊性,表现为自律性、广泛性和实践性。

10.7.2 大数据创新科技人员的伦理责任意识

从构思、设计、开发、投入市场、使用到服务乃至退出市场,围绕一项大数据创新应用,科技人员首先需要面对企业和客户,其次往往需要面对非客户的社会大众和政府。

正确识别各类责任主体的利益关注点,理解他们的价值追求及行为动机(见表10-6),是大数据创新科技人员必须具备的伦理责任意识。

表10-6 不同责任主体进行价值追问的动机

责任主体	价值追问收益
企业	通过明确责任、降低风险以快速吸引用户; 通过对约束和义务的全面理解而减少法律纠纷; 借由共同价值观而加快协作创新的进程; 追求实现长期目标而减轻意外后果的风险; 获取榜样的示范效益
个人	个人德性之要求; 对个人遵从的价值观的梳理、践行、坚持与进步(如爱国、敬业、诚信、友善); 了解做人做事的底线、边界和高度
社会大众	梳理和践行社会层面的核心价值观(如自由、平等、公正、法治); 参与到技术与社会的互动中,主动发声; 保护社会公序良俗; 保护创新源泉
政府	建设法治政府、责任政府、透明政府; 凝聚人民信任,致力富强、民主、文明、和谐美丽国家的建设与发展; 适时修订法律条文,明确大数据的应用底线,保护公众利益,维护社会价值

10.7.3 大数据创新科技人员的伦理责任

大数据创新科技人员的伦理责任主要表现在以下五个方面。

1. 尊重个人自由

在大数据时代,尊重个人自由,很大程度上表现为自觉地、发自内心地尊重个人隐私,遵从伦理道德。

2. 强化技术保护

通过不断完善信息系统安全性能,部署防火墙、入侵检测系统、防病毒系统、认证系统,采取访问过滤、动态密码保护、登录限制、网络攻击追踪方法的技术手段,强化应用数据的脱敏处理、存取管理、业务审计,确保系统中的用户个人信息得到更加稳妥的安全技术防护。

3. 严格操作规程

制定严密的数据管理和追责制度，包括数据获取、清洗、存储、传输、分享、交易、关联分析等环节的权限管理和访问日志，规范所有能接触到数据及算法的人员的操作行为。同时，对于重要和关键数据，要建立多重访问控制规则，提高信息外泄成本，降低风险。

4. 加强行业自律

努力培育和强化行业自律机制，发挥行业自律的灵活性和专业化优势，弥补法律法规滞后的缺陷。重点行业应制定自律规范和自律公约，规范大数据的使用方法和标准流程。

5. 承担社会责任

共同承担建设安全、可信、平等、可及、惠民的大数据社会的责任，避免发明伤害他人、涉嫌歧视、损害名誉、降低道德水平的大数据产品和服务，在企业私利和社会公德之间履行好大数据科技创新人员的社会责任。

10.7.4 大数据创新科技人员的行为规范

国际电子电气工程师学会(IEEE)可能是与大数据创新科技人员联系最广泛的职业组织。针对网络和大数据应用对社会生活产生的巨大作用，2014 年 6 月，IEEE 发布《国际电气电子工程师学会行为规范》(IEEE Code of Conduct)，提出 5 项规范[①]：

(1) 尊重他人；
(2) 公平待人；
(3) 避免伤害他人、财物、名誉或聘用关系；
(4) 克制而不报复；
(5) 遵守与 IEEE 有业务往来的各国适用法律及 IEEE 的政策和流程。

其中，特别提到要尊重他人隐私，保护他们的个人信息和数据；不在现实生活和网络空间中做危害人类的事情，不用错误或恶意的方式侵害他人身体、财产、数据、名誉和聘用关系；不在网上和其他场所传播关于他人的恶意谣言、诽谤、污言秽语和物理伤害。与此前1990 年发布的《国际电气电子工程师学会伦理条例》(IEEE Code of Ethics)的 10 条规定相比，更突出网络和大数据的特点，更落实到行为层面，因此，指导性、操作性更好。

R10-11 国际电气电子工程师学会伦理文本（1990 年和 2014 年）

---

① IEEE Board of Directors. IEEE Code of Conduct[EB/OL]. [2016-02-20]. http://www.ieee.org/about/ieee_code_of_conduct.pdf.

作者与一群正在学习大数据的信息专业学生讨论,从获取、交易和应用三个阶段,尝试提出一些合乎大数据伦理的行为规范,见表10-7。

表10-7 大数据处理不同阶段的伦理行为规范

操作阶段	原则1	原则2	原则3	原则4
大数据采集	知情同意原则:用户有权作出Y/N选择	自由选择原则:用户可以决定数据被采集的范围	随时可删原则:用户随时可以彻底删除数据	—
大数据交易	明白交易原则:明确所交易的数据范围、使用规范、定价策略等	保证用户数据安全:脱敏个人信息并安全存放、传输	再交易通报原则	使用可审计、权利可撤销原则
大数据应用	隐私保护原则	价值维护原则	—	—

本章概要

本章以从事大数据创新的科技人员为主要对象,以数据伦理问题及伦理责任为重点,对信息技术的社会影响,特别是信息与网络空间伦理问题进行了梳理,旨在帮助他们促进可持续的大数据创新,推动社会福祉不断改善。

主要内容包括:20世纪中期兴起的信息技术,具有连接、交互、渗透、融合等特点,在科学、工程、生产、经济和社会生活各个方面得到快速发展和广泛应用,推动了生产与经营模式、个人与社会生活方式的颠覆性变革。由此,在信息与网络空间领域,新技术创造出虚拟化的人际关系、隐蔽的网络行为、知识的易复制易传播能力、萌生的信息鸿沟、全球范围的信息互通与国家主权治理的矛盾等,引出信息技术和网络空间伦理新问题。正在到来的大数据热潮,因其特有的关联分析和深度挖掘能力,又形成了如下新的伦理挑战:数字身份及其行为正当性、个人隐私被挖掘、暴露、滥用的风险,数据权利的混用、误用、滥用,公共治理责任与公民自由权利的界限等。本章从企业、个人、社会大众和政府四个不同利益群体角度,分析数据伦理问题,基于责任伦理讨论数据伦理原则,并对大数据创新从业人员提出了具体行为规范建议。

参考案例

参考案例1 微信朋友圈中的伦理

微信从2011年1月21日起步,针对iPhone用户发布测试版,从QQ号导入联系人信息并提供即时通信、分享照片等简单社交功能。到2012年4月19日,微信4.0版本发布,正式推出朋友圈功能,用户可以与微信好友分享照片和文字信息,还可利用开放API与其他应用链接。微信满足了用户"自我表达"的需要,此后迅速聚集人气,用户迅速达到1.2亿。

与当时风头正健的微博主要面向陌生人社交不同,朋友圈是以基于手机通讯录为主的熟人圈,因此相似背景朋友的思想与情感的共鸣是朋友圈构建商业生态的基础。截至2015年9月,微信平均日活跃用户已达到5.7亿。由大规模互联朋友圈引发的各类伦理困境成为工程开发人员必须面对的社会问题。

首先,朋友圈的发展与传统道德产生碰撞,拉大儿女与父母之间的数字鸿沟。调查显示,七成青少年不愿意让父母看自己的朋友圈,他们潜意识里有避开束缚、渴望自由的本能,会把父母拉入朋友圈的黑名单。在朋友圈中,子女成为信息"富有者",被屏蔽的父母成为信息"贫困者",这与中国传统道德观念中,对父母"知无不言、言无不尽"的思想产生剧烈冲击。

其次,朋友圈的发展诱发网络不良行为,为垃圾消息的传播提供了平台。研究表明,熟人圈的封闭性和相似性,容易形成"极化思维"和"放大谣言"。

再次,朋友圈的发展带来轻熟人社交,引发个人信息与隐私侵害。微信陆续推出"查看附近的人""摇一摇"功能,模糊了"熟人""陌生人"的界限,微信社交成为边界模糊的"轻熟人社交",朋友圈可能成为隐私泄露之通道。

最后,朋友圈的发展引起数据权利之争,尤以微信朋友圈广告正式上线开始。因为,微信可能通过对用户微信数据进行分析和挖掘来做精准广告投放而获益,由此产生用户数据拥有权和受益权之争。

请讨论:在微信社交中,你是否遇到过真实的伦理冲突?你认为微信应该如何改进以更好地保护相关利益?

参考案例2 芝麻信用

阿里巴巴旗下的支付宝于2014年10月上线了芝麻信用,整个信用体系将包括芝麻分、芝麻认证、风险名单库、芝麻信用报告、芝麻评级等一系列信用产品,背后则是依托阿里云的技术力量,对3亿多实名个人、3700多万户中小微企业在阿里巴巴各个平台(如信用卡还款、网购、转账、理财、水电煤缴费、租房信息、住址搬迁历史、社交关系等)的数据进行整合、挖掘,然后以用户信用历史、行为偏好、履约能力、身份特质、人脉关系为五个维度,给出国际通行350~950分的信用评分。[①]

一位淘宝用户听说芝麻信用后,偶然上网查看自己的信用分,产生以下疑问:芝麻信用获得使用我的信用卡还款、网购数据的授权了吗?什么场合什么形式进行的?芝麻信用是否超出当时的授权?芝麻信用存在偏见、不公的风险吗?如何改进?

思考与讨论

1. 个性化推荐是大数据商业创新的一种重要形式。请结合实际案例,从数据权利、数字身份、个人隐私等角度,讨论专为私人打造的个性化推荐服务应该怎么做,才能合情合理又合法。

2. 大数据创新离不开基于真实大数据的科学研究活动。请查阅资料,思考并讨论大数

---

① 具体内容可参考网页链接:http://www.528090.cn/catalog.asp? cate=2。

据科学研究可能涉及哪些伦理问题,大数据科研伦理行为规范应该包含哪些内容。

参考文献

[1] 拜纳姆,罗杰森.计算机伦理与专业责任[M].李伦,金红,曾建平,李军,译.北京:北京大学出版社,2010.

[2] 迈尔-舍恩伯格.大数据时代:生活、工作与思维的大变革[M].周涛,译.杭州:浙江人民出版社,2012.

[3] DAVIS K, PATTERSON D. Ethics of big data: balancing risk and innovation[M]. New York: O'Reilly,2012.

[4] 邱仁宗,黄雯,翟晓梅.大数据技术的伦理问题[J].科学与社会,2014,4(1):36-48.

[5] 朱锋刚,李莹.确定性的终结:大数据时代的伦理研究[J].自然辩证法研究,2015,31(6):112-116.

[6] MITTELSTADT B, FLORIDI L. The ethics of big data: current and foreseeable issues in biomedical contexts[J/OL]. Science and Engineering Ethics, 2016 Apr,22(2): 303341(2015-05-23)[2015-12-22]. Http://link.springer.com/article/10.1007/s11948-015-9652-2.

[7] 张秀兰.网络隐私权保护研究[M].北京:北京图书馆出版社,2006.

[8] 马克思主义理论研究与建设工程重点教材《伦理学》编写组.伦理学[M].北京:高等教育出版社,人民出版社,2012.

[9] 张永强,姚立根,杨纪伟.工程伦理学[M].北京:北京理工大学出版社,2011.

[10] 马丁,辛津格.工程伦理学[M].李世新,译.北京:首都师范大学出版社,2010.

[11] 哈姆林克.赛博空间伦理学[M].李世新,译.北京:首都师范大学出版社,2010.

[12] 桑德尔.金钱不能买什么:金钱与公正的正面交锋[M].邓正来,译.北京:中信出版社,2012.

[13] 迈尔-舍恩伯格.删除:大数据取舍之道[M].袁杰,译.杭州:浙江人民出版社,2013.

[14] 勒庞.乌合之众:集体心态的奥秘[M].段力,译.北京:时事出版社,2014.

[15] 穆勒.网络与国家:互联网治理的全球政治学[M].周程,等译.上海:上海交通大学出版社,2015.

[16] 俞可平.论国家治理现代化[M].北京:社会科学文献出版社,2015.

第 11 章 环境工程的伦理问题

引导案例：再生水厂建设与选址案例

随着某城市经济和社会的高速发展，城区面积不断扩大，人口剧烈增加，现有排水管道系统和市政污水处理厂的污水处理能力已不能满足城市的需求，因此，需要建设再生水厂，处理生产生活中的废水，并变废为宝，实现再生水回用，保护水资源。

拟建再生水厂工程建设规模 6.5t/d，该工程使用"组合膜生物反应器(MBR)生物处理＋臭氧催化氧化"工艺，采用具有脱氮除磷的生物处理工艺，结合膜的高效分离技术，去除有机物、悬浮物(SS)、氮、磷等污染物。再生水厂出水设计指标为《城镇污水处理厂水污染物排放标准》(DB11/890—2012)中的新建城镇污水处理厂基本控制项目排放限值 A 标准。按照规划，将建成完善的城市污水收集、输送、处理和排放系统，污水处理率达到 100%。出水指标达到相关标准后排入河道，主要用作河道换水，再生水回用率达到 50% 以上。

此项工程建成投产后，按其处理规模和去除污染物浓度计算，每年可减少排放污水 2000 多万吨，化学需氧量(COD)、五日生物需氧量(BOD_5)、SS、氨氮(NH_3-N)等污染物质排放量每年都将减少 90% 以上；并能够提供约 6.5 万 m^3/d 的再生水进行回用。这对于保护和改善当地水环境、保护当地的水资源具有非常重要的意义。

项目位于该市地下水源防护区和地下水源补给区的上游，为全市几十万人口的地下饮用水源地，地下水类型为孔隙潜水。项目厂址距离水源地不超过 6km，且该项目场地河道与地下水有紧密的水力联系。该地区地下水埋深多在 20～50m 之间，项目建成以后，部分附近村庄使用该再生水厂出水灌溉。该地区地下水环境很敏感，距离项目直线距离约 6km 的河道下游水源保护区为重点敏感保护对象，该项目的实施有可能影响水源防护区和地下水源补给区的地下水环境，特别是再生水厂发生事故后，事故排水会经附近河道迅速进入到地下水中，长期可能会污染地下水源地，危及到全市几十万人口的饮用水。

负责该项目的设计人员小王是刚毕业两年的年轻工程师，他喜欢设计工作，努力严格地按照标准进行设计，并希望自己的设计方案能得到资深工程师的审核。小王拟设计事故污水收集池，环保部门建议收集池容量至少达到每天排放的污水量，大约 6.5 万 t 以上。然而项目业主暗示希望将收集池的设计容量减小，如设计成 3 万 t。如果小王接受了业主单位的建议，将事故污水收集池容量设计减小，一旦出现事故，收集池容纳不了即排污水，会对周边地下水产生不良影响。而如果小王按照环保部门的要求设计大于每天污水量容积的收集池，又在某种程度上增加了雇主的负担，使其利益受损。小王应该如何做？

小王在完成再生水厂的设计之后,设计公司的赵总找了几个相熟的专业人员对设计方案进行了简单评审,就通过了设计方案,并未邀请相关领域经验丰富的工程师进行严格审核。小王对此感到忧虑,并向设计能力受自己尊重的领导反映,被告知他的设计方案将由业内经验丰富的工程师再次进行评审。然而小王的设计并没有如预期得到审核,相反,设计图纸在盖章之后就交给了承包商,并很快开始了工程建设。小王很担心由于经验不足会出现设计错误,导致出现严重问题,内心十分忐忑。

再生水厂建设过程中,拟采用MBR膜工艺,设备招标过程中MBR膜工艺设备厂商K公司给招标负责人小刘送去了礼物,价值8000元,希望优先考虑其公司的产品。如果小刘接受了礼物,并采纳了该公司的设备,对小刘的行为应该如何评判?如果小刘在进行了一系列研究试验之后发现K公司的设备在性能、质量等方面均有相当的优势,决定使用该公司的设备,在他下了订单之后,K公司代表拜访了小刘,并给他送了价值8000元的礼物,这种情况下,小刘接受礼物属于违背伦理章程的行为吗?

再生水厂出水通常用于河道补水,虽然河道采取了防渗措施,对地下水环境影响相对较小,但一旦出现防渗破损,河水将会由河道包气带渗入到地下,对地下水环境造成较大影响。再者,虽然再生水满足一定的水质标准,但再生水中含有很多如药物及个人护理品(PPCPs)、内分泌干扰素(EDCs)等新型污染物,对人体健康存在风险,而现行标准如对地下水影响的评价大多参考《地下水质量标准》(GB/T 14848—2017),没有考虑上述指标,不能全面反映地下水环境问题。环境标准应该随着科技和社会的发展不断更新,否则即便满足标准要求也无法确定对地下水环境的实际影响。一方是对环境和资源有益的环保工程,一方是相对未知的地下水影响和几十万人的饮用水安全,对于此类问题,作为承担此项目的管理者、工程师以及环评人员,应该如何做?

11.1 环境工程伦理问题的产生

11.1.1 环境工程的演变及特点

在人类发展过程中,很早就认识到生存环境质量的重要性,并有意识或无意识地通过工程方法来维护或保障生存环境质量。人类在同环境污染作斗争、保护和改善生存环境的过程中逐步形成了环境工程学。

早期的环境工程中,在水资源开发与保护方面,饮用水的取用可能是人类最早进行的环境工程实践。我国早在公元前2300年前后就出现了人类最早的水资源开发活动,发明了凿井取水技术,促进了村落和集市的形成。水的清澈透明度和味道是人们通过直觉感受到的水质指标[①]。人类最早的水资源保护措施大概就是继而建立的持刀守卫水井制度。给排水工程方面,我国在公元前2000多年以前就修建了陶土管地下排水道,美索不达米亚文明(公

---

① 张文启,饶品华,潘健民.环境与安全工程概论[M].南京:南京大学出版社,2012.

元前 3500—公元前 2500 年)记载有污水和雨水混合排放方式,公元前 800 年罗马人修建了渠道集中供水和敞开式排水系统。在饮用水净化方面,我国在明朝以前就使用明矾净化饮用水,英国在 19 世纪初便使用砂滤法净化自来水,在 19 世纪末开始采用漂白粉消毒。在污水处理方面,英国在 19 世纪中叶开始建立污水处理厂,20 世纪初开始采用活性污泥法处理污水。此后,卫生工程、给水排水工程等逐渐发展形成一门技术学科。在大气污染控制方面,美国在 1885 年发明了离心除尘器消除工业生产造成的粉尘污染。进入 20 世纪以后,逐渐出现了除尘、空气调节、燃烧装置改造、工业气体净化等工程技术。在固体废物处理方面,古希腊在公元前 3000—公元前 1000 年开始采用填埋方法对城市垃圾进行处置。20 世纪出现了利用工业废渣制造建筑材料等固体废物处理和利用工程技术。在噪声控制方面,中国和欧洲一些国家古建筑中墙壁和门窗位置的安排都考虑到了隔声的问题。20 世纪开始对噪声问题进行广泛研究,在 50 年代建立了噪声控制的基础理论,形成了环境声学。

20 世纪以来,利用化学、生物学、物理学、地学、医学等基础理论去除废气、废水、固体废物、噪声等污染的单项治理技术有了较大的发展,逐渐形成了治理单元技术和工艺系统。50 年代末,中国提出了资源综合利用的观点。60 年代中期,美国开始技术评价活动,并在 1969 年的《国家环境政策法》中规定了环境影响评价制度,人们逐渐认识到控制环境污染不仅要采用单项治理技术,而且要采取综合防治措施和对环境污染的控制措施进行技术经济分析,以防止在采取局部措施时与整体发生矛盾而影响清除污染的效果[1][2]。环境系统工程和环境污染综合防治的研究工作迅速发展,陆续出现了环境工程学的专门著作,形成了一门新的学科。

环境工程是研究和从事防治环境污染和提高环境质量的科学技术,是人类为减少工业化生产过程和人类生活过程对环境的影响进行污染治理的工程手段[3],依托环境污染控制理论、技术、措施和政策,通过工程手段改善环境质量,保证人类的身体健康和生存以及社会的可持续发展[4]。环境工程的基本内容主要有大气污染防治工程、水污染防治工程、环境污染综合防治、固体废物的处理和利用、环境监测与环境质量评价、环境系统工程、环境规划与管理等几个方面。

R11-1 环境相关工程

---

[1] 张文启,饶品华,潘健民.环境与安全工程概论[M].南京:南京大学出版社,2012.
[2] 林海龙.基础环境工程学[M].哈尔滨:哈尔滨工业大学出版社,2013.
[3] 王晓昌,张承中.环境工程学[M].北京:高等教育出版社,2011.
[4] 胡洪营,张旭,黄霞,王伟.环境工程原理[M].北京:高等教育出版社,2005.

11.1.2 环境工程伦理问题的产生

从 20 世纪五六十年代开始,随着工业化的发展、人口急剧增加,生产力飞速发展,科学技术不断进步,人类影响自然界的规模和深度不断扩大,工业"三废"和生活污水等造成的环境污染和生态破坏也日益严重,环境问题的出现使人们认识到人类只有一个地球,环境资源是稀缺的,环境问题也开始成为一个全球性、普遍性的社会问题,引起世界各国的普遍关注。

工程活动与生产活动息息相关,任何物质的创造都会使用资源、消耗资源,在消耗资源的过程中必然会有废弃物的排放。从工程活动主体的角度讲,工程实施的目的是为了造福人类,工程活动也是由人来实施,工程活动的主体主要包括工程师在内的相关人员。任何工程都是在一定的自然环境中进行的,都是改造自然材料,使它服务于人类的需要,尤其是环境工程,是一种直接改变或恢复自然状态的工程活动。[①] 这也就产生了环境工程中的伦理问题。分析环境工程活动中的伦理问题,与其他工程类似,同样会面临公共安全、生产安全、社会公正、环境与生态安全问题、社会利益公正对待问题、工程管理制度的道义性以及工程师的职业精神与科学态度问题。值得一提的是,环境工程不仅可以解决环境污染、资源利用等环境问题,还会带来可观的社会效益和一定的经济效益。

其中,最值得探讨与深思的环境工程伦理问题就是环境保护与经济发展的统一和对立问题。对人类系统来说,经济活动至关重要,经济活动是其他一切活动的物质基础,经济关系也是其他一切社会关系的物质基础。[②] 而环境是社会经济系统的基础,也是人类生存和发展的根基。人类经济活动所带来的诸如环境污染、生态失衡、人口爆炸、能源危机等全球性问题,威胁着人类的生存和发展,其中环境问题主要指由于人类经济和社会活动引起的环境破坏,实质是经济发展与环境保护的冲突,是人与自然关系的失调。[③]

自然环境与人类生存发展密切相关,是有机统一的整体。人类自觉营造的物质生产环境,从宏观上看也是一个开放性的巨系统,维持系统生存发展的能量流和物质流一般都是人类主动向大自然索取的结果。随着人类科学技术的进步,向自然环境系统的索取能力不断加强,自然环境系统各因子间平衡以及系统动态平衡已经遭到破坏。人类大规模地对自然环境施加不良影响所依靠的是科学技术,最终协调人类物质生产环境与自然环境的关系,也得靠科学技术的进步。[④] 但总体上,在当前绝大多数国家和地区,生产环境和自然环境的关系还是处在对立大于统一的情况中,自然环境运行机制被破坏甚至接近断裂临界度危险境地的现象层出不穷。

经济活动所造成的负面效应,其直接原因是由于环境的经济价值没有被计算到经济成本中,以及由此产生的环境经济观指导着人类的经济活动。自然资源的有限和对自然资源需求的不断增长,特别是环境污染的控制目标和对能源需求之间的矛盾愈演愈

---

① 肖平.工程伦理导论[M].北京:北京大学出版社,2009.
② 林官明.环境伦理学概论[M].北京:北京大学出版社,2010.
③ 李永峰,等.环境伦理学教程[M].哈尔滨:哈尔滨工业大学出版社,2011.
④ 邝福光.环境伦理学教程[M].北京:中国环境科学出版社,2000.

烈。[①] 环境道德作为调节人与人、人与社会之间关于生态环境利益关系的规范,其基本原则就是生态整体利益和长远利益高于一切,也就是实现人类和自然生态系统的可持续发展。

1. 环境保护工程的公益性

自然环境是不可分割的整体,所有权为全民共有。环境问题也往往具有整体性,不可能只影响到单独的个人或群体,而是会对不特定的多数人造成影响,有明显的公益性。因此,对环境的污染和破坏就是对公共利益的侵害。从利益角度出发,保护环境、调节人与自然的关系,实质上是调节代表各种短期利益、局部利益、个体利益的个人利益与代表全社会、全人类的公共利益之间的关系。[②]

环境效益是指生产过程中在占用和耗费一定自然资源的条件下,由于污染物的排放或环境治理等行为而引起环境系统结构和功能上的相应变化,从而对人的生产和生活环境造成影响的效益。在占用和耗费同样自然资源的情况下,如果能够维护生态平衡,使工程及周边居民的生产和生活环境不致恶化或得到改善,便具有较好的环境效益;反之,如果破坏了环境及生态平衡,导致工程周边居民的生活和生产环境恶化,此工程具有较差的环境效益。

实施环境保护工程的单位往往并不是直接受益方,基于环境保护的重要意义而进行的环境工程,可能不会带来直接的经济效益或社会效益,而是长远的环境效益。这就使在环境工程活动中出现了直接效益与间接效益之间矛盾的伦理问题,以及短期利益与长远利益之间矛盾的伦理问题。

2. 环境保护局部与整体的利益分配问题

环境问题没有国界,属于全球性问题,突出表现在水污染、大气污染、土壤污染、海洋污染、生物多样性锐减、沙化和气候变化等方面,严重影响着人们的生活质量和人类的生存发展。

罗尔斯正义论的两个正义原则:第一,每个人都应享有与人人享有的一种类似的自由权相一致的最广泛的、全面的、平等的基本自由权的平等权利。第二,社会和经济的不平等应该在与正义的储存原则一致的情况下,适合于最少受惠者的最大利益(差别原则);依系于在机会公平平等的条件下职务和地位向所有人开放(机会的公正平等原则)。虽然罗尔斯认为,正义的主题就是社会的基本结构,就是主要的社会体制分配基本权利与义务以及确定社会合作所产生的利益分配方式,但公益和私益的不同是环境领域与其他领域最大的区别,罗尔斯正义论的两个正义原则主要是建立在保护个人权利和利益的基础上的,而环境保护的目标一般是公益而非私益,是以义务为基础的。在环境保护领域,环境正义的实现更多依靠人类自身,遵循普遍义务和共同但有区别责任原则以及能者多劳原则,在国内及国际间公

[①] 李永峰,等.环境伦理学教程[M].哈尔滨:哈尔滨工业大学出版社,2011.
[②] 赵然.环境法的公益性探讨[J].今日南国,2010(08):128-129.

平平等地分配义务和责任。[①] 环境正义的实现应该是以环境义务为本位,所有公民(不包括后代人和自然体)对大自然都负有环境保护的责任和义务。

由于环境工程主要是保护或增加公共利益,大多会不可避免地涉及或损害私人利益和其他利益,因此在界定公共利益时不仅要对局部公共利益与整体公共利益、短期公共利益与长期公共利益进行评判,也要对可能涉及的私人利益与可能增长的公共利益进行合理考量,对实现公共利益的不同方式加以论证[②]。如果仅仅以减损私人利益的方式却又不给予合理补偿,这种增进公共利益的方式就有违公平和正义[③]。这也是环境工程活动中会遇到的伦理问题之一。

3. 环境污染问题的追溯与责任主体

环境污染的追溯与责任主体的确认是个极其复杂的问题。由于不同类型的环境污染纠纷成因不同,责任主体不同,相应的预防处理方法也不同。如果不对污染问题深入调查与分析,简单以"谁污染,谁治理"为由,将污染纠纷的所有过错都推给企业,让企业承担不应承担、也不能承担的一切责任,不仅有失公正,难以服人,而且不能从根本上解决污染纠纷,也无法有效地从源头上控制污染纠纷的产生。环境污染纠纷主要有以下三种情况。

政府责任型环境污染纠纷:其产生的根源是政府在社会管理中存在失职或过失等不当行为,致使污染危害由间接转化为直接,或导致污染滋生和蔓延,具体可能存在规划不当、违规审批、执法不力、地方保护、法规缺失、界定困难等问题。

企业责任型环境污染纠纷:此类型环境污染纠纷的直接责任人是企业,由于企业排污行为直接导致污染纠纷的产生,具体可能存在规避监管、违反"三同时"制度、违反限期治理制度、推卸责任、拒绝赔偿等问题。

混合责任型环境污染纠纷:一些老企业的污染问题对群众生活影响恶劣。这些污染纠纷通常潜伏着复杂的历史原因,夹杂着政府和企业的双重因素。有些企业在设立之初并不引发污染纠纷,但是在发展过程中,由于忽视污染防治工作,片面追求经济效益,致使污染程度越来越严重,影响范围随之不断扩大。政府在城市发展过程中,无序扩张,规划不当,城市区域功能紊乱,企业的环境污染问题随之显露,引发污染纠纷。这是企业片面发展生产和政府规划职能缺失两方面共同作用的结果。

例如,土壤重金属污染便是典型的难以溯源和确认责任主体的环境污染问题。重金属进入环境后不能被分解和净化,受到重金属污染的土壤会随着时间对重金属进行富集,进而导致农作物的重金属超标,影响食用安全,危害人体健康。而且土壤重金属污染具有隐蔽性和潜伏性,这决定了其危害需要通过农产品及摄食的人或者动物的健康状况反映出来,从污染到产生严重后果有一个逐步积累而后显现的过程,不易被及时发现,因此,重金属环境污染损害的防治非常困难。[④][⑤] 当人们的身体健康遭受某种污染物的严重伤害,开始意识到是源于土壤污染时,实际上可能距离土壤被人为污染的行为发生已经很久了。但农民或许并

---

① 苑银和.环境正义批判[D].青岛:中国海洋大学,2013.
② 赵然.环境法的公益性探讨[J].今日南国,2010(08):128-129.
③ 同②.
④ 赵瑞.重金属污染损害赔偿法律制度研究[D].桂林:广西师范大学,2014.
⑤ 张颖,伍钧.土壤污染与防治[M].北京:中国林业出版社,2012.

未意识到土壤遭受重金属污染会影响农作物的食用安全,或许为了生存只能选择继续使用受污染的农田种植农作物,如此便形成了一个恶性循环。[①] 由于重金属环境污染损害的隐蔽性和长期性,污染行为可能会在发生几十年后危害才被发现,其污染行为和损害结果的因果关系就很难被认定和判断。同时,由于重金属污染造成的损害具有复杂性,又受限于现代的科技水平,损害结果也可能由多重原因复合造成,因此在事实认定、污染溯源、举证责任、责任分担等方面的难度非常大,这对环保工作者的职业要求非常高,也会涉及很多相关伦理问题。

4. 环境相关工程中的特殊伦理问题

人都是有独立意识的,每个个体都有各自的价值观,在环境保护过程中可能会产生人的绝对自由与环境保护的冲突或不一致、大众与社会认知的平衡问题等。同时也会有环境工作者从事环保职业与个人理念的不一致。功利主义伦理价值观认为:追求个人利益最大化既是人的根本天性,也是人们一切行为的准则,只要增进了个人利益的最大化,也就实现了社会整体利益的最大化。工程师的功利观既有为人类谋福利的"大我"功利动机,也有个人谋求生计、牟利发财的"小我"功利动机。[②] 在这些功利动机的驱使和支配下,工程师利用自己掌握的知识、智慧、经验和技巧实现各种技术在工程中的应用。而随着自然环境的日益恶化,如何解决环境问题成为当前首要关注的全球性事件。但由于环境工程师的工作直接涉及环境保护,相对其他工程师及非环境工作者来说,环境工程师应该负有更加特殊和更加重要的环境伦理责任。[③] 实施满足生态环境需求的工程或技术,既是环境工程师的职责,同时也可以赢得同行的肯定,为环境工程师带来社会赞誉和名声。

环境工程师个体基本上都是政府或公司的雇员,需要努力工作换取经济收入来维持生活,所以,环境工程师作为一个普通人,追求个人的社会名誉、物质利益是无可厚非的[④]。而且环境工程师作为一个普通人,有权在与自然和谐相处中享受健康高效的生活。[⑤] 他是否可以在非工作时间放下自己作为一名环境工作者而被捆绑的责任和义务,仅仅作为一名普通人,享受大自然赋予每一个人的权利,尽情享用自然资源,享受舒适的生活呢?现代社会科学技术的飞速发展,使得消费主义应运而生。高科技产品消解了自然对人类基本生存的束缚和威胁,消费主义作为一种毫无节制地占有与消耗自然资源和物质财富的消费观、价值观,主张人们对物质产品毫无必要的更新换代,随意抛弃仍具有使用价值的产品,采取地球资源难以承受的消费方式,奉行消费主义只能造成资源的浪费和生态的破坏。[⑥] 环境工程师不应把必要的消费约束视作对自然界的一种"恩赐"来加以炫耀,而应视作为了自己、自己的亲人以至子孙后代必须履行的一项义务、一个责任而加以坚持。[⑦] 为了阻止自然环境的进一步恶化,工程师需要扭转一味追求技术效率和最大产出的功利观,确立起自然环境的伦

---

① 左玉辉. 人与环境[M]. 北京:高等教育出版社,2010.
② 李醒民. 科学探索的动机或动力[J]. 自然辩证法通讯,2008(1):27-34.
③ 龙翔. 工程师的功利观对环境伦理的遮蔽[J]. 自然辩证法研究,2011(6):59-64.
④ 同③.
⑤ 杨冠政. 环境伦理学概论[M]. 北京:清华大学出版社,2013.
⑥ 同③.
⑦ 沃德,杜博斯. 只有一个地球[M]. 北京:燃料化学工业出版社,1974.

理地位,明确对自然环境的伦理责任。①

11.2 环境工程中的生产安全与公共安全

11.2.1 环境工程中的生产安全

环境工程中的生产主要涉及自来水厂对水源水进行净化后生产饮用水,以及污水处理厂处理污水,或者再生水厂处理污水后产生可供特定范围内应用的再生水等。现代工业生产活动是人、机器与环境共同存在、相互影响的系统,安全生产保证了系统的可靠。人是生产活动的主体,不仅具有能动的创造力,而且自由度较大,尽管在主观上不愿意受到伤害,但由于心理、生理、社会、经济等各方面因素的影响,无法完全避免行为失误的发生。再者,每个人对机器的驾驭能力和对环境的适应能力都会有所差异,如果想增加生产系统的可靠程度,必然要经过后天的学习和经验的累积。此外,现代工业生产活动属于集体劳动,生产过程需要人与人的协调配合,个人的失误可能对周围设施和其他人,甚至整个生产过程造成不可逆的伤害或破坏。要保证生产作业中的协调也要经过严格的培训,并且要严格遵守规程和纪律。企业中发生的工伤事故 70% 左右在不同程度上都与人的失误(无知、误动作或违章)有关,而出现这些问题最根本的原因就是安全意识薄弱。② 各职能部门、各级领导和各岗位职工应该对施工人员负起安全责任,制定和落实安全技术规程、安全规章制度和安全技术措施,给施工人员提供安全的生产环境和生产条件,组织安全培训和安全知识学习,指导劳动保护用品和防护器具的正确使用,保证安全设施的到位和完好,做好应急防范措施等。只有具有安全保障,才能让工程师负责、合法地从事职业行为,有效提高职业声誉和效用。目前,环境相关工程中涉及对工程师等生产人员伤害的案例相对较少,主要是生产过程中出现的问题可能对环境和公众带来影响和危害。

11.2.2 环境工程中的公共安全

环境工程涉及的公共安全主要是指环境保护工程建设和运营中产生的涉及大多数工程享用人和利益相关人的生命、财产、健康、环境的安全问题,是公民最重要的基本权利。③ 公共安全问题主要发生在公共工程运营中,是由于其公共性或由于其影响的公共性给非工程直接利益相关的社会公众带来的安全问题。

安全是所有工程规范优先考虑的问题,环境工程师必须把公众的安全和健康放在首位,同时也要关注对环境本身的保护。环境工程师的首要责任便是关注安全问题并保护公众的安全。产品、结构、生产过程或材料不安全都会给人类和环境带来不适当的风险。美国全国职业工程师协会章程要求工程师在公众的安全、健康、财产等面临风险的情况下,如果工程

---

① 纳什.大自然的权利[M].杨通进,译.青岛:青岛出版社,1999.
② 李亚峰,晋文学.城市污水处理厂运行管理[M].北京:化学工业出版社,2010.
③ 胡洪营,张旭,黄霞,王伟.环境工程原理[M].北京:高等教育出版社,2005.

师的职业判断遭到了否决,那么工程师有责任向雇主、客户或其他适当的权力机构通报这一情况。①② 但环境工程师在关注安全时,同样不可避免地会遇到伦理困境,特别是在关注公众安全和健康的同时,也要关注对环境本身的保护。比如工程师在关注安全上负有多大的责任?工程师如何能够关注安全问题?关注安全问题时如何与环境保护相协调?管理者和公众又是如何来认识安全问题?工程师如何解决安全保护与利益关注的冲突?详见本章引导案例。

在环境工程设计阶段、建造和生产阶段、工程维护和保养阶段,工程师作为工程设计的主要承担者和执行者,均面临着遵守职业规范和工程标准还是服从雇主或管理者命令和要求之间的冲突。③ 职业规范和雇主都要求工程师设计符合工程规范、法律规定和建设指标的设计图纸或样图。按照职业规范要求,工程师会优先选择安全系数更高的设计方案,在材料的选取、技术方案的选择、施工进展等方面进行监督以保证工程安全质量;而雇主或管理者则更倾向于选择经济效益更高的方案,而且可能会要求工程师忽视工程标准的执行,降低施工标准或偷工减料,或者为了赶超进度,要求工程师修改工程施工标准和实施计划。在继续关注工程产品对社会或环境造成的影响时,工程师如果发现可能的风险,有责任和义务对工程进行改进和改造,并向管理者汇报风险状况,但管理者出于资金、收益等考虑,往往忽视或压制工程师的建议,甚至要求工程师保密。管理者的这种做法显然有悖于环境工程中的公共安全要求。无论是工程师还是管理者都应将公众的安全、健康和福祉置于首位,并且仅以客观的和诚实的方式对社会发表公开言论,同时避免发生欺骗性的行为。

案例:兰州自来水苯含量超标事件

兰州市威立雅水务集团公司检测显示,2014 年 4 月 10 日 17 时出厂水苯含量高达 $118\mu g/L$,22 时自流沟苯含量为 $170\mu g/L$,11 日 2 时检测值为 $200\mu g/L$,均远超出国家限值的 $10\mu g/L$。威立雅公司认为可能是化工厂污水污染自流沟,但直至 11 日 12 时,权威部门才正式公布水污染事件。这意味着,在长达 19 个小时的时间里,真相只掌握在少数人手中,而很多市民已经饮用了苯严重超标的自来水。

接到报告后,甘肃省委省政府立即作出批示,要求务必将群众安全饮水放在第一位采取措施,迅速启动公共突发事件的相关预案,查明原因,有效应对。兰州市委市政府连夜安排市建设、卫生、环保、安监等部门进行监测复核并主持召开紧急会议,成立应急处置领导小组,启动应急预案,并赶赴现场指导应急处置工作。

4 月 11 日凌晨 3 时起,兰州威立雅水务公司向水厂沉淀池投加活性炭,吸附有机物,降解苯对水体的污染。4 月 11 日上午 11 时,停运北线自流沟,排空受到污染的自来水。南线输水管道正常供水。截至 4 月 13 日 21 时,省环保厅环境监测站监测的四个抽样点中,西固区取样点苯含量为 $2.67\mu g/L$,其余三个取样点即自来水厂 1 号泵房、自来水厂 2 号泵房以及安宁区取样点均未检出苯含量。此次受影响较严重的西固区已停水,已有消防部门向该地区提供免费桶装水、瓶装水。而在主城区,实施降压供水。4 月 14 日,兰州市政府新闻办通报称,经事故应急处置领导小组及专家研判,全市自来水已稳定达到国家标准。截至 14

---

① 哈里斯,普理查德,雷宾斯.工程伦理:概念与案例[M].丛杭青,等译.北京:北京理工大学出版社,2006.
② 张恒力.工程师伦理问题研究[M].北京:中国社会科学出版社,2013.
③ 同②.

日上午7点,兰州的城关、七里河、安宁、西固4个区全部解除应急措施,全市自来水恢复正常供水。兰州市在4月15日新闻发布会上公布,根据兰州市产业结构,今后出厂自来水检测指标中将增加对苯物质指标的检测,并由威立雅水务集团每月向市民公开通报一次。

此次事故的直接原因是兰州威立雅水务公司3号、4号自流沟由于超期服役,沟体伸缩缝防渗材料出现裂痕和缝隙,兰州石化公司历史积存的地下含油污水渗入自流沟,对输水水体造成苯污染,致使局部自来水苯超标。而油污主要来源于兰州石化1987年和2002年的两次爆炸事故,使渣油泄漏渗入地下。

原兰化公司原料动力厂原油蒸馏车间R205A#渣油罐,曾于1987年12月28日发生物理爆破事故,罐体破裂造成$90m^3$渣油泄出,其中有34t渣油跑料未能回收,渗入地下。该装置建于1982年,2003年停用,2006年拆除。拆除后,在原址建成现有的40万t/a芳烃抽提装置,罐区设计分别储存馏分油、轻油、渣油。原兰化公司原料动力厂原油蒸馏车间泵B-113出口总管曾于2002年4月3日发生开裂着火,泄漏的渣油当时未统计具体数量。另外,救火过程中产生的大量消防污水渗入地下。

间接原因包括四方面:兰州威立雅水务公司的主体责任不落实,兰州石化公司的环境风险和隐患排查治理不彻底,兰州市职能部门履行职责不到位,兰州市政府和西固区政府履行职责不到位。

兰州自来水先后于1987年和2002年出现污染事件,但一直未能引起足够重视。隐患未及时消除,特别是对城市唯一水源地穿越石化工业区的问题,并未认真研究解决,加之监管不力,导致"4·11"局部自来水苯指标超标事件的发生,给市民生活带来严重影响。

水厂采用水泥材质管网,使用寿命通常在30~50a,且运行30a后需进行彻底加固、砌衬等防渗施工。水厂自流沟建于20世纪50年代,属于超期服役。1987年,因自流沟施工缝密封材料老化,致使该地区含油地下水渗入,污染了自来水,被迫进行过局部封堵维修。至2008年,其上建有8万多平方米违法建筑,改变了地表土层的应力结构,加速了自流沟变形,使底板、沟壁、顶板出现裂纹及防渗层脱落,再加上既有施工缝、沉降缝密封材料的持续老化,共同恶化着水网设施运行环境。[①] 原本应该承担供水安全责任的水务公司,却在市场化和企业利益最大化双重目标驱使下,不断追求经营成本最小化,忽视社会安全。

据水厂有关人员说,4月10日超标水样的采样时间实际上是4月2日。据报道,从4月9日开始已有一些人因饮用自来水产生不适反应。据了解,其实在苯污染发生的最初时段,兰州石化公司内部职工已经知晓了此事,并提前储存了一定量的矿泉水。

在此事件中,环境工作者遭遇到了一系列的伦理困境。水厂采用水泥材质管网,建于原油和化工管道之上,超期服役,并已先后出现两起自来水污染事件,在这种情况下,仍然未采取防范措施。作为负责供水安全的工作人员,知晓关于自流沟管道所有的状况,也清楚这可能存在的安全风险,但不可避免地存在岗位职责与企业利益的冲突,或者迫于领导压力,或者存在其他主观或客观原因,抱着矛盾和侥幸的心理,未把供水安全放在考量首位,直至出现了严重的苯污染事件。

从兰州威立雅水务公司首次检测到自来水苯指标超标,到兰州市委市政府接到自来水苯超标的报告,再到兰州市政府正式向中央、省市新闻媒体和全体市民发布局部自来水苯指

---

① 冯跃威.宁给外人不予家人?——兰州"水污染事件"思考之一[J].中国石油石化,2014(09):31.

标超标事件的消息,时间过去近一天公众才得知真相,致使大量居民饮用了苯超标的自来水。[①]

在公众安全面临风险的情况下,前线工作人员有责任第一时间向雇主、用户或职能部门通报,但上级部门可能由于数据核实、危机公关、公众恐慌等一系列考量,迟迟未向公众通报风险状况。作为负责供水安全的前线环境工作者,应将公众的安全、健康和福祉置于首位,而这往往面临着职业操守与忠诚雇主或管理者之间的伦理冲突。

11.3 环境工程中的社会公正与环境生态安全

11.3.1 环境工程中的社会公正

社会公正是群体的人道主义,即尊重和保障每个个体的合法的生存权、发展权、财产权、隐私权等。人人平等的一般含义为均衡,即对社会各种关系的调节,必须坚持使社会成员的作用和他们的权利与义务之间、社会地位之间、贡献与索取之间相互协调,从而达到社会生活的稳定、持续、有序。

环境工程中的社会公正涉及资源和利益的分配、强势群体与弱势群体、发达国家和发展中国家、主流文化与边缘文化等方面的问题,会产生工程得益者与受害者的矛盾,委托人、出资人与所有工程相关人员之间的矛盾。每个人都享有自由和安全的权利、生活的权利、受教育的权利、思想信仰和宗教自由的权利、参与社会活动和自由表达的权利、在社会可持续发展的前提下为更体面的生活目标而利用自然资源的权利。所有个人、社团、国家都应尊重这些权利,并且捍卫和保护不仅仅是个人而是所有人的这些权利,任何个人、社会或民族都无权剥夺他人生存的权利。所有对社会有价值的存在形式都应得到尊重和保护,每个个体都会对环境产生影响并应承担相应的责任。人类的生存和发展不应威胁自然系统的整体性和可持续性,人类作为能动的改造环境的主体,应该保护自然界的多样性和生态进程,并应可持续地利用资源。[②]

在贫穷与富裕的地区之间、在不同社会与不同利益团体之间,以及不同的代际之间,每个人都应该合理地利用资源并承担相应的义务和责任。每代人都有责任和义务为下一代人留下一个可持续发展的社会,或至少不差于他们继承下来的社会环境和自然环境。任何社会和时代的发展都不应该阻碍或限制其他社会或时代的发展。保护人类和自然系统的可持续发展是世界范围的责任和义务,它超越于各种文化上的、思想意识上的以及地理上的界限。[③]

环境公正应做到公平分配社会资源,永续利用资源以提升人民的生活品质,个体、社会群体都拥有对干净的土地、空气、水和其他自然环境平等享用的权利。环境正义论认为弱势团体及少数民族有免于遭受环境迫害的自由和权利。我国目前的环境不公正主要与社会转型期社会分层的变迁有关,主要表现为强势的经济阶层对于正在上升的弱势阶层的社会排斥,主要是强势的经济社群城市和企业把环境污染的社会代价转嫁给处于底层的农村社区

---

① 许孝媛. 以"兰州自来水污染"事件为例浅析政府危机公关[J]. 社科学论,2014(11):174-175.
② 余谋昌. 传播环境伦理,建设环境文化[J]. 中国城市经济,2004(02):4-9.
③ 同②.

的农民。环境分配的不公正造成了一定程度的社会断裂,生活在同一社会的不同社群却没有共同的未来。

R11-2　全国 27 个省份藏 247 个癌症村,中国疾控中心证实癌症与水污染相关!

11.3.2　环境工程中的生态安全

人类中心主义认为人是万物的尺度,借助实践哲学使自己成为自然界的主人和统治者,人是目的,是自然界最高立法者,按照人类的价值观来考虑宇宙间的所有事物。非人类中心主义主张把价值观、权力观和伦理观扩展到自然界。非人类中心主义的出现使人类重新认识自己,重新认识人与自然的关系,认识自然界的有限性和特殊价值,并非人类才有价值。

资源使用、利益和代价的公正分配、危险与污染程度、权力与侵权、后代需要等问题虽然在环境伦理学中占有重要位置,但都认为环境从属于人的利益,环境只是一种辅助性工具。[①] 只有当人们足够尊重大自然,提出对环境的恰当尊重和义务问题,而不只是提出对自然的合理利用时,人们才能领会环境伦理学最深层的本质含义。

当今社会中,环境工程中会涉及各种环境标准和规范,这些标准中的具体阈值对生态安全和人体健康影响巨大,因此环境标准的制定很大程度上体现了人类对待自然生态系统的态度。环境标准的制定和实施也是环境行政的起点和环境管理的重要依据。标准的科学合理与环境保护及社会经济发展之间却存在着不容忽视的伦理矛盾。环境质量标准除以环境基准为主要科学依据外,还要考察国家在经济和技术上的可行性,既遵循自然规律,又遵循社会经济规律[②]。我国环境标准虽然数量和种类繁多,但标准本身存在着滞后、空白、总量控制标准少、确定和修改依据不明、缺少专门针对公众健康设定的指标以及针对同一环境要素数值交叉等问题[③]。环境标准应该随着科技和社会的发展不断更新,而我国实施 10 年以上未予修订的环境标准依然存在。虽然我国已形成"两级五类"环境标准体系,但是在光、热等污染类型上,或许由于难以控制、无法解决等困惑而未指定相关环境标准[④]。环境污染对人体健康的影响是公众最为关注的,环境标准限值应与保护人体健康目标相统一,但我国绝大多数标准并未针对公众健康设定相关指标,涉及对生态影响的则更少。

环境工作者在进行工程实施过程中,经常会遇到标准过时或不全面、对生态安全的损害缺乏判定标准等问题。环境工程师如遇到在符合排放标准的情况下,相关工程仍会对接触人群造成健康损害或者对生态环境造成潜在危害时,是按照满足现行环境标准进行工程实施,还是向环境保护部门申请停止污染源的排放,确保生态安全,往往由于环境标准与企业

---

① 韩广,杨兴,陈维春,等. 中国环境保护法的基本制度研究[M]. 北京:中国法制出版社,2007:401.
② 金瑞林. 环境与资源保护法学[M]. 北京:高等教育出版社,2006:104.
③ 张晏,汪劲. 我国环境标准制度存在的问题及对策[J]. 中国环境科学,2012,32(1):187-192.
④ 同③.

利益之间的矛盾而陷入两难境地。

案例：某再生水地下回灌项目

某地区地下水严重超采,地下水位大幅度下降,地下含水层有相当的可调蓄空间,为恢复此区域生态用水,改善区域周边水环境,拟采用再生水回灌的方式为该地区含水层补给水源。由此,经当地政府批准,实施了再生水资源利用工程,将其他区域污染河水收集起来,利用 MBR 工艺进行处理后引入该地区。工程受水区域位于地下水源保护区等环境敏感区域,生态补水工程对于区域生态和地下水源地水质安全可能产生不利影响。

该地区再生水利用工程分两期建设,一期工程、二期工程设计年调水量均为 3800 万 m^3。工程采用具有脱氮除磷功能和高效泥水分离的加药絮凝＋MBR 工艺,参考《城市污水再生利用景观环境用水水质》(GB/T 18921—2002)标准、《城市污水再生利用地下水回灌水质》(GB/T 19772—2005)标准(地表回灌方式)和《地表水环境质量标准》(GB 3838—2002) Ⅲ 类水体标准,该工程主要设计出水水质指标除总氮外要达到地表水 Ⅲ 类水标准。

地表水-土壤-地下水资源转化是研究领域中的一个新的重要方向,再生水入渗对地下水环境影响的行为研究不仅涉及生态环境、水文地质、水文地球化学等领域,还涉及环境水化学、微生物等多个领域,具有明显的多学科交叉渗透特点。本工程进行回灌后,河道附近 30m 深监测井的地下水位变幅明显,其中距离河道近的监测井出现明显上升现象,尤其是近河道的监测井出现了快速上升趋势。河道受水后对浅部 30m 含水层的地下水水质产生了显著影响。

尽管此工程参考了上述 3 种国家标准,但是再生水入渗的影响是一个长期缓慢的过程,由于技术、经费等客观条件的限制,对痕量有机污染物、药物及个人护理品(PPCPs)等指标还无法进行很好的跟踪监测。随着检测技术的发展、新兴污染物的出现,现有标准总是无法涵盖所有的风险物质,对于标准里没有的风险物质如何更加科学地评估其风险大小？环境工作者在无法明确回灌风险的情况下,是否应该采取此措施对地下水进行水源补充？这仍然是值得探讨的问题。

11.4 经济发展与环境工程师的社会责任

人类社会的生存和进步与经济发展密不可分。经济再生产包括经济和自然两种基本形式。传统经济学重视经济的再生产活动,认为经济再生产的过程是与自然环境毫无联系的封闭体系。但是,人类的经济活动与自然界密切相关,经济再生产必然会从自然界索取资源,并不断地将产生的废弃物排入自然界,损耗自然资源,对环境产生影响,并很可能造成环境污染。[①]

环境对于维持人类的生存与发展同样至关重要,一个工程应以一种有利于社会的方式进行实施和管理,工程实施者亦应负有社会责任。社会责任包括环境保护、社会道德以及公共利益等方面,由经济责任、持续发展责任、法律责任和道德责任等构成。环境问题涉及社会公共利益、经济利益与生态利益相互协调的问题。环境保护、环境管理应被纳入企业的经

---

① 李永峰,等. 环境伦理学教程[M] 哈尔滨:哈尔滨工业大学出版社,2011.

营决策之中,企业应保持寻求自身发展与社会经济可持续发展目标的一致性,把环境代价纳入生产成本中。但遵守严格的环境标准,注重环境效益,短期内无疑会使经营成本增加,收益降低,削弱企业的竞争力。保持并提高企业的竞争力以实现企业的营利目标,最终实现股东或企业利益最大化,是否必然会以牺牲环境利益为代价?环境工程的社会责任应为在保护环境的同时促进或不阻碍经济的健康发展,以及保护其他社会利益。

在社会公众的层面上,环境工程师的活动直接影响着人类的发展和生存环境。环境工程师应担负起保护自然环境、生态系统和维护人与自然和谐发展的生态伦理责任。环境工程师可以通过环保工程改善环境,也可能因为采用的技术或实施过程的不合理性破坏环境。无论是环境工程师还是其他工程师,都有责任准确有效地评估和说明新建工程或新技术可能带来的后果,从而避免对社会和生态环境的危害。

案例:曹县垃圾发电项目环评造假事件

曹县生活垃圾焚烧发电厂一期(600t/a)工程,位于曹县磐石办姚寨村原垃圾填埋场内。项目总处理规模为1200t/a,分两期进行建设,一期处理规模为600t/a,配12MW汽轮发电机组一台,远期工程增加600t/a。2015年5月,曹县政府向山东省环保厅提交了关于申请生活垃圾焚烧发电项目环评批复的报告,但环保厅在电话抽查中竟然发现,30户居民中存在不知道搬迁事项情形,曹县项目报告存在环评造假行为。对于这种环评不诚信的行为,山东省环保厅进行了公开批评,并责令其进一步认真核实垃圾填埋及垃圾焚烧发电项目环保搬迁户数,附搬迁居民签字。

据山东省环保厅介绍,其实早在2015年3月,环保厅就已经出具了《山东省环境保护厅关于不予审批曹县生活垃圾焚烧发电厂一期(600t/a)工程环境影响报告书的函》,垃圾焚烧发电项目在现有垃圾填埋场上建设,因目前垃圾填埋场项目环保搬迁仍未开展,且未落实环保验收批复中的政府环保搬迁承诺,环保厅不同意审批该项目,并将报告书退回。

环评期间,曹县政府先后多次就项目环保搬迁问题出具文件。2012年3月,出具了《关于曹县生活填埋场赵楼村村民按期搬迁的承诺》,承诺于2014年5月底前完成赵楼村183户搬迁;2014年2月,出具了《曹县人民政府关于赵楼、李庄两自然村搬迁的意见》,说明2015年12月底前完成赵楼村(含李庄村)现有241户的搬迁工作。

前不久上报的《曹县人民政府关于申请生活垃圾焚烧发电项目环评批复的报告》说明近期将着手搬迁,其中焚烧发电项目涉及拆迁户30户,保证于2015年10月31日前完成拆迁。但30户居民对此并不知情。

近年来环保造假现象屡见不鲜,特别是一些较为敏感的如垃圾焚烧项目,地方政府担心群众反对,想尽手段通过环评关。根据环评法规定,实行环境影响评价"一票否决",凡是违反环境影响评价的规划不予审批,凡是不符合环境影响评价要求的建设项目不得实施。但多年来,在利益驱使下,环评违规手段花样繁多。环保部之前一项统计显示,全国1100多家具有资质的环评机构中,422家有过违法、违规案底,占比超过1/3。而环评机构造假,与项目建设单位、地方政府的授意密切相关。

环评工作者在这其中担任的角色至关重要又尴尬无比。一方面是作为环境工作者必须承担的社会责任,必须承担起保护环境的责任,并追求真理、公平公正;一方面是企业、政府等项目的利益方为规避环境问题而提出的无理要求。环境工作者在处理上述类似事件时,往往身陷两难之地。

11.5　环境人的职业精神与科学态度

环境工程师大都受雇于政府部门或企业,是职业人的身份,相当程度上是服从领导的指令,不管工程师的技术力量有多强。[①] 环境工程师面临很多内部的职业问题,单靠工程手段无法解决。在工程设计和操作过程中存在着很多两难困境。

现代工程需要广阔的基础知识,因此要求环境工程师必须具备自然科学知识、社会科学知识等基础知识和较高的专业知识。工程师应具备获取知识的能力、理解分析能力、应用实践能力、综合协调能力、表达沟通能力。工程师应具备事业心、创新精神、集体主义精神。工程师应具备人与自然和谐相处、实事求是、多边合作、保证工程质量的道德原则。工程师应用自己的知识和创造性的劳动,造福于人类,协调好个人利益同集体利益和国家利益的关系。工程师应不断努力钻研业务,增新、更新本专业的科学技术知识,维护和发展专业文化。在自己职责范围和本人能力范围内积极开展专业活动,同专业组织一起加强公众意识和合作,抵制不道德行为。[②] 依法保护知识产权,在广告和个人宣传中应提供正确、准确、客观的信息,维护顾客和雇主利益及专业隐私。

其中,诚实是所有社会都提倡的基本道德规范,工程师伦理规范中无不强调诚实。环境工程师应该在陈述主张和基于现有数据进行评估时,保持诚实和真实。环境工程师必须诚实和公正地从事环境工程互动,环境工程师提供的服务必须诚实、公平、公正和平等,应该避免欺骗性的行为。环境工程师应做到提供准确完整的信息,且所提供的信息要能够被理解,在没有外部控制和影响下作出同意的决定。

实际工程中,工程师的不诚实行为不仅包括篡改数据、伪造数据、修饰拼凑、抄袭剽窃等行为,还包含有意不传达听众所合理期望的不被省略的信息。

案例:某饮料公司伪造在线监测数据事件

近年来,为加大对企业环保措施的监管,实现对大气、水环境的实时监测,由中央和地方配套投入污染在线监测网络的资金已逾百亿元。然而,一些企业从最初的偷排未达标污染物,到现在通过改变监测设备的数据,以逃避环保部门的监测、监管。2015年1月1日,新修订的《环境保护法》正式实施,其中就有严禁通过伪造检测数据等逃避监管的方式违法排放污染物的条款。

某公司在华的合资饮料有限公司因为涉嫌伪造环保数据被相关主管部门予以处罚。该公司主营业务为生产销售包括液体饮料、固体饮料、茶饮料、果蔬饮料、矿泉水、纯净水、咖啡等饮料在内的系列饮料,是中国最大的瓶装业务投资公司。此次,该公司的瓶装厂出现伪造环保监测数据事件,在业内人士看来该公司存在监管责任。

2015年9月11日,兰州市环境监察局会同兰州市公安局环保分局执法人员,对该公司

[①] 王子彦.环境伦理的理论与实践[M].北京:人民出版社,2007.
[②] 重庆市工程师协会.工程师职业道德准则[EB/OL].[2016-02-20]. http://www.sxsgpp.com/ReadNews.asp?NewsID=78.

进行现场检查时发现,该公司通过改变污水在线监测设备采样方式,伪造监测数据,逃避环保监管。该行为违反了《中华人民共和国水污染防治法》第二十二条和第二十三条的相关规定。该公司违法事实清楚、证据确凿,兰州市环境保护局依据中国《环境保护法》第六十三条第三款和《行政主管部门移送适用行政拘留环境违法案件暂行办法》之规定,将该案移送兰州市公安局进行处理。10月15日,兰州市公安局依法对该公司主管人员处以行政拘留5天的处罚。

经该公司内部自查,事发当日当班员工发现污水监测设备测量值不稳定,存在异常情况,未按照流程操作造成在线污水监测设备未能正常运行,从而导致监测数据失实。据称,公司已第一时间按照相关政府部门的要求进行了整改,相关监测设备已于当日恢复正常运行。该公司表示,作为一家负责任的企业,环境保护和可持续发展一直是企业日常运营的重中之重。企业不能容忍此类违规行为,对于管理上的疏忽,将以此为鉴,严格加强内部管理,杜绝类似问题再次发生。

截至10月24日,当地环保部门并没有该公司超标排放或造成水污染等违规违法行为的相关通报。该公司伪造在线监测数据是否因为污水排放不合标准呢?到底采取了何种方式"伪造监测数据"?违规排放的污水有多少吨?具体污水的实际指标如何?目前这些外界十分关注的问题还不明朗。

中国《水污染防治法》第二十二条规定:向水体排放污染物的企业事业单位和个体工商户,应当按照法律、行政法规和国务院环境保护主管部门的规定设置排污口;在江河、湖泊设置排污口的,还应当遵守国务院水行政主管部门的规定。禁止私设暗管或者采取其他规避监管的方式排放水污染物。第二十三条规定:重点排污单位应当安装水污染物排放自动监测设备,与环境保护主管部门的监控设备联网,并保证监测设备正常运行。

饮料生产企业在生产过程中会产生很多污水,因其生产的产品都要达到饮用水标准,过程中含有污染物或营养物质的水最终会被排掉,或用于厂区其他非食品功能。由于排水量大,对局部地区小环境的影响、排水以后对当地水的指标的影响非常大。很多不得不考虑的问题及矛盾依然广泛存在:企业应如何防止因监管不力而出现类似的问题?在出现超标现象时,环保工作者将如何协调自身所在企业的利益与职业精神之间的矛盾?在面临外界压力或胁迫时,环保工作者又如何能够坚守自己的职业道德底线?

环境工程师作为职业人应担负职业的伦理责任。一方面,工程师要有追求真理、公平、公正、客观、求实、诚实的精神,不应当在未经仔细评估、环境影响和安全问题没有得到完全保障的情况下,进行工程建设或应用新技术。另一方面,许多国际环境争议将不可避免地涉及环境的边界等问题,在一些对整个人类都有影响作用的全球性环境问题上,环境工程师群体应依靠客观的科学研究,更客观、更全面、更负责任地处理这些问题。[①] 同时,工程师应当把公众的安全、健康和福祉置于首位,并且在履行他们职业责任的过程中努力遵守可持续发展的原则。除此之外,环境工程师还应担负起一定的宣传环境保护的责任。环境工程师作为环境保护技术的主体,不仅可以通过各种环保工程建设来影响人类社会,而且还应通过宣传环保知识来提高公民的环境保护意识。

很多环境工程和环境评价过程中由于涉及主体如水体的连通性、大气的可迁移性、污染

---

① 熊艳峰.工程师的社会责任[J].武汉科技大学学报,2007,9(3):252-255.

源复杂性等现实原因,造成工程或评价边界不明确的难题。这在环评工作中更为明显,尤其是地下水和大气环境防护距离在实际操作过程中存在诸多不确定性和不完善之处,同一项目,不同环评工作人员往往会得出不同的防护距离结果。[①] 环评工作人员在面对不确定的参考资料时往往很难给出专业的建议和方案。

环境规划与影响评价现阶段所依据的标准也不一定全面,不一定能完全预测长期可能带来的后果。针对不同环境功能的标准的适宜性、标准所涵盖指标体系的完整性等都会随着风险评估、污染防治等技术的发展而更新换代。现行的标准不是一劳永逸的,而应该是随着从事环境领域的工作人员的认知不断深入而进一步发展变化的。环境工作者在未知的风险和现行的环境标准之间,究竟如何选择,该对项目推动还是阻挡,需要考量的方面较多。

随着社会的进步,公众开始越来越关注工程项目可能对自己生活环境产生的影响。一些工程在环评过程中未能让公众充分了解相关项目信息、参与项目评价,遮遮掩掩上马,最终引发了群体性事件。近年来,全国多个城市发生了抵制对二甲苯项目的群体性事件。对二甲苯具有刺激性和急性毒性。2012年10月22日,宁波市镇海区村民以该市镇海炼化分公司扩建项目中的对二甲苯项目距离村庄太近为由,到区政府集体上访,并围堵了城区一处交通路口,造成群体性事件。[②] 10月28日,宁波市经与项目投资方研究决定,坚决不上对二甲苯项目,炼化一体化项目前期工作停止推进,再作科学论证。

该事件反映了公众知情权和群众"邻避效应"意识增强两个问题[③]。中国现行的环境影响评价制度仍需进一步完善,其中最重要的就是保障相关居民的知情权及对与自己相关事项的决策权。"邻避效应"是指居民或当地单位因担心建设项目对身体健康、环境质量和资产价值等带来诸多负面影响,而产生嫌恶情结和反对心理,并由此采取的强烈的、坚决的、有时高度情绪化的集体反对甚至抗争行为。

关于区域环境规划,其往往依赖于政策,由于管理部门与专业的脱节,领导掌握着政策导向,一旦领导欠缺环境专业知识和工程实践经验,往往制定出不合理的政策、规则和规定,不具科学性,使环境规划工作者处于两难境地。在环境影响评价过程中,项目业主享有绝对的话语权,会对项目的环境影响评价报告提出各种要求,其中不乏违背污染防护措施的科学性、回避环境问题,甚至假造数据等无理要求,环境影响评价工作者往往陷入两难境地,致使有些环境工作者迫于各方压力最终妥协,形成科学性不足的环境影响报告。

案例:天津滨海新区爆炸事故

2015年8月12日,位于天津滨海新区塘沽开发区的天津东疆保税港区瑞海国际物流有限公司所属危险品仓库发生特别重大火灾爆炸事故,截至9月10日,遇难人数达164人,失联9人,受伤800余人。第一次爆炸发生在2015年8月12日23时34分6秒,近震震级ML约2.3级,相当于3tTNT;第二次爆炸发生在30s后,近震震级ML约2.9级,相当于

---

① 何芳,陈蓓.环境影响评价中大气环境防护距离存在的问题探讨[EB/OL].(2010-10-13)[2016-02-22]. http://www.paper.edu.cn/html/releasepaper/2010/10/159.
② 陈桂龙.中国生态城市建设仍"在路上"[J].中国建设信息,2013(13):28-31.
③ 同②.

21tTNT。事故发生后,针对事故造成的环境影响,天津市气象局已启动气象保障一级应急响应,中国气象局世界气象组织和国际原子能机构北京区域环境紧急响应中心迅速启动环境应急响应模式进行分析。环保部门已对事故区域三处入海排水口全部实施封堵,同时对现场隔离区外的雨水口、污水口、污水处理厂、海河闸口进行不间断监测。

目前,企业的环评在爆炸现场到居民区距离、改造工程的两次环评公示、堆场改造工程是否做过应急实验、危险化工品监测设施是否完备、对周边居民的问卷调查是否真实、安全防护距离标准、危险化学品安全评价报告等方面均遭到质疑。

作为距离其最近的小区之一,海港城(清水蓝湾)社区受损严重,而该小区距离爆炸现场仅有600m。位于小区北端的1号楼,因距离爆炸地点最近,受损情况最为严重。楼道内几乎所有窗户都被震碎,电梯门也发生变形,大部分居民的家门都被气流冲开,屋内一片狼藉。纵览整个爆炸现场全貌,居民楼与爆炸现场之间并无任何建筑物阻隔。作为危险品储存仓库,离居民楼如此近距离的规划显然不合理。万科集团表示,在2010年取得这块土地的开发权,建设海港城时,周边只是普通物流仓库,而后也从未获悉被改造为危险品仓库的情况。

但公开资料显示,2014年8月,天津市滨海新区塘沽环境保护监测站曾出具一份关于"瑞海公司跃进路堆场改造工程"环保验收报告。该工程环评简本称,把现有物流堆场改造成一个危险化学品和普通货物集装箱堆场。瑞海国际官方网站显示,2014年8月,他们通过了公安部门的多方面检查。其中的风险分析中,针对起火爆炸的可能性曾称:"经环境风险预测,本项目危险货物泄漏事故和火灾事故后,在采取相应的防范和应急措施后,不会对环境和周边人员产生显著影响。"而针对该储运危险品仓库的防火设施,该环评报告称:在储存易燃易爆物质的仓库一中,设有"催化燃烧型乙炔气体报警器"。在仓库二、中转仓库和集装箱露天堆场,设有"手动火灾报警系统"。报告还称,"仓库中安装有多个摄像头、消防报警控制中心,以及视频监控系统。还安装了多个消火栓。并且,仓库往南就是消防和交警支队"。结论就是,"在发生火灾爆炸时,消防应急人员可及时抵达现场,迅速采用灭火措施,有效抑制有害物质的排放"。

天津市环境保护科学研究院官网信息称,2013年5月左右,"天津东疆保税港区瑞海国际物流有限公司跃进路堆场改造工程"曾进行了两次环评公示,并且这种"公众参与的环评",主要是通过新闻媒体及发放调查表的形式,来了解该项目对环境影响评价的意见和建议。发放调查表130份,收回128份,发放的主要对象为项目周边环境保护目标。调查结果表明,100%的公众认为项目位于北疆港区内,选址合适。从环境保护的角度,51.6%的公众对拟建项目持支持态度,48.4%持无所谓态度。但现场媒体所问及的多名万科海港城业主,均表示此前从未收到过任何调查问卷,也从没在小区内见到过相关公示信息。

环评报告的防护距离是针对"正常条件下"污染物对居住区的影响,但安监部门规定的标准却是直指事故。国家安监总局发布的外部安全防护距离在危险化学品企业建设项目进行安全评价时,会有具体审查。一般说来,如果外部安全防护距离不满足标准,安全评价报告会通不过。但是国家安监总局2014年4月出台的《危险化学品生产、储存装置个人可接受风险标准和社会可接受风险标准(试行)》并未指出须强制执行,也未明确规定各类危险化学品的外部安全防护距离数值,而是给出外部安全防护距离的三种计算方法。外部安防护距离概念模糊,行业专门标准少、覆盖性不够,不同标准之间存在冲突。此外,安全评价报告也并未如环评报告一样向社会公开。

天津滨海新区爆炸事故导致了一定程度的环境破坏,大气、土壤和地下水都遭到了不同程度的污染,虽然在该项目环评过程中一定程度上执行了相应的程序,但存在未批先建和未全面采用专家意见等问题。由于环境影响评价的预测和防护措施等环节有一定的不确定性和边界无法准确确定的问题,在具体的执行过程中就需要相关环评人员具有高度的社会责任感和职业精神,才能更有效地避免不必要的损失。

本章概要

环境对维持人类的生存与发展起着极为重要的作用。随着工业化的发展、人口的增长,环境污染日益严重,环境问题的出现使人们认识到人类只有一个地球,环境资源是稀缺的。环境工程是在吸收土木工程、卫生工程、化学工程、机械工程等经典学科基础理论和技术方法的基础上,为了改善环境质量而逐步形成的。特别是近三十年来,环境工程的发展非常迅速,反应工程、应用微生物学、生态学、生物工程、计算机与信息工程以及社会学的各个工程技术体系都向其渗透,目前已经成为具有鲜明特色的独立的工程体系。

任何工程都是在一定的自然环境中进行的,都是改造自然材料,使它服务于人类的需要,尤其是环境工程,是直接改变或恢复自然状态的工程活动。环境工程不仅可以解决环境污染、资源利用等环境问题,还会带来可观的社会效益、经济效益。分析环境工程活动中的伦理问题,与其他工程类似,同样会面临公共安全、生产安全、社会公正、环境与生态安全、社会利益公正对待、工程管理制度的道义性以及工程师的职业精神与科学态度问题。其中最值得探讨与深思的环境工程伦理问题就是环境保护与经济发展的统一和对立问题,自然资源的有限和对自然资源需求的不断增长,特别是环境污染的控制目标和对能源需求之间的矛盾愈演愈烈。环境工程作为调节人与人、人与社会之间关于生态环境利益关系的行为工程,其基本原则就是生态整体利益和长远利益高于一切,也就是实现人类和自然生态系统的可持续发展。

参考案例

厦门 PX 事件

厦门市海沧 PX 项目,是 2006 年厦门市引进的一项对二甲苯化工项目,该项目号称厦门"有史以来最大工业项目",得到厦门市委、市政府的鼎力支持。但政府却对外封锁消息,民众在很长时间内都不知情。

根据《全球化学品统一分类和标签制度》和《危险化学品名录》,在包括美国、澳大利亚在内的很多西方国家,PX 都不属于"危险化学品"。欧盟把 PX 列为"有害品",原因是当人体吸入过量 PX 时,对眼睛及上呼吸道有刺激作用,可能出现急性中毒反应。值得注意的是,欧盟的规定中有"过量"二字。

2005年7月,项目通过国家环保总局的环评报告审查。2006年7月,获得国家发改委核准,2006年11月正式开工,计划2008年12月完工投产。项目合法合规,然而自立项以来,遭到了越来越多人士的质疑。因为厦门PX项目中心地区距离国家级风景名胜区鼓浪屿只有7km,距离拥有5000名学生(大部分为寄宿生)的厦门外国语学校和北师大厦门海沧附属学校仅4km。不仅如此,项目5km半径范围内的海沧区人口超过10万,居民区与厂区最近处不足1.5km。而10km半径范围内,覆盖了大部分九龙江河口区、整个厦门西海域及厦门本岛的1/5。项目的专用码头,就在厦门海洋珍稀物种国家级自然保护区,该保护区的珍稀物种包括中华白海豚、白鹭、文昌鱼。

在2007年3月召开的"两会"中,以中国科学院院士赵玉芬为代表的105位全国政协委员联署了"关于厦门海沧PX项目迁址建议的议案",成为本届政协头号议案。该议案认为,距离居民区仅1.5km的PX项目存在泄漏或爆炸隐患,厦门百万居民面临危险,呼吁厦门PX项目立即停工并迁址。但本议案并未通过。6名院士也曾阻拦该项目,但未获成功。2007年3月14日,国家环保总局环评司司长祝兴祥在潘岳副局长的授意下召见了提案代表,表达了莫大的认同和理解,但无能为力,因为项目投产是国家发改委批的,国家环保总局在项目"迁址"问题上根本没有权力。2007年"五一"前,国家发改委工业司副司长李宁宁带队的国家发改委调查组,在厦门一位副市长的陪同下,直奔厦门海沧,对PX项目进行了实地调研。5月15日,李宁宁在北京与赵玉芬会面,指出"国家发改委没有让厦门PX项目停建或者迁址的意思"。而这时项目仍在中央批准、地方支持下,日夜赶工。

随着此事件进入公众视野,项目随即引起了强烈的民众反响。市民通过短信传播、游行抗议、网络留言等方式表达反对之意。虽然在市民和环保人士的反对下,厦门市政府于5月30日宣布缓建PX项目,但这项宣布并未使市民取消示威活动。2007年11月6日,《厦门日报》报道厦门市政府已决定复建PX项目,海沧区房地产因此遭受沉重打击,厦门的城市形象也大受影响。

12月16日,福建省政府和厦门市政府决定顺从民意,将该项目迁往漳州市漳浦县的古雷半岛兴建。2009年1月9日,环境保护部部长周生贤主持召开环保部常务会议,原则通过腾龙芳烃(漳州)有限公司80万t/a对二甲苯工程及整体公用配套工程("漳州PX项目")、翔鹭石化(漳州)有限公司150万t/a精对苯二甲酸(PTA)二期项目。"漳州PX项目"总投资137.8亿元,环保投资8.3亿元;二氧化硫排放量3644t/a,化学需氧量(COD)排放量为56.16t/a。"漳州PTA项目"总投资49.6亿元,环保投资7亿元。

我国在环境安全防护标准、个人风险、醋酸指标方面都缺乏相关标准可依,根据中国环境科学院在《厦门市重点地区(海沧南部地区)功能定位与布局环境影响评价》(以下简称"报告")中对若干问题的回复,环境评价工作者在处理实际工程问题时确实遇到了无法解决的问题,这些问题涉及技术,也关乎工程伦理。

防护距离的问题涉及化工区的发展规模和环境影响的程度,目前我国还没有关于环境安全防护标准的分行业标准,报告按照工业区通行的一般惯例采用了"300m卫生防护距离",但并非工业区内具体企业的具体装置的防护距离。如果对石化工业区制定详细的规划,技术上是可以有办法测算出所需的最小防护距离要求的。然而在厦门市城市总体规划中,并没有包含详细的石化工业区规划方案,技术上尚无法定量地确定防护距离。

个人风险属于安全管理的范畴。报告中的个人风险是指区域内某一固定位置的人员,因区域内各种潜在的事故施加于其的个人死亡概率。目前,中国还没有制定相关的标准,只能参考国外有关个人风险可接受程度来进行初步判断,而区域实际的风险可接受程度需要逐一对建设项目设施进行详细的安全评估得出。

醋酸标准的问题。在中国的《环境空气质量标准》以及《工业企业卫生设计标准》有关居住区最高允许污染物浓度标准中,均未列出醋酸指标。按照标准适用原则,这种情况下应参考国外相关标准。在苏联的居住区大气中有害物质最高允许浓度中,醋酸的最高允许值为 0.2mg/m^3,在加拿大阿尔伯塔省(Alberta)目前执行的环境空气质量目标值中,醋酸的最高允许值为 0.25mg/m^3,相比之下,报告引用的标准是较严的。

在标准缺失的情况下,环境评价工作者只能根据国外标准、经验惯例等资料作初步评价,无法针对项目的实际情况给出具体、专业、可行的方案及建议。这在具体的执行过程中就需要相关环评人员具有高度的社会责任感和职业精神,才能更有效地避免不必要的损失。

R11-3 对《厦门市重点地区(海沧南部地区)功能定位与布局环境影响评价》"公众参与"主要意见的回复

思考与讨论

1. 环境工作者应该是什么样的环保主义者?
2. 对不同的团体来说,保护环境重要还是发展经济重要?
3. 环境工作者从事环保事业与个人理念有冲突时应如何选择?
4. 环境工作者在遭遇领导不合理指示时应如何协调处理?
5. 环境工作者在业主要求回避环境问题时应如何选择?
6. 环境保护应着眼于小区域还是全球?
7. 当环境工程满足现有水质标准但仍存在污染风险时,环境工作者应如何处理?
8. 当污染场地土壤与地下水均受到了污染,但业主只修复土壤、不修复地下水时环境工作者应如何处理?

参考文献

[1] 张文启,饶品华,潘健民.环境与安全工程概论[M].南京:南京大学出版社,2012.
[2] 林海龙.基础环境工程学[M].哈尔滨:哈尔滨工业大学出版社,2013.
[3] 王晓昌,张承中.环境工程学[M].北京:高等教育出版社,2011.
[4] 胡洪营,张旭,黄霞,王伟.环境工程原理[M].北京:高等教育出版社,2005.
[5] 李永峰,等.环境伦理学教程[M].哈尔滨:哈尔滨工业大学出版社,2011.

[6] 肖平.工程伦理导论[M].北京:北京大学出版社,2009.
[7] 林官明.环境伦理学概论[M].北京:北京大学出版社,2010.
[8] 邝福光.环境伦理学教程[M].北京:中国环境科学出版社,2000.
[9] 赵然.环境法的公益性探讨[J].今日南国,2010(8):128-129.
[10] 苑银和.环境正义批判[D].中国海洋大学,2013.
[11] 赵瑞.重金属污染损害赔偿法律制度研究[D].广西师范大学,2014.
[12] 张颖,伍钧.土壤污染与防治[M].北京:中国林业出版社,2012.
[13] 左玉辉.人与环境[M].北京:高等教育出版社,2010.
[14] 李醒民.科学探索的动机或动力[J].自然辩证法通讯,2008,(1):27-34.
[15] 龙翔.工程师的功利观对环境伦理的遮蔽[J].自然辩证法研究,2011,27(6):59-64.
[16] 杨冠政.环境论理学概论[M].北京:清华大学出版社,2013.
[17] 沃德,杜博斯.只有一个地球[M].北京:燃料化学工业出版社,1974.
[18] 纳什.大自然的权利[M].杨通进,译.青岛:青岛出版社,1999.
[19] 李亚峰,晋文学.城市污水处理厂运行管理[M].北京:化学工业出版社,2010.
[20] 哈里斯,普理查德,雷宾斯.工程伦理:概念与案例[M].丛杭青,等译.北京:北京理工大学出版社,2006.
[21] 张恒力.工程师伦理问题研究[M].北京:中国社会科学出版社,2013.
[22] 冯跃威.宁给外人不予家人?——兰州"水污染事件"思考之一[J].中国石油石化,2014(9):31.
[23] 许孝媛.以"兰州自来水污染"事件为例浅析政府危机公关[J].社科学论,2014(11):174-175.
[24] 余谋昌.传播环境伦理,建设环境文化[J].中国城市经济,2004(2):4-9.
[25] 张晏,汪劲.我国环境标准制度存在的问题及对策[J].中国环境科学,2012,32(1):187-192.
[26] 金瑞林.环境与资源保护法学[M].北京:高等教育出版社,2006:104.
[27] 韩广,杨兴,陈维春,等.中国环境保护法的基本制度研究[M].北京:中国法制出版社,2007:401.
[28] 王子彦.环境伦理的理论与实践[M].北京:人民出版社,2007.
[29] 重庆市工程师协会.工程师职业道德准则[EB/OL].[2016-02-20].http://www.sxsgpp.com/ReadNews.asp? News ID=78.
[30] 熊艳峰.工程师的社会责任[J].武汉科技大学学报,2007,9(3):252-255.
[31] 何芳,陈蓓.环境影响评价中大气环境防护距离存在的问题探讨[EB/OL].(2010-10-13)[2016-02-22].http://www.paper.edu.cn/html/releasepaper/2010/10/159.
[32] 陈桂龙.中国生态城市建设仍"在路上"[J].中国建设信息,2013(13):28-31.
[33] 甘乌利斯.水污染的工程风险分析[M].彭静,等译.北京:清华大学出版社,2005.

第 12 章 生物医药工程的伦理问题

引导案例："反应停"事件

1953年联邦德国一家制药公司合成了新药"反应停"(酞胺哌啶酮)，1956年开始在市场试销，1957年获本国专利，随后在全球51个国家获准销售。在市场推广初期，该药在怀孕早期妇女止吐方面显示了很好的疗效，且未发现明显的毒副作用。然而，1959年12月联邦德国儿科医生Weidenbach却报告了一例女婴的罕见畸形；1961年10月，三名联邦德国妇科医生也发现了类似的缺少臂和腿的畸形婴儿，手和脚连在身体上，很像海豹的肢体，故称为"海豹畸形婴儿"。后续的研究证实了这些畸形婴儿是妇女在怀孕初期服用"反应停"所致。截至1962年，全世界30多个国家和地区共报告了1万余例海豹畸形婴儿，仅联邦德国就超过6000例，英国超过5000例。这是20世纪最大的药物导致先天畸形儿的灾难性事件。1962年以后，国际社会禁止把"反应停"作为孕妇止吐药物，仅在严格控制下可用于治疗癌症、麻风病等。就在"反应停"声名狼藉之际，一名以色列医生却偶然发现"反应停"对麻风结节性红斑有较好疗效。1998年，美国FDA批准"反应停"可作为治疗麻风结节性红斑的上市药物。

反应停在市场销售中一波三折的惨痛经历意味着：新药研发具有潜在的高风险，上市药品的安全性需要追踪考察；同时，特定药品或许会有其他方面的疗效。因此，在新药临床试验过程中，受试者/病人是否充分知晓潜在的风险？是否真正自愿参加？当新药在市场销售过程中出现了严重的不良事件，制药企业应该承担怎样的社会责任？

针对生物医学研究、临床实践中引发的伦理问题，20世纪70年代以来兴起的生命伦理学有较为全面的回应。[①] 进入21世纪，生物医学研究伦理学、基因伦理学、护理伦理学、公共卫生伦理学等分支学科得到快速成长。同样，针对生物医药工程实践中伦理问题的识别和分析也就成为工程伦理关注的热点。生物医药工程伦理学是一门以生物医药工程中引发的伦理问题为导向，识别伦理问题的表现，辨析其特点、根源和后果，结合相应的伦理学理论、原则和方法，开展伦理分析论证，并提出伦理建议的新兴学科。

---

① 关于生命伦理学的经典著作，可参见 Tom L. Beauchamp, James F. Childress 合著的 *Principles of Biomedical Ethics*(New York: Oxford University Press, 2009)，邱仁宗著的《生命伦理学》(北京：中国人民大学出版社，2010)，陈元方和邱仁宗合著的《生物医学研究伦理学》(北京：中国协和医科大学出版社，2003)。

12.1 生物医药工程伦理分析框架

生物医药工程是一系列与生命科学、生物技术、诊疗方法及医疗仪器设备、疫苗和药品研制等领域相关的工程实践活动过程和结果的总称,主要包括:细胞工程、组织工程、基因工程、制药工程、医疗器械研制、合成生物学、器官移植等。生物医药工程设计、研制、加工、试验和创制等环节均会引发伦理问题,如新的医疗器械性价比如何,是否会增加患者就医负担?新药临床应用中的公平可及性如何?是否应公开阴性临床试验结果?

12.1.1 生物医药工程伦理问题

新诊断技术、药品和疗法的临床试验贯穿了近现代生物医药发展史。生物医药工程实践中却存在着诸多"该不该""该如何做""正当与否"之类的伦理问题。

1. 不可接受的"风险-受益"比

新药、新医疗器械和新疫苗在研发和临床应用过程中会存在着诸多设计缺陷和操作不规范,如不恰当的对照试验、临床试验缺乏科学依据。① 这些工程技术设计和具体实施中的问题会导致不可接受的"风险-受益"比,引发严重的不良事件。我国每年有近千项新药、新医疗器械或疫苗试验在临床开展,涉及受试人群达数十万。不合理的工程设计会把受试者置身于高风险之中,那是违反伦理原则的。21世纪的前十年,我国干细胞制备标准不统一,质量参差不齐,临床前研究数据缺乏加上逐利倾向,遍地开花的干细胞治疗严重损害了患者的切身利益。② 有些药物研发机构把严重的药品不良反应归咎为患者病情恶化而隐瞒不报,有些制药企业和科研人员伦理意识淡薄、伦理审查不规范,没有把受试者的安全和权益放在首位。一旦这些不合格的药品、器械或疫苗上市,就很可能危及患者生命安全,"反应停"的悲剧就是明证。对新药品质量的漠视就是对生命的漠视。当不合格药品、器械被召回时,最终损害的是企业的社会形象和商业利益。医疗器械领域的工程技术人员仅仅考虑降低成本而牺牲了安全有效性,也会导致不可接受的"风险-受益"比。

R12-1　干细胞治疗乱象

R12-2　辅助生殖技术带来的苦恼

2. 知情同意问题

"二战"期间,纳粹德国医生在无辜的平民身上开展了灭绝人性的人体试验。这些惨痛

---

① 金丕焕. 临床试验的科学性和伦理问题[J]. 医学与哲学,2010,31(3):8-10.
② 邱仁宗. 从中国"干细胞治疗"热论干细胞临床转化中的伦理和管理问题[J]. 科学与社会,2013,1(1):8-25.

教训给人类社会的警示写进了1946年发布的《纽伦堡法典》：在涉及人体的生物医学临床研究中，获得受试者的自愿同意是必要的。然而，在人类文明进入21世纪的今天，生物医药研发和应用领域的知情同意问题也十分突出。有些生物医药工程技术研发人员抹杀了"治疗"与"研究"的区别，夸大临床研究的潜在疗效而有意淡化可能的风险，导致治疗性误解。湖南受试儿童身上的"黄金大米"事件、广州某家医院"脑外科戒毒手术"事件、沈阳某家医院"偷骨髓"风波等是媒体广泛报道的典型案例。有些研发机构采用诱导、胁迫、不当影响等方式让病人非自愿参加研究，没有尊重其自主决定权。例如，韩国科学家黄禹锡胁迫下属女研究人员捐卵用于胚胎干细胞研究。在涉及人体生物样本采集、储存和分享过程中，有些研究者在未征求样本捐赠者同意的情况下，把样本用于其他研究。脑-机接口、神经成像技术和深部脑刺激技术的临床研发和推广中也存在着意外发现告知难题等新颖伦理问题。此外，有些新药临床试验机构有意隐瞒药品不良事件信息，未履行及时上报的义务。有些制药企业、药品经销商过度包装、虚假药品广告宣传，误导患者，侵犯了社会公众的知情权。

案例：治疗性误解

戒毒后复吸率在95%以上，通常家庭对戒毒要求强烈。2001年广州某医院根据省卫生厅批准的科研项目，用立体定位技术、激光导向仪和射频仪毁损双侧伏隔核，进行毒品戒断治疗。每例手术收费2~4万元。2004—2005年间开展了200多例。病人入院时签的入院知情同意书中说："本人自愿入住××医院手术戒毒，我已知晓'住院规则'和治疗方案及应承担的风险，我愿意配合医护人员实施治疗。"原卫生部紧急叫停了此类高风险但收益不确定的脑外科戒毒手术。研究者是否有意混淆了"研究"与"治疗"的区别，诱导患者付费参加？是否存在不可接受的"风险-受益"比？

R12-3　泯灭人性的人体实验

3. 公平可及性问题

据推算，全球90%的医疗卫生研发支出用于解决世界上10%人口的医疗卫生问题上，导致全球医疗卫生研发资源的不公平分配。不少跨国制药公司青睐于把巨额经费用于治疗谢顶、增强性功能等改善生活质量的药物研发，以便获取高额的市场回报，却忽视了穷困患者的救命药物研究。在选择疾病种类方面也存在不公平现象。多数制药企业对诸如癌症、心脑血管、高血压和糖尿病这样的常见病和多发病的研发情有独钟，而对于利润较少的"孤儿药物"（罕见病药物）研发的积极性不高。在国家药品储备中，治疗特殊疾病、罕见疾病的"孤儿药物"品种偏少，无法保证有效供给，药品可及性较差。现有的多数药品是针对成人进行的临床试验，患儿在很多时候只能用成人药，只是剂量减少而已，增加了用药风险。我国高端医疗器械多为国外进口或中外合资，少有国产高端产品，由此加重了患者诊疗成本，遏制了医疗需求。

4. 屡禁不止的学术不端行为

生物医药工程类学术论文或论著的杜撰、篡改或抄袭现象屡禁不止,甚至出现了第三方机构有组织地提供虚假同行评审和代投论文服务的行径,严重腐蚀着工程技术人员的道德良心。在 Web of Science 的 SCI-expanded 数据库中检索到 1997—2016 年间中国作者发表的论文中,有 834 篇被撤稿。撤稿缘由中,剽窃原因占比最高,为 31%;造假为 19%;错误原因主动要求撤稿的为 14%;伪造同行评议撤稿率为 12%。[①] 部分生物医学期刊一味追求经济利益,漠视出版伦理规范,降低学术价值要求,论文质量良莠不齐。部分生物医药工程项目申请、经费使用、成果鉴定、评奖等环节存在着学术腐败,挪用或滥用课题经费,课题低水平重复或重复申报。一些制药企业或生物技术公司资助的课题研究存在着不良反应、不良事件信息记录失真,药品注册申请的临床试验数据涉嫌弄虚作假,擅自修改数据。诱发生物医药工程学术不端行为的因素主要有:科研诚信教育培训的缺失,禁不住名和利的诱惑,评价体系不健全,监督和处罚力度小等。

R12-4 弄虚作假套取国家科技重大专项资金

5. 棘手的道德困境

在特定情形下,当两种道德义务需要同时遵守但又无法同时履行时,就会出现"道德困境"(或伦理两难)。例如,医生准备开展一项明显有助于患者病情缓解的手术,这体现了有利原则,假如患者虽充分知情却仍拒绝在同意书上签字,此时医生就不可能同时做到既有利于患者,又尊重自主选择,由此陷入道德困境。道德困境在生物医药工程中存在。假如制药企业雇主指使工程技术人员在药物研发数据上弄虚作假,或有意隐瞒不利信息,那些诚信正直的人就会陷入道德困境:要么拒绝,要么违心地听从雇主的安排。三鹿毒奶粉事件中的工程技术人员就面临这样的两难境地。如何走出道德困境呢?罗斯对"实际义务"与"初始义务"进行了区分。初始义务是当在具体情况下其他有关因素不予考虑时规定应该做的事;实际义务是在某一情况下实际履行的义务,是实际应该采取的行动。在具体操作层面,要充分权衡各种方案的利弊,做到两害相权取其轻。

12.1.2 生物医药工程伦理准则

《纽伦堡法典》(1946 年)、《贝尔蒙报告》(1978 年)、《涉及人的生物医学研究国际伦理准

[①] LEI L, ZHANG Y. Lack of improvement in scientific integrity: an analysis of WoS retractions by Chinese researchers (1997-2016)[J]. Science and engineering ethics, 2018,24(5): 1409-1420.

则》(2002年)、《赫尔辛基宣言》(2013年)、《涉及到人的生物医学研究伦理原则》(2016年)等国内外医学研究伦理规范具有普适性。这些伦理原则与生物医药工程实践相结合,形成了如下的伦理准则。

1. 知情选择

自主性是指有行为能力的人在不受干扰的状态下,自愿选择行动方案的意识和能力。尊重自主性主要体现在知情同意、保护隐私、保守机密、维护尊严等方面。工程技术人员要用通俗、清晰、准确的语言告知研究目的、方法、程序、意义和内容,以及预期的收益和潜在的风险,有无其他替代疗法,受试者有自由退出的权利。受试者要充分理解,有行为能力,能够自主作出决定。原国家卫生计生委于2015年发布的《干细胞临床研究管理办法(试行)》规定:研发机构不得向受试者收取干细胞临床研究相关费用,不得发布或变相发布干细胞研究广告,以免误导消费者或患者。在转基因技术应用方面,社会公众和消费者对转基因食品要有知情权。食品企业要以适当的方式标注产品含有转基因成分,尊重消费者对选购转基因食品的知情权。对于重大的生物医药工程,社会公众要有知情权,政府、资助机构和科研人员要创造条件让社会公众参与其中。

2. 风险最低化

生物医药的研发和应用应尽量减低对受试人群的身心伤害和经济负担,以及公共卫生和生态环境风险。工程技术人员要有较高的风险意识和风险管理能力,理解并遵从工程技术规范和伦理准则的基本要求,自觉开展生物安全和生物防护评估,建立一套分析和预防不良事件的机制,及时处理严重不良事件,对试验中的伤害给予适当补偿,从而做到风险最低化,赢得患者和公众的信任。药物研发机构和研究者要努力提高药品安全性,保障用药安全。临床研究结束后,应当对受试者进行长期的随访检测。研发机构要及时将严重的不良反应、不良事件,或医疗差错信息及处理措施、整改情况上报给上级相关部门。合成生物学研究要注意解决生物安全和生物防御问题。

R12-5 伤害的类型

3. 受益最大化

在受益最大化方面,生物医药研发和应用要服务于预防、诊断、治疗、康复之目的。合理权衡不同工程方案选额、工程投资成本与工程社会经济效益,促进人类科学知识的增长,开发新疫苗、新疗法、新医疗设备、新药来提高人类生活质量和生命质量,增加人类社会福祉。工程技术人员应具备良好的伦理意识,肩负社会责任;当个人的经济回报、优先权、奖励、荣誉、学术地位等与受试者利益冲突时,要把受试者的权益放在首位。重大新药创制工程要实现国家利益、机构利益和患者健康需要满足之间的平衡。在生物医药研发过程中实现"负担"和"受益"的公正分配,要对药物、医疗器械或疫苗进行成本效益的评估,考虑其成本与它带来的预期健康效益,努力实现受益最大化。

案例：如何权衡"风险"与"受益"

某种癌症晚期患者从诊断到死亡的平均时间为6个月。患者非常疼痛,病情恶化很快。现有的疗法可延长病人6个月的生命,但副作用使生命质量严重降低。新的化疗方法临床试验也会引起严重恶心、呕吐和掉头发,及白细胞减少,参加试验的受试者还得不到直接的受益,但有助于确定合适的剂量。显然,该临床研究给受试者带来的伤害较大,但受试者病人又难以从中获得收益;但是,这项临床研究的成果会对未来病人有益。当潜在受试者在充分知情的情况下表示自己愿意参加这项存在较高风险的临床试验时,伦理审查委员会是否应该批准呢？

4. 协同互助

人类基因组计划、重大新药研制、捐献移植、合成生物学、组织工程再造器官均涉及跨部门、跨学科的协同攻关。2010年文特尔等人人工合成的可自我复制的细胞"辛西娅"(Synthia),包括计算机设计、合成、装配及移植合成基因组技术环节,涉及科学、技术和工程等领域,有望全面革新现代工业、农业和医药产业。这离不开主办者、监管者、企业、基础科学家、动物实验专家、临床研究专家、临床医生、患者、受试者等不同利益相关方的协调与平衡,互相信任,平等相待。在国家重大新药创制工程中,利益相关方应树立全局观念,不计较个人利益,自觉服从整体利益的需要;同时要谦虚谨慎,学人之长,互相支持,正确处理不同学科、不同部门之间的合作与竞争的关系。

R12-6 "5·23"项目

5. 公正公开

公正原则包含了三层含义：程序公正、回报公正和分配公正。程序公正明确了生物医药工程活动的各个环节都要遵循科学合理的程序,主要体现在：招募受试者的公正公开的"准入"和"排除"标准和程序,确立利益冲突的公开程序和监督程序,明确伦理审查的程序,等等。回报公正要求那些来自公共研发资金的生物医药研发成果要回馈于社会,让广大患者得以享用;参加临床试验的受试者若遭受人身伤害应得到公平的经济补偿和医疗救助。分配公正要求在宏观层面,国家在生物医药科研人力、财力和物力上的分配要统筹安排;在微观层面,一项生物医药临床试验中的风险和受益要公平分担。政府要为制药企业提供政策倾斜,促进孤儿药物的研发。在生物医药工程设计、实施、评估等重要环节要做到公开透明,鼓励社会参与,自觉接受监督。

6. 诚实守信

工程技术人员要保证生物医药工程设计、执行和评估中的精确性和客观性,获得最佳的知识,倡导最佳工程实践;对雇主忠诚,保守机密,履行专业职责,维护专业声誉;工程信息披露时要支持不说谎、不隐瞒、不误报,提供完整、精准的知识和判断;自觉维护专业尊严,防止行业不正之风,对行贿受贿、贪污腐化零容忍;在论文发表、专利申请、成果报奖等方面杜绝不端行为;避免利益冲突,避免不当干预;严格遵守科研经费管理规定,不得虚报、冒领、挪用科研资金;在项目验收、成果登记及申报奖励时,提供真实、完整的材料;评审专家参加科技评审时,应当认真履行评审、评议职责,遵守保密、回避规定,不得从中谋取私利。机构行政和业务负责人及管理人员应当率先垂范,严格遵守原国家卫生计生委《医学科研诚信和相关行为规范》(2014年)、国办《关于优化学术环境的指导意见》(2016年)等政策文件的规定,不得利用职务之便谋取不当利益。

案例:小保方晴子篡改论文图像和数据

日本理化所科研人员小保方晴子在《自然》杂志上发表两篇文章,声称体细胞接触弱酸,就可通过"刺激触发激活多能性"(STAP)而重编程序,转化为多能干细胞。2014年1月29日,加州大学戴维斯分校Paul质疑研究无重现性。2月底,日本理化学研究所发育生物学中心(以下简称RIKEN)和早稻田大学分别成立了调查组,3月14日发布报告指出:论文图像有剪切和粘贴的嫌疑;方法论部分的一些描述与实际实验顺序记录有所出入;图2d,2e图像存在混用现象;图2d,2e图像与其学位论文的图像酷似。4月1日,RIKEN认定晴子学术不端。6月4日,晴子表示同意从英国的《自然》杂志上撤下发表的两篇文章,RIKEN同意晴子从6月30日开始在受监视的环境下,重复她声明成立的实验。实验将从7月1日延续到11月,但她和国际上10余位科学家依照这篇论文提供的方法却不能重复其结果。这两篇论文最终被撤销。

R12-7　为何国际干细胞研究丑闻不断

7. 责任担当

工程技术人员要有专业胜任力,肩负社会职责,维持和促进个体和人群健康。工程技术人员对自身行为有选择自由,但要遵循道德规范,自觉抵制学术不端行为。医疗器械企业要具备研发意识,加大研发投入,让国产医疗器械逐渐走出低端仿制的被动局面,提升民族医疗器械生产水平。制药企业要推动我国医药产品产业中的技术创新能力,加强医药器械研发的产、学、研联合。器官移植专家应创新基础理论和方法,规范诊疗流程,提高移植成功率和受体的存活率。例如,2013年获得国家科技进步二等奖的石炳毅研究团队攻克了肾移植排斥反应、重症感染这样的世界性难题,增加受体的存活时间和生命质量,制定了肾移植诊疗指南,确立了行业标准。卫生主管部门要监督监管,医院、医生均要肩负责任。

12.1.3 伦理决策与伦理审查

生物医药工程的伦理问题有 3 个主要来源：①因经济利益冲突或需要、愿望、偏好等主观价值之间的冲突而提出的问题；②因道德义务冲突而引起的伦理难题,任何一种选择都会有一定消极后果,人们只能"两害相权取其轻"；③因宗教文化或道德观不一致产生的伦理问题,如在天主教占主导的国家,堕胎就是一个非常突出的伦理问题。在识别生物医药工程伦理问题,剖析其表现、根源和后果的基础上,借助基本的伦理准则开展伦理分析论证,具体考察各种伦理主张或观点能否得到伦理辩护,并在此基础上得出伦理结论或建议。这就是在个体层面上的伦理决策程序或分析框架。借助这样的伦理分析框架,我们可以开展伦理审查、教育培训或为生物医药政策提出伦理辩护或伦理反驳。

1966 年,美国哈佛大学医学院的亨利·彼彻尔在《新英格兰医学杂志》上发表论文,揭示医生瞒着患者开展不道德的临床研究,引发医学界对人体实验伦理规范的深刻反思。2005 年,联合国教科文组织专门就伦理委员会的建立、运作、教育与培训编撰了全球指南,涵盖了人员组成、管理、工作流程、伦理审查、风险效益评估、知情同意、特殊人群保护、利益冲突等方面。20 世纪 90 年代以来,我国医疗机构开始探索伦理审查机制,如今多数承担科研任务的医疗机构成立了伦理审查委员会,完善了组织架构和审查机制,促进了受试者权益保护。

伦理审查委员会的基本职能是：确保受试者在临床试验或研究中的基本权益得到保障,具体体现在享有知情权、自主决定、保护隐私、减少伤害和增进受益,以及获得救助与补偿等方面。此外,它还有监督、咨询、指导和宣传等职能。伦理审查委员会应高度负责,独立审查,程序公开公正；科学开展风险和受益评估,考察是否存在可接受的风险-受益比。

涉及人体的生物医药工程项目或活动之伦理审查要点包括：
- 是否真正有助于解决特定的生物医药问题；
- 在科学技术和工程上是否可靠、可行；
- 是否真正把受试者的利益与安康放在第一位；
- 是否真正获得受试者的知情同意,保护隐私是否得到保证；
- 是否做到受益最大化并将风险降至最低；
- 是否严格遵循了公正原则；
- 是否涉及利益冲突问题。

伦理审查中要处理好利益冲突和开展追踪审查。利益冲突本身并没有对错之分,只是一种实际发生的状态。公开利益冲突,避免欺骗、疏忽和辜负信任。公开利益冲突要有一定程序。伦理审查委员会批准研究项目后还需要依据伦理规范、标准和方式进行跟踪审查、监督和评价,进行质量管理和风险管控,确保质量安全。

伦理审查要注意中医药和医疗器械临床试验中的特殊伦理问题。中草药饮片及其制剂临床研究的伦理审查要顾及中医药研究具有多成分混合物、正式研究之前大量的人体使用经验等特点。医疗器械临床试验伦理审查要点包括：试验的科学设计、试验的风险和受益、知情同意、公平选择受试者。未获得伦理审查批准的医疗器械通常不可以在临床使用。医疗器械紧急使用的条件有：病情危急、无有效的替代治疗、无法按既定程序获得药监部门或伦理审查委员会的批准；对于医疗器械的紧急使用，研究者应获得第三方医生的独立评估，获得知情同意，及时上报。[①]

转化医学和动物实验的伦理审查有其特殊性。鉴于转化临床研究的新颖性和不可预测性，必须注重对研究风险的鉴定和评价，抓大放小，监测受试者的健康，坚持不良事件的报告制度；当临床试验证明新产品的安全和有效时，要尽快地过渡到临床应用，确保良好的实施性研究，促使已得到证明的新药或新干预方法尽快成为标准疗法。动物研究的伦理要求实行 3R 原则，即，考虑能否不使用动物、减少动物使用量以及使用中减少动物的痛苦；权衡对动物的可能伤害与人类的受益以及动物伦理审查委员会的独立审查。

在多中心协作临床研究的伦理审查中，应由各单位协商，授权项目负责人所在单位的伦理审查委员会来统一审查；或者，由牵头单位的伦理审查委员会进行科学和伦理审查，而协作单位的伦理审查委员会核查在本地区的可行性。协作单位无权改变研究方案，如剂量、入选或排除标准等，但应被授予阻止一项不符合伦理原则的临床研究的权利。

总之，在生物医药工程设计、项目实施、成果分享、评估等环节要兼顾伦理考量，探索伦理审查机制和能力建设。通过论证会、可行性研究报告评审、设计审查、工程实施决议等形式开展工程伦理论证。生物医药工程伦理审查要与质量保证、生物安全、数据安全监测和科研诚信等方面的政策和管理有机衔接。要针对药物研发、生物工程、疫苗开发、医疗器械研发中的伦理问题，开展伦理培训，培养伦理判断能力，确保负责任地开展工程活动。[②]

12.2 基因工程伦理

20 世纪 50 年代，DNA 双螺旋结构的发现催生了分子生物学。1990 年启动的人类基因组计划与人类征服太空的阿波罗登月计划相媲美。人类基因组计划专门设立了伦理、法律和社会问题研究项目(ELSI)，涉及人类基因临床研究、商业化和基因工程的伦理问题主要有：人体生物样本采集和临床试验中的知情同意问题，遗传基因信息的泄露或不当告知问题，基因专利中的利益不公正分享问题，遗传公正问题，等等。

R12-8 对表观遗传学的伦理反思

---

① 汪秀琴,熊宁宁,刘沈林,等.临床试验的伦理审查:医疗器械[J].中国临床药理学与治疗学,2005,8(6): 1437-1440.
② SATRIS, S. Ethical consciousness in bioengineering[J]. Critical Reviews in Biomedical Engineering, 1997, 25(2): 151-61.

12.2.1 基因检测中的伦理问题

1994年,乳腺癌易感基因 BRCA1/2 的发现开启了人类肿瘤临床遗传检测和咨询的新纪元。基因检测手段从最初的单基因检测到多个易感基因组合的遗传检测,准确获得受检者的遗传信息。基因检测结果是判断和决策其患病风险、生存预后、用药种类和剂量、后代遗传风险的依据之一。对已患病的患者,基因检测有望找到分子水平上的"病根",帮助患者选择更有效的诊疗策略;对尚未表现出临床症状的人,基因检测能"预报"患病的遗传风险,尽早干预,规避遗传风险。生物芯片北京国家工程研究中心研发出的耳聋基因检测芯片,就为遗传性耳聋患者的精准诊断提供了有效工具。这些均体现了基因检测技术合乎伦理的一面,但也引发了一系列伦理问题。

1. 对遗传基因信息的误解、误用

尽管在一定意义上说,个人的遗传信息是独一无二的,显示了个体的特征、预期寿命,未来疾病的风险,以及对疾病、环境和污染物的易感程度等,但多数功能基因的临床意义尚未得到充分认识。获知遗传基因信息不一定有利于个人对自己的生活作理性的安排。基因的表达受环境影响大,不是所有携带致病基因的人都患有"基因病",基因是没有"好"或"坏"、"优"或"劣"的。对人类基因的误解和误用,会引发基因歧视。[1] 个人携带有某种基因,并不表明就会发展成疾病。对海量基因检测数据的解释及其应用,大多数医疗机构更是没有作好准备。目前尚缺乏对遗传疾病的防治方法,进行这样的基因检测会造成对遗传基因信息的误读、误解和误用。

2. 商业化引发了抉择难题

常见病或复杂性疾病对应的致病基因数目较多,目前的基因检测和分析难度比较大。在商业利益驱使下,很多基因诊断机构盲目开展"全外显子组"或"全基因组"测序分析,不能全面揭示患者的基因突变情况,难以剔除假阳性结果,加重了受检者的心理和经济负担。假如产前遗传检测出无法治疗的疾病,父母面临的艰难抉择是:是否让那些有严重基因缺陷的胎儿出生?有一种观点认为,制止基因缺陷的胎儿出生是为了胎儿自身的利益,即避免"错误地出生"(wrongful life)。按照美国伦理学家费伯格的说法:胎儿有选择不出生的权利。许志伟认为,"出生不如不出生"只适用于"难以存活"的胎儿等极端例子中。[2]

3. 基因隐私泄露

个人的遗传基因信息会显示个人及家族成员的遗传倾向。遗传基因信息泄露后可能在就学、就业、婚姻等方面受到歧视,引起个体的不安和焦虑。在基因检测过程中,泄露个人可识别信息的影响因素主要有:海量数据的储存、分享缺乏统一的技术标准,针对基因检测信

---

[1] QIU R I: Human genome and philosophy: what ethical challenge will human genome studies bring to the medical practices in the 21st century? [J]. Life Sciences, 2001, 324: 1097-1102.

[2] 许志伟,生命伦理:对当代生命科技的道德评估[M].北京:中国社会科学出版社,2006:343-350.

息的监管较难等。有些科研机构或商业机构没有妥善保存个人遗传信息,没有做到匿名化或作编码处理,甚至在未征得个人同意的情况下,将其透露给雇主、保险公司等第三方。保险公司可能会要求每一位投保人先作基因检测,以便拒绝为那些他们认为存有基因缺陷的人在医疗、意外伤害、人寿等方面作保。为此,国家应进一步规范商业化基因检测的技术标准、准入门槛,研究制定基因隐私保护条例,实现基因检测的利益最大化、危害最小化。

案例:基因歧视

特丽今年35岁,是个12岁孩子的母亲。她的父亲在60岁时被诊断出患有亨廷顿舞蹈病(HD),她的一个姑妈也是在60岁以后患上亨廷顿舞蹈病的。这是一种中枢神经退行性病变,通常在中年期发病。特丽的基因检测结果是阳性,目前还没有任何症状,从家族的发病史推测,自己的发病期也可能在60岁以后。但是,她和她父亲的医疗记录却使她得不到医疗保险。更糟糕的是,她不打算接受遗传检测的弟弟也没有得到医疗保险。目前,她最担心的是因此会得不到长期工作的合同。我们能否称特丽为病人?她应不应该让她12岁的儿子接受基因检测?社会应该如何保护基因隐私而不致遭到歧视?

案例:该不该授予BRCA基因专利?

1991年,美国加州大学伯克利分校的玛丽-克勒尔·金发现了乳腺癌1号(BRCA1)基因与乳腺癌之间的致病相关性。1995年,Myriad公司的创始人之一、犹他大学的马克·斯科尼克领衔先后克隆了BRCA1/2基因并测出序列,递交了BRCA基因专利申请,1996年推出BRAC分析试剂盒。1998年,BRCA基因获得专利授权,有效期20年。1999年,Myriad公司向其他实验机构发出警告:不得从事非法的BRCA检测。2009年,美国分子病理学会起诉Myriad公司,对其拥有的BRCA排他性权利发起挑战。2010年3月,纽约南区地方法院以"特定基因"不得申请专利为由判决BRCA专利无效,并取消其15项专利主张。2011年7月,联邦上诉法院认定基因工程创造的重组DNA可以专利化,支持Myriad公司的BRCA专利主体。2013年6月,最高法院大法官克莱伦斯·托马斯作出终审判决:天然DNA不能申请专利。理由是Myriad公司只是发现了一个重要且有用的基因,但没有创造任何东西,因而不是发明行为;已从组织中被"分离"出来,依然是"自然产物",因而不得授予专利。由此引发的伦理问题有:该不该授予BRCA基因专利?基因专利是否阻碍科学研究?

R12-9 安吉丽娜·朱莉的乳腺切除和乳房重建

12.2.2 基因治疗与增强的伦理蕴含

基因治疗旨在基于修饰活细胞遗传物质而进行的基因操纵,以便达到预防、治疗、治愈、诊断或缓解人类疾病的目的。1990年初,针对严重联合免疫缺陷症(ADA-SCID)的基因治疗方案在美国得到批准并进入临床试验阶段,随后10年内基因治疗临床研究数量在全球迅速增长。2003年10月,深圳赛百诺公司宣布开发了人类首例针对头颈部肿瘤的基因治疗制品,重组Ad-p53腺病毒注射液。2009年,针对X-连锁型肾上腺脑白质营养不良症(X-ALD)的基因治疗初见成效,美国《科学》杂志将此科研成果评为年度十大科学发现之一。

基因治疗临床试验中的伦理问题有:可接受的"风险-受益"比问题、知情同意和资源分配的公正性问题。盖辛格死亡事件就很好地显示了这些伦理问题的存在。1999年,18岁的美国男青年盖辛格患有轻度鸟氨酸转移酶缺乏症(OTC),借助药物治疗和低蛋白饮食已经可以初步控制病情。为了根治疾病,他到宾州大学人类基因治疗研究所接受了一项基因治疗临床试验。在临床试验过程中,盖辛格对腺病毒载体产生严重免疫反应,多器官功能衰竭而死亡。这是人类首例因参加基因治疗临床试验而死亡的事件,受到国际科学界的高度关注。美国食品药物管理局(FDA)的调查揭露了这项研究中的伦理缺陷:①知情同意过程不完整,有误导作用,试验记录不完整,也没有告知他在之前的猕猴试验中发生的严重不良事件信息;②课题负责人威尔逊与开展基因治疗研发的公司之间存在着经济利益冲突。

加强基因治疗临床试验的伦理审查是必要的。在审核基因治疗临床方案时,要确立技术的或医学的准入标准。慎重选择受试者,确立准入和排除要有严格的标准,筛选程序要公平,并接受审查和监督。要预先进行方案的"风险-受益"分析。当无任何其他替代的常规疗法,或常规疗法无效或低效时,才可考虑基因治疗临床方案。病人/受试者在充分知情的前提下进行自主选择,不得引诱或胁迫。有效预防和及时处理严重不良事件。不良事件的调查鉴定应独立、客观,不应受行政干涉。①

"基因增强"是将外源功能基因转移到人体特定的组织细胞并表达蛋白质,从而增强正常人的性状和能力的一种干预手段。基因增强引发的突出问题是,人类是否应该通过操纵基因来设计后代人的性状和能力呢?基因增强人的身高、智商和运动能力的提高是否会加剧社会不公平呢?现行的国际伦理准则主张禁止基因增强临床试验。人类的性状和能力是基因与环境互相作用的结果,人类现有的生物性状和能力有其进化上的优越性和稳定性。在人类拥有更多的智慧之前不应增强人体的性状和能力。非医学目的基因增强的风险-受益比是不可接受的。

R12-10 一父两母

12.2.3 编辑人类胚胎基因的风险-受益分析

CRISPR-Cas9是利用酶Cas9剪断一些位点的DNA的细菌防御系统,这些位点由

---

① 张新庆.基因治疗之伦理审视[M].北京:中国社会科学出版社,2014:68-120.

RNA 指导链的序列决定。科学家借助技术重写 DNA 序列片段,以此来禁用、更换或调整基因。2013 年以来,CRISPR-Cas9 基因编辑技术已成功运用到定点敲除大、小鼠的基因,且效率高、速度快、简便易行。这种"无可比拟的修改人类基因组的潜能"具有显著的双刃剑效应,让人类社会高度担心潜在的巨大风险。

2015 年 3 月,美国再生医学联盟主席 Lanphier 和基因编辑技术先驱 Urnov 等 4 人在 *Nature* 杂志上发文,呼吁暂停编辑人类生殖细胞基因,以防不测。不过,5 月份,中山大学黄军就课题组在 *Protein Cell* 上发文,借助 CRISPR-Cas 技术首次修饰了不能正常发育的人类三原核胚胎中的 β 型地中海贫血症的编码基因。[①] 2016 年 4 月,广州医科大学第三附属医院的范勇等人在《辅助生殖与遗传学期刊》上报告称,利用 CRISPR-Cas 技术在不能正常发育的人类早期胚胎中植入了一个以 CCR5 基因为靶点的突变体,希望借此来阻止艾滋病病毒对人类免疫 T 细胞的侵染。人类胚胎基因编辑研究在全球科学家范围引发热议,科学家、伦理学家和商业领袖就编辑人类胚胎基因引发的风险-受益比、规则制定和监管等问题,各抒己见。

现有的科学文献报告和媒体报道给人如下总体印象:与锌指核酸酶(ZFN)技术、类转录激活样效应因子核酸酶(TALEN)技术等相比,CRISPR-Cas 技术有望成功修饰人类早期胚胎,阻止基因缺陷遗传给后代,甚至会从根本上消除遗传疾病,成为"改写生命剧本的神笔"!不过,这种过度乐观的言行令人担忧,不少科学家就对 CRISPR 生殖细胞系编辑疗法(CGETs)可根治遗传疾病的提法提出质疑。在生物学机理不甚清楚且尚未开展临床试验的背景下,就断然认定借助 CRISPR-Cas 技术可根治人类遗传疾病,似乎有夸大效用之嫌。

实际上,编辑人类胚胎基因只是防控遗传疾病的备选之一。通过基因编辑让后代不再携带致病基因,提升胚胎的内在价值,这固然是治本之策,但从人群防控遗传疾病层次看不应成为优先选择。例如,预防、诊断和干预地中海贫血症的办法很多,对于那些有家族史或患者而言,婚前检查、胎儿产前基因诊断、遗传咨询均是避免下一代患儿的有效干预手段,而不必冒大风险来编辑胚胎基因。第二,避免 CRISPR-Cas 技术的双重使用。具有双重用途特性的基因编辑技术分布广泛、成本较低、发展迅速,任何蓄意或无意的误用,都可能会引发国家安全问题或增加制造潜在有害生物或产品的风险。美国国家情报局在美国情报界年度全球威胁评估报告中,就把"基因编辑"列入了"大规模杀伤性与扩散性武器"威胁清单中。

科学家、伦理审查委员会、学术期刊、大众媒体、政策制定者和管理者要对任何新兴技术保持谨慎乐观的态度,不可因噎废食,阻碍了 CRISPR-Cas 技术可持续的临床应用,但也不可盲目乐观。从实验阶段进入临床应用需要谨慎、长期、多学科的研究和充足的证据,通过动物实验测试生殖细胞编辑的安全有效性。即便将来 CRISPR-Cas 技术具备了编辑人类胚胎临床试验的条件,也应该是在严格监管框架下的有序活动。在临床研究的优先考虑方面,既要求 CRISPR-Cas 技术安全有效,又要求患者没有任何替代疗法。在临床研究的病种选择方面,囊肿性纤维化、镰刀型贫血症等非常严重但又没有治疗办法的疾病应得到优先

---

① LIANG P, XU Y, ZHANG X, et al. CRISPR/Cas9-mediated gene editing in human tripronuclear zygotes[J]. Protein cell,2015,6(5):363-72. DOI:10.1007/s13238-015-0153-5.

考虑。①

12.2.4 人类遗传样本采集和使用中的伦理问题

人类遗传数据包括：人类细胞核和线粒体中的 DNA、RNA 和蛋白质序列，以及染色体的数量和状态等人类遗传有关的生物材料、数据和临床资料。遗传数据库保存并提供各种人类遗传资源及其相关信息。基于遗传数据的功能分析有助于阐明"基因-环境"间复杂的互作关系，有利于开展常见疾病早期诊断和预防，促进基因药物研发。构建人类遗传数据库引发的伦理问题表现在遗传样本采集和使用之中。印度、新加坡、印度尼西亚均在构建自己的遗传数据库。②

R12-11　英国的生物信息库

1. 再次同意问题

在首次采集样本时，采用的简便方法是"一揽子同意方式"。当遗传样本被编码时，采集样本时的知情同意书应对样本的再次使用有明确的说明，让提供者对样本未来使用方式和条件有选择性同意的机会。在遗传样本的采集和使用中，采集者应使用合适的方式和语言向潜在的提供者充分告知采集目的、潜在的风险、受益以及采集方法、储存方式和资助来源等。

当已采集的可识别样本用于未来其他研究时，是否应获得样本提供者的再次同意呢？支持者认为：它体现了对样本提供者自主权的尊重，减轻对样本提供者的潜在伤害，减少精神压力，预防研究者对遗传样本和数据的滥用。当涉及样本的未来使用时，知情同意书应尽可能给样本提供者以再次同意的机会。但再次同意遇到现实困难：第一，研究者无法预知遗传样本的未来使用情况，让提供者对未来不确定的研究作出选择是不现实的；第二，由于研究经费有限，会增加额外经济负担；第三，若样本提供者不同意样本的再次使用，则延误科研进度，危及研究数据的有效性，降低了研究效率。③ 不征求提供者再次同意的条件是：①样本是匿名的，不与其他可识别信息相联系；②样本提供者有机会自由撤回样本；③不征求再次同意对提供者更有利。即使满足这些条件，也要获得伦理审查委员会的审查和批准。

---

① 张新庆. CRISPR-Cas 技术临床研究之风险-收益分析[J]. 科学与社会，2016，6(3)：12-21.
② SLEEBOOM-FAULKNER M. Global morality and life science practices in Asian: assemblages of life[M]. London: Palgrave Macmillan, 2014: 80-107.
③ 张新庆，樊春良. 关于中国人类遗传数据库建设的伦理、管理和政策法规问题探讨[J]. 科学文化评论，2007(3)：5-14.

2. 所有权问题

对遗传样本和数据所有权归属问题上存在分歧——应该归属于人类共有财产、研究机构，还是样本提供者？所有权问题的实质是"样本提供者的个人利益""集体或国家利益"和"人类整体利益"三者之间的协调问题。人类遗传样本跨国转移时也要做到利益公正分享，境内的研发机构应与样本接收国间签订一项《生物材料转移协议》，明确样本采集、转移和使用中的各项责任和权利，公平地分享数据和利益。在签订协议时要特别注意：由于经济发展不平衡，基因专利有可能使相对落后的国家成为遗传材料的提供者；遗传材料被其他国家获得，自己可能丧失申请专利的机会和经济回报。

在构建人类遗传数据库的过程中，要建立健全有关遗传样本储存、获得、隐私和保密的政策法规，完善伦理审查机制和监管模式，出台伦理管理指南，对个人隐私保护、知情同意、公众信任、再次利用、数据共享和管理、知识产权、退出参与机制等作出明确表述。在遗传样本和数据的采集、储存、使用和共享的技术平台建设中，要设立伦理审查委员会，对重大疾病样本库使用、管理中涉及的伦理问题进行独立审查、监管。

R12-12　2017年美国国家科学院和美国医学科学院《人类基因编辑的科学、伦理与监管报告》（摘要）

12.3　器官移植中的伦理问题

组织工程是依据种子细胞、生物材料等来构建组织和器官，主要包括：软骨和骨组织构建、组织工程血管、神经组织工程、皮肤组织工程、人工肝、心脏等系统组织工程等。新兴的干细胞技术、3D打印技术、合成生物学、异种移植技术、嵌合体技术为组织工程注入新活力，有望为患者提供人工器官，体现了组织工程技术的合乎伦理性。器官移植是一项包括器官移植、化解免疫排斥的复杂系统工程。

12.3.1　组织工程与器官再造

组织工程、材料科学与再生医学的有机结合，实现了用生物替代品（如人工器官、生物装置或植入物）来修复、替代现有组织器官，恢复、保持或提高组织或器官功能，为器官损害或衰竭患者提供了希望。2014年，一名12岁因外伤致恶性肿瘤的男孩儿在北京大学第三医院接受了全球首个3D打印的脊柱置入术，以预防肿瘤扩散。角膜受损可能导致视力模糊甚至失明，而生物工程人工角膜移植给膜盲患者带来治愈的希望，体现了有利于人、不伤害人的原则。浙江大学附属第一医院李兰娟院士带领其研究团队攻克了细胞源、体外大规模培养和生物反应器等技术难题，实现了基础与临床、多学科协同创新，首创人工肝联合肝移植治疗重症肝病的新方法,获得了 2013 年国家科技进步一等奖。针对高危肝病患者,术前进行人工肝治疗,显著降低了肝移植术中出血量,提高了 5 年生存率。

人工器官研制过程中也存在"治疗性误解"问题。治疗是用已证明有效的方法用于病人,病人从中得益,病人应该付费;而研究是受试者对研究作贡献,研究者应给予补偿,出现损害还应赔偿。2000—2006 年,本来不具备器官移植资质的上海东方医院长期开展了尚且处于临床试验阶段的人工心脏移植手术。2007 年初,上海成立的人体器官移植技术临床应用委员会的审查结果显示:东方医院没有经过伦理审查,患者并不知道是在参加人体试验,而付费参加所谓的手术治疗。本来应先进行动物实验或临床试验,混淆了治疗和研究的界限。

R12-13 人造心脏大事记

12.3.2 器官捐赠中的知情同意

制造人工器官、异种移植和通过干细胞定向发育器官,有望扩大可移植器官的来源。当然,活体器官移植仅仅可以作为补充性的次优选择,是无可奈何的替代方案。活体器官移植以牺牲他人健康为代价,满足他人健康需要,脆弱人群可能成为受害者,助长了器官非法买卖行为。当前,遗体器官捐献是增加可移植器官供给的最常见方式,提高器官捐献同意率是器官移植工程的关键。

器官是人体的重要组分,潜在捐赠者有自主决定是否捐献器官的权利。英国法律明确了同意书的形式,捐赠者生前表达过捐赠意愿的优先考虑。世界卫生组织(WHO)致力于确立一套法律程序和伦理框架,鼓励所有国家消除器官买卖,实现器官自给自足,最大限度挖掘遗体捐献的潜力。① 是否捐赠器官有两种同意方式:自愿捐献和推定同意。自愿捐赠是指医务人员在病人去世前询问病人或询问病人家属是否愿意死后捐赠器官。自愿在死后捐献器官是利他行为。推定同意的逻辑是:推定公民都会自愿同意在死后捐献器官,除非在生前或遗嘱中明确表示不同意或家属明确表示反对。

那么,如何获得遗体捐献者生前的知情同意? 当前,我国公众遗体器官捐献的观念还相当淡薄,《孝经》中主张:"身体发肤,受之父母,不敢毁伤,孝之始也。"其次,遗体器官的摘取离不开"脑死亡"的判定,但这一标准还没有得到患者及家属的广泛认同。尽管 1968 年美国医学会提出了"脑死亡"的概念,但我国老百姓普遍认可的仍是心脏停止跳动和呼吸停止。

如今,对于器官功能严重障碍或缺如的患者,主流疗法为器官移植,但术后免疫排斥及器官供源短缺始终是压在器官移植领域的"两座大山"。因此,在器官移植之前,医生要充分

---

① RUDGE C, MATESANZ R, DELMONICE FL, CHAPMAN J. International practices of organ donation[J]. Br J Anaesth,2012 Jan,108 Suppl 1:i48-55.

告知器官移植的潜在风险和经济负担。在器官捐献过程中,任何人不得采用胁迫、引诱或不正当方式影响捐赠者的决定。捐献过程要秉承无偿、自愿捐献的原则。器官捐献者的家庭应得到一定的经济补偿和精神鼓励,树立积极捐献器官拯救人类生命的社会风气。器官捐赠是利他行为,捐赠器官让陌生人得以重生,善举高尚,应赢得全社会的尊重。

12.3.3 可供移植器官的公正分配

宏观稀有资源的分配公正问题包括:有限的资源如何有效使用,才能使器官移植让尽可能多的人受益?如何制定政策来限制器官移植的使用?微观分配公正问题包括:谁作出决定?分配标准是什么?在此重点讨论微观分配问题。

设想,60多岁的患者甲,多年酗酒,肝脏功能衰竭,正在住院治疗并等待肝脏移植。青年乙因抓歹徒被歹徒刺伤肝脏,住进同一家医院也急需移植肝脏。正好有一可供移植的肝脏,组织配型与二人均相容。甲付得起医疗费用,而乙无力负担。那么,可供移植的肝脏应该移植给谁?能否因为甲酗酒致病而得不到肝脏移植?或者因为乙无支付能力而得不到肝脏移植?确定肝脏移植给哪一位患者的标准是什么?

在稀缺肝脏的分配问题上,首先需要考虑适应证和禁忌证。假如甲或乙的肝脏配型与捐赠者的不符合,就失去了移植的前提条件。假定甲和乙的配型都符合医学标准,术后的生命质量高低是应该考虑的重要因素。按此标准,年轻人应该优先得到可供移植的肝脏。如果肝脏提供者本人或家属对受赠人选有特定的要求,捐赠者的愿望应该得到尊重。假定上述标准均无法明确确定肝脏应该给甲或乙,其他备选的标准还有:先来后到、支付能力、抽签等。人们对这些标准的使用实际上存在着较大的分歧。

案例:多器官移植中的伦理思考

2015年10月21日,哈尔滨市一位因脑干出血导致脑死亡的男子家人一致决定,进行公民身后器官移植捐献。在省红十字会的见证下,志愿者家属在《黑龙江省人体器官捐献登记表》亲属签名栏上签下名字,完成了所有术前评估及流程审批。捐献志愿者的4个器官和2个眼角膜通过中国人体器官分配与共享系统,由哈医大二院接收并完成器官移植。22日,捐赠者的心脏、肝脏、双肾、双侧角膜移植在哈医大二院成功完成,让6名患者重获新生。受益患者年龄最大的60岁,年龄最小的仅17岁。哈医大二院从容应对了多脏器移植挑战:供体的准备、受体筛选、术前检查均需要在短时间内完成,技术难度大,综合协调组织统筹能力要求更高。

R12-14 哈医大二院多器官移植手术时间节点

2013年以来,依照我国人体捐献器官获取与分配管理的相关规定,我国所有的捐献器官都必须通过人体器官分配与共享系统,严禁系统外分配,排除人为干预。分配器官的原则包括：病人的医学需要、医疗紧急程度、等待时间长短、供体长期生存状况、受体匹配情况等，以此来决定器官分配的排序。特别是以病情危重程度为基准，把器官给最需要也最合适的人，由计算机自动执行分配，避免人为干预。分配系统中不采集个人的经济状况、学历、行政职务和社会地位等方面的数据信息。

监管部门通过突击检查方式，检查医院的移植行为，一旦发现造假，移植医院将被取消移植资质。器官获取组织要专业、独立，与受体无利益关联。器官分配系统要实现程序公正、公开、透明，资源最大限度共享，确保稀缺器官分配公平性。医院强制上报等待移植病人名单，并告知患者，提高分配的公正性。完善国家保障体系，探索器官移植费用的医保转移支付，不让穷人成为富人的器官捐赠库。掌握器官资源的第三方红十字协会要对捐款账目公开，设立监管账号，接受社会监督。

12.3.4 特殊器官移植中的伦理难题

目前，换头术、换脸术、子宫移植和异种移植引发的特殊伦理问题引发了学界和社会公众的广泛关注。

1. 换头术

换头术是一个涉及供体生物功能保存、术中神经功能和血液循环监测、手术技巧的系统工程。俄罗斯瓦雷里·多诺夫从小患有霍夫曼肌肉萎缩症，决定让意大利都灵高级神经协调组的塞尔吉奥·卡纳维洛医生为自己开展世界首例人体换头术，将头部移植到别人的身体上。换头术一旦成功将是肌肉萎缩症、四肢瘫痪和器官衰竭患者的福音。神经再生、免疫排斥反应、大脑低温保存及缺血-再灌注损伤预防问题是主要的技术障碍。那么，是否应该实施换头术呢？患者的家属应该如何参与知情同意过程？这样高风险的手术是否需要伦理审查委员会的审批？换头术是否冒犯了生命尊严？即便换头手术取得成功，也会引发新的伦理问题。人脑主体的记忆和原有功能都会保留，但身体是捐赠者的，那么，这个全新的人到底归谁？甲的身体被彻底破坏了，但甲的脑完好无缺；乙的全部脑死了，但乙的身体完好无缺。是否可以理解为，如果甲的脑移植到乙的身体内，作为一个人，乙已经死了，但甲仍然活着？这就产生了新的社会身份识别和认定问题。

2. 换脸术

2005年11月，法国人莱昂进行了全球首例换脸手术，成功为一名被狗撕咬毁容的女子伊莎贝尔·迪诺尔脸移植。2006年，亚洲首例换脸术在我国第四军医大学附属西京医院完成。2013年5月，波兰格利维策肿瘤中心的外科医生对一名33岁重伤男子进行了换脸手术。按理，换脸术不是一种常规操作，而是一种试验性的新疗法，因而需要伦理审查并获得批准。在开展换脸手术之前，医生要获得捐赠者家属的同意。毕竟，捐赠脸的人必须在死亡10小时内把脸捐献出去，而传统习俗很难容忍亲人离去时没有脸。医务人员也应该充分告知接受者潜在的风险和可能的受益，让接受者自主选择。即便如此，在社会范围内也要广泛讨论：换脸术不可预期的后果有哪些？换脸涉及人身份的改变，不同性别之间是否可以移植面部皮肤？如何保护捐赠者和接受者的隐私？

3. 子宫移植

一名青年女性患有先天性无子宫无阴道,婚后无法生育。女孩的母亲强烈要求将自己的子宫移植给女儿。那么,医疗机构是否可以开展此类较高风险的子宫移植手术呢?手术很成功,新移植子宫已经成活。首先,医疗机构的伦理审查委员会要在科学上和伦理上进行严格的论证和审批。在这例手术中,母亲甘愿为女儿捐献子宫,女儿夫妻双方也都知晓,符合知情同意、自愿、利他原则,且手术风险可控,其家庭成员愿意接受风险,来换取生儿育女的幸福,在医学伦理上可接受。但是,子宫移植涉及性与生殖,具有道德敏感性,需要慎重对待。子宫移植引发的深层次伦理问题还有:子宫移植与心脏、肺、肝脏、肾脏、人脑等器官移植本质上有何不同?如果只是为了进行有争议的"生活质量"移植,而冒巨大外科手术风险,其合理性还有待考证。鉴于子宫移植在技术上还不成熟,媒体和公众应慎重对待子宫移植技术,不提倡、不鼓励对子宫移植的过度追捧。

4. 异种移植

异种移植是将器官、组织或细胞从一个物种的机体内取出,植入另一物种的机体内的技术。异种移植有望解决人体器官供体不足的难题。1984年10月14日,诞生于美国南加州的婴儿Fae左心发育不良,这种严重的心脏畸形婴儿大多在数周内死亡。10月26日Fae被转院到洛马林达大学附属医院,并进行了狒狒心脏移植手术。手术后20天Fae死亡。此前,医学界共有3次跨物种心脏移植,病人都术后死亡。尸检发现,婴儿Fae是A血型而狒狒是AB血型。异种器官移植后的结果和感染风险存在巨大的不确定性。交换组织、器官的物种之间的距离越远,排斥问题就更大。存在人兽互传和其他非人类固有的传染性介质感染人类受体的潜在风险。免疫抑制疗法可以延长异种移植物的存活时间,同时也抑制了人类受体对疾病感染的免疫反应。异种移植提出了一系列安全有效性问题以及对动物福利的保护问题。

12.4 制药工程伦理

药物发展史揭示:违背基本伦理原则的临床试验时有发生,严重影响了受试者的身心健康,败坏了人体实验的名声。制药工程技术人员在研制、生产和销售药品的各个环节都要诚实、诚信和维护专业声誉,把广大患者的安全、健康和福祉放在首位;保护环境,保护知识产权,履行专业职责,提升好的职业行为和最佳制药实践。

12.4.1 制药工程的伦理蕴含

制药工程是一门由基础医学、临床医学、药学、工程技术、化工等诸多不同类别学科密切合作的工程专业。制药工程包括:化学制药、生物制药、中药制药、药物制剂技术与工程等。创新性药物研发牵涉到专利申请、新药注册、药品上市、安全用药、不良反应检测等环节,需要多学科密切配合、上中下游紧密联接。制药工程包括目标确立、工程规划、工程设计、工程实施和评估等环节。

制药工程以提升广大患者的健康需求为导向,通过自主创制,提供安全、有效、方便、价廉的药品,满足日益增长的医疗保健需求;建立符合国情的药物研发模式和机制,增强医药企业自主研发能力和产业竞争力,构建国家药物创新体系。我国的重大新药创制工程就是要研制重大创新品种,推动药品国际注册,突破核心关键技术,发展前瞻性技术。为此,工程技术人员应协同创新、责任担当,突破关键技术和生产工艺,改造药物大品种,构建技术平台和药物孵化基地,建设医药产业技术创新战略联盟。

制药工程涉及众多利益主体,各方的角色分工和利益诉求不同,需要协同互助,信守承诺。患者希望药品疗效好、副作用小、价格便宜;手握处方权的医生看重药品安全和疗效;制药企业期盼着不断推出赢得高额经济回报的"重磅炸弹";政府希望通过健全基本药物制度,保障基本药物的公平、可及。为此,制药企业要倾听患者的呼声,加强与医生、病友组织、政府、学术机构和监管部门的交流合作,达到投资成本与社会经济效益之间的最佳平衡。

制药工程受到市场需求、国家政策、研发资金、消费者支付能力、医保支付方式、创新氛围、社会环境等诸多因素的综合影响。制药企业或研发机构对癌症、心脑血管疾病、高血压等常见慢性病研发积极性高,但对罕见病的药物研发积极性偏低,由此引发药物研发公平性和可及性问题。政府要加强规划、监管和扶持民族医药行业,在重大共性的关键的工程技术环节加大投入,优化新药审批流程,优惠税收和医保政策。我国政府和公立研发机构要肩负历史使命,大力发展和使用民族药物。

制药企业是制药工程创新的主体,制药工程人员要有企业家精神,提高药物研发效率,勇于开发自主知识产权且与国外同类药有竞争力的新药品。我国制药业发展之路从仿制、低水平同质竞争到抢先仿制;从取得到期专利药的首仿资格,再到拥有自主知识产权的一类新药上市,促进制药业研发药品和配套设备的升级换代。例如,对中药的二次开发,对经验方的验证和剂型进行改造,适应疾病谱的变化。药物研发机构要积极开展 GMP、GSP 认证,增加市场竞争力,潜心做品牌,生产放心药,坚守制药人关注民生健康的使命。

12.4.2 药物临床试验伦理问题

药品是指用于预防、治疗、诊断人的疾病,有目的地调节人的生理机能并规定有适应症或者功能主治、用法和用量的物质,包括中药材、中药饮片、中成药、化学原料药及其制剂、抗生素、生化药品、放射性药品、血清、疫苗、血液制品和诊断药品等。药物临床试验是在患者或健康志愿者中进行的药物系统性研究。

R12-15　药物临床试验分期

1. 研究方案缺乏科学性

有些药物临床试验设计不太符合专业与统计学设计要求,主要表现在:试验方案不够详细,不能保证数据的适宜收集;对安全性、有效性的评价标准不够科学;试验方案未经伦理委员会批准或批准程序流于形式;改变了试验方案但没有报请伦理审查委员会同意或没有告知申办者。方案设计的科学性不足将使受试者置于完全不必要的风险之中。有些研究招募了不符合标准的受试者,或符合中止试验规定而未让受试者退出研究。有些研究给予错误治疗或剂量,对受试者的权益/健康以及研究的科学性造成显著影响。

案例:不可接受的性价比

美国 FDA 批准了特异性靶标肿瘤制剂 Provenge(普罗文奇)上市,用于治疗晚期转移性其他治疗无效性前列腺癌患者。针对 512 名前列腺癌病人的追踪研究发现,平均每位患者的生存期延长了 4.5 个月却需付出 20 万美元的高昂代价。

2. 侵犯了知情同意权

药物临床试验的知情同意问题较为常见。受试者没有充分理解试验目的、方法,或被施加了不正当影响。有的医护人员主动邀请就诊患者参加自己主持或参与新药试验,患者不愿意参加但又很难拒绝,担心以后来此看病不受待见。为了尽快招募足够数量的受试者,有的研究者在知情同意书中回避提及药物试验相关的严重不良事件,低估研究的预期风险,夸大研究的潜在受益。[①] 1996 年,尼日利亚北部的卡诺地区发生大规模脑膜炎,辉瑞公司使用未经卡诺州政府批准的"特洛芬"为罹患脑膜炎的儿童提供药物治疗,但没有充分开展风险-受益分析,也未获得患儿父母的授权,结果导致 11 人死亡,其余 181 名儿童则落下聋哑、瘫痪、脑损伤等残疾。

3. 风险和受益的不公正分担

新研发的药物必须经过临床前实验室研究、动物实验以及临床试验,证明安全、有效后,才能获得药品管理部门批准上市。任何未经临床试验证实的药物,都不能用于对病人的救治。假如研究者向患者提供未经证明的、有效性和不良反应尚不明确的干预作为潜在的预防和治疗措施,是不符合医学伦理的。由于它的安全性和有效性未获证明,服用新的试验用药的患者将承担较高的风险,但难以从中受益,导致风险和受益的不公平分担。

不过,面对突发的重大公共卫生疫情,人类又没有任何其他被证明有疗效的药品存在,有潜在疗效的试验性药品可以在赢得患者知情同意的前提下在其身上使用,此时挽救人类生命是第一要务。2014 年试验性抗埃博拉药物在西非病人群体中的应用就是范例。

---

① 颜江瑛,何继善,张阳德. 我国药物临床试验中伦理审查存在的问题与对策[J]. 中国药事,2012,26(4):346-349.

案例：试验性抗埃博拉药物

2014年埃博拉病毒在西非多国肆虐，导致2000多人出血热，死亡率极高。帮助抗击疫情的两位美国医生布兰特利和赖特博尔也受到严重感染，被专机接回美国救治。对埃博拉出血热，迄今尚无有效办法。美国Mapp生物科技公司开发了一款新药ZMapp。该药在小样本的猴子身上做过实验且有疗效，但从未进行过人体试验。病情不断恶化的兰特利和赖特博尔同意在自己身上注射ZMapp。奇迹发生了，两人的病情有明显好转，痊愈出院。8月7日，美国食品和药物管理局表示，该试验药物可以用于埃博拉病毒感染者。8月12日，世界卫生组织在总部日内瓦公布了针对埃博拉试验性药物的审查结果，并决定允许提前使用ZMapp。应当地政府要求，美国已将少量ZMapp药品捐给了利比里亚。

4. 临床试验数据造假

随机对照试验是获取科研数据、检验新药安全有效性的最佳方法。因试验设计或理论假设等非人为因素造成的系统性数据差错，在临床研究中难以避免。令人无法忍受的是新药临床试验中的不端行为，突出表现在：伪造、篡改临床数据、图片和资料，一图多用，一图混用。2000年，诺华公司开始在日本销售一种高血压药物——"代文"，5家医学院资助的临床研究结果显示：代文比竞争性产品能更好地降低中风、心绞痛和其他并发症的发生率。诺华公司大肆宣传这些发表在顶级期刊的研究结果。2013年日本厚生省的调查发现，这些研究数据曾被篡改，并给受试者带来不适或伤害。2015年我国国家食品药品监督管理总局发布的《关于开展药物临床试验数据自查核查工作的公告》显示，在自查与核查工作涉及的1622个品种中，主动撤回注册申请317个。新药临床试验数据不真实、不完整的问题确实存在。

5. 监管和审查不到位

国内药物临床试验数据存在擅自修改、删除数据等方面的问题，部分原因是制药企业存在侥幸心理，很少主动撤回不合格数据，药品申报中的弄虚作假、重复申报、扎堆注册的顽疾依旧。有些合同研发组织(CRO)一年承担了数百个临床试验。《药物临床试验质量管理规范》(GCP)对试验质量有严格规范的管理要求，但监管、检查力度不够。有的申办者、监察员或研究者没有提交违背方案报告，持续违背方案现象时有发生；有些研究者不配合监察/稽查，或对违规事件不予纠正，上级部门也没有监督检查。同时，我国药物临床试验伦理审查起步较晚，质量参差不齐，对新的药物临床研究审查能力有待加强。在药物遗传学技术的研究和临床应用中提出的伦理问题具体包括：监督不到位，没有做到保密和隐私，并非真正知情同意，药物不可得性；医生在药物遗传咨询中责任不明确。[①] 2015年国务院发布了《关于改革药品医疗器械审评审批制度的意见》，有望改变这种监管不力的状况。此外，新药研发要遵循基本的伦理准则，自觉接受伦理审查，保护受试者的合法权益，促进药物临床试验合乎伦理地开展。

---

① BUCHANAN A, CALIFANO A, KAHN J, et al. Pharmacogenetics: ethical issues and policy options[J]. Kennedy Institute of Ethics Journal, 2002, 12(1):1-15.

12.4.3 疫苗临床试验的伦理要求

疫苗是指：为了预防、控制传染病的发生、流行，用于人体预防接种的疫苗类预防性生物制品。疫苗来源于活生物体，组成复杂，且接种对象是以儿童为主的健康人群，在安全有效性上有特殊要求。既要符合《赫尔辛基宣言》《药品临床试验管理规范》（GCP）和《疫苗临床试验技术指导原则》的相关规定，又要兼顾疫苗临床试验的伦理特殊性。

1. 试验设计要科学合理

疫苗各期临床试验的设计、实施等均应符合国家 GCP 的基本要求，加强对疫苗类生物制品临床研究的指导，规范临床试验行为。随机对照试验是确定疫苗有效性的关键研究，当用于临床保护判定终点的随机对照试验不可行时，应考虑替代方法。2011 年秋，美国国家生物防御科学委员会呼吁政府通过儿童炭疽疫苗试验伦理审批。如果满足一定的条件，如儿童参与的生化试验产生较小的风险——相比低烧或胸部 X 射线检查，美国政府将考虑在儿童身上测试炭疽疫苗。尽管此研究将使儿童暴露在一种新疫苗的风险中，但如果没有这项试验，就不能获知当儿童受到生物恐怖活动袭击时，应注射多大剂量的疫苗。

2. 知情同意

知情同意是疫苗临床试验的基本要求之一，研究者要充分告知和使受试者理解疫苗的优缺点、使用目的和方法、预期效果、可能的危害及近期远期的潜在危险，在自愿的基础上使用，绝不能有任何强迫或欺瞒。对参加试验的受试者，都要在详细解释试验方案及内容后取得本人的同意，或征得儿童父母或监护人的同意，在知情同意书上签字，疫苗接种史等应记录在案。为受试者保密，尊重个人隐私，防止受试者因接种疫苗而受到歧视。

3. 公平地选择受试者

试验的任何阶段均应有具体的入选和排除标准。排除的对象为不符合医学或其他标准者。入选和排除标准还应考虑免疫状态和影响免疫应答的因素；在试验期间可能离开试验地址的、有社交或语言障碍的也在排除之列。若疫苗接种对象为儿童或其他特殊人群，通常应在健康成人中进行 I 期试验；用于婴幼儿的疫苗应按成人、儿童、婴幼儿的顺序进行安全性评价。

4. 安全有效性

在试验设计中应重点考虑不良事件。不良事件监测和及时报告至关重要。报告和评价局部及全身性不良反应应采用标准方法，记录应完整。治疗时要以最小的投入获得最佳效果，根据病人情况选择最合适的疫苗、最恰当的治疗时机、最佳的配伍治疗手段达到疗效最佳、危害最小。默克公司研发的 Gardasil 9 抗宫颈癌疫苗获得美国批准上市，并利用印度儿童来测试新型抗宫颈癌疫苗，2015 年该疫苗导致许多孩子出现副作用，包括恶心、头晕以及体重减轻等。印度全国临床试验暂时停止，直到新的安全标准出台。

5. 疫苗的公正分配

加拿大研制的埃博拉实验性疫苗只有 1500 剂，且全部送到西非疫情严重的国家。疫苗有限，首先应该给谁注射呢？合理的办法是优先给在一线医务人员注射，还是给老人和儿童？把有限的疫苗注射给最需要抢救的危重患者，还是抢救对药物有反应的患者？这就需要制定公开、公平、透明的分配药物程序，要给予平等对待，避免歧视与特殊照顾。

实际上，疫苗临床试验的伦理审查要点有：研究者的资格和经验是否符合要求，受试对象的选择是否合理，受试者在试验中获得的治疗利益是否大于承受的风险，疫苗研究方案中的知情同意过程、文件和方案的可行性和适用性，受试者入选的方法和信息资料是否完整，获取知情同意的方式是否适当，有无对受试者给予治疗或补偿、保险措施。

案例：人类首个宫颈癌疫苗引发的伦理争议[①]

人类乳头瘤病毒（HPV）感染被认为是诱发宫颈癌的重要因素，由于 HPV 疫苗能防止 HPV 感染，因此也被称为宫颈癌疫苗。2006 年，HPV 疫苗获得美国食品和药物管理局（FDA）批准，成为世界上第一个预防癌症的疫苗。随后，HPV 疫苗在全球一百多个国家获得批准。一种疫苗首先要看是否有效，其次要看价格或成本高低。美国默沙东公司的宫颈癌疫苗加达西（Gardasil）于 2006 年首先在美国上市，英国葛兰素史克公司生产的另一种疫苗卉妍康（Cervarix）随后上市。在美国，每针宫颈癌疫苗费用为 120 美元，全部接种下来是 360 美元，在德国，全部接种三剂疫苗总共需要花费 150 欧元。这个价格让许多低收入家庭望而却步。即便 HPV 疫苗正在印度进行人体试验，3 剂 HPV 疫苗售价也要 150 美元。这些宫颈癌疫苗在发展中国家尚未广泛引进和使用。宫颈癌疫苗价格不菲，接种时间较长，需要接种三次。

在安全性方面，2013 年上半年有三十多名日本女性接种 HPV 疫苗后出现浑身疼痛，而且经过治疗后病情不见好转。厚生劳动省的第二次会议决定，暂时中止"主动推荐"现有的两种 HPV 疫苗，并要求生产厂商提供增补数据。女性可在被告知详细的疫苗接种的获益与风险后，自由选择是否接种。

在伦理学方面，2007 年 2 月，美国得克萨斯州州长佩里（Perry）签署了行政命令，强制要求得州所有六年级女生在 2008—2009 学年开始前完成 HPV 疫苗的接种，得州成为全美强制接种 HPV 疫苗的先锋，此后得到 20 多个州的效仿。反对者认为，这种强制性的法令侵犯了父母的权利，因为父母无法行使其监护权，无法选择对孩子最好的做法。很多父母也担心 HPV 疫苗的安全性。

尽管 HPV 疫苗从进入市场以来就被业界认为癌症预防效果显著，但在欧美国家 HPV 疫苗的实际接种率却相当低，欧盟 19 个实施 HPV 接种的成员国的实际接种率仅为 17%。HPV 在发达国家接种率低的一个原因是不少人认为这是一种过度预防。

R12-16 是否应该公开人造流感病毒研究结果

[①] 张田勘. 抗癌疫苗的七年之痒[N]. 南方周末，2013-10-11.

12.4.4 制药企业的社会责任

1. 社会责任履行状况总体不佳

制药企业不仅要追逐商业利润、满足股东的利益,还要增进其他社会利益(包括患者利益、公共利益等),在二者之间寻找平衡点。2014 年 7 月,中国医药行业上市公司社会责任调研排行榜结果显示:在信息披露,对经济、政府、供应商、生态环境、员工、投资者和消费者方面的责任等指标体系中,平均得分为 48.4 分,60 分以上的仅占比 1/5,社会责任履行的总体情况并不乐观。制药企业要通过多种关爱方式(定价、健康教育、资助研讨会等),促进医生分享治疗经验和病例;积极投入公益事业,提高生存率,提高生命质量,深入乡村和社区开展健康教育和咨询。

2. 药品质量事故频发

制药企业的产品和服务关乎患者的安康乃至千百万家庭的幸福,社会责任重大。制药企业要提供正确的药品、疫苗和医疗器械信息,保障用药安全,促进人民群众健康。不过,"齐二药"假药案、"欣弗"不良事件、"刺五加"注射液事件等药品质量事故反映了我国部分医药企业的诚信问题突出,药品安全令人担忧。这些医药企业没有肩负起保证药品质量安全的责任。药品召回频频发生,加剧了医院和患者对药品安全的担心,损害了制药厂的名声,但药品召回制度本身的贯彻实施恰恰反映了制药企业社会责任的担当。是否宣布要召回有问题的药品是一项慎重的决定。药品召回需要勇气。

R12-17 中药注射剂不良反应频发

3. 直面新药临床试验的失败

尽管国际上新药临床试验失败的信息披露早已经是一种惯常,但在我国,制药企业或药物研发机构却很少主动公开此类负面报道,其中的原因复杂。首先,由于药物药效不优于传统药物,因而研究者不愿意发表阴性研究结果。其次,不少患者和公众难以全面解读药物临床试验失败的含义,将其归咎于药品质量有问题或者药厂有问题,因此出现负面报道后经常会对药厂的销售带来毁灭性的打击。最后,有些新闻媒体为了博得眼球对事实进行歪曲报道,误导民众。一些药厂为了自身名誉和经济利益,不愿意公开临床实验失败的结果。

4. 规避利益冲突

跨国医药公司纷纷在华建立研发中心,收购我国新药领域的早期研发成果,争夺优秀人才。但是,制药厂追求利润最大化与学术研究的非功利性追求之间存在冲突。[①] 在药厂资助的临床研究的设计、数据选择、结果解释、论文发表等环节均会出现偏见。科研人员接受制药企业或医疗器械企业资助的研究开发或发表的文章,由于资助方参与研究或施加影响,在获取、分析数据和报告结果时可能受到限制,由药厂资助的临床研究存在可接受的风险-受益比,也会有偏见。药厂研发中心要成立伦理审查委员会并审查自己的临床项目。有些药厂对新药和医疗器械研究的资助会诱发有利于其的结果和结论。有些药厂倾向于隐瞒负面的结果。对 Cochrane 数据库中 2010 年发表的 151 篇随机对照试验论文的系统评价后发现:仅 30% 提供了较为准确的资助方信息,其中 11% 为制药业资助。[②] 不过,也有研究揭示:前列腺癌放疗人体试验中,研究结论与资助者类型和利益冲突之间没有明显的关系。[③]

5. 协同创新,推动新药研发

我国人口众多,疾病种类较多,医药市场潜力巨大,但新药研发水平相对滞后,资金投入不足,创新能力较低。政府应在采购、招标、配额和许可等环节扶植国产医疗设备和药品应用,打破跨国药厂的垄断,建立健全药品监测体系,实现我国从"医药大国"发展为"医药强国"。制药企业要担当生物医药研发重任,开发品质卓越、疗效确切、安全可靠的新产品,减少人类疾病、痛苦和就医负担。产学研项目要以临床为导向,鼓励专利过期抢先仿制,探索政府、药企、学术机构共同担负机制。工程技术人员要把促进新药研制、改进药品质量作为己任,自觉维护企业的声誉和品牌,服务于广大患者。制药企业要注重开发实用性的药品和设备,推广适宜技术,降低用药成本。制药企业要专注制药,生产放心药,勇于为药品不良事件担当责任。药厂和药物代表要参与药品管理全过程,协助医生加强对病人的不良反应管理,避免对病人的伤害。医护人员要积极参与药物研发团队。

本章概要

1. 生物医药工程伦理学的含义

生物医药工程伦理学是一门以生物医药工程中引发的伦理问题为导向,识别伦理问题的表现,辨析其特点、根源和后果,结合相应的伦理学理论、原则和方法,开展伦理分析论证,并提出伦理建议的新兴学科。

2. 突出的生物医药工程伦理问题

生物医药工程技术设计和实施中存在的一般性伦理问题有:工程设计中不可接受的"风险-受益"比、招募受试者时做不到知情同意、工程实践中的资源分配不公平和学术不端

[①] MARCELLO P W. Working with industry: what is the conflict? [J]Clin Colon Rectal Surg,2013,26(1):12-6.
[②] ROSEMAN M, Turner E H, LEXCHIN J, et al. Reporting of conflicts of interest from drug trials in Cochrane reviews: cross sectional study[J]. BMJ,2012,345:e5155.
[③] MORAES F Y, LEITE E T T, HAMSTRA D A, et al. Self-reported conflicts of interest and trial sponsorship of clinical trials in prostate cancer involving radiotherapy[J]. Am. J. Clin. Oncol.,2018,41(1):6-12.

行为。具体问题：人体遗传样本采集和临床试验中的再次同意问题，遗传基因信息的隐私泄露，基因专利问题，药物、疫苗临床试验中风险和受益的不公正分担，篡改临床数据，制药企业没有履行社会责任和政府监管不力。

3. 基于伦理准则的分析框架

生物医药工程伦理准则有：知情选择，可接受的风险-受益比，协同互助，公正公开，诚实守信，责任担当。在识别生物医药工程伦理问题，剖析其表现、根源的基础上，借助基本的伦理准则开展伦理分析论证，考察各种伦理主张或观点是否能够得到伦理辩护，得出伦理结论或建议，开展伦理审查。

4. 捐赠器官的分配原则

捐献器官必须通过人体器官分配与共享系统，严禁系统外分配，排除人为干预。分配器官的原则包括：病人的医学需要，医疗紧急程度，等待时间长短，供体长期生存状况，受体匹配情况等，以此来决定器官分配的排序。

5. 制药工程伦理要求

加强新药物、疫苗的临床研究科学性，确保安全有效性，加强机构伦理审查能力，监督要到位；强化科研诚信建设；制药企业要肩负社会责任，公开利益冲突，及时客观地披露临床试验失败信息或严重不良事件信息。

思考与讨论

1. 以某一项生物医药工程技术为例，讨论它在设计和实施中存在哪些突出的伦理问题，诱因是什么？
2. 哪些因素限制了孤儿药物或儿童用药的公平可及性？应对之策有哪些？
3. 生物医药工程技术人员面临哪些潜在的道德困境？又该如何走出这些道德困境？
4. 借助基于伦理原则的分析框架，针对基因工程、器官移植或制药工程中存在的具体伦理问题，展开分析论证。

参考文献

[1] 陈元方,邱仁宗.生物医学研究伦理学[M].北京：中国协和医科大学出版社,2003.
[2] 许志伟.生命伦理：对当代生命科技的道德评估[M].北京：中国社会科学出版社,2006.
[3] 邱仁宗.生命伦理学[M].北京：中国人民大学出版社,2010.
[4] BEAUCHAMP TL, CHILDRESS JF. Principles of biomedical ethics [M]. New York: Oxford University Press, 2009.
[5] BRENNAN M G, TOOLEY M A. Ethics and the biomedical engineer[J]. Engineering Science and Education Journal, 2000, 9(1): 5-7.

[6] VARELLO D. Biomedical ethics for engineers: ethics and decision making in biomedical and biosystem engineering[M]. New York: Academic Press, 2007.

[7] AMOS KA. The ethics of scholarly publishing: exploring differences in plagiarism and duplicate publication across nations[J]. J Med Libr Assoc, 2014, 102(2): 87-91.

[8] 张新庆. 护理伦理学: 理论构建与应用[M]. 北京: 学苑出版社, 2014.

[9] SATRIS S. Ethical consciousness in bioengineering[J]. Critical Reviews in Biomedical Engineering, 1997, 25(2): 151-161.

[10] 张新庆. 基因治疗之伦理审视[M]. 北京: 中国社会科学出版社, 2014

[11] SLEEBOOM-FAULKNER M. Global morality and life science practices in Asian: assemblages of life[M]. London: Palgrave Macmillan, 2014.

第13章 全球化视野中的工程伦理

引导案例：中国铁建承担的沙特阿拉伯麦加轻轨工程[①]

麦加轻轨工程，作为沙特阿拉伯王国的头号重点工程，是用于缓解每年数百万穆斯林在伊斯兰教第一圣城麦加朝觐期间的交通压力而投资兴建的一条朝觐之路。该项轻轨工程途经米纳、穆茨达里法赫和阿拉法特3个主要朝觐地区，共设9座车站，全长18.25km，设计运能为单向每小时7.2万人（图13-1）。

图13-1 麦加轻轨工程

2009年2月10日，中国铁建股份有限公司（下称中国铁建）与沙特阿拉伯王国城乡事业部签署了《沙特麦加萨法至穆戈达莎轻轨合同》，合同总价为17.7亿美元。中国铁建以EPC+O&M总承包模式负责工程的设计、采购、施工加运营和维护[②]，也意味着对项目从设计到最后运营承担全部责任。中国铁建举集团之力，从项目组织、管理、技术、人力资源和物质保障等方面配置最强资源，攻克了世界上设计运能最大、气候环境最恶劣、运营模式最复

[①] 周啸东."一带一路"大实践——中国工程企业"走出去"经验与教训[M].北京：机械工业出版社，2017：343-371.
[②] EPC指engineering, procurement & construction, O&M指operation & maintenance, 即承包商要对项目的设计、采购、施工以及运营维护负全部责任。

杂、建设工期最短的四大难关，获得了国内项目尚未采用的德国和英国第三方独立认证机构的双重安全认证，仅用 16 个月就完成了在国内需要 3 年工期的轻轨工程项目。其后又通过三年的运行和维护，于 2015 年月 1 日交付沙特政府。

这项工程在设计上要充分考虑施工区域属于热带沙漠性气候，地形地貌非常特殊，线路最大坡度达到 41‰等因素，同时在项目设计中考虑多种标准，如基础设计采用美国标准、线上通号设备采用欧洲标准、机车车辆采用中国标准。在施工中交替出现几种标准使得工程建设更加复杂。另外，麦加轻轨项目在麦加城内施工，由于这里是伊斯兰教圣地，业主要求只有穆斯林才能在城内施工，中国铁建委托劳务公司从青海、宁夏和甘肃等地招收上千名穆斯林劳工进行施工。合同工期经历两个斋月和一次朝觐，穆斯林员工每日必做五次祷告，需要尊重他们的宗教习俗，使宗教活动对项目施工的影响降到最低。最终，该项目克服以上设计困境和圣地难题等取得成功，受到了沙特阿拉伯政府和广大穆斯林朝觐者的一致称赞和好评，取得良好的社会效益。麦加轻轨铁路如期开通运营，对于中国铁建企业品牌的打造和国际形象的树立具有重要意义。中国企业重合同、守信誉的口碑已经在中东国家树立，为中国铁建更深入地走进中东市场铺平了道路。

然而，中国铁建当时是根据国内广州轻轨的投标成本经验，测算沙特轻轨工程成本，而采用 EPC+O&M 总承包模式，项目签约时只有概念设计，也对总的工程量没有进行科学预测与评估。在工程大规模施工阶段，没有充分考虑到当地人的各种习俗与实际工作状态（如工作效率和信用）等问题；再加上业主对该项目的 2010 年运能需求较合同规定大幅提升、业主负责的地下管网和征地拆迁严重滞后、业主为增加新的功能大量指令性变更使部分已完工工程重新调整等诸多因素，导致项目工作量和成本投入大幅增加，累计巨额亏损 41.53 亿元。

13.1 工程实践全球化的内涵与特征

作为技术集成性活动的工程实践，是以工程师为主要参与人员，包括多元工程主体共同参与的技术性活动，有明确的目标、时间、投资成本、收益、使用年限等要素，也与地理空间、气候环境、经济发展阶段、社会发展状态、社会道德水平等密切相关。

工程实践全球化在实体意义上是指工程活动过程利用的人员、资源和信息等在全球范围内共享与竞争；从精神层面看，主要是指工程实践的理念和价值追求是为了全人类的共同福祉，而且已经成为全球工程职业人士共同的道德理想和职业责任。随着经济全球化的发展，以及工程技术创新能力的增强，工程实践越来越凸显地域性和全球性两大特征。

13.1.1 工程实践的地域性

首先，工程实践的地域性特征与地理空间、自然资源等要素密切相关。任何工程活动都要在一定的空间地址和地理范围内进行和发生影响，因此工程活动和工程文化中往往体现出一定的地域性和地理性特征。[①] 北京、纽约、华盛顿、莫斯科、伦敦、巴黎等显然有不同的

---

① 殷瑞钰，汪应洛，李伯聪，等.工程哲学[M].北京：高等教育出版社，2007：230.

城市地标建筑,这是工程文化空间性和地理性的一种典型体现。同时,工程活动要以自然界为背景或对象,工程活动手段需要符合自然规律,工程活动的结果和目标也是要依靠自然、适应自然、认识自然和合理地改造自然。这也要求在工程设计、决策和建造、维护的过程中要充分考虑自然资源特性、能源条件,才能使工程活动顺利进行。

其次,工程实践的地域性特征与社会发展状态等因素相关。工程活动是由政府官员、投资者、管理者、工程师、工人、公众等不同利益相关者共同参与进行的。工程共同体不仅需要分工合作,共同促进工程顺利进展,也有着各自的利益诉求和价值取向,必然会带来各种利益和价值冲突,推动社会财富和经济利益重新分配,可能导致利益分配不公甚至激化社会矛盾。此外,工程活动必然受到各种社会习俗、传统文化和社会伦理规范的影响。作为工程主体的工程师也必然受到这些特定法律、伦理、社会、宗教、文化规范等的影响。当然,工程活动不仅要关注经济效益,还要关注特定的社会效益,如增进社会福祉、保障社会公平、改善生态环境等。因而许多工程活动必然存在如何协调经济利益和社会效益、促进经济增长和保护生态环境的难题。

最后,工程实践的地域性特征与时代发展、民众心理密切相关。工程活动是为了满足人们的需要,但是也要考虑当地民众对其的理解和认知程度。很多工程引发的安全风险事件,其原因就是忽视了当地民众的风险感知状况,如厦门PX事件等。这种事件可能不仅是由于工程技术自身风险引发的,更可能是关于工程技术风险的沟通不充分造成的。从这一角度看,工程师有必要加强与当地民众关于该项工程技术的风险沟通工作,充分尊重与理解当地的文化习俗、民众心理等因素,使工程实践活动能够"入乡随俗",真正符合公众需求,为民造福。

13.1.2 工程实践的全球性

科学跨国界一般是指科学原理、科学规律和科学研究的无国界,具有通用性、普遍性等;技术的国际性是指技术过程的性质或采用大致相同标准的技术;工程的全球性则包括工程的一般属性和跨地域属性。工程的一般属性是指工程活动要符合科学规律和技术使用标准与准则,同时更需要符合工程运用的目的和价值性需求;工程的跨地域属性是指工程活动可能超越一定的地域范围,可能是一国之内的跨地区(如西气东输工程),也可能是多国之间的跨区域(如"一带一路"建设等)。特别是现代技术的突飞猛进,跨国性工程活动成为常态。工程实践的全球性特征主要表现为以下三个方面。

1. 生态性

工程是以"造物"为核心的实践活动,它把事物从一种状态变换为另一种状态,创造出地球上从未出现的物品,乃至制造出今天的人类生活于其中的世界。工程活动深刻地影响着人们的生存状态,也导致人类生活的世界面临诸多挑战。工程技术活动对生态环境影响更加突出,甚至可能决定着人类存在与否的根本性问题。这些根本性问题,不仅仅涉及局部的人群与生态,更可能危及整体人类的生存与发展。比如,1986年的切尔诺贝利核泄漏总计造成9万人死亡,几百万人身患疾病,而当地核辐射污染至今无法消除,造成切尔诺贝利及其周边地区成为无人区。2011年发生的日本福岛核泄漏更是影响深远,不仅导致日本海域的生态污染,更不可避免地造成太平洋周边国家和地区的核污染。工程技术的影响及其引发的问题已经从地域上突破了国家、区域,成为全球性的共同问题。

2. 整体性

工程技术活动不仅影响生态环境,也对政治、经济、文化、社会等领域产生了方方面面的影响,在一定程度上改变了道德观念和社会关系,引发了诸多社会问题。随着世界经济一体化的发展推进,跨国公司之间的合作共赢成为重要的经济发展路径;同时,在科学技术创新过程中,跨国性的国际合作成为科技交流和发展的重要模式,特别是在工程技术影响扩大化趋势下,工程实践的全球性特点更为突出。工程实践的整体性主要表现在,空间疆域极大拓展,早已超出一国范围,延伸至世界各个角落;活动影响更加长远,很多重大项目带来的变迁往往是跨代际的;分工合作不断细化,设计、制造、维护等环节越来越离不开国际合作。未来工程问题的解决将更多地在全球范围内协同进行,参与主体将包括遍布全球的跨学科团队成员、管理决策人员以及全球客户等。这些团队的运转可以跨越多个时区、跨越多种文化甚至跨越多种语言。① 在全球化情境下,只有充分重视工程的整体性特征,在尊重民族文化特色和地域文化的前提下,工程实践才能有序运行。

3. 深远性

工程活动是人类一项最基本的生活实践活动,人类已经生活在一个人工世界之中。工程和科学、技术一起,使人类具有前所未有的力量,它们在带来巨大福祉的同时也使人类遇到了众多的风险与挑战。美国国家工程院院长沃尔夫(W. A. Wulf)指出,当代工程实践正在发生深刻变化,带来了过去未曾考虑的针对工程共同体而言的宏观伦理问题,这些问题导源于人类越来越难以预见自己所构建系统的所有行为,包括灾难性的后果。当然,很多工程技术项目也在发挥着积极作用。② 比如中国的都江堰水利工程历经两千多年仍然发挥灌溉效益,成为世界水利史上的奇迹,作为工程设计者的李冰父子更是千百年来工程师道德理想的典型代表。

因此,工程活动已成为塑造现代社会物质面貌、决定人类福祉的最重要的因素之一。在决定工程的发展方向和工程活动的实施方式时,在预测工程活动可能产生的后果时,人们不可能对其抱"中性"的态度与立场,而是必然要求对工程活动进行必需的伦理分析和伦理评价。

13.1.3 工程实践双重特征的冲突与协调

工程实践的地域性与全球性特征,在诸多工程实践活动中,不可避免地会产生诸多冲突和矛盾,主要表现为三个方面。

---

① National Academy of Engineering. The engineer of 2020: visions of engineering in the new century[M]. Washington, DC: The National Academies Press, 2004: 33.
② WULF W A. Engineering ethics and society[J]. Technology in Society, 2004(26): 285-390.

1. 技术应用冲突

技术应用冲突关注到适用范围、技术标准、技术制度等,以及工程设计、工程决策程序方面存在巨大的差异;关注差异性和一致性,独特性和标准性,技术标准的区域、时间等范围。在麦加轻轨工程项目中,在技术标准冲突方面,存在多种标准的协调。麦加轻轨项目的咨询公司是英国达汉德森(DAR)公司和德国德铁国际(DBI)组成的联合体。咨询公司要求中国铁建接受第三方欧美双标追溯性的全过程系统安全认证,要求项目建设的施工过程,全部设备、材料、产品、配件,乃至每一颗螺丝钉都要按照这两个标准进行安全检验。中国铁建经过多种努力,实现了中国标准与欧美标准的成功对接,并获得了德国和英国第三方认证机构颁发的设计、安全双重认证。另外,中国铁建作为麦加项目的总承包商,却没有掌握设计主导权。该项目最初是由法国、德国、英国等欧洲公司把基础部分设计好后,发现线路无法继续施工,他们退出后沙特才联系中国铁建。项目基础部分已经设计完毕,后续工程沙特要求按照欧美标准进行。而在项目中多种标准交替使用,基础设计采用美国标准、线上通号设备采用欧洲标准、机车车辆采用中国标准,致使工程风险增加,但是工程项目预算却没有增加,反而是同类项目报价的最低价。

其实,就中东地区一般的 EPC 项目或设计建造项目而言,基本情况都是:①业主提供概念设计,承包商在此基础上完成细化设计,每一步设计都需要报业主批准;②业主招标文件中会提供详细的规范文件,对材料设备的技术标准等一般都会规定得非常详细并指定大量材料设备的品牌或厂家;③无论是设计、材料还是施工过程,每一步都要报送业主验收。实际上,一般的国际工程都会有专业的工程咨询管理公司协助业主对承包商进行管理,招标文件中会有详细的合同条款和技术规范的规定,技术规范对于设备与材料的参数、施工工艺、验收要求等都会有详尽细致的规定和要求,在合同和技术规范中通常都会指定供应商、品牌,甚至规定到型号,很多情况下还会有指定分包。因此,认真研究合同条款和技术规范,也成为国际工程运作的重要前提。

2. 相关利益冲突

相关利益冲突涉及不同国别的利益主体,更加复杂、多元。如大型国际工程的利益如何分配问题,水坝工程中上游与下游百姓、地方政府的利益等。麦加轻轨工程的利益冲突主要表现为项目的商业利益与政治利益的平衡与博弈问题。麦加轻轨项目中,中国铁建集团的"不讲价格、不讲条件"等活动与企业应以"经济效益为中心、利润为目标"的价值取向存在巨大的利益冲突。固然此轻轨项目有很大的政治影响,国家领导人和相关部门领导高度重视,但是尊重基本经济规律以及坚持企业以利润为中心的目标取向,理应成为企业或特大型企业在工程技术活动中需要关注的重要内容。工程技术项目决策,如是否承包相关工程项目、工程项目预算以及其他可能的工程量等,都需要认真研究。而在项目预算报价中,中国铁建参照国内经验,乐观认为报价 22 亿美元,中标金额 17.7 亿美元,比沙特本国某公司的价格低了 10 亿美元。在项目运行过程中,由于业主对项目 2010 年的运能需求较合同规定大幅提升、业主负责的地下管网和征地拆迁严重滞后、业主为增加新的功能大量指令性地变更使部分已完工工程重新调整。由于业主原因造成的工程数量大幅度增加,作为总承包商的中国铁建应该按照项目合同管理要求增加变更数量,但中国铁建不惜代价地垫付工程款、为保工期不惜搞"大会战",而麦加轻轨项目按期通车后,业主并没有给予应有的经济补偿,造成大量亏损。

就一般的工程项目而言,无论是国际项目,还是国内项目,营利是企业生存与发展的根本性要求,但也涉及企业的长期利益和短期利润的权衡问题。以暂时亏损去赢得更多的国际市场份额和企业品牌或荣誉,也未尝不是一种战略考虑。从企业海外发展战略或市场前景来说,如果这种亏损对于企业来说是正常合理的并在可接受范围内,这项工程还是值得的。

3. 主流价值冲突

主流价值冲突表现为地域文化认知、对于相关工程技术的认知与理解等。涉及工程技术运用,比如对于某项工程技术的理解和态度问题,有的偏向于保守,有的偏向于开放等;涉及工程决策者(政府官员、企业管理者等)、技术运行者、推进者(工程师与相关技术人员等)、工程受众(工程直接影响的普通公众)等更加复杂的群体或主体,他们对于工程技术态度、工程技术价值等的理解和沟通问题,就可能成为决定工程技术活动成败的重要方面。就麦加轻轨项目的价值冲突而言,主要表现为不同文化习俗的差异,致使不同国家、民族、语言、宗教信仰的人们对工程的理解和认识存在冲突。麦加作为伊斯兰教的圣地,其轻轨项目在城内的施工只能由穆斯林参与劳动,中国铁建从青海、宁夏等地找到成千名穆斯林来麦加城内工作。业主拆迁征地问题较为复杂,加上沙特阿拉伯工作节奏慢,许多事情推进缓慢。在施工过程中,经历了两个斋月和一次朝觐,以及穆斯林员工一天五次祷告,这些习俗都要尊重。这些因素使施工计划受到了各种影响。在轻轨项目的空调设计方面,中国铁建最初是按照室外温度38℃进行设计的,业主认为应该按照46℃进行设计。中国铁建原来在车站没有设置自动扶梯,业主却认为自动扶梯是必需的设备。双方在土建桥梁跨越道路形式、结构形式、车站面积、设备参数、功能需求等方面存在理解上的差异。这也要求中国铁建在工程设计、决策与运营等方面真正地理解和认同当地的文化和习俗,使工程技术标准与使用者需求紧密结合起来。

另外,作为重要的海外工程项目,熟悉当地工程项目的市场行情和实践运作经验,是工程决策和运行的基本前提。如中东地区,近几年处于大规模的建设当中,供应商和专业分包商都是供不应求,是典型的供方市场,因此,在与分包商的关系中,总包方经常处于不利的地位。由于历史、文化等诸多因素,中东地区阿拉伯人分包商、供应商的延误非常普遍。当地的主要劳工来自印度、巴基斯坦、孟加拉、尼泊尔等国,这些工人不像中国工人那样勤劳,一方面工作时间较短,另一方面在工作过程中还有早茶和下午茶时间。因此,工程建设与运行的实践操作离不开充分的市场调查、技术规范与标准的预研,以及对于当地民俗习惯、宗教信仰等的必要尊重。

13.2 工程实践全球化带来的伦理挑战

13.2.1 工程实践全球化中的伦理议题

本章将工程师的原籍所属国称为"本土国",而将开展工程作业的非原籍所属国称为"东道国"。随着工程实践全球化的推进,不同国家在文化、宗教、习俗等方面的差异必然会影响工程项目的决策与实施进程。那么,在工程实践全球化的过程中,本土国的工程共同体可能会面对哪些伦理议题呢?

1. 产业转移中的工程伦理议题

国家经济发展到一定阶段,公众的环保意识与健康意识会大幅提高,对工业项目所带来的环境污染、生态破坏以及对公众的健康、安全造成威胁等问题会更加重视,且发达国家公众的权利意识较强,会为了维护自己的生存权、健康权、拥有清洁环境的权利而采取各种行动。因此,当国家的经济发展到一定阶段,就会将一些高污染、高耗能、具有较高安全与健康隐患的工业项目转移到经济欠发达国家。产业转移是组织层面的战略选择,产业转移的过程意味着原本由本土国所承受的生态、环境、安全等压力转移到东道国。在这一转移中,有这样几个工程伦理议题值得思考:

一是将本土国那些不受欢迎、高耗能、高污染的项目转移到东道国,对东道国而言是公平的吗?

二是本土国将那些不受欢迎、高耗能、高污染的项目转移到东道国,遵循的是与本土国同样的技术操作规范、质量控制措施与安全管理标准吗?

三是当产业转移对东道国的传统和价值观念构成威胁时,我们应该怎么办?在何种程度上,当地人所承受的风险以及环境所受到的破坏可以被认为是合理的?

四是跨国公司对其海外经营的责任是什么?尤其是在开发世界性的安全风险设备方面?

2. 文化、宗教、习俗冲突中的工程伦理议题

一个国家在长期的发展历史中,会产生独特的风俗文化、宗教信仰。某种程度上,这些风俗文化、宗教信仰也是指导该国民众行为的伦理指南。本土国的工程师到东道国开展工程工作,必然会面对不同国家在文化、宗教、习俗方面的冲突,这些冲突必定会产生诸多伦理困境。在文化、宗教、习俗冲突中,有这样几个工程伦理议题值得思考:

一是东道国的传统文化、风俗习惯以及宗教信仰都应该毫无异议地被尊重吗?举个极端的例子,如果某国的煤矿作业依然存在雇用童工的习俗,这样的习俗依旧应当被尊重并依习俗行事吗?

二是当东道国的工作价值观与本土国的工作价值观相冲突时,是尊重东道国的价值观呢,还是试图强制推行本土国的价值观?或者是否能够找到一种折衷的解决方法?如在某些"一带一路"沿线国家,工人在工作中行为散漫,不知加班为何物。这与我国为了项目进度目标的实现,加班加点不计回报的工作价值观迥然不同。

三是当本土国的文化传统优于东道国的文化传统,是否就应该依照本土国的文化传统行事?

四是尊重东道国的文化习俗或工作价值观,会严重削弱工程效率时,应该如果处理?

3. 工程相关标准与条件冲突中的工程伦理议题

不同的经济发展阶段、不同的历史传统、不同的法律体系等造成了本土国与东道国在工

程相关标准和条件上存在着相互冲突。这里所要解决的问题是，东道国或本土国的标准是不是最为合适的，或者恰当的行为是在两者之间的妥协？可能存在的工程伦理议题包括：

一是东道国的工程条件与本土国的工程条件严重冲突，如某些国家如不贿赂相关部门的官员，就不可能通过工程的各种审批，但是本土国的法律与工程伦理规范又严格要求不能行使贿赂，该怎么办？

二是东道国的工程相关标准高于本土国，按东道国的工程标准实施会严重损害本土国的商业利益，该怎么办？

三是东道国的工程相关标准很低，按此标准实施，本土国企业的商业利益会大幅增加，但可能会伤及东道国公众的安全与健康，或者破坏东道国的生态环境，该怎么办？

13.2.2 工程实践全球化中工程师的多重责任

由于工程师具有其他工程共同体所不具备的专业素质，其个人伦理责任在防范工程风险上具有至关重要的作用，因此本章对工程师在工程全球化实践中的伦理责任进行单独的探讨。

1. 工程师的职业伦理责任

现代工程是价值负载的伦理决策过程，所有的伦理议题皆离不开责任。工程师这种职业本身就是一种具有特殊"自身困境"的职业。谢帕德将工程师界定为"临界人"（marginal men）。他指出，工程师部分是劳动者，部分是管理者；部分是科学家，部分是商人。"科学和商业有时要把工程师拉向对立的方向"，这就使工程师在"自身定位"和确立自身的"职业伦理准则"时难免会陷于某种"难以定位"和"难以自处"的困境。在全球化的过程中，工程师的身份更加多元，一方面代表着本土国的利益，另一方面还要为东道国的工程设计、施工、运营负责。面对着冲突的文化、价值观甚至是冲突的工程标准与规范，工程师该何去何从？下面通过一个案例加以说明。

王某是中方派驻 X 国某大型水电站项目的总工程师。该项目是 X 国政府使用中国政府出口信贷与某中资承包商在 2000 年签订的总承包建设合同，由中资承包商带资承建，其中 X 国配套资金占投资总额的 10%。

X 国地处南半球，属于热带季风气候，四面临海，空气中湿度、含盐量都很高。中国标准的建筑材料往往不能承受当地的气候环境，在试验过程中，就出现生锈、腐蚀等现象，导致当地人不信任中国的建筑材料，进而成为中国品牌进入 X 国的一条"拦路虎"。在该项目的建设过程中，X 国沿袭英国建筑师制度，业主只履行作为出资方的责任和义务。建筑师作为整个项目建设过程的最高责任人，很多材料、工法的使用都需要建筑师批准。近乎苛责的质量要求和业主要求的商业工期似乎是一对矛盾体。

而这种矛盾在一种工程用固定螺栓的采购中，就爆发了一次。项目团队在保障质量及工程需求的情况下采购了一批中国产的固定螺栓。建筑师代表尼昊却以中国产的产品质量没有保证拒绝验收，而推荐使用德国产品。在这种情况下，要么重新采购，增加成本、延误工期，要么"硬碰硬"，用产品的质量来说话。为此王某连续不眠不休，联系实验室、查阅相关资料。他多次在工程技术讨论会上，通过详细的参数资料和现场试验数据就耐腐蚀、强度等材料性能证明了中国产材料的质量,说服了固执的建筑师代表尼昊。

王某终于舒了一口气,做海外项目,一方面要考虑本土国的利益,另一方面也要顾及东道国的工程标准与要求。在两者有冲突时,找到一条创造性的中间道路,既能够满足对本土国组织的忠诚,又能履行工程师的职业责任,这对工程师而言,是基本的职业素养。

2. 工程师的社会伦理责任

随着工程师的社会作用越来越大,又衍生出对工程师社会伦理责任的期待。工程行为规范要求工程师作为雇主忠诚的代理人,对组织、对雇主忠诚,同时又要求他们将公众的安全、健康和福祉放在首位。这两种职业责任有时是相互冲突的,会使工程师陷入道德和职业困境之中。工程师已不能仅仅满足于自己的职业规范,还要承担起对社会、对公众的责任。而全球化的过程中,对本土国雇主的忠诚和利益的维护,可能与对东道国公众的安全、健康与福祉相冲突。假设东道国的建设标准低于本土国的建设标准,在东道国的工程符合东道国的建设标准,但工程师由于自身的专业知识,能够清楚地判断出这一工程存在安全隐患,此时工程师如何选择就涉及社会伦理责任问题。

3. 工程师的环境伦理责任

博德尔指出,工程师这个职业正在从一个向雇主和顾客提出专业技术建议的职业演变为一种以既对社会负责又对环境负责的方式为整个社群服务的职业。工程师本身和他们的职业协会都更加渴望使工程师成为基础更广泛的职业。雇主也正在要求从他们的工程师雇员那里得到比熟练技术更多的东西。人们对工程师的要求超出了专业技术领域的范围,除了专业伦理责任、社会伦理责任外,又赋予了工程师环境伦理责任,这为工程师带来了更加复杂的伦理困境。

在全球化的过程中,工程可以为东道国带来经济效益与社会效益,但也可能带来环境污染与生态破坏。工程师有责任把这一潜在危害告知东道国吗?还可以采取什么样的举措呢?

在 X 国的水电项目建设过程中,王某就遇到了类似的困境。建设过程中产生了大量固体废弃物,其中的一些成分会对土壤产生污染,并对当地居民的身体产生不良影响。按照国内标准,这些固体废弃物需要经过相应的主管部门检查后才能进行相应的处理。但是 X 国却没有这一标准。如果按照国内标准进行,会遇到一系列难题,首先是谁来检查的问题;其次由于 X 国根本没有处理这类固体废弃物的经验,这个过程可能很冗长,会延误工期,而工期延误一天,都意味着经济效益的损失。王某左思右想,为了保证 X 国当地居民的健康不会受到固体废弃物的影响,同时保证 X 国的环境不因工程建设产生的固体废弃物受到破坏,他找到了 X 国的相关负责人,把情况据实相告,并给出对策建议。对方对王某竖起了大拇指,认为中国工程师非常负责,并积极配合接洽相关主管部门处理此事。整个处理过程由于对方的配合进行得相当顺利,虽然因此耽误了几天工期,但能够解决 X 国当地居民的健康与环境问题,王某还是感觉安心不少。

以上案例表明,工程师的社会伦理责任与环境伦理责任在某些情景下是完全一致的,对环境责任的践行也意味着对社会责任的践行。但在某些情景下,也可能存在着工程师的社会伦理责任与环境伦理责任相冲突的情况。设想某一工程项目对环境会带来污染,同时对当地居民的健康有轻微的不良影响,但却能够使当地居民的生活由极度贫困转为小康,而居民们也欢迎这个项目的上马,以期改变当前的困苦生活状态。这种情景下,作为工程决策者,该考虑哪些因素?做出什么样的决策呢?

4. 工程师的文化伦理责任

工程实践的全球化离不开工程师,工程师是工程产出物的缔造者,同时也是文化传播的使者,是民心互通的桥梁。工程师是不是有责任打破文化隔阂,避免、消减、化解文化冲突,成为东道国文化多样性的保护者呢?在工程实施的各个阶段,当东道国的文化和价值观限制甚至阻碍了工程的进展,工程面临拖期甚至停工的风险时,工程师又该何去何从呢?

X国长期受英联邦及印度文化的影响,行为相对散漫,没有储蓄习惯,还有下午茶时间及不加班的文化,使我们国内惯用的管理手段失效。王某在当地进行采购、劳务招聘的过程中发现,当地人员不守时、夸夸其谈的现象非常严重。某次在采购CI管道的时候,一封邮件的回复时间长达三天,并且屡次变更交货时间。承诺成为空谈,物资品类、质量不能有效保证。由于当地建筑市场没有产业化,工人的培训成本偏高,加之当地法规倾向于保护劳动者,人员流动性非常大,折算的单个用工成本使企业不堪重负。工程面临成本超支、工程拖期的风险。

2016年5月,X国的水电站项目正在建设中,一场突然而至的暴雨席卷了X国首都附近的地区,暴雨引发的山洪、泥石流等次生灾害造成60余名当地居民死亡,14万人无家可归,受灾人数逾35万。当王某的项目团队得到这个消息时,大家都万分焦急、心系灾区。在了解了详细情况后,项目团队主要班子成员经过简短的讨论,秉承着两国友谊第一的一贯精神,第一时间组织人力、物资前往周边的灾区开展救灾工作。

中方工程师在这次救灾行动中,作为文化使者,以身作则,将中国互助的历史传统与价值观体现在具体的救灾行动中,体现出全球化进程中工程师对文化伦理责任的践行。由此,X国政府及监理等各界人士对中方人员的态度有了明显好转。在后续的工程实施过程中,配合程度明显增加,使工程能够按工期在预算内顺利完成。

在国际工程实践活动中,文化与习俗上的差异会影响工程进展,但硬碰硬的方式并不能很好地解决文化冲突。而中方抓住X国水灾的契机,秉承中国传统"一方有难,八方支援"的价值观对X国民众开展救援,结果却使得工程推进得更加顺利,可谓是"无心插柳柳成荫"。这也说明国际工程工作人员身上肩负有文化伦理责任,不希求对方文化与中国文化的同一性,而是在文化差异中践行本国优秀的文化传统与价值观,使双方获益,在潜移默化中化解冲突。

13.2.3 工程实践全球化中工程共同体的伦理责任

管理学中的组织决策可被划分为战略性决策、战术性决策以及业务性决策三个层次,伦理学中则将工程伦理分为宏观、中观和微观三个层次。宏观伦理是指国家和全球尺度的伦理问题;中观伦理是指有关企业、组织、制度、行业、项目等的伦理问题;微观伦理则是指工程共同体成员——工程师、投资者、管理者、工人、其他利益相关者等"个体伦理"的问题。[①]

---

① 李伯聪. 微观、中观和宏观工程伦理问题——五谈工程伦理学[J]. 伦理学研究,2010(4):25-30.

管理学中组织决策的三个层次与伦理学的三个层次有一定的对应关系,组织层级的战略决策与中观伦理有一定的对应关系,而战术决策和业务决策与微观决策有一定的对应关系。但是现实情况会更加复杂,战略决策中也会存在微观伦理问题,战术决策也可能引发中观层次的伦理问题。本小节以工程共同体中的投资者、管理者以及工人为例,来分析工程共同体的伦理责任。

1. 投资者的伦理责任

投资者作为国际工程的出资方,在作投资决策时必然要关注工程的经济效益。对于一些政府主导的国际工程,投资者还要考虑政治因素。一方面,投资者对国际工程的整体方向有导向作用,如投资的国别、投资的工程项目类型、投资规模等;另一方面,国际工程的投资决策会影响东道国的经济、工人的就业,也有可能影响东道国的生态环境及公众的健康、安全与福祉,因此投资者在兼顾经济效益与政治因素下,还肩负有重要的伦理责任。

一方面,投资者肩负有环境伦理责任。一是投资者在作国际工程投资时是否考虑了对东道国环境的保护,还是效仿目前一些发达国家的做法,简单地将落后的产能直接转移到贫穷落后的国家,置东道国的环境于不顾? 二是假使东道国对经济发展的需求高于一切,那么破坏环境就是理所当然的吗? 还是需要多考虑几种决策方案,既能发展当地经济,又能保护环境?

另一方面,投资者肩负有社会伦理责任,即所投资的工程项目不应该对东道国相关公众的安全、健康与福祉造成可接受风险范围外的伤害。因此,在对项目进行可行性评估时,要充分评估项目在东道国可能引发的环境、安全风险,以履行好相应的伦理责任。美国联合碳化物公司在印度博帕尔建设的农药厂将厂址选在了人口密集的贫民区附近,而非远离居民区,就是一个在工程选址时未充分评估工程可能带来的安全风险的典型例子。

2. 管理者的伦理责任

伦理决策会受到人(决策者及受决策影响者)、事(决策议题的特性及决策影响因素)及环境(组织内的工作特性或组织内外的环境压力)的影响。因此,个人伦理决策与整个组织的伦理氛围,亦即人与环境之间的互动关系,应该是存在的。西方一些实证研究发现,组织的伦理氛围会影响个人伦理决策,这已从某种程度上证实了个人伦理决策与组织伦理的关系。[1][2]

对于跨国企业,管理者是企业的实际经营者,对于正在建设的国际工程,管理者是工程的实际最高决策者。管理者不仅肩负着为组织谋求发展的职业伦理责任,同时还肩负着相应的环境伦理责任与社会伦理责任。此外,与其他工程共同体成员不同的是,企业最高管理者不仅肩负有伦理决策的责任,还肩负着伦理领导的责任。所谓伦理领导,是指管理者个体不仅能够自己作出伦理决策,而且能够培育组织的伦理氛围,带动他人作出恰当的伦理决策。

要成为伦理型领导,必须进行伦理管理——向组织的其他人传达能够引起下属关注并

---

[1] NAVRAN F. Are you employees cheating to keep up? [J]. Workforce, 1997, Vol.76(8): 58-61.

[2] MORRIS S A. Internal effects of stakeholder management devices[J]. Journal of business ethics, 1997, 16: 413-424.

影响下属思想和行为的伦理信息,成为一名伦理型领导。伦理型领导以一种对下属清晰可见的方式从事伦理行为,起着行为榜样的作用;他们定期与员工交流伦理标准、原则和价值观;他们持续地利用奖惩系统使员工遵从伦理标准。① 国际工程面对的伦理问题更加复杂,各级决策如果缺少伦理视角,不仅对工程实施本身不利,同时还有可能引起国际纠纷。因此,管理者必须担负起伦理领导的责任,积极地培育组织的伦理氛围,这样才有助于组织内部工程共同体伦理决策能力的提升,进而推动伦理行为的产生。

沃尔玛在墨西哥取得了在美国本土之外的最大成功。但在 2012 年 4 月,纽约《时代》周刊披露了大规模行贿在沃尔玛墨西哥公司的业绩显著增长过程中所起的重要作用。大约自 2005 年至 2012 年,沃尔玛的管理者支出 2400 多万美元用于行贿,以加速建筑施工许可的审批,降低环保要求,并消除快速扩张面对的其他所有障碍。行贿的始作俑者之一就是沃尔玛墨西哥公司的前任首席执行官爱德华多·卡斯特罗-赖特。他和他的高管团队一步步采取措施隐匿了沃尔玛总部的钱款。当总部收到大量行贿消息的时候,起初派出了调查员,但后来却停止了调查。涉及行贿的高管没有一人受到纪律处分,而且有人还得到了提拔,其中就包括 2008 年就任沃尔玛副总裁的卡斯特罗-赖特。②

这一案例表明,沃尔玛墨西哥公司的前任首席执行官卡斯特罗-赖特在开拓墨西哥市场时选择了行贿,并没有作出符合伦理的决策,更不要说培育组织的伦理氛围,承担起相应的伦理领导责任。而沃尔玛总部的处理过程与结果也向沃尔玛的所有员工释放出这样一个信号,即在沃尔玛的海外市场扩张中,行贿这种不符合伦理的行为是可行的,即使有这种不光彩的行为,如果业绩骄人,仍然可以受到褒奖,得到晋升。这样的组织伦理氛围就会助长一批人为了业绩,作出不符合伦理规范的选择。

3. 工人的伦理责任

组织中每一个层级都有决策问题,但决策的影响范围、影响强度与决策的复杂性不同。工人是组织中最小活动单元的决策者,拥有操作层面的决策权,这一层级决策的空间和自由度有限。尽管如此,工人仍然具有十分重大的伦理责任。

一方面,工人的伦理责任体现在职业操守上。这又可分为两个层面:第一个层面是对操作规范的认真遵守;第二个层面是发现操作规范或现场设备设施管理中的漏洞,能够沟通上报并积极促进解决。

另一方面,工人的伦理责任体现在对组织中不符合伦理的决策或行为的反抗甚至是揭发上。也可以分为两个层面:第一个层面是当发现执行上级的指令会在风险可承受范围之外伤害公众的健康、安全和福祉或者会在规定的可接受范围之外更大程度地破坏环境时,要勇于反抗甚至揭发;第二个层面是当发现组织成员(包括上级与同事)有失德或违法行为时,要想办法提醒、上报甚至揭发。

工人虽然处在组织层级结构中最基础的一层,但由于伦理责任履行不力而引发的后果却可能是灾难性的。2013 年 10 月 9 日,福岛第一核电站发生的重大事故,起因就是工人的

---

① TREVINO L K, HARTMAN L P, BROWN M. Moral person and moral manager: how executives develop a reputation for ethical leadership[J]. Califonia Management Review, 2000,42(4):128-142.
② 哈里斯,等.工程伦理:概念与案例[M].5 版.丛杭青,等译.杭州:浙江大学出版社,2018:176.

操作失误。在污染水处理设施作业时，作业人员错将配管线拔出，结果造成高浓度污染水的大量外泄，在现场作业的9人中有6人遭到污染水喷淋。经过检测，每1L污染水的放射性锶的含量高达3700Bq。

当发现组织在管理或操作流程上存在漏洞，却视而不见，漠然对待，也会给组织、给公众带来很大的伤害。普度化学药品公司的主操作员约克夫已有多年的操作经验，在日常工作中，他意识到腐蚀剂的配送系统在控制上存在一定的漏洞。这个漏洞会导致在特定的条件下，腐蚀剂会从废弃物车间流向地方公共废水处理厂。但约克夫认为这不是他应该关心的问题，所以一直没有向上级报告。直到有一天，由于这个漏洞的存在，不利事情真的发生了，公司为此损失巨大。这个案例中约克夫虽然不是事故的直接责任人，但由于他的怠惰及对工厂安全的漠不关心，也应该承担相应责任。

在国际工程中，不论工人来自本土国还是东道国，都应当承担起相应的伦理责任。本土国的工人不能因为工程最终的产出物属于东道国，就在操作过程中漫不经心，而东道国的工人也应当深刻认识到自己肩上的伦理责任，在工程实施中充分履行自己的伦理责任。工人的伦理责任意识固然与个体的敬业精神与职业操守有关，但同样受到组织伦理氛围的影响，这再次表明组织管理者所肩负的伦理领导责任的重要性。

13.3 跨文化工程伦理规范的辨识与运用

13.3.1 跨文化工程伦理规范的辨识

1. 应对跨文化工程伦理冲突的三种立场

从沙特阿拉伯麦加轻轨项目案例可以看出，在工程实践全球化过程中，本土国的工程共同体面临的伦理议题是复杂交织的。具体而言，主要是三个层面的伦理议题：产业转移中的利益层面，文化、宗教、习俗冲突中的价值层面，以及工程相关标准与条件冲突中的技术层面。当不同的工程共同体和职业工程师在面对相关的伦理冲突时，可能会有多样化的选择。归纳起来，应对本土国与东道国之间伦理冲突无非是三种立场：伦理相对主义、伦理绝对主义和伦理关联主义。[①]

伦理相对主义认为，公司和工程师只需要遵守东道国的法律和主导习惯，即"入乡随俗"。在理论上，伦理相对主义主张，在一个特定的社会里的行为在道德上是正当的，当且仅当这些行为是由法律、习俗或该社会的其他惯例批准的。这个命题之所以错误，是由于它将法律、习俗等同于伦理道德，而法律、习俗的正当性需要接受关于人权、公共善、尊重人的义务等道德理由来评判。将伦理相对主义的逻辑推到极致，就会荒谬地认为纳粹德国的种族灭绝行径、美国历史上的黑奴制在道德上也是正当的。按此逻辑，如果跨国公司在另一国采取极低的生产安全标准，也没有什么不道德的。

伦理绝对主义的情形恰好相反，认为公司和工程师完全可以保持在自己国家行之有效

---

① 李世新. 工程伦理学概论[M]. 北京：中国社会科学出版社，2008：128-129.

的那套做法,不必根据新的跨文化环境进行调整。在理论上,伦理绝对主义认为,道德原则不存在合理的例外。这种观点的谬误在于没有考虑到不同的道德原则之间会发生相互冲突,实践中允许某些合理的例外存在,它没有看到现实生活中许多变化的事实。

在寻求解决跨文化的工程伦理问题时,应该避免伦理相对主义和伦理绝对主义这两个极端。既要避免简单地认为本土国的文化价值观念应该始终指导工程师的行为,无须根据东道国的情形作出任何调整,同样也要避免工程师要像东道国的公民那样完全按照当地习俗和法规办事,却无视这种习俗或法规是否与通行的工程伦理规范相冲突。经过对比可见,伦理关联主义是一种相对可行的选择方案。

伦理关联主义的实质是一种情境依赖的立场,即主张道德判断是在不同情况下考虑各不相同的因素做出来的,不可能提供一套既简单又绝对的道德规则来。也就是说,道德判断是与伦理情境相关联的,道德判断是相对于很多因素作出的,在跨文化情境下需要将其他文化的习俗纳入考虑范围。

居于伦理关联主义的背后是一种多元论的文化立场。"人的世界一开始是多元的,而且在多元的基础上向着多样性发展。"[①]20世纪之后,随着全球化步伐的加快,以及异文化之间交往和碰撞的增多,人们更加意识到不同文化传统和社会实践之间的多元性。费孝通先生倡导的"各美其美,美人之美,美美与共,天下大同",就代表了多元文化平等友好交往的一种理想。在工程实践全球化持续深入的今天,跨文化的工程伦理决策理应遵循一种"和而不同,求同存异"的交往原则。

2. 工程实践全球化中的工程师伦理原则

在某种程度上,辨识出跨文化的工程伦理规范仍然带有伦理绝对主义的理想化色彩,触及人类伦理的根基之处。在承认文化多元论的立场上,为跨文化的伦理规范进行辩护,涉及道德概念的"普适性原则"。这一原则本身没有规定什么是对的(或错的),但它要求我们在思维中保持一贯性。比如,数据造假在本质上是一种说谎或欺骗行为,无论在科学研究中,还是工程实践中,这一类行为都是适用的。

通常地,跨文化规范的辨识主要有四个来源,分别是古代的宗教和伦理著作、近代以来确立的基本伦理模型、关于普遍人权的国际文献,以及国际工程社团的伦理章程。

一是古代的宗教和伦理著作,如在几乎所有的宗教和伦理经典中都有体现的"黄金法则"(参见专栏13-1)。[②] 黄金法则要求我们学会换位思考,即以某种方式评价我们的行为给他人带来的影响,不论一个人是道德行为的施动者还是受动者,都不应该影响行为本身的对与错。以儒家思想为例,这体现为"己所不欲,勿施于人";而在现代社会交往语境中,还应扩展为"己所不欲,勿施于人;己所欲者,慎施于人"。

通常,黄金法则的实际运用可以采取"分析形势—判定后果—换位思考"三个步骤:

(1) 分析形势,判定有哪几种可选择的行为方式;
(2) 判定各种可选择的行为方式的可能后果;

[①] 费孝通. 费孝通全集(第11卷)[M]. 北京:群言出版社,1999:525.
[②] HARRIS CE, PRITCHARD M S, RABBINS M J. Engineering ethics concepts and cases[M]. 3rd ed. Belment, CA: Wadsworth Cengage Learning, 2005:90.

(3) 对于决策者的每一种可选择行为,都会有一些人可能受其结果的影响。把自己置于受影响者的位置,自问是否愿意接受那些结果。如果不愿意,那么这种行为在道德上就是不可接受的。

> **专栏 13-1　不同宗教和伦理著作中黄金法则的表现形式**
> - 儒家版本:"己所不欲,勿施于人。"(《论语·颜渊篇第十二》第二章)
> - 基督教版本:"你们愿意人怎样待你们,你们也要怎样待人。"(《圣经》和合本,路加福音 6:31)
> - 印度教版本:"责备别人的事自己也不应该做。如果自己这样做,却又责备别人,只能授人笑柄。"(《摩诃婆罗多·和平篇》12.279.23)
> - 佛教版本:"以己喻彼命,是故不害人。"(《法集要颂经》爱乐品第五)
> - 犹太教版本:"对你自己有害的事,你也不要对你的邻人做。这就是律法的全部。"(《巴比伦塔木德》,安息日,31a)
> - 伊斯兰教版本:"你们中的任何人的信仰都不完美,除非他爱人如爱己。"(《布哈里圣训实录》信仰篇:第十三段)

二是运用一些基本的伦理模型进行道德推理。科学与工程中的建模思维可以用到道德推理上,其中最基本的两种伦理模型是义务论和功利论。它们是在近代西方逐步系统化的伦理学理论,分别以康德和边沁的理论为代表,既然作为伦理模型,也就有各自的适用范围和局限性。义务论模型的道德标准是:我们所遵守的行为或规则应当把每个人都作为一个相互平等的道德主体来尊重,又被称为"尊重人的伦理学"。其局限在于,在方法论上过于关注和保护作为道德主体的个人,在特殊情景中常常难以应用。功利论模型的道德标准是:应该推动那些使人类福祉最大化的行为或实践。其局限是不太关注伦理意图的重要性,无法恰当解释正义行为,并且难以解释那些超越义务的行为。

三是关于普遍人权的国际文献。联合国大会于 1948 年通过了《世界人权宣言》,这是"二战"后的第一个关于人权的专门性国际文献,中国儒家传统的仁爱忠恕之道也成为重要的原则。随后,联合国还通过了《经济、社会、文化权利国际公约》和《公民权利和政治权利国际公约》,与《宣言》一起构成了现代的"国际人权宪章"。当然,国际人权宪章基于对世界大战教训的反思,讨论的更多是人类的普遍权利问题,凸显的是尊重人的伦理标准,要求我们给他人必要的权利来行使其主体性。不过,在具体的伦理决策情境中,往往面对的是相互冲突的权利问题,这就要求对权利的优先次序作出区分。哲学家艾伦·格沃思(Alan Gewirth)建议把权利分为三个层面:第一层包括最基本的权利,即人类行动的必要前提:生命存续、身体完整和精神健康;第二层包含维持个人已有目标水平的权利,诸如不被欺骗或不被欺诈的权利,以及对医疗实验或实践的知情同意权、个人财产不被偷窃的权利、不被诽谤的权利和不遭受毁约的权利等;第三层包括实现提升个人目标水平所必需的权利,其中包括设法获得财产的权利。

基于这种权利分层模式,可以把尊重人的权利标准运用到对一般道德规则或法律的评价中,也可以运用到对具体行为的评价中。具体而言,一般分为五个步骤:

(1) 确定风险中的基本义务、价值和利益,并指出存在的冲突;

（2）分析并判定何种选择是可行的，何种选择是有风险的；

（3）确定该行为的受众（其权利可能会受到影响的那些人）；

（4）每种选择都可能会对权利产生侵害，对各种侵害的严重性进行评估，评估时不仅要考虑权利所处的级别水平，而且要考虑其中包含的对权利侵犯和侵害的程度；

（5）选择那种对权利造成最小侵害的原则或行为方式。[①]

四是国际工程社团的伦理章程。早期的伦理章程强调工程师的主要职责是对他们的雇主和客户负责。自20世纪70年代起，"将公众的安全、健康和福祉置于首位"写入很多美国工程社团的伦理章程，并逐渐成为国际工程界普遍遵守的首要伦理原则。在一定程度上，功利论是解释这一原则的直接思想源泉，以工程行为的后果来判断工程是否产生了公共善。近来，越来越多的伦理章程开始强调可持续的技术发展和环境保护的重要性。

在工程伦理最早发展起来的美国，学者辨识出九种具体的跨文化工程伦理规范：①避免剥削；②避免家长主义；③避免贿赂或收受重礼；④避免侵犯人权；⑤促进东道国的福祉；⑥尊重东道国的文化规范和法律；⑦保护东道国公民的健康和安全；⑧保护东道国的自然环境；⑨促进合理的社会背景制度。[②]

事实上，工程伦理经历了一个从强调国家视角到工程实践全球化的演变过程。然而，这通常是基于美国的工程职业伦理模式，受到不少学者的批评。考虑到工程师的当代工作环境，需要为全球化视野中的工程伦理奠定新的基础，推导出一些基本的工程伦理原则。工程技术人员要在推进工程技术全球化的同时，遵守工程的国际伦理标准，如"全球环境下工程师伦理原则"的六项要求[③]（见专栏13-2）。

专栏13-2　全球环境下的工程师伦理原则

（1）公众安全原则：工程师应当根据掌握的专业知识，致力于保证公众的安全，应避免因技术的发展和推动而造成严重的身体伤害。

（2）人权原则：工程师应努力保障人的基本权利，确保其不会因为他们的技术工作而受到严重负面影响。

（3）环境和动物保护原则：工程师应致力于避免对动物生存环境和自然环境破坏而导致的严重的负面影响，包括对人类生命的长期影响。

（4）工程胜任力原则：工程师应致力于只从事其工作能力范围内的工程活动。

（5）科学判断原则：工程师应致力于在科学原理和数学分析基础上作出工程决策，并尽量避免受到外界的影响。

（6）诚实信用和公开原则：工程师应致力于让公众了解他们的决策对公众造成的潜在严重影响，并努力披露真实而完整的信息。

---

① 哈里斯，等.工程伦理：概念与案例[M].3版.丛杭青，等译.北京：北京理工大学出版社，2006：72-74.
② 同①，190-198.
③ LUEGENBIEHL H C. Ethical principles for engineering in a global environment [M]//POEL V D, GOLDBERG D. Philosophy and engineering. Dordrecht：Springer，2010：147-160.

13.3.2 跨文化工程伦理规范的运用

1. 跨文化工程伦理规范的国际运用

跨文化工程伦理规范的国际运用涉及跨国企业的社会责任管理实践。企业社会责任(corporate social responsibility,CSR)运动早期的主要形式是"企业生产守则运动",最初是在劳工组织和消费者的压力下,跨国公司为保持企业形象而设立的有关企业内部劳工标准方面的自律性规则,但不便于社会监督。在多种力量推动下,跨国公司自我约束的生产守则运动开始向接受外部监督的社会责任运动转变。

20世纪90年代后,企业社会责任逐步发展成为一项全球性的社会运动,其实质在于强调跨国企业不能只关注自己的经济利益,也应该致力于解决当地的社会问题。在这一背景下,国际上一些专门化组织开始出现,并出台了一批影响广泛的企业社会责任标准,典型的是社会责任国际组织的《社会责任国际标准》、联合国的《全球契约》、国际标准化组织的《社会责任指南》等。我国工程企业也正在加快"走出去"的步伐,相应的企业社会责任实践日益丰富,《中国对外承包工程行业社会责任指引》等规范也应运而生。

1)《社会责任国际标准》[①]

1997年,社会责任国际组织(SAI)研究制定了世界首个《社会责任国际标准》(SA8000标准),主要依据是《国际劳工组织公约》《世界人权宣言》和联合国《儿童权利公约》。目前通行的SA8000:2014国际标准是该标准的第4版。它伴随着发源于20世纪末期的西方企业社会责任运动而发展起来,其中也蕴含了工程伦理的基本思想。

SA8000标准是第一个在社会责任领域可用于审核和第三方认证的自愿性国际标准,规定组织必须达到要求。其中,对保障劳工权益提出了九个方面的最低要求:禁止使用童工;禁止强迫性劳工;保护员工健康与安全;保证组织工会的自由与集体谈判的权利;禁止性别、宗族、宗教等歧视;禁止在管理中使用惩戒性措施;工作时间必须依照所在国标准执行,每周最多工作时间不得超过48h;符合所在国最低工资标准;公司应建立保证劳工标准贯彻执行的相关管理体系。

2)联合国《全球契约》[②]

全球契约最早由时任联合国秘书长安南先生在1999年的达沃斯世界经济论坛上提出。2000年,联合国总部在纽约正式发起全球性的企业社会责任活动,以此回应国际上日益高涨的改善全球生态环境和劳工工作条件、人权状况的呼声。这是迄今世界上规模最大的全球企业公民行动倡议。

全球契约要求参与企业必须自发性履行涉及"人权""劳工""环境"和"反腐败"四大领域的十项原则,并作为有责任心的企业公民积极推动企业社会责任活动,促进包括全球经济在内的社会可持续发展的实现。十项原则具体包括:企业应该尊重和维护国际公认的各项人权;绝不参与任何漠视与践踏人权的行为;企业应该维护结社自由,并承认劳资集体谈判

---

① SAI官网:http://www.sa-intl.org/。
② 全球契约中国网络:http://www.gcchina.org.cn/qyyz.php。

的权利;彻底消除各种形式的强迫劳动;有效废除童工制;杜绝任何在用工与行业方面的歧视行为;企业应对环境挑战未雨绸缪;主动增加对环保所承担的责任;鼓励无害环境技术的发展与推广;企业应反对各种形式的贪污,包括勒索和行贿受贿。

3) 国际标准化组织《社会责任指南》①

国际标准化组织(International Standardization Organization,ISO)明显受到了企业社会责任运动的影响,反过来也促进了社会责任运动在更大范围内扩展。2004年,ISO社会责任顾问组向ISO技术管理局提交了《社会责任工作报告》,同时向全球发布以征求意见。2010年,ISO在日内瓦正式发布了由54个国家、24个国际组织、400多位专家参与制定的《社会责任指南》(ISO 26000)。该标准只是社会责任的指南文件,不是管理体系,不能用于第三方认证,不能作为规定和合同而使用。

ISO明确用社会责任(SR)代替企业社会责任(CSR),使得以往只针对企业的指南扩展到适用于所有类型的组织,包括公共部门、私人部门,发达国家的、发展中国家的和转型国家的各种组织。伴随适用范围的扩展,其七项原则——组织管理、人权、劳工实践、环境、公平运营、消费者权益、社区参与和发展的重要性有了显著提升,这是整个社会责任运动的里程碑。

4)《中国对外承包工程行业社会责任指引》

近年来,我国对外承包工程行业发展迅速,进入转变发展方式、谋求业务升级的关键阶段。企业在不断提高经营质量和水平的同时,也面临提升社会责任等"软实力"的内在要求。2012年,由商务部指导中国对外承包工程商会编制的《中国对外承包工程行业社会责任指引》正式发布,这是我国首部对外承包工程行业的自愿性社会责任标准。《指引》借鉴了联合国《全球契约》和ISO 26000指南等国际通行做法,结合了我国承包工程行业的业务现状,为相关企业提供了可参考的行为框架。《指引》针对质量安全、员工发展、业主权益、供应链管理、公平竞争、环境保护和社区发展等七个核心议题,对企业履行社会责任提出了具体工作要求,明确了社会责任管理的要点。② 为了带动企业社会责任管理的全面开展,促进对外承包工程行业的持续健康发展,中国对外承包工程商会还开展了"中国对外承包工程企业社会责任绩效评价活动",评价等级分为社会责任领先型企业、进取型企业、达标型企业和准备型企业。

以曾被评为"社会责任领先型企业"的中信建设有限责任公司为例。该公司自进入非洲工程承包市场后,非常重视企业社会责任管理,为当地社区服务,积极培养当地人才。中信百年安哥拉职业技术学校是中信建设在安哥拉境内发起并投资创办的一所公益性职业技术学校,为当地16~25岁的有志青年免费提供职业技术培训,学员毕业后不仅可以获得安哥拉国家认证的职业资格证书,还可以得到与所学专业对口的工作机会。2014年5月,李克强总理访问安哥拉期间,与该国领导人共同为学校剪彩,并对学校的意义给了了高度评价,"学校为当地免费培训人才,把'希望工程'的理念带到了非洲。一定要让学校本土化,这样

---

① ISO官网: https://www.iso.org/.
② 中国对外承包工程商会. 中国对外承包工程行业社会责任指引[EB/OL]. [2018-05-06]. http://images.mofcom.gov.cn/hzs/accessory/201209/1348819602840.pdf.

才更有生命力。"①

2. 跨文化工程伦理规范的本土运用

如果说辨识出跨文化规范在一定程度上仍然带有伦理绝对主义的理想化色彩,那么跨文化规范在工程伦理领域的运用则要考虑伦理关联主义的情境依赖性特征,必须具体问题具体分析。

在跨文化的伦理氛围中,不同伦理决策造成的冲突应该遵循"和而不同,求同存异"的基本原则尝试解决,这是伦理关联主义的方法论体现。在运用跨文化的工程伦理规范时,必须遵循一定的常识。具体而言,有如下建设性意见可供参考。②

(1) 工程师的适当责任及咨询角色。毫无疑问,工程师应当对公司的决定承担适当的个人及职业责任。然而,根据权责利相对等的管理学基本原理,工程师不必承担管理决策的全部责任,否则工程师的职业生涯将承担"不可承受之重",反而抑制了工程创新活动。

一种常见的情形是,工程师被要求就工程选址、上马治污设备、与当地政府交涉等管理决策提供咨询建议。当管理决策与职业伦理规范存在冲突时,工程师理应表达反对立场;而在不存在伦理冲突的工程咨询情境中,工程师需要扮演好"诚实的代理人"角色,努力扩展(或至少阐明)决策选择的范围,使得管理者可以根据自己的偏好和价值观去选择(如图 13-2 所示)。③

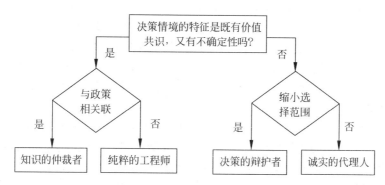

图 13-2 工程师在管理决策中的可能角色关系流程图

(2) 工程师要避免我行我素或过分教条。在跨文化情境下,许多时候并不存在一个理想的解决方案。在道德原则与现实状况之间总有落差,但我行我素和过分教条的极端做法都是难以令人满意的。前者表现为道德上的松散甚至玩世不恭,这种做法置伦理及职业考虑于不顾,在某些情况下甚至可能导致工程师作出违法的行为;后者则过于关注行为的公正性,以至于过分教条而不求变通。在特定经济社会条件下,一些国家的环境保护诉求会让位于经济发展。

(3) 工程师要善于寻求创造性的中间道路(creative middle way)。一种稍显复杂的情形是,当用普适性的跨文化规范来衡量时,本土国的习俗和东道国的习俗都适用且没有争

---

① 周啸东. "一带一路"大实践:中国工程企业"走出去"经验与教训[M]. 北京:机械工业出版社,2017:159-160.
② 哈里斯,等. 工程伦理:概念与案例[M]. 3 版. 丛杭青,等译. 北京:北京理工大学出版社,2006:198-200.
③ 皮尔克. 诚实的代理人[M]. 李正风,缪航,译. 上海:上海交通大学出版社,2010.

议,但两种地方性的习俗之间却存在冲突,这时应以东道国的规范作为伦理决策的依据。与此同时,工程师还应该努力寻求创造性的中间道路以调和这两种地方性习俗。① 当一种价值明显优于其他价值时,相对容易作出伦理选择。然而,现实生活中,不同价值观之间往往难分伯仲,不存在一种指导人们进行选择的价值等级序列。伦理困境通常是在那些彼此冲突的价值观之中作出艰难的选择。这时往往需要"创造性的中间道路",以期使所有相互冲突的价值至少得到部分的满足。因此,在目标层面,只能务实地追求尽可能的"满意"目标而无法实现效用极大化的"最优"目标;在方法层面,扩大问题的解决方式往往比只关注一种解决方式更有帮助。

本章概要

随着经济全球化的发展,以及工程技术创新能力的增强,工程实践越来越凸显地域性和全球性两大特征。工程实践的地域性特征与地理空间、自然资源等要素,以及社会发展状态、时代发展、民众心理等因素密切相关。工程的全球性包括工程的一般属性和跨地域属性,主要表现为生态性、整体性、深远性。工程实践的地域性与全球性特征,在诸多工程实践活动中,不可避免地会产生诸多冲突,主要表现为技术应用冲突、相关利益冲突、主流价值冲突三个方面。

在工程实践全球化的过程中,本土国的工程共同体可能会面对三个方面的伦理挑战:产业转移中的工程伦理议题,文化、宗教、习俗冲突中的工程伦理议题,以及工程相关标准与条件冲突中的工程伦理议题。全球化视野中的工程伦理问题,应该区分为工程共同体的伦理责任和工程师的多重伦理责任。工程师肩负着职业伦理、社会伦理、环境伦理和文化伦理等多重责任。并以工程共同体中的投资者、管理者以及工人为核心,重点分析了工程共同体不同层级的伦理责任。

跨文化的伦理选择难题通常有伦理相对主义、伦理绝对主义和伦理关联主义三种方案。跨文化规范在工程伦理领域的运用则需要根据决策情境,具体问题具体分析的伦理关联主义方案。为避免美国职业工程伦理模式的弊端,可以辨识出全球环境下的六项工程师伦理原则:公众安全原则;人权原则;环境和动物保护原则;工程胜任力原则;科学判断原则;诚实信用和公开原则。

跨文化工程伦理规范的国际运用突出地涉及跨国企业的社会责任管理实践。工程师需要考虑自身的适当责任及咨询角色,避免我行我素或过分教条,并善于寻求创造性的中间方案。

参考案例

参考案例1 曹德旺们的烦恼:当中国工厂遇到美国工会

近年来,中国企业加快实施"走出去"战略,到发达国家进行并购或投资的机会也日趋增多。与此同时,这些企业也时时面临着对发达国家文化规范的反向适应问题。

2014年,中国大型玻璃制造商福耀集团投资逾5亿美元,对通用汽车位于俄亥俄州莫

---

① 哈里斯,等. 工程伦理:概念与案例[M]. 3版. 丛杭青,等译. 北京:北京理工大学出版社,2006:53-56.

雷恩市的一座废弃工厂进行改造。此处靠近其主要客户,美国大型汽车制造商每年都会购买数以百万计的挡风玻璃。同时,这项投资也为当地创造了 1500 多个工作岗位。

然而,如果投资者不了解美国的监管和政治环境,那么这些新项目可能会因此受到一定程度的影响。2016 年 11 月,美国联邦职业安全与卫生署(OSHA)对福耀的一些违规行为处以逾 22.5 万美元的罚款。福耀公司在次年 3 月同职业安全与健康管理局达成和解协议,将罚款金额降至 10 万美元,并承诺采取更多安全措施。

2017 年 6 月 12 日,《纽约时报》刊文,报道了福耀车间里出现的跨国文化冲突。有员工质疑该公司是否真的想按照美式监督和美国标准来经营,全美汽车工人联合会(United Automobile Workers)对福耀发起了工会维权运动。员工杜安·扬表示,中国人对培训美国员工、与美国员工分担责任甚至打交道几乎没有兴趣。员工丽莎·康诺利抱怨说,如果没有足够早地提前申请带薪假,福耀就会以旷工为由给予纪律处分。前雇员詹姆斯·马丁表示,公司让他暴露在刺鼻的化学物质中,令他的双臂起疱,肺活量变小。即使在福耀受到处罚之后,安全措施有所改善,但有些问题被指依然存在。员工德安娜·威尔森指出,尽管她在排放烟雾的机器周围工作,但她所在的区域没有适当的通风设备。

从一定程度上讲,工程伦理的跨文化规范可以解释这些矛盾。福耀集团人力资源副总裁埃里克·瓦内蒂表示,该公司并没有为了实现生产目标而牺牲安全,但他也承认,"中国人和美国人之间的根本区别在于,中国人偏重速度,美国人喜欢分析事情,从各个角度把它想清楚。"密歇根大学学者玛丽·加拉格尔(Mary Gallagher)表示,曹德旺这样的中国企业家通常会雇佣农民工在自己的中国工厂里工作,他们认为那些人比较顺从,与美国工人不同,后者期望更友好平等的管理风格。

在跨国并购中,文化的冲突是企业整合面临的巨大问题,针对发达国家的企业并购更是如此。对于文化的差异,需要遵循国际工程职业标准,根据跨文化规范进行沟通和理解,做好相应的准备。①

R13-1　参考案例 2　大连国际苏里南项目"走出去"的烦恼与解决

R13-2　参考案例 3　萨拉热窝的供水系统重建工程

思考与讨论

1. 如何理解工程实践全球化的内涵与双重特征?
2. 工程实践的双重特征带来的主要挑战是什么?

---

① 新浪综合.曹德旺们的烦恼:当中国工厂遇到美国工会[EB/OL].(2017-06-13)[2018-06-08]. http://finance.sina.com.cn/stock/usstock/c/2017-06-13/doc-ifyfzfyz3616950.shtml.

3. 工程实践全球化提出了哪些方面的工程伦理议题？
4. 工程实践全球化中的工程共同体和工程师分别需要承担什么样的伦理责任？
5. 在运用跨文化规范时，如何妥善运用"黄金法则"？
6. 我国对外工程承包企业在"走出去"过程中应该如何更好地应用跨文化的工程伦理规范？

参考文献

[1] 周啸东. "一带一路"大实践——中国工程企业"走出去"经验与教训[M]. 北京：机械工业出版社，2017：343-371.
[2] 殷瑞钰，汪应洛，李伯聪，等. 工程哲学[M]. 北京：高等教育出版社，2007：230.
[3] National Academy of Engineering. The engineer of 2020：visions of engineering in the new century[M]. Washington, DC：The National Academies Press, 2004：33.
[4] WULF W A. Engineering ethics and society[J]. Technology in society, 2004(26)：285-390.
[4] 李伯聪. 微观、中观和宏观工程伦理问题——五谈工程伦理学[J]. 伦理学研究，2010(4)：25-30.
[6] NAVRAN F. Are you employees cheating to keep up? [J]. Workforce, 1997, 76(8)：58-61.
[7] MORRIS S A. Internal effects of stakeholder management devices[J]. Journal of business ethics, 1997, 16：413-424.
[8] TREVINO L K, HARTMAN L P, BROWN M. Moral person and moral manager：how executives develop a reputation for ethical leadership[J]. California management review, 2000, 42(4)：128-142.
[9] 哈里斯，等. 工程伦理：概念与案例[M]. 3版. 丛杭青，等译. 北京：北京理工大学出版社，2006.
[10] 哈里斯，等. 工程伦理：概念与案例[M]. 5版. 丛杭青，等译. 杭州：浙江大学出版社，2018.
[11] 李世新. 工程伦理学概论[M]. 北京：中国社会科学出版社，2008.
[12] 费孝通. 费孝通全集(第11卷)[M]. 北京：群言出版社，1999：525.
[13] LUEGENBIEHL H C. Ethical principles for engineering in a global environment[M]//POEL V D, GOLDBERG D. Philosophy and engineering. Dordrecht：Springer, 2010：147-160.
[14] 皮尔克. 诚实的代理人[M]. 李正风，缪航，译. 上海：上海交通大学出版社，2010.

索　引

PX 事件　31,201,203,208,283,316
（利益）攸关方　70
长江　58,141,159,161,162,165,168-170,173,176-179,183,186,339
诚实　18,29,52,63,114,119,120,123,137,138,140,142,144,146,150,156,181,218,219,234,273,279,280,292,304,312,329,332,333,335
大气污染　84,92,191,192,201,211,267,269
都江堰　6,92,105,106,131,163,317
发起方　68,71,72,77
分配公正　72-74,77,292,302
风险-受益比　294,298,311,312
风险防范　32,33,203,209,259
工程　1-13,15-85,87,89-100,105-131,133-142,144-152,155,157,159-165,167-188,190,192-196,199,201,203,204,208-224,226-235,237,238,241,242,244,245,257,258,261,262,264-273,275-295,297,300,301,303-305,311,312,314-339
工程安全　37,39-41,51,135,142,150,168-170,181,273
工程风险　35-51,54,56,115,118,152,164,168-172,184-186,286,318,320
工程共同体　10,13,22,25,27,29,30,36,48,51,53,57,64,85,95,96,99,106,109,114,115,220,315,317,319,320,323,324,326,333,334
工程环节　22
工程教育　1,3,77,233,337,338
工程伦理　1-4,6,7,9,11,15-34,36,39,45,50-52,55,56,59,62,64,72,77,81,82,84,98,106,108-115,117-119,122,123,125,127,130,137,149,150,157,159,160,164,169,187,188,194,195,203,204,208,209,211,229,231,233-235,237,242,257,264,266,268,272,284-288,295,314,315,319,320,323,325-339
工程社团　22,109-112,114,115,119,120,123,125,126,327,329
工程师　1-4,7-13,15-18,21-27,29,30,34,36,38,41,43,44,47,50-56,64,66-68,73,74,77,79,92,95-100,106-128,130,137,138,142,144-148,150,155,157,164,169,172,180-185,188,190,193-195,199,201,209,228-235,241,244,245,261,265,266,268,271-273,278-280,283,286,315-323,326,327,329,332-334
工程师伦理　1,2,16,17,24,34,97,112,114,116,118,120,127,195,228,230,234,235,272,279,286,327,329,333
工程职业　4,9,11,18,63,73,77,107-116,118-122,124,126,127,315,329,334,338
工具价值　85,88,92
公众参与　5,32,46,47,54,56,75-77,171,191,201-203,218,282,285,291
公众知情权　217,281
过失的根源　193
核安全　211,214,217-224,233-235
核工程　4,59,210-221,223,224,228-235
核能利用　212-215,218,234,235
核事故　210,213,214,216,219-221,223,234,235
核污染　215,316
后评估　75
环境工程　4,59,62,131,265-273,275-280,283,285
环境工程伦理　266-268,283
环境规划　267,281
环境伦理　4,20,23,25,31,53,54,57,83-89,92-100,106,136,137,150,164,189,190,231,232,268,271,275-277,279,285,286,322,324,333
环境信息公开　199-203,208
环境影响评价　5,80,92,175,202,203,267,278,281-286
黄河　38,58,91,106,159,161,166,168,170,172-176,178,182-186
黄金法则　327,334
基因工程　288,295,297,312
价值维护原则　262
建造工程师　137,146-148

角色冲突　121,122

京杭大运河　131,161

可持续发展　1,2,11,25,49,74,75,92,96,98,99,113,116,121,124,137-140,142-144,150,172,176,178,179,181,188-190,192,203,205,212,213,215-217,225,230,231,233,234,252,267,268,275,277,280,283,330,338

可及　64-66,102,259,261,282,288,289,305,312

可接受性　39,40,43,54,56

利益冲突　11,16,17,21,27,29,32,85,95,98,112,116,121-123,126,138,144-147,149,150,164,180,181,184,199,233,291-294,297,310-312,318,333

邻避效应　32,68,69,281

临床试验　287-292,294,295,297-299,301,304-312

伦理　1-7,9-34,36,38,39,43-57,59,60,62-68,72-77,81-89,92-100,106-131,135-140,142-150,157,159,160,163-166,168,169,171-175,180,181,184-190,192-195,197-199,201,203,204,208-211,213-217,220,221,228-237,240-246,248,250,251,253-255,257-280,283-309,311-315,317,319-339

伦理规范　2-4,6,11,15-17,19-21,26,27,29-31,52,53,97-99,109,214,216,229,234,240,250,279,290,293,294,315,320,325-327,329,331-334,337,338

伦理决策　3,20,115,125,293,321,324,327,328,332,338,339

伦理困境　3,6,12,19-21,27,29-31,53,98,100,123,125,130,172,185,228,248,251,259,262,273,274,320,322,332

伦理评估　36,43-48,54

伦理审查　288,291-295,297,299-301,303,304,306,307,309,311,312

伦理问题　1-4,6,10,11,13-15,20-34,36,43,44,49,54,60,63-66,68,84,87,89,96,99,109,117,129,130,135-137,147-150,157,159,160,163,184,187,188,195,197,198,210,211,213,215,229-231,236,237,241,245,251,262-272,283,286-289,293-295,297,299,300,303-305,307,311,312,317,323,324,326,333,334,337-339

伦理意识　2,3,21,27,30,31,51,92,111,112,114,115,130,150,230,232,235,288,291,338

伦理责任　4,20,22,24,36,49-54,56,57,95-97,100,106,113,137,157,173,228-235,242,259,260,262,271,278,280,320-326,333,334

明白交易原则　262

目标人群　64,65,67,69,72,75,77

南水北调工程　58,59,76,165,167,175,178

内在价值　19,53,62,87,88,92,94,172-174,186,216,298

评估方法　47,232

评估途径　45,46,54

评估原则　43,44,54

普惠　66,255

器官移植　288,293,300-304,312

权利　5,15,17,18,22,28,32,69,74-77,84,86-89,97,99,102-104,106,115-118,123-126,163,164,167,168,172,177-180,184,191,216-218,221,236,242-244,250,252-258,262,263,269,271,272,275,286,291,294,296,297,300,301,309,319,328-330

全球化　200,242,258,283,314,315,317,319-323,326,327,329,332-334,337

三门峡工程　38,142,159,170,182,183

三峡工程　9,135,161-163,170,174,177-180,182-184,186

社会实践　10,11,21,22,27,30,83,95,121,327

社区　32,71,76,98,113,135,152,188,190,193,196,203-206,208,239,240,242,247,248,275,282,310,331

生物医药工程　4,59,287-295,311,312,337

数据公开　255-257

数据开放　255-258

数据伦理　240,243,244,259,261,262

数据权属　253-255,257

数据治理　244

数字身份困境　244

水库移民　160,164,177-179,186

水力发电　160

水权　164-166,168,186

水生态系统　164

水污染　58,70,90,92,103,104,187,191,192,195,200,209,265,267,269,273,274,280,286

水资源配置　165-168

土木工程　4,22,98,109,113,118,120,128-131,133-140,142,149,150,157,283

土木工程师　22,98,113,118,120,128,131,137-140,142,149,150,157

土壤污染　269,270,286
外部性　69,70,75-77
信息伦理　240,241
以人为本　28,42,43,54,92,171,178,215,221,231,234
义务　15-20,31,34,44,48,50,52,65,74,76,85,86,89,94,96,97,99,110-113,115,117,118,121,124,130,139,146,168,179,195,199,215-217,229,245,252,258,260,269,271,273,275,276,289,290,293,321,326,328
隐私保护原则　262
责任　1-4,11,12,15-17,20-25,29,31,33,35,36,39,41,45,47,49-57,62,63,65,67-70,72-74,76,85,86,89,94-100,102,106,107,109-126,129,130,134-138,143-145,147,150-155,157,159,163,164,168,170,171,173,175,176,179,181,187,190,193-195,198,199,204-209,213-218,221-223,226,228-235,240-242,244,245,247,248,250,252,255,258-263,269-275,277-280,283,285-287,291,293,295,300,305,307,309-312,314,315,320-326,329-334,338
责任关怀　204-209
责任类型　50,233
责任主体　130,179,260,270
整体性原则　94,99,100
知情同意　11,28,43,48,76,123,218,220,262,288-290,293-295,297,299-304,306-309,311,328
知情同意原则　218,262
职业道德　11,18,52,97,109,112,182-184,229,231,244,279,280,286
职业伦理　3,4,11,19,22,50-54,56,107-126,130,137-140,142-144,146-148,150,157,164,193,194,199,241,321,324,329,332,333,338
制药工程　288,304,305,312
自由选择原则　262
尊重原则　94,99,254

第 2 版后记

2016 年 8 月《工程伦理》第 1 版出版之后，工程实践和工程伦理教育都发生了很大变化。从工程实践的角度看，一方面，工程活动越来越在全球范围内展开，在大量工程实践过程中，工程的参与者和利益相关方在文化传统、生活方式等方面的异质性越来越大，工程实践的伦理规范和伦理冲突具有了新的特点。另一方面，科技的进步正在迅速扩展工程活动的疆域，丰富工程活动的内涵。例如基因编辑技术的发展极大地改变了生物医药工程的面貌，引发了一些非常具有探索性、争议性的伦理问题；互联网和人工智能技术的进步，更新了很多工程领域的技术手段，也带来了新的伦理问题，使如何把既有的伦理准则植入新型工程实践之中面临着新的挑战。

从工程伦理教育的角度看，2016 年之后，工程伦理教育受到工程教育界、产业界乃至全社会的高度重视，工程伦理课程成为工程硕士研究生的必修课，工程伦理教育开始在全国范围内迅速展开，线下和线上教学全面推进。在两年多的时间内，工程伦理课程的师资培训举办了 20 余期，与此同时，工程伦理案例库的建设也成为一项基础性的工作。在此期间，结合师资培训和教学工作，全国工程专业学位研究生教育指导委员会还举办了五期"工程伦理教育工作坊"，就工程伦理研究和教育中的重要问题组织专题研讨。

在工程实践不断扩展、工程伦理教育迅速推进的过程中，《工程伦理》第 1 版教材既发挥了重要的作用，也在不断接受教学工作的检验。从教学的实际需要出发，配合与工程伦理教学相关的其他工作，我们把教材的修订提上了议事日程。一方面，需要勘正个别文字和表述不当之处；另一方面，教材中的一些内容需要充实，一些案例需要调整，特别是要增补全球化视野下的工程伦理的相关内容。当然，考虑到新兴科技发展对工程伦理的影响在第 1 版教材中已有部分涉及，同时针对与此相关的一些具有挑战性、争议性的伦理问题，相应的伦理规范还在探索和形成之中，我们暂时没有把这些内容作为独立的章节纳入再版的教材之中，但这些问题已经在编写组专家的研究范围之内，希望以后的修订能够尽快将这些内容纳入到教材之中。

教材修订过程中，原有各章的编写者负责相应章节的修订，新增补的第 13 章"全球化视野中的工程伦理"由黄晓伟（天津大学马克思主义学院讲师）、姜卉（中国科学院大学工程科学学院教授）、张恒力（北京工业大学马克思主义学院副教授）三位青年学者承担。董丽丽博士协助主编做了大量工作。

同第 1 版教材的编写一样，教指委秘书处卓有成效的组织协调，清华大学出版社冯昕编辑细致入微的工作，对推进教材修订和保证再版质量发挥了重要的作用。使用该教材进行工程伦理课程教学的各位教师，以多种方式提出了宝贵的意见和建议，对教材的修订有重要帮助。在此，我谨代表教材编写组一并表示衷心感谢！

李正风

2019 年 4 月 25 日于清华大学明斋

第1版后记

工程活动在人类社会发展过程中始终发挥重要作用,对人们的生产生活产生越来越广泛的影响。但与此同时,工程实践引发了各种伦理问题,直接关系到人类社会的进步和可持续发展。20世纪70年代以来,美、法、德、日、英等发达国家相继开展了工程伦理教育,比较而言,我国工程伦理教育相对滞后。20世纪90年代以来,特别是进入21世纪之后,加强工程伦理教育、提高工程科技人员的社会责任、在工程教育中不断推进工程伦理教育逐渐成为我国各界的共识。2014年在清华大学召开的"工程呼唤伦理:学术界与企业界对话"的工程伦理教育论坛,明确提出工程教育要补上"伦理"的短板,不但要从知识传授和能力培养进一步延伸到价值塑造,而且要把价值塑造作为工程教育的核心目标之一。

20世纪90年代后期,清华大学、浙江大学、大连理工大学、北京理工大学、西安交通大学、北京协和医学院等院校陆续开设工程伦理的相关课程。但如何全面推进工程伦理教育仍然面临多方面的挑战。其中一个重要的方面,就是如何加强工程伦理的教材建设,以为普遍加强工程伦理教学和教师队伍建设提供坚实的基础。在这种情况下,2014年12月,全国工程专业学位研究生教育指导委员会(以下简称"教指委")决定组织编写《工程伦理》教材。

在教指委秘书长、清华大学副校长杨斌教授的直接领导下,教指委成立了"全国工程专业学位研究生教育'工程伦理'课程建设专家组",清华大学姚强教授任组长,负责教材编写、MOOC研发和师资培训等组织协调工作。同时请清华大学、浙江大学、大连理工大学和北京理工大学、北京协和医学院等院校相关教师组成教材编写组,这些教师既包括从事科技与社会、科技与工程伦理领域理论研究的学者,也包括在专门的工程领域有长期科研、教学经历并开设了专门领域工程伦理相关课程的专家。在借鉴国外工程伦理研究成果和教材的基础上,通过认真分析各院校开设工程伦理相关课程的实践经验,编写组形成了以"增强工程伦理意识、掌握工程伦理规范、提高伦理决策能力"为目标,以案例教学为特点,以工程职业伦理教育为重心的编写思路,同时考虑到不同工程领域既存在共性,又有较大差异,为了更加灵活地为教学服务,教材也分为通论和分论两个部分。通论主要探讨工程伦理的基本概念、基本理论问题,以及工程实践过程中人们将要面对的共性问题;分论则主要面向不同工程领域,有针对性地分析不同的工程实践中遇到的特殊问题,以及共性的伦理问题在这些领域的特殊表现,具体分析不同工程领域的工程伦理规范。

编写组2015年2月成立之后,多次召开会议进行集体研讨。在编写过程中,杨斌副校长就教材编写工作提出了明确要求,编写组也广泛听取了不同领域专家的意见。2015年10月26~27日,教指委召开课程建设研讨会,教指委秘书长杨斌副校长、刘志刚、巩恩普、王宗敏、姬红兵等教指委委员、中国科学院大学李伯聪、中科院科技政策与管理科学研究所李真真等专家分别就教材的编写思路和具体内容等提出了富有建设性的意见和建议。2016年5月6日,李正风教授应教指委之邀,在有260个院校、近千人参加的"第十届全国工程专业学位研究生教育研讨会"上作了题为"'工程伦理'课程建设:跨学科教材与MOOC的集体研发"的专题报告。会议期间,教指委进行了"'工程伦理'课程建设情况和相关建议"的问卷调查。清华大学出版社就纸质版+电子库的出版新形式,以及教材编辑出版给予了大力支持。

教材编写后期,结合教材的编写,委托"学堂在线"启动了MOOC的研发和制作。在教指委的指导下,在清华大学研究生院的大力支持下,清华大学社会科学学院、清华大学出版社、"学堂在线"为今后的课程推介和课程师资研修等做了大量准备工作。

该教材的编写,是多院校、多学科、多工程领域的专家学者集体合作和共同支持的结果。编写工作的具体分工如下。导论、第1章:李正风(清华大学社科学院副院长,科技与社会研究所教授)、董丽丽(北京社科院助理研究员);第2章:王前(大连理工大学哲学系教授)、张卫(清华大学哲学系博士后);第3章:李世新(北京理工大学人文学院副教授);第4章:雷毅(清华大学科技与社会研究所副教授);第5章:丛杭青(浙江大学人文学院教授)、何菁(南京林业大学高等教育研究所副研究员);第6章:刘洪玉(清华大学土木水利学院副院长,建设管理系教授);第7章:李丹勋(清华大学水利水电工程系研究员);第8章:赵劲松(清华大学化学工程系主任,教授);第9章:王建龙(清华大学核能与新能源研究院副院长,长江学者特聘教授);第10章:张佐(清华大学信息科学技术学院常务副院长,教授);第11章:李淼(清华大学环境学院助理教授,博士生导师),周方(清华大学环境学院研究助理,协助案例收集和整理);第12章:张新庆(北京协和医学院人文学院教授)。各章初稿完成后,李正风、丛杭青、王前完成全书的统稿,董丽丽博士协助主编做了大量工作。

教育部原副部长吴启迪教授,教指委主任、清华大学校长邱勇院士分别为本书作序,对工程伦理教育和本教材编写的意义给予了充分肯定。教材编写过程中,教指委秘书处做了大量卓有成效的组织协调工作,保证了教材编写的顺利进行。清华大学出版社冯昕编辑自教材编写之初就参与其中,不仅就教材的体例等提出了很有价值的建议,而且为教材的编辑出版付出了大量细致入微的努力。后期MOOC的研发,得到清华大学电教中心和学堂在线的大力支持。在此,我们表示衷心的感谢!

《工程伦理》教材涉及多个学科、多个工程领域,尤其是工程伦理问题具有与实践情境密切相关的复杂性,工程伦理决策的能力也是一种与时俱进的实践智慧。基于这些原因,加之编者学识所限,本教材可能在理论、概念分析和案例研究上都有需要改进之处,敬请读者批评指正。

李正风

2016年6月15日于北京清华园